JN424632

문화콘텐츠학 총서 008

글로컬시대를 디자인하다

문화콘텐츠와 문화코드

박치완·김평수 외

한국외국어대학교 지식출판원

차례

프롤로그

글로컬시대의 문화콘텐츠...?

우리는 이제 상품과 자본이 국경을 자유롭게 넘나드는 글로벌시대에 살고 있다. 글로벌의 징후는 역사적으로 오래전부터 있어왔지만, 우리가 현재 널리 사용하고 있는 '글로벌' 개념은 경제 강국들의 이해타산에 의해 만들어진 것이라고 볼 수 있다. 글로벌은 경제적 일방주의를 낳았고, 그 영향으로 심지어는 문화까지도 경제블록으로 편입되고 있다. 글로벌은 시장경제의 세계화라는 모습으로 누구도 부인할 수 없는 지구촌 전체의 현실이 되었고, 이 현실을 뒤에서 조작하는 방임적 시장주의와 금융자본의 세계화는 국가 내적으로 경제적 양극화를 초래하는 것은 물론 국가간의 양극화도 심화시키고 있다. 1997년 한국의 IMF 구제금융 사례에서도 잘 드러났듯이, 세계화는 국가의 특성과는 무관하게 금융자본주의의 국제기준을 강제로 이식하고 있다. 결국 그로부터 10여년이 지난 지금, 금융자본주의는 결국 더 이상 현대 사회를 지탱하는 안정적인 시스템이 될 수 없다는 점이 노출되었다.

미국 중심의 금융자본주의를 바탕으로 한 시장경제시스템이 세계경제구조를 재편했던 것처럼, 미국 중심으로의 세계적 재편은 문화 분야에서도 두드러지게 나타나고 있다. 할리우드로 대변되는 미국의 문화자본은 이미 세계 문화콘텐츠 시장의 70%를 장악하고 있다. 지난 세기, 미국은 세계 각국의 교역 협상에서 자국 문화콘텐츠에 대한 개방을 교역 조건으로 추가하거나 해당국가의 문화보호정책을 무력화하는 방식으로 미국 문화의 강제이식을 관철시켰다. 이러한 상황에 반발해 2001년 프랑스 파리의 제31차 유네스코 정기총회에서 164개 회원국들은 미국 중심의 세계화로 인해 위험에 처하게 된 나라와 지역의 문화적 고유성 및 다양성을 보호·증진하기 위해 <유네스코 문화다양성 선언>을 채택했다.

하지만 역사가 말해주듯, 강요되거나 이식되는 문화는 잠시 동안의 반짝임일 뿐 결코 오래도록 지속될 생명력을 가질 가능성이 그리 크지 않다. 수많은 문화권에서 독자적 문화들이 생성되었고 소멸되기도 하였지만, 오랫동안 생명력을 유지했던 문화는 강요나 이식이 아닌 이문화(異文化)를 포용하고 새롭게 융합하는 혼종성을 가진 경우였다. - 일견 미국 문화 자체의 강점이 바로 이런 혼종성에 있다는 주장도 있다. 세계의 문화는 미국의 문화가 아니라 세계인들이 각기 다르게 향유하고 있는 이문화들의 종합이다. 문화의 역사는 혼종과 융합의 드라마였으며, 문화의 생명력은 바로 이러한 혼종을 위한 융합 능력에 달려 있다. 물론 이문화적인 요소 몇 가지를 뒤섞는다고 혼종과 융합이 되는 것은 아니다. 서로 다른 문화의 융합은 한 문화와 다른 문화의 소통이며, 이질적 요소에도 불구하고 공통적인 요소를 중심으로 하는 재구성이다. 이런 문화의 융합과 지속은 대중들의 선택에 달려있다는 점도 간과해서는 안 된다. 대중에 의해 선택받지 못하는 문화는 문화로서의 생명력을 지닐 수 없다.

이제 세계는 수동적인 대중의 시대가 아니라 적극적이고 능동적인 신유목인(neo-nomadism)들의 시대이다. 디지털기술과 네트워크의 발전은 인간이 필요한 것을 자유롭게 찾아갈 수 있게 해주는 모바일 시대를 열었으며, 자본과 상품은 물론 사람도 자유롭게 국경을 넘나들고 있다. 신유목인들의 시대에 국가가 자국민들에게 민족주의를 강요하며 자국의 상품만을 소비하라고 강조하는 것은 구태의연한 발상이다. 이런 상품의 무국적성은 문화 분야로까지 확장된다. 비록 전통적인 문화상품들도 여전히 있기는 하지만, 현재의 문화상품 중 상당수는 그 고유한 정체성에 대해 물을 수 없는 상황이 되었다. 그러나 이런 혼종성을 지닌 문화상품들이 지역과 무관하게 획일적인 문화상품으로 단순히 소비되지는 않을 것이다. 지역민들의 기호와 지역 문화의 차이에 따르는 소비 패턴 때문이다.

베네딕트 앤더슨 같은 학자는 '민족'이란 개념이 국가가 만들어낸 상상의 산물이라고 주장을 하지만, 지역을 기반으로 한 인간들의 공동체, 즉 국가 속에 살고 있는 사람들에게는 그것이 국민성이나 국가정체성이라는 이름의 '문화적 무의식'으로 작동하고 있는 면은 분명히 있다. 이것이 바로 공동체의 심층에 자리 잡고 있는 문화코드(culture code)다.－앤더슨의 시각으로 본다면, 국가적 상상에 의해 무의식으로 자리 잡게 된 문화코드라 정의할 수 있을 것이다. 어떻든 간에 국가 정체성은 국민성으로부터 시작되며, 국민성은 문화코드에 의해서 형성된다고 볼 수 있다. 그리고 이 문화코드는 기본적으로 그 나라 국민들이 통시적, 공시적으로 공유해 온 역사, 문화, 관습 속에서 형성된다. 그렇기에 엄밀하게 말해서 문화코드는 근대에 형성된 국민성이나 국가정체성보다도 더 깊은 뿌리를 가졌다고 볼 수 있으며, 근대 국가가 국민성이나 국가정체성을 형성할 수 있게 해준 일종의 문화적 자원으로 볼 수도 있을 것이다.

오늘날 한 국가의 존망은 바로 세계적 경제구조 속에서의 생존능력에 달려있다 해도 과언이 아니다. 또 그 생존능력은 상품을 제작해서 외국에 파는 마케팅 능력이라 할 수 있을 것이다.－특히 기술이 평준화되어가고 있는 오늘날의 상황에서 국가생존능력의 차별화는 마케팅에서 결정된다.

바로 여기에 우리가 다른 나라 문화에 관심을 갖고, 다른 나라 사람들의 기호와 문화적 정체성을 담고 있는 문화코드에 관심을 두어야 하는 이유가 있다. 그러나 그렇다고 해서 문화코드를 단순하게 다른 국가에 대한 교역 전략이나 마케팅 전략을 위한 요소 등의 범위로만 한정하는 도구적 해석은 경계해야한다. 다른 국가의 문화코드를 이해하는 일이 경제교역에 도움이 되는 것은 사실이다. 그러나 문화코드를 단순히 마케팅 전략요소로 환원시켜서는 곤란하다. 문화코드에 대한 이해는 진정한 의미의 문화 교류와 인류공영을 위한 전제이자 이문화에 대한 기본적인 '예의'다. 상대의 실존을 인정하지 않은 채 경제적 행위가 제대로 이루어질 리 없으며, 상대의 생존방식과 특수성을 무시하는 강요로 지속적인 교역이 진행될 리도 만무하다.

문화코드는 단순한 경제적 목적성을 넘어서는 이문화에 대한 심층적 이해방식이다. 또 문화적 융합은 문화코드에 대한 이해와 다양한 문화요소들의 재배치로 이루어진다. 오늘날 글로벌 기업들의 상품들도 국경을 '잘' 넘기 위해 현지화하려는 노력을 한다. 맥도날드도 KFC도 국경을 넘으면 그 나라의 코드에 맞게 변화한다. 이것이 바로 '글로벌 + 로컬', 즉 글로컬(glocalisation)이다.

범용화 되기 쉬운 일반적인 소비 상품들도 현지의 문화적 환경에 적응하기 위해 적극적인 현지화 전략을 선택하는 것이 상례다. 따라서 오랜 관습으로 이미 자기 것에 길들여져 있어 새로운 것을 받아들이는데 시간과 노력이 필요한 '문화'와 '문화콘텐츠'가 어떤 태도를 지향해야 하는지는 너무나 자명하다.

우리가 그토록 자랑하던 한류의 사례를 보자. 지난 10여 년간 동아시아 지역의 문화가 재편되는 과정에서 한국의 대중문화는 각광받는 문화콘텐츠가 되었다. 그 이유는 여러 가지가 있겠지만, 가장 중요한 것은 한국의 문화콘텐츠가 바로 동아시아 지역의 국민들의 기대에 어느 정도 부합했기 때문이다. 사람들이 자신들의 입맛에 맞지 않는 음식을 먹을 리 없고, 취향에 맞지 않는 옷을 입을 리 없는 것처럼, 자신들의 기호에 맞지 않는 문화에 열광할 리 없다. 이러한 아시아 사회에서의 '한류'라고 지칭되어진 트렌드 현상에 대해 한국 사회는 흥분했고, 이에 대한 다양한 해석을 내렸으며 정부, 민간, 재계, 문화계 따질 것 없이 모두 적극적으로 이를 이용한 마케팅에 열을 올렸다. 한국의 대중문화가 아시아 지역에서 널리 받아들여진 이 현상으로 인해 우리 한국의 대중문화도 충분히 '글로벌화'될 수 있다는 성급한 판단까지 나왔다.

하지만 상대에 대한 존중과 상대 문화 및 문화코드에 대한 이해가 전제되지 않는 일방적인 유행은 순간에 그치게 될 뿐이다. 입맛이 변하면 대중은 새로운 기대를 찾아 언제든지 다른 선택을 할 수 있다. 일본·중국의 일부에서 이미 제기되고 있는 반한류나 혐한류도 이러한 배경 속에서 나타난 것이다. 동질적 요소나 기대 부응 여부 때문에 많은 각광을 받았던 한류가 이제 반감을 주는 문화로도 취급받게 된 것이다. '글로벌화'의 가능성을 충분히 가지고 있는 한류를, 현지화하려는 노력을 하지 않고 일방적인 확장 전략만을 추구했던 결과는 아닐지에 대해 우리는 깊이 자성해 볼 필요가 있다. 이 같은 현재의 상황이 한국 문화콘텐츠산업계에 던져주는 시사점은 다음과 같다. "문화콘텐츠 상품은 반드시 글로컬화해야 상존할 수 있다"는 교훈, 즉 문화콘텐츠산업에서 '글로컬화'가 중심 키워드로 대두될 수밖에 없는 현실인 것이다. 따라서 이 책은 '글로컬문화콘텐츠'가 각국이 문화산업을 어떻게 육성하고 콘텐츠 개발에 진력해야 하는가에 대한 하나의 이론적 지표가 되어야 한다는 문제의식의 소산이다.

연구내용을 간단히 소개하면 아래와 같다.

우선 러시아의 문화코드를 연구한 장정희는 문화콘텐츠를 이해하기 위해 '러시아'를 구성하고 있는 여러 측면의 문화코드, 즉 러시아의 정치·경제, 종교와 생활문화, 현대 러시아의 대중문화와 그 속의 문화코드로 크게 항목을 나누어 살펴보았다. 장정희는 거대한 영토를 지닌 러시아 특유의 자연환경은 물론, 이민족의 침입, 고립의 역사 등을 극복하기 위한 '집단주의'와 '절대권력' 지향이 정치적인 면에서 러시아를 이끄는 힘이라고 진단했다. 그리고 경제적인 면에서는 양날의 칼과 같은 '천연자원'과 '올리가르히'의 문화코드를 도출했다. 일상 문화에서는 민중을 지탱하는 뿌리이자 권력으로서의 종교라고 할 수 있는 '러시아정교'를 하나의 문화코드라 보았다. 한편 20세기말 자본주의화에 따른 식생활의 변화와 전통 그리고 현대가 공존하는 주거생활에 내포된 문화코드를 풀어냈다. 마지막으로 러시아 문화콘텐츠에 대한 이해를 위해 현대 러시아 대중문화의 변화와 흐름, 러시아 문화콘텐츠에서 자주 발견되는 '풍자'와 '패러디'의 문화코드와 특히 21세기에 두드러지게 나타나고 있는 대중문화계의 '노스탤지어' 코드에 주목했다.

영국의 문화코드를 연구한 김성수는 '전통과 혁신'이라는 개념으로 상징되는 영국적 문화코드를 과거와 현재의 차이를 비교하는 방식으로 분석했다. 영국인들은 보수성이 강하지만 보수적인 면이 전부가 아니며, 본래부터 전통적으로 혁신과 변화가 보수성에 버금가는 영국의 트레이드마크였음에 주목한 것이다. '보수를 위한 개혁'이라는 교훈을 강조한 에드문드 버크(E. Burke)는 영국이 세대와 세대 사이의 연결을 매우 중요하게 생각하며, 이 연결을 위해 급진적인 변화를 피해야 하고, 현재가 다음 세대에도 계속 이어지게 하기 위해 발전적인 방향으로 서서히 변화를 꾀하는 사회가 되어야 한다고 주장했다. 그런데 이런 보수와 개혁을 동시에 추구하는 면모가 현대 영국 문화콘텐츠산업의 발전 과정, 또한 콘텐츠 상품의 내용에서도 보인다. 영국은 문화콘텐츠 산업의 활성화를 위해 미국과 연합하여 새로운 길을 모색하면서, 콘텐츠도 영국 전통문화와 외국의 문화를 적절하게 잘 배합시켜 나가면서 다양성을 확보해 가는 중이다. 21세기 들어 영국 정부와 민간기업의 노력으로 인해 영국의 문화산업은 GDP의 8%를 넘을 정도로 중요한 분야가 되었으며, 이제 영국은 문화산업을 통해 새로운 대영제국을 꿈꾸고 있다. 김성수는 바로 이런 측면에서 영국의 문화코드인 '보수와 혁신의 종합'이 영국 문화콘텐츠 산업의 핵심이라고 역설한다. 영국문화는 때로는 전통적일 수도 있고, 때로는 혼종적일 수도 있는 다양성을 담지한 문화콘텐츠라는 것이다. 최근 영국의 하위문화는 다문화 및 퓨전문화로 가득 차 있다. 중국식·인도식 음식 문화, <노팅힐 축제> 같은 거리 축제와 공연, 클래식과 현대 음악이 접합된 재즈 및 팝아트 예술과 연극 공연에 이르기까지 전통 문화와 여러 다양한 문화들의 결합이 영국 사회 전체에 널리 퍼져 있다. 김성수는 이런 혼종문화들이 계속 발달할 때 오히려 순수 전통 문화에 대한 중요성이 부각될 수 있는 면이 있는 바, 영국의 사례가 결국 우리 문화콘텐츠산업 전략에 주는 시사점이 바로 이 부분임을 강조한다. 전통에 많은 관심을 두고 스스로 자발적으로 혁신시키고자 노력한다면, 기존의 전통도 살릴 수 있고 전통을 계승 발전시켜서 충분히 새로운 전통을 만들어 낼 수도 있다는 것이다.

일본인의 입장에서 한류의 문제를 바라 본 나카무라 마유는 한류 현상을 촉발하는 계기가 된 <겨울연가>과 함께 영화, 드라마, 음악, 등의 다양한 분야를 통해 일어난 한류 현상을 살펴보았다. 또한 단순히 현재의 한류 현상에만 머무르지 않고 현재 '이전의 한류'와 현재 '이후의 한류'에 대해서도 주목했다. 특히 '한류 이후의 한류'에 이르러서는 한류 현상이

준 사회문화적인 영향을 여러 통계 자료의 인용을 통해 실증적으로 설명하고 있다. 끝으로 나카무라 마유는 결론을 통해 한류가 일본인들에게 한국이라는 나라의 국가이미지와 문화 이해에 있어서 매우 극적인 인식의 변화를 이끌어내는 역할을 했음에 대해 강조한다.

인도의 문화코드를 연구한 김윤희는 먼저 인도 정치를 대표하는 코드인 지속적 민주주의와 현 정권의 정치성향을 대표하는 코드인 '서민구제'에 대해 언급한다. 인도는 1947년 영국으로부터 독립 이후 현재까지 안정적으로 민주주의 시스템을 정착, 발전시켜왔다. 현재 집권정당인 국민회의당은 빠른 경제성장과 동시에 성장수익의 고른 분배, 친서민정책을 강조하는 중도좌파성향을 보여주고 있다. 하지만 권력을 가지면 거침없이 이용하는 인도 정치의 모습을 '권위주의'라는 코드로 분석했으며, 집단주의적 성향이 강하지만 자신의 개인이익에 부합하지 않을 경우 망설임 없이 집단 소속의 울타리에서 벗어나는 인도인의 개인주의적 성향을 '집단적 개인주의'라는 코드로 풀었다. 한편, 인도 사회문화에서 가장 중요한 종교인 힌두교는 '생활종교'라는 코드로 설명된다. 말 그대로 종교를 넘어서서 생활의 방식이자 삶의 일부로 받아들여지고 있는 것이다. 이런 종교관에 따라 인도 사람들은 현재 지향적 시간관념을 가지고 있는데 이를 '카르페 디엠'이란 코드로 추출될 수 있다고 본다. 경제 분야에서는, '돈'이란 인도 12억 인구가 모두 숭배하는 또 하나의 '신'이며, 이에 따라 과소비나 충동구매를 삼가고 신중한 구매를 하는 인도인의 소비문화를 '실용 중심'의 문화코드로 분석했다. 마지막으로 영화가 인도 사회를 대표하는 문화콘텐츠이며, 할리우드 영화의 홍수에서도 음악과 춤이 들어가는 특징을 가진 '맛살라 무비'가 인도의 자국 시장을 굳건히 지켜내고 있다는 점을 짚었다. 인도에서 가장 선호되는 스토리 구조는 '해피엔딩'이며 대부분의 주제는 '권선징악'인데, 이는 영화를 통해 고단한 삶의 현실을 잊고자 하는 도피적 성향의 인도인을 드러내는 것이다. 그래서 김윤희는 인도를 겨냥한 글로벌 전략은 집단적 개인주의, 생활종교인 힌두교, 카르페 디엠, 인도인의 금전관, 맛살라 영화, 현실도피라는 인도인의 문화코드에 주목하지 않으면 불가능하다는 결론에 도달한다.

한국의 문화코드를 연구한 김평수는 우선 한국인의 정체성에 관한 연구가 어떻게 이루어져 왔는지에 대한 통시적인 접근을 시도하고, 이어서 한국의 전통적 세계관인 '현세적·범신론적 세계관', '가족주의'와 유교적 서열중심의 '집단주의'로 설명되는 한국의 전통적 사회구조, 그리고 '눈치문화'와 '연고주의'로 대표되는 전통적 인간교류관을 설명했다. 그리고 현대 한국사회의 문화코드에 있어서는, '의식의 진보성·현실의 보수성'으로 현대 한국의 정치 문화코드를 분석했고, 경제 문화코드는 '물질주의'와 '경제적 양극화'를 들었으며, 사회적 코드는 '집단주의와 개인주의' 혼합적 경향과 '서열주의'의 만연을 설명했다. 또한 문화상품 소비코드는 현실도피성향을 띠는 '감성소비'라고 분석했다. 김평수는 외국인이 보는 한국의 문화코드를 함께 살피는 공시적 접근도 병행하는데 외국인들의 한국에 대한 연구 경향을 크게 '호기심·비교·애증'이라는 세 가지 경향으로 분류하고, 외국인이 보는 한국사회의 문화코드를 날카롭게 지적한 분석결과를 사례로 든다. 이를 바탕으로 한국인과 외국인이 보는 한국사회 문화코드는 정치·사회·경제·문화·문화소비·교류·종교 등에서 크게 다르지 않는다는 결론을 내린다. 또한 김평수는 문화콘텐츠가 소비되는 과정에 문화코드가 작동한다는 면을 파악하고, 한국 영화 속에 나타나는 문화코드를 사례로 분석한다. 그 결과 한국 영화에서는 '섹슈얼리티'와 '가족주의' 코드가 중심적으로 드러남과 동시에 '금기에 대한 도전' 코드, '공권력에 대한 불신' 코드 등이 특정한 사회적 환경과 맞물려 주기적으로 나타나고 있음을 파악한다. 덧붙여 동일한 문화코드라도 시대적 상황에 따라 다른 맥락으로 작동하고 있음을 '가족주의' 코드의 사례를 들어 분석한다. 그리고 결론적으로 한 사회의 특정한 문화코드는 문화콘텐츠에 긴밀한 영향을 미친다고 역설한다.

일본의 문화코드를 연구한 박경아는 정치문화, 경제문화, 사회문화, 그리고 문화콘텐츠 향유문화로 크게 항목을 나누어 일본이라는 나라를 분석했다. 먼저 제2차 세계대전 패전 이후 1960~1980년대에 걸친 고도경제성장을 바탕으로 형성된 '생활보수주의'라는 코드와 인간관계 형성의 기준인 화(和)를 바탕으로 조화를 중시하는 '집단의식'이 일본의 중요한 코드라는 것을 설명했다. 다음으로는 멸사봉공이라는 말에서 잘 드러나듯 노동이 곧 미덕이기 때문에 남성 중심의 '일 우선' 직업관과 '근검절약'의 금전관을 바탕으로 '기본 성능'에 충실한 상품을 선호하고 소비하는 성향이 있음을 설명했다. 더불어 각 지역의 지방색이 강하며 신도, 불교, 기독교가 적절히 융합된 다신교적 종교관을 가지고 있음도 강조했다. 끝으로 박경아는 세계 제2의 규모를 지닌 일본의 문화콘텐츠산업이 정부 주도의 '문화콘텐츠 시장 활성화' 정책 하에 전 세계적으로 큰 영향력을 발휘하고 있다는 면과 이것은 3C(collection, creativity, community)를 바탕으로 문화콘텐츠의 부흥과 발전에 기여하는 오타쿠, 영화·애니메이션·패션 등과 같은 서브컬처에서 비주류의 다양성을 인정하는 문화적 토양에 기초한다는 점 등에 대해 살펴보았다.

중국의 문화코드를 연구한 김형준은 중국 문화의 다양성에 주목한다. 중국은 개혁·개방정책을 통해 경제적으로 고속성장을 지속하면서 시장경제체제를 성공적으로 이룩하였지만, 정치적으로는 공산당 일당지배체제를 지속시키며 집단적인 사회주의의 본질을 유지하고자 한다. 하지만 개인적 측면에서 중국인들은 신뢰를 통한 인적 네트워크인 '꽌시(关系)'와 체면을 나타내는 '미엔즈(面子)'를 중요시한다고 밝혔다. 또 전쟁과

난, 천재지변 등을 경험한 중국인들은 투자보다는 저축을 중시하며 이에 따라 성과주의'와 '배금주의'를 중요한 경제적 문화코드로 생각한다는 것을 설명했다. 믿을 수 있어야 지갑을 여는 '신뢰 신드롬', 과시를 위한 소비인 '현시성 신드롬', 체면을 중시하는 '미엔즈 신드롬', 중화사상의 '팍스시니카 신드롬'이 나타나고 있는 이유이다. 사회문화적 측면의 시각에서도 몇 가지 중요한 내용이 있다. 첫째, 중국인들은 먹는 일을 하늘처럼 중요한 일로 여긴다는 것이다. 최근에는 '콰이찬(快餐)'이라고 불리는 패스트푸드가 중국 대륙의 시장을 잠식하고 있다. 둘째, 중국은 전통적으로 가부장제이며, 신 중국 이후 남녀평등을 제도화하여 양성 평등의 환경으로 많이 개선되었으나 여전히 '남성중심 사회'이기 때문에 여성은 가정과 사회에서 이중고에 시달린다는 것이다. 셋째, 중국의 종교로는 주로 불교·도교·이슬람교·천주교·기독교 등이 있고, 중국 헌법은 종교의 자유를 보장하지만 실제 활동은 공산당의 통제 하에서만 허용된다는 면이다. 끝으로 김형준은 중국의 콘텐츠산업을 TV 드라마·영화·대중음악·디지털콘텐츠·애니메이션 등 다섯 부분으로 나누어 살펴보았는데, 최근 중국 영화나 대중음악·드라마를 포함한 대중문화에서 '중국적 특색'을 강조하기 위해 중국 고대 사회의 특징을 중요한 소재나 주제로 삼는다는 점을 특히 부각시키고 있다. 전체적으로 김형준은 중국문화콘텐츠의 이러한 특성이 외부적으로는 전 지구적 시장에서 중국의 문화상품을 부각시키는 데 중요한 역할을 하고 있다는 것, 내부적으로는 민족주의를 강조함으로써 사회주의적 구심력의 빈자리를 채우는 역할을 하는 것으로 파악하고 있다.

미국의 문화코드를 연구한 김형인은 미국문화의 핵심적인 요소들을 열 개의 문화코드로 분석 정리하였다. 개인주의, 평등주의, 자유의 예찬, 법치주의, 다문화주의, 퓨리턴 전통, 실용주의, 개척정신, 과학·기술의 신뢰, 미래지향성이 그것들이다. 이 문화코드야말로 진취적, 관용적, 낙천적으로 대표되는 미국인의 국민성을 조성하고, 그들의 직설적인 의사소통 방식을 일구었다고 강조한다. 또한 미국의 문화코드에 상응한 한국에서의 문화코드를 열 개 가려내어 대칭적으로 비교 분석하였다. 한국의 문화코드는 집단주의, 계층의 중시, 질서의 존중, 인본주의, 단문화주의, 유교적 전통, 명분주의, 고향 사랑, 자연에 대한 경외심, 과거지향성이다. 이 비교 연구는 미국과 한국의 문화가 서로 갈등을 일으키는 원인임을 심층적으로 분석함으로써 차후 한·미간의 문화적 갈등 해결의 모색에 하나의 실마리를 제공하려는 실용적 목적도 갖고 있다. 연구 방법으로는 문헌적 연구를 주축으로 하면서 미국에 거주하는 한국인과 일부 한국계 미국인을 대상으로 각각의 문화코드에 대하여 개별 면담 결과를 반영했다.

유럽연합의 문화코드와 문화정책을 연구한 홍종열은 유럽 이념이 어떻게 역사적으로 형성되었고 전개되었는지에 대해 설명하는데, 유럽을 로마제국의 멸망 이후 단일문명권으로 여긴 것에서 시작된 것이라고 파악한다. 홍종열은 유럽통합사상이 그 후 근대에 들어서서 일어난 민주주의와 평화운동 등을 통해 진정한 민주주의는 유럽적 협력 없이는 불가능하다는 인식과 함께 나타난다고 설명한다. '범유럽사상'이라는 유럽통합사상을 이끌어 간 주역은 연방주의자, 기능주의자, 민족주의자, 외부행위자 등으로 구분된다. 이러한 유럽통합의 과정에서 발현된 사상들은 유럽시민권과, 문화교류협력 프로그램이라는 정책을 통해 현실 속에 구현된다. 유럽시민권이라는 법적 보장을 통한 '유럽시민'의 등장은 국가적 단위에 얽매여 살아가고 있는 시대에 분명 하나의 새로운 패러다임을 시도한 것이며 문화교류협력 프로그램은 교육과 문화 두 방향에서 회원국 내 교류의 활성화를 시도한 것이다. 홍종열은 유럽이 유럽연합의 정체성을 획득해가는 과정 속에 생성된 개념을 '유로의식'이라는 개념으로 제안하고, 유럽연합의 핵심적 문화코드는 바로 통일성이 아닌 '다양성'의 존중이라는 것에 대해 설명한다. 유럽연합은 '로컬'의 다양성을 중시하기에 자연스럽게 '글로컬' 모델로 나아갈 수 있다는 것이 그의 분석이다. 이러한 '글로컬' 지향성은 문화정책에서 잘 나타나는데, '문화교류협력 프로그램', '교육프로그램' 및 '유럽문화수도 프로그램'등이 바로 그것이다. 결론적으로 홍종열은 유럽연합이 사람의 모든 필요를 단순히 시장의 힘, 또는 특정국의 일방적인 행위로 만족시킬 수는 없다고 밝히고 있으며, 미국 주도의 세계화에 대항하여 그들만의 글로컬라이제이션을 추구해나가고 있다고 강조한다.

마지막으로 이 책의 대표저자이자 결론으로서의 총론을 쓴 박치완은 문화권마다 결혼 풍습과 의미가 천차만별이듯, 선호하는 상품, 소비 가능성이 높은 콘텐츠상품이 다른 것은 당연하므로 국가·문화권에 따라 콘텐츠상품의 장르나 내용 등을 전략적으로 차별화할 필요가 있다고 역설한다. 이를 위해 먼저 박치완은 각 나라의 문화가 본래부터 고유성과 특수성을 가지고 있으며, 문화가 동일성이나 보편성보다는 이질성과 다양성으로 대변된다는 점을 강조한다. 현대기술문명의 발달로 문화들 간의 교류가 아무리 활발해졌다고 해도 각 나라의 문화는 여전히 나름의 '벽'을 치면서 자기를 보존한다는 면을 깊게 인식하고 있는 것이다. 하지만 문화코드가 본래부터 이렇게 형성되고, 한 국가나 한 문화권 내에서 집단에 의해 관습화된 형태로 표출된다는 면에, 그리고 이문화에 대한 이해는 곧 이문화의 코드에 대한 이해라는 면에 더 주목한다. 그래서 국가 또는 한 문화권의 시민들이 공유해온 역사, 전통, 관습, 국민성, 가치관 등을 이해하는 것이 쉽지 않은 법이며, 문화에 대한 도식적(통계적)인 이해에 대해 경계해야 한다는 주장이 따라 나오게 된다. 결론적으로 박치완은 '글로벌시대'가 되면서 정치영토, 경제영토에 이어 문화영토까지 신자유주의적 글로벌시장의 제물이 되는, 곧 단순히 문화의 상품화를 넘어 문화산업, 문화콘텐츠산업도 세계화의 흐름에 편승하는 상황이 발생했고, 우리 정부 역시 한류 열풍 이후의 세계화를 마치 국시라도 되는 냥 외치고 있는 것에 대해 우려를 나타내며, 이제는 세계화의 폐해를 성찰하고 지역세계화로서의 글로컬라이제이션에 눈을 떠야 할 때라고 강조한다. 문화는 문화상품과 구분되어야 하고, 교역의 대상에서도 '예외'라는 것을 잊어선 안 되며, 타자나 이문화를 인정하지 않는 세계화론자들과는 다르게 지역문화를 인정하고 경제의 성장과 발전의 사회적 목적, 사회적 책임, 사회적 이익을 함께 고민하는 것이 우리에게 남겨진 숙제라는 것이다.

그동안 이문화 교류, 혹은 이문화 커뮤니케이션의 일환으로 문화코드에 대한 접근을 시도한 학술적 연구들은 많았다. 연구자들은 보통 형질이 다른 문화적 차이를 어떻게 극복할 것인가에 중심을 두어 문화코드를 분석하곤 했다. 물론 그것도 대단히 중요한 작업임에는 틀림없다. 다만 이런 연구들에서는 문화를 역동성이 결여된 고정불변적인 요소로 간주하는 경향이 강한 것처럼 보였다. 또 그간 경제적 관점에서 대한무역투자진흥공사(KOTRA)를 통해 세계 많은 나라들의 교역 및 교역환경에 대한 정보들이 종합되었고, 오랜 역사기간 동안 축적된 것들임에도, 국가별 시장 진출을 위한 제도적 환경에 대한 정보가 대부분이었다. 단적으로 말해 국가와 국민에 내재한 문화코드에 대한 정보와 연구는 매우 빈약한 수준이었다는 것. 특히 대상 국가의 국민들의 취향과 심층적인 문화코드를 분석하는 일은 대기업들에서도 제대로 하고 있지 않은 상황이었다. 문화코드 분석은 대부분이 영세한 규모인 한국의 문화콘텐츠 기업의 현실로서는 거의 불가능한 일에 가깝다.

결국 기존의 문화코드 연구는 대부분 '국가 및 국민성'에 한정되어 있어서 '문화콘텐츠에 대한 문화코드'로 확장하는데 많은 어려움이 있었다. 문화라는 것은 양질전환의 시점에서는 언제든지 변화할 수 있다. 문화는 서로를 간섭하고 상대방을 변화시킨다. 문화는 철학적 상호침투(interpenetration)나 자연과학의 삼투압 현상과 유사하게 설명될 수 있는 사회의 상부구조적 성격을 띠며, 문화콘텐츠는 이러한 현상과 상호작용하는 문화의 반영이라고 말할 수 있다.—비록 전 지구적 차원에서 경제적인 토대가 같다 해도 문화접변(acculturation)이 일어나면 문화적 저항이 수반될 수밖에 없는 이유이며, 이런 시각에서 보면 한류의 안티테제로 반한류 현상이 나타나는 것 역시 충분히 이해할 수 있다. 그런 까닭에 문화콘텐츠에 대한 문화코드는 국가별로 다르고, 이는 세대별, 장르별로 분산되어 내재되어 있기 때문에 심층적인 접근이 절실하게 필요한 시점이다. 이런 견지에서 본 연구에서는 '국가별 문화코드에 대한 연구와 국가별 문화콘텐츠에 대한 연구를 결합'하는데 특별히 주안점을 두었다.

2010년도 한국콘텐츠진흥원의 과제 수행의 일환으로 진행된 이 연구가 『문화콘텐츠와 문화코드－글로컬시대를 디자인하다』라는 결실을 맺기까지 많은 분들의 노력과 희생이 있었다. 기획단계에서부터 자문의원으로 참여해주신 한국외국어대학교의 임대근 교수님과 김찬완 교수님께서 중국과 인도의 문화코드 연구에 지대한 관심을 보여주셨으며, 해당 연구를 진행하는 연구원들에게 학문적 지도 또한 아낌없이 해 주셨다. 또한 김형인 교수님께서 기꺼이 저희 팀에서 직접 연구하지 못한 미국의 문화코드 분석에 관한 글을 주셔서 이 책이 더욱 빛날 수 있게 되었다. 재삼 감사드린다. 그리고 마지막으로 1년 여 간에 걸쳐 계속되었던 박치완 교수님의 독려와 지도에도 감사드리지 않을 수 없다. 돌이켜보니 교수님이 갖고 계신 관심과 기대 수준에 미치기에는 부족한 점도 많았다는 데 죄송스런 마음을 금할 길이 없다. 그밖에도 나카무라 마유, 김성수, 홍종열은 우리의 취지에 동의하여 자신들이 맡은 지역의 문화코드 분석을 외곽에서 성실히 수행해주었다. 그들에게 진 빚을 어떻게 갚아야 할지? 박지훈 군의 꼼꼼한 교정 작업도 이 책의 얼굴을 빛내는데 크게 일조했다. 모든 분들께 다시 한 번 감사의 말을 전할까 한다.

천릿길도 한걸음부터라 하지 않던가! 부족함에 대한 비판은 겸허히 받아들여야 할 것이다. '글로컬문화콘텐츠'와 '문화코드'라는 두 화두를 쥐고 내디딘 우리의 첫 발걸음에 힘을 북돋워주시리라 기대하며...

2011년 2월

연구자들을 대표하여

김평수

1

문화코드를 활용한 러시아 문화콘텐츠의 이해

1

문화코드를 활용한 러시아 문화콘텐츠의 이해

1. 러시아와 문화코드

한국과 러시아가 수교를 맺은 지 20년이 넘었다. 하지만 러시아에 대한 우리의 관심은 20년의 세월을 말하기엔 여전히 부족하고, 몇 가지에 국한되어 있다. 한국에서 10여년을 산 한 러시아인은 자신의 경험을 이야기하며 한국인들에게 각인되어 있는 러시아의 이미지는 "푸틴 전 대통령, 테니스 선수 샤라포바, 격투기 챔피언 표도르, 러시아 술 보드카, 그리고 너무 춥다는 것" 정도[1]에 그친다고 말한다. 이것은 과거, 러시아하면 떠올렸던 '추위', '보드카', '미녀'에서 크게 벗어나지 않는 범주로 우리가 러시아에 대해 여전히 얼마나 피상적

1 올렉 키리야노프(2008), 『다시 깨어나는 거인, 러시아』, 김&정, p.121.

인 지식만을 가지고 있는 지를 잘 보여준다.

하지만 오늘날 세계는 빠르게 변하면서, 지구촌이라는 이름하에 국가 간의 거리를 좁혀가고 있다. 그리고 이에 따라 이문화에 대한 보다 많은 이해가 요구되고 있다. 그러한 의미에서 인접국가인 러시아에 대한 이해는 매우 중요하다. 이는 러시아가 전 세계 면적의 11.5%를 차지하고 있는 그 크기만큼이나 다양한 측면에서－그 안에 매장되어 있는 천연자원의 문제, 시장 개방을 통한 급속도의 경제 성장, 옛 사회주의 국가로서의 북한과의 관계 등－우리에게 큰 의미를 갖는 나라이기 때문이다.

또한 러시아 문화에 대한 연구가 더욱 중요한 이유는 러시아가 다른 서구와는 달리 19세기에 와서야 개혁과 농노해방(1861년)을 한 것만 보아도 알 수 있듯이, 서구의 흐름과는 어느 정도 단절된 역사 속에서 고유의 세계와 문화를 만들어 왔기 때문이다. 그리고 이러한 문화의 특수성은 이후 세계에서 처음으로 공산주의 정권을 수립한 역사적 상황 속에서 더욱 심화되었다. 특히 우리나라는 분단 속에서 러시아(구소련)와는 반대 노선에 있었던 만큼 그 문화에 대한 연구가 제한적이었다. 따라서 오늘날 러시아에 대한 새로운 연구는 그만큼 절실하다고 볼 수 있다.

이를 위해 우리는 여기서 '문화코드'라는 개념을 활용하고자 한다. 문화코드에서 '코드'라는 말은 '문화'만큼이나 다양한 관점에서 해석될 수 있으나 여기서는 '문화를 읽어내는 하나의 열쇠'로 '코드'를 정의하고 사용하고자 한다. 또한 '문화'의 정의에 있어서는 고급문화, 생활양식, 과정으로서의 문화 등을 모두 포함하는 보다 넓은 개념의 '문화'를 사용한다.

러시아의 경우, 그 문화를 형성하는데 있어서 광활한 대지와 자연환경은 매우 중요한 역할을 했다. 환경에 따른 어려움과 이민족의 침입이 오늘날 러시아의 민족정서를 형성하는데 결정적 영향을 미쳤기 때문이다. 또한 소비에트의 형성과 그 해체, 자본주의의 유입 등과 같은 사회 변화도 러시아 문화를 말하는 데 있어서 빠질 수 없는 부분이다. 이밖에도 러시아 문화를 이해하기 위해서 필요한 것들을 나열하자면 끝이 없을 것이다. 이처럼 한 나라를 이해하기 위해서는 정치와 경제, 역사와 문화 등 다양한 방면에서의 총체적 이해는 물론 그것이 만들어지는 토양으로서의 특수한 자연적 환경이나 역사적 상황에 대한 이해도 필수적이다. 우리는 앞서 밝혔듯이 이 모든 것들을 하나의 '문화'로 정의한다. 즉, 문화를 한 그루의 나무라 한다면 그것이 자라나는 토양과 뿌리에서부터 줄기와 가지, 그리고 시시때때로 변하는 잎사귀까지 모든 것을 문화로 보고, 그것들을 간략하게나마 모두 살펴봄으로써 하나의 '러시아 문화'를 이야기 하고자 한다.

그렇다면 '러시아'라는 나무에 대해 보다 잘 이해하기 위해서는 어디서부터 어떻게 접근하는 것이 좋을까? 여기서는 우선 러시아 문화에 대한 전반적인 이해를 위해 큰 범위에서 작은 범위로 이야기를 풀어보고자 한다.

러시아의 뿌리가 되는 자연환경과 역사에서 비롯된 권력의 문화인 정치·경제문화에서부터, 그 영향력 안에 있지만 보다 일상적이고 다수의 러시아인들이 향유하고 있는 종교와 생활문화, 그리고 이 모든 것을 바탕으로 형성된 러시아의 콘텐츠 문화와 그 향유에까지, 커다란 원에서 작은 원으로, 바깥에서 안으로, 뿌리에서 잎사귀까지 차례대로 하나씩 그 안에 담긴 러시아의 문화코드에 대해 살펴보자.

2. 권력의 문화, 러시아의 정치와 경제문화

1) 러시아 정치를 움직이는 힘－집단주의에 기반 한 절대권력

오늘날, '영원한 적과 친구는 없고 국가 이익

만이 영원하다'는 철칙 하에 서방이라도 국익을 위해 필요하다면 얼마든지 협력할 수 있다고 말하는 러시아의 새로운 정치노선은 한마디로 '실용주의'에 가깝다[2]. 하지만 이러한 러시아의 의지에도 불구하고 러시아에 대한 세계의 인식은 아직 '전제군주, 레닌, 스탈린, 공산주의, 인권 탄압, 반체제 인사, KGB, 냉전, 핵무기 대국, 전쟁, 혹독한 추위, 인터걸, 체첸 사태, 폭탄 테러, 암살' 등과 같이 부정적인 정보들이 주를 이룬다. 실제로 러시아는 아직 자유 민주주의 국가라고 하기엔 보수적이고 폐쇄적이다.

이러한 러시아의 정치문화를 이해하는 데 있어서 가장 먼저 살펴봐야 할 핵심적인 키워드는 러시아의 전 대통령인 푸틴(В.Путин)이다. 오늘날 러시아에 대해 논하는 각종 서적들에 대부분 그 이름이 빠지지 않을 만큼 '푸틴'은 러시아에게 있어서나 그 외 러시아와 연결된 다른 국가들에게 있어서 매우 중요하다.

(C) 러시아 연방국 국무총리 블라지미르 푸틴 공식사이트 http://premier.gov.ru/

[그림 1] 러시아 총리 푸틴(В.Путин)

2007년 말 실시한 설문조사에 따르면 푸틴의 지지도는 83%로 나타났다. 이러한 그의 지지도는 1999년 총리 취임한 뒤 80%까지 올라가고 나서 8년 동안 65% 이하로 떨어진 적이 없었다는 점에서 더욱 주목할 만하다. 그리고 푸틴은 정치 신뢰도에 있어서는 오히려 현 대통령인 메드베데프(Д.Медведев) (42%)보다 높은 신뢰(49%)[3]를 받으며 부동의 1위를 고수

2 *Ibid.*, p.19 참조.

3 러시아 여론조사 사이트 ВЦИОМ 참조.
http://old.wciom.ru/novosti/reitingi/doverie-politikam.html (검색일: 2010년 08월 29일)

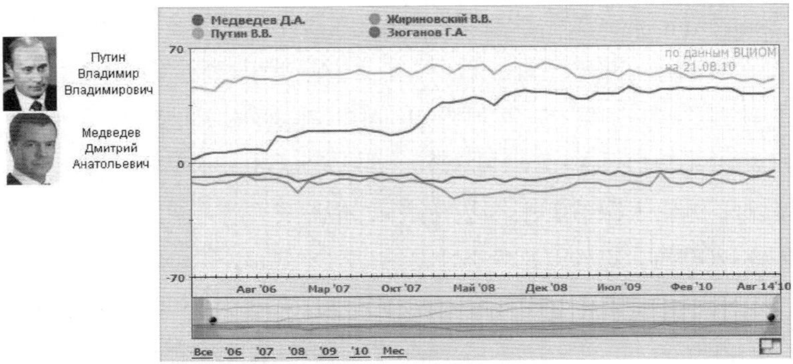

(C) 러시아 여론조사 사이트 ВЦИОМ

[그림 2] 푸틴과 메드베데프의 정치 신뢰도 비교 (위－푸틴 / 아래－메드베데프)

하고 있다.

따라서 현 러시아의 정치체제에 대해 세계는 대부분 대통령인 메드베데프와 총리인 푸틴의 양두체제라 이해한다. 하지만 2008년 대선 당시 메드베데프가 70%에 육박하는 지지율을 받고 당선이 된 배경에는 그만큼 뒷받침을 해준 푸틴이 있었다는 점을 고려할 때 현재 러시아 정치에서 가장 강력한 영향력을 행사하고 있는 사람은 푸틴이라고 보는 여론도 강하다.

흥미로운 것은 이렇게 강력한 '푸틴사랑'에도 불구하고, 국가기관이나 정부 관리들에 대한 러시아인의 신뢰도는 매우 떨어진다는 점이다. 이는 "조직이나 회사에 대한 충성도보다는 영향력 있는 보스 1인에 대한 충성과 복종"[4]이라는 러시아인들의 문화적 심리가 반영된 결과이다. 그리고 이러한 러시아인의 특성은 그 자연환경과 역사에 뿌리를 두고 있다.

러시아는 한반도의 77배에 달하는 광활한 영토(17,075,400㎢)와 이에

4 박경환(2003), 「호프스테드모형을 이용한 러시아인의 문화인식에 관한 연구」, 『러시아어문학 연구논집』, no.3, p.412.

(C) http://www.russiafederation.ru/

[그림 3] 지도상의 러시아

따른 혹독한 자연환경을 지닌 나라다. 이러한 환경은 러시아인들에게 “자신들의 마음속에 절대자의 섭리라고 보는 자연에 대해 외경심은 물론 스스로의 생존을 위해서도 도전보다는 묵묵히 적응해 가는 인종과 순응의 자세를 먼저 습득하게”[5] 하였다. 또한 우랄산맥과 카스피해 서북안 사이에 아시아 쪽으로 열려있는 폭 1300km의 커다란 간격은 러시아 역사에 커다란 영향을 끼친 13세기 몽고·따따르족의 침입을 비롯하여 기원전 7~8세기부터 기원 후 13세기까지, 2000여 년 동안을 유목민 무리들에게 러시아인들이 시달리게 되는 지리적 통로 역할을 하였다.[6]

또한 러시아는 240년간의 몽고·따따르족의 압제(1240~1480)뿐 만 아니라 프랑스 나폴레옹의 침입(조국전쟁, 1812), 독일 나치의 침입(제2차 세계대전, 1941~1945) 등 끊임없는 이민족의 침입 속에서 가난을 겪었다. 이러한 지리적, 역사적 고통 속에서 러시아인들은 자연스럽게 자신들

5 기연수(2004), 「러시아인의 문화코드와 의사소통 방식」, 『슬라브학보』, vol.19, no.1, p.222.

6 *Ibid.*, pp.223-224 참조.

을 지켜줄 절대 권력에 대한 열망을 키우게 되었고, 이는 러시아에서 서구 사회에 비해 국가에 대한 높은 기대와 의존의 정서가 발달하게 된 원인이 되었다. 오늘날 러시아 국민들이 경제적 발전을 이루어 내면서 한편으로는 부패세력 척결에 앞서고 있는 푸틴을 강력히 지지하는 것도 바로 이러한 이유라고 할 수 있다.

한편 러시아의 이러한 자연환경과 역사적 사건들은 '집단주의 문화'라는 또 다른 문화를 낳았다. 러시아의 척박한 지리적 여건, 혹독한 기후, 그리고 이에 따른 물자의 결핍이라는 조건하에 러시아인들은 생존을 도모하기 위해서 개인보다는 집단의 형태로 생산과 분배를 비롯해 일상생활 전반의 활동을 영위해 나가는 생활양식을 택했다. 이러한 생활양식은 19세기까지 지속된 농노제와 더불어 '러시아인의 문화적인 기제'가 되었으며, 사회주의 체제하의 집단 농장을 비롯한 생산 및 사회조직 형태로 기능하며 러시아의 기본적 문화 중 하나인 '공동체주의(communitarianism)'로 발전하였다.[7]

위와 같은 러시아 문화의 특성들은 네덜란드의 문화인류 심리학자인 거트 호프스테드(Geert Hofstede) 연구의 두 가지 지수에서 다시 한 번 확인 할 수 있다. 먼저 절대권력에 대한 지지는 권력격차(PDI; Power Distance Index) 지수로 파악할 수 있다. 러시아의 권력격차지수는 93으로 매우 높게 나타나는데 이것은 결국 절대 권력에 대한 러시아인들의 열망 혹은 두려움과 일치하는 결과라고 볼 수 있다. 그리고 두 번째 지수는 개인주의성향(IDV; Individualism)으로 그 지수가 39로 나타나 러시아 문화가 집단주의적 성향이 더욱 강한 문화라는 것을 증명해 준다.[8]

이에 대해 좀 더 살펴보면, 호프스테드 연구에서 집단주의 문화는 "사

7 강윤희 외(2009), 『현대 러시아 문화연구(시민의식과 문화정체성)』, 한울, pp.40~41 참조.
8 호프스테드 홈페이지 http://www.geert-hofstede.com/ 참조. (검색일: 2010년 08월 20일)

람들이 친척, 당파 및 조직과 같은 그들 자신이 속한 집단과 다른 사람의 집단을 구분하는 엄격한 사회구조에 의해 특징 지어지"[9]는 문화다. 이러한 집단주의 문화는 러시아에서 앞서 말한 '공동체 주의'는 물론, 고대 슬라브 사회 때부터 사회적 관습으로 굳어져 온 '연대책임(круговая порука)'제도에 이르기까지 역사 속에서 다양한 형태로 나타난다. 그러나 이는 결국 소비에트시기에 가서 조직 내의 부패와 불법 행위를 서로 눈감아주는 부조리로 이어지기도 했다.[10]

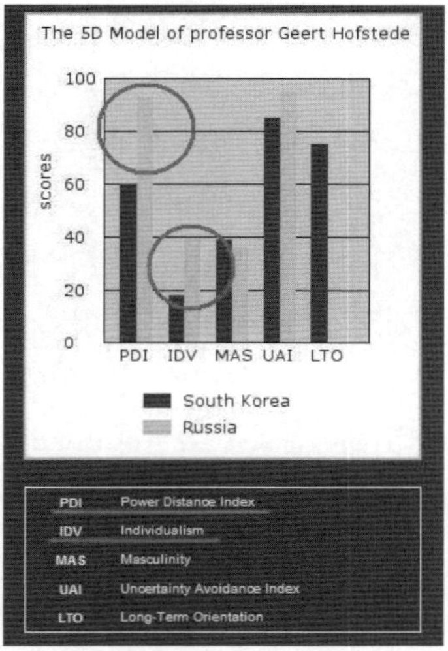

(C) Geert Hofstede™

[그림 4] 한·러 호프스테드지수 비교

또한 '절대 권력'이라는 측면에서, 러시아의 국가－사회관계가 국가가 지배하고 사회는 복종하는 관계라는 점은 자연스럽게 사회의 기본적인 작동원리로 온정주의(paternalism)와 후견주의(clientelism)가 발전하게 하였다.[11] 즉, 러시아에서는 어떤 문제가 발생했을 때 법과 제도보다는 종교나 학연, 지연 등 비공식적 인간관계가 더욱 힘을 발휘한다. 이것은 오늘날까지 이어진다. 현재 러시아 정치 세력의 중심인 푸틴 또한 자신의 출신을 바탕으로 페테르 마피아라고 불리는 페테르부르크 출신인 피체르츠(Питерцы)와 그가 간부로 있었던 KGB(현 FSB) 출신인 실로비키(Силовики)를 주요직에 앉힘으로써 자신의 인맥을 적극 활용하고 있다. 따라서 이들은 크렘린을 비롯한 각료, 전권대표, 주지사, 경제계 등 다양

9 박경환(2003), *op. cit.*, p.411.
10 강윤희 외(2009), *op. cit.*, p.41.
11 장덕준(2007), 「현대 러시아 정치문화의 탐색」, 『한국정치학회보』, vol.41, no.1, p.149.

한 분야에서 푸틴의 영향력을 등에 업고 활동하면서 러시아의 주요세력으로 활동하고 있다. 이는 러시아의 정치문화가 오늘날 "제도적 측면에서 어느 정도 민주주의적 외형을 갖추고 있으나, 다른 한편에서는 국가권력의 강화, 언론 자유의 제약, 경제부문의 통제 강화, 인권문제"[12] 등을 여전히 과제로 안고 있다는 비판과 함께 서구에서 푸틴을 비난하는 구실이 되기도 한다. 하지만 그럼에도 불구하고 푸틴이 높은 지지율을 유지하는 것을 보면 러시아인들에게 있어서 '집단문화에 기반 한 절대 권력'은 그들의 정치문화를 표현하고, 또한 이해할 수 있는 핵심적 문화코드라고 할 수 있을 것이다.

〈표 1〉 러시아의 경제 성장

구 분	'07	'08	'09	'09.1~6	'10.1~6
실질 GDP 성장률	8.1	5.6	-7.9	-10.1	4.2
산업생산 성장률	6.3	2.1	-10.8	-14.5	10.2
고정자본투자 증가율	21.1	9.8	-17.0	-20.6	1.3
소매거래량 증가율	15.2	13.0	-5.5	-2.5	3.4

(C) 러시아 경제개발부, 통계청, '10년은 추정치 (전년동기 대비, %)

2) 러시아 경제를 움직이는 힘 – 천연자원과 올리가르히(олигархи)

러시아의 권력구조에서 또 한 가지 중요한 것은 바로 경제 세력이다. 최근 러시아 경제가 빠른 속도로 발전하고 있다는 것은 누구나 알고 있는 사실이다. 물론 인플레이션의 경우 여전히 10% 안팎의 수준을 유지하고 있기는 하지만 이는 1990년대에 비하면 많이 줄어든 수치이다. GDP를 비롯한 산업생산, 고정자본투자, 소매거래량 또한 2009년 주춤했으나 다시

12 *Ibid.*, p.147.

증가하는 추세로 돌아설 것으로 예상되며 전반적으로 러시아 경제 성장에 대한 기대는 더욱 커지고 있다.[13]

하지만 이러한 지속적인 성장률과 발전에도 불구하고, 러시아 경제의 미래가 아슬아슬해 보이는 이유는 러시아 경제의 몇 가지 근원적인 문제점 때문이다.

2006년 러시아의 한 채용 사이트에서 경제 콘퍼런스에 참가한 1,600명을 대상으로 한 설문조사에서는 러시아 경제의 문제점을 1위 부패(52.14%), 2위 관료적이고 복잡한 행정 절차(20.70%), 3위 특정분야의 독점화(12.44%), 그 외에 높은 인플레이션(9.97) 등 이라고 지적했고, 같은 해 푸틴 전 대통령도 같은 문제(높은 인플레이션, 부패, 독점화, 관료적 절차)에 대해 지적한 바 있다.[14] 그리고 이는 4년이 지난 오늘날에도 여전히 러시아 경제성장을 위협하는 요인으로 남아있다.

특히 천연자원에 크게 의존하는 러시아의 경제기반은 그들에게는 '축복'이라고만 할 수는 없을 듯하다. 이미 국내외에서 "풍부한 천연자원이 경제적 풍요와 성장보다는 빈곤과 정체, 또한 정치적 민주주의보다는 독재나 권위주의로 귀결된다는 이른바 '자원의 저주(resource curse)'에 관한"[15] 연구가 많이 이루어져왔다. 실제로 1998년 러시아가 디폴트 선언을 한 가장 큰 원인이 '원유가 하락'이라는 점은 이와 같은 주장에 신빙성을 실어준다. 그래서 현재 러시아 정부는 '자원의 저주'를 반증이라도 하듯 오늘날 경제성장의 든든한 뒷받침이 되어준 원유를 비롯한 자원들을 절대 권력을 이용해 강력하게 통제·관리하고 있다. 하지만 러시아 해외

13 주 러시아 대사관 경제통상 자료 참조.
http://rus-moscow.mofat.go.kr/kor/eu/rus-moscow/economy/news/index.jsp
(검색일: 2010년 08월 30일)

14 올렉 키리야노프(2008), *op. cit.*, p.72.

15 홍완석 편저(2010), 『2010 러시아는 어디로 가는가?』, 한국외국어대학교출판부, p.112.

수출의 70%가 여전히 석유와 가스를 포함한 천연자원이라는 점에서 러시아의 지나친 천연자원 의존도 문제는 여전한 과제이다. 이것이 심각한 문제인 또 다른 까닭은 권력의 집중과 독점화, 부패 등의 주요 경제 문제 역시 천연자원 산업에 집중되어 있기 때문이다.

또한 천연자원 수출 집중화는 제조업의 부족현상으로 이어져 수입의 증가라는 또 다른 문제를 발생시키고 있다. "통계에 따르면 러시아에서 소비되는 상품의 75~80%가 외국산이고, 식품은 30% 정도가 외국에서 들어온다"[16]고 한다. 이것은 러시아의 경우 물건을 수입하는 것이 국내에서 만드는 것보다 더 싸고 질도 좋은 편이기 때문이다. 문제는 러시아 사람들이 이러한 상황에 너무 익숙해져 국제 관계의 변화에 따라 수입이 중단될 경우 기본적인 생존자체에 타격을 입을 수 있다는 점이다. 따라서 러시아 정부가 산업구조를 개선하기 위해 노력하고 있지만 이러한 정부의 노력에도 불구하고, 현재 산업 구조 개선은 괄목할만한 수준이라 보기 어렵다. 이런 측면에서 러시아의 천연자원은 러시아 경제를 이끌어가는 힘인 동시에 러시아 경제를 위협하는 요인이다. 이러한 이중적 경향은 천연자원과 함께 러시아 경제의 핵심 키워드인 러시아의 억만장자, '올리가르히(олигархи)'의 경우도 마찬가지이다.

미국의 경제 전문지 <포보스>가 발표한 2007년 세계 억만장자 리스트에 따르면, 러시아에는 1위 미국(415명)과 2위 독일(55명) 다음으로 많은 수(53명)의 억만장자가 있다고 한다. 하지만 러시아의 억만장자들은 다른 나라의 억만장자들과 조금 다른 특징을 지니고 있다. 다른 나라의 억만장자들이 60%정도가 자수성가형으로 평균연령이 60세인데 반해, 러시아의 올리가르히는 평균연령 40대 중반정도로 국영 기업을 불하받아 세계 수준의 갑부 대열에 합류한 젊은 벼락부자들이이기 때문이다. 특히 이들

16 올렉 키리야노프(2008), *op. cit.*, p.75.

(C) 아브라모비치 공식 웹사이트
http://roman-abramovich.com/

[그림 5] 대표적 올리가르히 – 로만 아브라모비치(Роман Абрамович)

대부분은 10여년의 짧은 기간 동안 재산을 축적했으며, 이전에 내세울만한 사회적 이력이 없다는 점에서 그들의 부가 어떤 노동과 노력의 결과라기보다는 정치적 연줄과 사회화 바람 속에서 얻은 운이라고 보는 시각이 일반적이다.[17] 따라서 일반적으로 부자에 대한 러시아인들의 인식은 좋지 않다. 러시아 내 여론조사 전문기관인 VICOM에 따르면 40% 가량의 러시아 국민이 '러시아에 부자가 많다는 것이 수치스럽다'고 생각하고, 자랑스럽다(7%), 부럽다(15%) 등의 긍정적인 답변은 훨씬 적었던 점[18]만 보더라도 이러한 러시아인들의 부정적 인식을 알 수 있다.

이처럼 러시아 재벌들에 대한 국민들의 시선은 곱지 않다. 또한 그들은 푸틴 시대에 부정부패와의 전쟁이 선포되면서, 정치적 탄압의 대상이 되기도 했다. 하지만 여전히 몇몇의 올리가르히는 정계와 좋은 관계를 유지하는 가운데 부를 누리면서 러시아 경제를 이끌어 나가는 한편 사회 문화에까지 영향력을 행사하고 있다. 그 대표적인 예가 소비문화의 변화이다.

경제 성장과 부자들의 등장은 러시아 소비문화에 영향을 미쳐 체면과 품위를 중시하는 소비문화를 바탕으로 유명브랜드와 명품 소비를 증가시켰다.[19] "모스크바 마네즈 광장 지하에 있는 명품 매장이 지하 3층에 연면

17 김현택 외(2008), 『붉은 광장의 아이스링크』, 한국외국어대학교 출판부, pp.16-17 참조.
18 김병호(2009), 『新 러시아, 러시아인 이야기』, 매경출판, p.228 참조.

적 48,000㎡에 이른다"[20]는 점은 러시아인들의 과시적 소비, 고가 브랜드 선호 정도를 알려주는 단편적인 예라고 할 수 있다. 하지만 이러한 과시적 소비문화 이면에 '빈부격차'라는 또 다른 문제가 내재되어 있다는 것이 더욱 심각하다.

"러시아 일간지 <코메르산트>는 러시아 통계청 자료를 인용하면서 2007년 말 최상위 계층 10%와 최하위 계층 10% 간의 소득격차가 16.8배에 달했다고 밝혔다."[21] 하지만 공식적인 통계가 실제 상황을 충분히 반영하지 않기 때문에 실질적인 빈부 격차는 더 높으리라는 의견도 있다. "러시아 과학아카데미 산하의 경제 연구소는 '통계에 포함되지 않은 소득까지 계산하면 러시아의 빈부 격차는 16.8배가 아니라 25배 정도에 달할 것'이라고 주장했다."[22]

이러한 빈부격차는 러시아인들의 '가족지출'에 대한 설문조사[23]에 잘 나타난다. 이 설문조사에 따르면 대부분의 사람들이 수입의 대부분을 저축보다는 지출하는 데 쓰는 것으로 나타났다.[24] 그리고 같은 설문조사(중복응답 가능)에서 소비의 대부분을 차지하는 것이 먹고사는 것(87%), 세금(61%), 의복(28%), 약(14%) 등으로 1차적 생활용품과 세금에 집중되었다는 점은 앞서 이야기했던 부유층의 고가 소비문화의 이면에 존재하

---

19 러시아인들의 이러한 소비성향에 대한 자세한 내용은 KOTRA의 자료 ≪러시아 사치품 시장 공략할 수 있나≫를 참조. http://www.globalwindow.org/ 참조. (검색일: 2010년 08월 28일)

20 윤성학(2004), 『러시아 비즈니스』, 아라크네, p.114.

21 올렉 키리야노프(2008), *op. cit.*, p.108.

22 *Ibid.*, p.108.

23 러시아 여론조사 사이트 ФОМ 참조. http://bd.fom.ru/pdf/d29sr10.pdf (검색일: 2010년 08월 22일)

24 아래의 표에서 맨 윗줄은 '현재 가용할 수 있는 수입 중에서 하나도 저축하지 않는다.' 두 번째 줄은 '현재 가용할 수 있는 수입 중에서 저축할 돈을 남겨 놓는다.' 그리고 세 번째는 '처음에 저축할 돈을 미리 챙기고 남은 돈으로 생활한다.'로, 전반적으로 저축의 비율은 높지 않은 것으로 보인다.

는 ‘빈부격차’의 실상을 확실히 보여준다.

특히 모스크바와 상트페테르부르크를 제외하고 지방으로 내려가면 생활수준도 낮고 도로 같은 인프라도 소련시대 그대로인 완전히 다른 러시아를 볼 수 있는데 “얼마 전에 발표된 연구 결과에 의하면 88개의 러시아 연방 구성체 가운데 16개 지역만 중앙 정부로부터 지원을 받지 않아도 되는 상태로 나타났다. 대도시(모스크바, 모스크바 주, 상트페테르부르크, 상트페테르부르크 근처의 레닌그라드 주 등) 아니면 자원이 많은 지역(코미, 한티만시 등)들이다.”[25] 이러한 지역 소득격차는 단순히 경제적인 문제가 아니라 사회적, 정치적 문제로 확대될 수 있다는 점에서 더욱 심각하다.

이처럼 현재 러시아 경제문화에는 극단적 상황이 공존하고 있다. 빠른 경제 성장에 따른 빈부격차는 물론 천연자원 수출에 따른 호황과 불황의 경계를 아슬아슬하게 오가고 있는 것이다. 그런 의미에서 러시아 경제문화를 움직이는 천연자원과 올리가르히는 러시아 경제의 ‘양날의 칼’인 동시에 현재 러시아 경제 상황을 보여주는 설명할 수 있는 문화코드라고 할 수 있다.

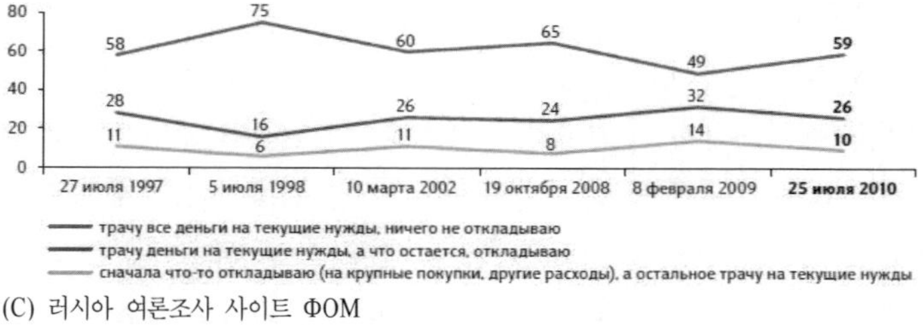

(C) 러시아 여론조사 사이트 ФОМ

25 올렉 키리야노프(2008), *op. cit.*, pp.111-112.

3. 일상의 문화 – 러시아의 종교와 생활문화

1) 민중의 뿌리, 러시아 정교

러시아는 그 크기만큼이나 다양한 종교가 공존하는 나라다. 그 예로, 러시아 내 칼미크 공화국은 불교 국가이고, 체첸이나 잉구셰티아 등 남부 카프카스 공화국은 이슬람을 믿는다. 물론 기독교과 민속신앙도 존재한다. 하지만 러시아의 '종교'는 역시 '러시아 정교'가 대표적이다. '러시아 정교'는 988년 블라디미르 I세(Владимир I)가 비잔티움에서 도입한 이래 국가권력에 준하는 위상을 가지고 러시아의 국민들을 통합시키는 정신적 지주의 역할을 수행해왔다. 또한 러시아의 정치에 있어서도 끊임없이 그 영향력을 행사했다. 러시아 전제군주의 권력은 정교에 의해 정당화되었으며, 몽고의 압제와 대동란 시대, 그리고 제2차 세계대전 등과 같은 국가적 위기 속에서도 정교는 국가종교로서 그 역할을 다하였다. 이처럼 러시아에서 정교가 외래 종교였음에도 불구하고 위와 같은 위상과 역할을 차지하게 된 것은 그 수용과정에 기인한다.

러시아 정교는 외부로부터의 전파가 아닌, 내부의 필요에 의해 수용되었다. 초기 집권층은 국민을 통합하기 위한 이데올로기의 필요에 따라 오랜 고민 끝에 '정교'를 선택하였다. 이렇게 수용된 러시아의 정교는 그 목적대로 국민들로 하여금 황제 교황주의에 의거한 강력한 통치와 통치권자에 대한 의지, 절대적 복종 자세를 갖게 하였고, 이를 통해 러시아 정치문화를 형성해 나갔다.

하지만 정교가 꼭 이렇게 정치문화에만 영향을 끼친 것은 아니다. 정교의 "평등(형제)·박애·구원주의 사상은 러시아인들에게 현세의 고통을 묵묵히 견디어 내는 인내심과 상대방이나 이웃들을 여유롭게 배려하고 용서하는 마음을 갖게 하였다. 그리고 이것들은 러시아인들로 하여금 어떤 상황에 부딪쳤을 때 생존 그 자체를 위해 그들만의 세계 속에서는 이성적이거나 합리적인 방법보다는 감성적 이심전심(以心傳心)의 상호 이해 속에서 그것을 해결하려는 공동체적 집단주의(коллективизм)'[26] 성향을 갖는데도 그 영향을 미쳤다. 이러한 정교의 영향력은 러시아가 '불확실성에 대한 회피'가 매우 높은(95)[27] 나라임에도 불구하고, 러시아인들이 "현세적 삶을 추구하고, 인간답게 삶을 즐기는 여유를 가지고 미래에 대해 별로 위협을 느끼지 않는"[28] 까닭을 설명해준다.

또한 정교의 사상으로 인한 감성적 상호이해 성향의 집단주의는 러시아가 정치나 사회면에서 어느 정도 보수적이고 남성적인 성향을 가지고 있음에도, 여성적 문화[29]로 분류될 수 있게 하는 밑바탕이 되었다. 이러한 러시아의 문화 성향은, 2009년 한 마케팅 연구소에서 실시한 가치조사(중복응답가능)의 순위가 집(86%), 가족(81%), 사랑(78%)[30]으로 나타난 것으로 보아 오늘날까지도 지속되고 있는 것으로 여겨진다.

한편, 러시아에서 정교는 생활문화에도 큰 영향을 미치고 있다. 부활절이 되면 정교 신자 여부와 관계없이 집집마다 달걀을 삶아 색을 칠하고, 부활절에 먹는 특별한 빵인 '쿨리치(Кулич)'를 굽는 것이나, 부활절 전

26 기연수(2004), *op. cit.*, p.232.

27 호프스테드 홈페이지 http://www.geert-hofstede.com/ 참조. (검색일: 2010년 08월 20일)

28 박경환(2003), *op. cit.*, p.419.
위 연구에서는 러시아인들의 이러한 의식구조를 예를 들어 러시아 문화를 불확실성의 회피가 약한 문화로 분류하고 있으나, 실제 호프스테드의 연구에서는 불확실성의 회피가 높게 나타나며, 이 논문에서도 "러시아인의 일상생활에서는 전반적으로 불확실성의 회피가 약하며 다만 정치, 제도적인 면에서는 불확설성의 회피가 강한 면모를 엿볼 수 있다"(*ibid.*, p.420)고 이야기하고 있다.

29 호프스테드 연구에 따르면 남성적인 문화는 경쟁, 확신, 포부, 재산증식, 소유 등에 관심을 갖는 문화이고, 여성적인 문화는 인간관계, 다른 사람에 대한 배려, 삶의 전반적인 질에 관심을 갖는 문화다. 러시아 문화의 남성다움 지수는 36으로 러시아 문화는 여성적인 문화에 가깝다. 호프스테드 홈페이지 http://www.geert-hofstede.com/ 참조. (검색일: 2010년 08월 20일)

30 http://www.advertology.ru/article75105.htm 참조. (검색일: 2010년 08월 22일)

사순절 기간 동안 정교회의 규칙에 따라 육식을 하지 않는 것, 길을 걷다가－심지어 술에 취해서도－교회나 사원, 수도원 옆을 지나게 되면 성호를 긋는 모습 등은 러시아에서 정교가 일상생활 안에 들어와 있음을 보여준다.

(C) http://www.paskha.ru/

[그림6] 러시아의 부활절

흥미로운 것은 1999년 러시아와 핀란드 학자들이 연구한 '옛 교회, 새 신자들'이라는 연구에 따르면 러시아 응답자 중에 신앙을 가진 사람의 98%, 냉담자의 90%, 불신자의 50%, 심지어 무신론자의 40%도 스스로를 정교신자라고 여긴다고 대답했다는 점이다.[31] 2006년 9월에서 10월에 실시된 비슷한 설문 조사에서도 설문대상자인 러시아인의 80%가 기독교라고 응답했으며, 그중에서 50% 이상이 정교도로 밝혀져 위의 연구가 과거뿐만 아니라 현재의 러시아에도 적용되고 있음을 보여준다. 결국 이러한 통계 자료를 바탕으로 연구자들은 대다수 러시아 사람들에게 정교는 종교가 아니라, 러시아의 특성과 정신적 가치를 상징하는 '이념적 정교'라는 결론을 내렸다.[32]

'이념적 정교'의 신자들은 교회를 나간다거나 교리를 철저하게 지키는 신앙생활보다는 절충적인 신앙생활을 하는 경우가 많고, 경우에 따라서는 정교 자체에 대한 이해가 거의 없는 경우도 있다. 실제로 이념적 정교 신자라고 일컫는 러시아의 신자들은 부활절과 같은 정교의 몇 가지 축일만 지킨다거나, 종교의식도 겨우 몇 가지만 행하는 수준이며, 마법이나 무속, 점성술 등에 빠지기도 하고, 정교의 교리와 전혀 반대되는 민간

31 강윤희 외(2009), *op. cit.*, p.101.
32 김현택 외(2008), *op. cit.*, pp.131-132 참조.

신앙적 요소를 신봉하기도 한다. 따라서 러시아 정교에 대한 다음과 같은 시각을 살펴 볼 필요가 있다.

> "일각에서는 20세기 말 시작된 '정교회의 부활'이 사실은 종교 그 자체로서의 부활이 아니라, 정교와 동일시된 민족주의의 부활이라고 말한다. 이것이 지금 러시아와 다른 구소련 국가들에 널리 퍼진 '이념적 정교'의 모습이라는 것이다. 러시아인들은 정교를 일정한 종교체계로만 받아들이는 것이 아니라, 그들에게는 너무나 자연스러운 어떤 문화적 영역이자 민족적 삶의 모습이다. 그래서 '러시아인이기 때문에 정교신자이다'라는 가정이 그들에게는 너무 쉽고도 자연스럽게 받아들여진다."[33]

이와 같은 시각은 앞서 거론한 여러 가지 정황들을 생각했을 때 어느 정도 설득력을 가진다. 또한 이것은 우리가 그들의 종교를 이해하고 그것을 하나의 문화코드로서 콘텐츠에 적용하는 데에도 매우 중요한 사실이다. 뒤에서 자세히 살펴보겠지만 실제로 '이콘(икона)'이라는 정교화나, 러시아의 예술에도 큰 부분을 차지하고 있는 민중문화에서 정교가 지니는 '성스러움'을 뒤집고 패러디한 목판화 '루복(лубок)', 바보 성자(聖子)를 의미하는 '유로지비(юродивый)'와 같은 독특한 문화를 고려할 때, 러시아 정교와 콘텐츠는 매우 깊은 관계를 맺고 있음을 알 수 있다.

이런 여러 가지 측면에서 봤을 때 권력과 연결되어 있는 '성스러움'의 정교 역사와 그 사상에 대한 이해는 그것을 유입했던 통치세력의 권력문화에 대한 이해뿐만 아니라 오늘날까지 그것을 생활 속 깊숙이 간직하고 있는 러시아의 민중 문화를 함께 이해할 수 있다는 점에서 매우 중요한 코드라고 할 수 있다.

---

33 *Ibid*, pp.133-134.

2) 변화하는 일상의 삶 – 맥도날드와 새로운 다차(дача)문화

이제 의식주와 같은 러시아인들의 일상적 생활문화 속에 담긴 문화코드를 살펴보자.

일반적으로 "러시아에서 음식은 혹한을 견뎌내기 위해 기름지고 상당히 짜거나 맵게 만들어졌다. 따라서 높은 열량을 내는 육류와 함께 빵과 감자가 러시아 음식의 주재료이고, 고기 없이 채소나 해산물만 먹는 것은 러시아에서 좋지 않은 식생활이라고 여겨진다."[34] 또한 러시아의 고로케라 할 수 있는 '피로그(пирог)', 러시아 팬케익인 '블린(блин)', 죽과 비슷한 '카샤(каша)', 러시아식 스프라고 할 수 있는 '보르스치(борщ)', 러시아 전통 저 알콜성 음료인 '크바스(квас)'와 '보드카', '맥주' 등 대부분의 러시아의 음식과 음료를 곡물로 만들고 있으며, 17세기와 19세기경 서구에서 수입된 감자와 토마토는 가장 보편적인 러시아 음식재료로 확산되었다.[35]

특히 러시아 음식에서는 '술'을 빼놓을 수 없다. 블라지미르가 여러 종교들을 제치고, 결국 동방정교를 선택한 이유가 술에 대해 비교적 자유로웠던 교리 때문이라고 풀이될 만큼 러시아에서는 '술'이 매우 중요하기 때문이다. 그중에서도 '보드카'는 러시아를 상징하는 술로 유명하다. 러시아에서 보드카를 마시는 이유는 추위 때문이기도 하지만 보드카가 기름진 음식을 빨리 소화, 분해시키기 때문이기도 하다. 현대에 와서는 지나친 음주가 심각한 사회적 문제를 야기함에 따라 정부차원에서 이를 해결하기 위해 노력하고 있고, 보드카보다 맥주를 선호하는 경향도 나타나고 있기도 하다. 그러나 여전히 러시아를 이해하기 위해서는 보드카에

34 김병호(2009), *op. cit.*, p.175.
35 이덕형(2009), 『러시아 문화예술의 천년』, 생각의 나무, p.393 참조.

대한 이해가 필요하다. 일례로, 러시아의 대표적 영화 중 하나인 <모스크바는 눈물을 믿지 않는다>라는 영화를 보면 술집에서 술을 마시는 장면이 나오는데, 한 남자가 술집 바에 앉자 옆에 앉은 사람이 아무 말 없이 보드카를 한잔 내민다. 술잔을 받은 남자는 다시 아무 말 없이 그것을 마시고 영화에서 둘은 곧 이야기를 나누기 시작한다. 이러한 장면은 보드카를 나눠 마시는 것이 그저 술을 함께 마신다는 차원이 아니라 상대방과 친구가 되는 하나의 절차임을 나타낸다. 이처럼 보드카는 단순히 접대를 위한 비즈니스 차원에서 뿐만 아니라 영화나 드라마 등 문화콘텐츠 속에서도 그 속에 담긴 러시아인들의 문화를 이해하는 데 중요한 코드로 작용한다.

한편 현대 러시아 식생활에서 가장 주목해야 할 점은 패스트푸드의 도래와 반향이다. 페레스트로이카(перестройка) 이후 자본주의 도입에 따라 맥도날드와 같은 패스트푸드점이 들어오면서 외식문화가 급속도로 발전하였으며, 일식당이나 중식당 등도 많아졌다. 이에 따라 러시아에서는 가장 인기가 많은 맥도날드 외에도 닭요리 전문 패스트푸드점인 '로스틱'이나 일식당 '야키도리아', 피자집 '스바로', '파파존스' 같은 곳에서 직장동료나 가족단위로 모여 식사를 즐기는 모습을 쉽게 찾아볼 수 있다. 또한 이러한 흐름에 따라 요즘은 러시아 전통 음식점들도 무무나 욜키팔키와 같은 깔끔한 프랜차이즈형 레스토랑으로 변화하면서 경쟁력을 확보해 나가고 있는 추세이다.

(C) http://ru.wikipedia.org/
[그림 7] 러시아의 대표적 패스트푸드－맥도날드

주목할 점은 맥도날드로 대표되는 이러한 러시아 음식문

화의 변화가 단순한 식생활의 변화라기보다는 미국과 유럽의 큰 영향을 받고 있는 현재 러시아 문화전반의 현상을 대변한다는 점이다. 따라서 이러한 식생활의 변화는 나아가 좀 더 편리하고 빠른 것을 찾는 전체적인 소비패턴의 변화, 문화패턴의 변화의 이해할 수 있는 코드가 된다.

실제로 이러한 변화는 외식문화뿐 만 아니라 일반적인 식생활에서도 나타나고 있다. 많은 러시아인들이 일주일에 한 번은 가공식품이나 냉동식품을 대형마트 같은 큰 매장에서 한꺼번에 구입하고, 인구의 50%는 일반적인 식품보다 간단하게 가공된 식품들을 선호한다. 가공식품이나 냉동식품의 구입은 2001년부터 몇 번이나 증가하는 추세에 있었는데, 이러한 현상이 현재 커다란 비율을 차지하는 것은 아니나 계속 증가하고 있다는 측면에서 앞서 말한 문화코드와 연결 지어 중요하게 살펴 볼 필요가 있다.[36]

새로운 변화는 주거문화에서도 나타나고 있다. 러시아는 오랜 역사동안 그에 맞는 자신만의 주거공간을 만들어 왔다. 전통 주거 공간인 통나무로 만든 '이즈바(изба)', 소비에트 주거 문화를 대표하는 획일화되고 정형화된 5층짜리 연립주택 '흐루시초프카(хрущёвка)' 등이 그 대표적인 예이다.

하지만 이런 '이즈바'나 '흐루시초프카'는 현대에 오면서 대부분 그 자취를 감추고 있는데 반해 같은 전통 주거공간인 '바냐(баня)'와 '다차(дача)'는 여전히 그 명맥을 유지하며 러시아인들에게 사랑받고 있다. 이것은 시대나 사회적 환경으로 특징지어지는 이즈바나 흐루시초프카에 비해 바냐와 다차가 그러한 특징은 물론 지속적으로 향유될 수 있는 문화를

36 По данным исследований, чтобы сэкономить время, россияне все больше стремятся делать покупки в одном месте, один раз в неделю, покупать готовые или замороженные продукты, доля которых выросла с 2001-го года в несколько раз. Все больше людей питаются в пунктах быстрого питания и, хотя доля их в целом пока невелика, она растет.
http://www.advertology.ru/article69209.htm 참조. (검색일: 2010년 08월 22일)

(C) http://ru.wikipedia.org/

(C) http://ru.wikipedia.org/

[그림 8] 러시아의 대표적인 전통가옥 이즈바(좌)와 흐루시초프카(우)

(C) http://venicov.at.ua/

[그림 9] 전통적인 바냐의 모습

(C) http://dveri-raduga.ru/

[그림 10] 현대식 바냐의 모습

담고 있기 때문이다. 실제로 바냐와 다차는 현대문화에 맞춰 변화하면서도 여전히 그 고유의 문화를 가지고 있다.

먼저 '바냐'는 일종의 러시아식 사우나로, 달군 돌에 물을 부어 증기를 내는 습식 사우나 시설이다. 바냐는 추운 러시아에서 없어서는 안 될 중요한 공간이었으며 나아가 "단순한 목욕탕을 넘어서 러시아인들에게는 사교 공간이자 치유의 공간이 되기도 했다. 이곳에서 러시아인들은 사람들을 만나 담소를 즐기거나 몸이 불편할 때 휴식을 취하기도 했다."[37]

이러한 바냐는 오늘날까지도 그 형태가 계속되고 있다. 다만 과거와 같은 공중목욕탕 식보다는 예약제로 한 팀이나 많게는 세 팀 정도만 받는

37 이덕형(2009), 『러시아 문화예술의 천년』, 생각의 나무, pp.375-376.

체제로 운영되며, 보통 사우나, 냉탕, 마사지 등의 시설을 갖추고 있다. 이와 더불어 도시 외각에서는 통나무집을 지어 장작으로 불을 지피는 전통 바냐도 함께 유행하고 있다.[38] 물론 그 안에 담긴 사교의 문화, 치유의 문화도 여전히 존재한다. 따라서 바냐는 앞서 말한 보드카와 마찬가지로 러시아에서 그 사람과 나의 친분을 확인할 수 있는 하나의 수단이며, 그렇기에 비즈니스를 하거나 러시아 생활문화를 이해하는데 있어서 꼭 알아둘 필요가 있다.

그렇다면 이제 주거문화에서 바냐와 함께 중요한 위치를 차지하고 있는 다차에 대해 살펴보자. 다차는 '주다(дать)'라는 동사에서 파생되어 온 말로 이미 11세기부터 고대 러시아어에도 존재하고 있었고, 이반 뇌제 시대(1530~1584), 예카테리나 여제 시대(1762~1796)를 거쳐 19세기의 농노해방(1861) 때까지 실시된 토지 측량에서도 핵심개념으로 사용되었다. 그러한 다차가 오늘날의 의미와 비슷하게 쓰이게 된 것은 18세기 초 표트르 대제 시대부터로, 그 당시의 다차는 황제가 하사한 페테르부르크 근교의 작은 토지와 그 부속건물을 가리키는 것이었다. 이후 19세기 말에 와서야 다차는 지금과 같이 주로 여름철 도시의 번잡한 생활을 피해 휴식과 여가를 즐길 수 있는 러시아 특유의 생활공간으로 자리 잡게 되었다.[39]

다차는 주요생활 공간이 아닌 별장의 역할을 하면서 다양한 여가생활과 놀이문화를 만들어 냈다. 그리고 주로 아이와 여자들의 위한 공간이었던 만큼 그들을 중심으로 한 가족의 유대관계가 강조되었다. 이러한 다차의 주거 문화적 특징은 앞서 말한 러시아의 여성적 문화의 모습을 보여준다. 1970년대에 대중화된 이후, 그 안에 텃밭을 통해 소비에트 시대에 중요한 식량공급원이 되기도 했던 다차는 그렇게 오랜 세월에 거쳐 러시

38 윤성학(2004), *op. cit.*, p.261.

39 김현택 외(2008), *op. cit.*, p.258.

(C) http://www.mosestate.ru/

[그림 11] 러시아 전통적 다차 전경

(C) http://samararegion.inetgiant.ru/

[그림 12] 현대식 다차 문화, 코티지

아인들이 가족과 함께 자연을 느끼고 삶의 여유를 찾는 공간으로 스스로의 문화를 만들어 갔다.

하지만 오늘날에는 모스크바나 페테르부르크 등 대도시 근교를 중심으로 자본주의 물결을 타고 새로운 다차 문화가 생겨나고 있다. 러시아 재벌들을 중심으로 생겨나고 있는 고급스럽고 호화로운 다차의 새로운 유형인 '코티지(коттедж)'가 바로 그것이다. 코티지는 러시아의 부자들만이 소유할 수 있는 엘리트 주택인 '엘리트카(Элитка)' 중에서도 단연 으뜸으로 서구식 주택들이 모여 있는 타운하우스인 '글랴네츠'[40]보다도 더 러시아 재벌들의 특권의식을 고취시키는 역할을 한다. 이는 앞서 경제문화에서 이야기했던 러시아인들의 과시적 소비성향과 빈부격차뿐만 아니라 서구문화, 특히 자본주의의 영향을 받은 현대 러시아의 개인주의와 다양성의 문화를 잘 보여준다고 할 수 있다. 이처럼 바냐와 다차는 그 전통적 가치와 문화를 유지하는 가운데 시대에 맞는 새로운 문화를 만들어 내며, 변화하는 러시아의 일상문화를 보여준다.

---

40 '글라무르'(글래머)나 '글랴네츠'(glianets)라는 러시아 말은 사람이나 상품의 화려하거나 고급스러운 이미지를 가리키며 널리 회자되고 있다. 러시아의 유명 영화감독 중 한명인 안드레이 콘찰로프스키가 선보인 동명영화로 더 잘 알려진 글랴네츠는 원래 거울과 같은 사물들의 반짝거리는 성질, 즉 '광택'이나 '윤기'를 의미한다. 그런데 이와 같은 일차적 의미를 갖는 러시아어 단어가 콘찰로프스키의 영화에서 묘사되고 있는 것처럼 패션계의 모델이나 사교계의 여왕, 유흥가의 마담들을 가리키는데 사용되고 있어 단연 화제이다.(*ibid.*, p.270.)

4. 러시아의 문화콘텐츠-현대 러시아 대중문화와 그 속의 문화코드

1) 예술의 나라에서 문화산업의 나라로

'러시아에서는 거지도 구걸을 해서 발레를 본다'는 말이 있다. 그만큼 러시아인들의 예술적 수준과 관심이 매우 높다는 말이다. 실제로 연극 분야만 하더라도 현재 모스크바에만 40여개의 국립극장과 150여 개가 넘는 스튜디오 극장들이 있고, 그곳에서 거의 매일 다양한 장르의 작품들이 상연되고 있다. 뿐만 아니라 체홉 국제연극페스티벌, 세계연극올림피아드 등 크고 작은 국내외 연극 페스티벌 행사가 매년 치러지고 있으며, 한편에서는 새로운 유형의 극장들이 들어서면서 더욱 다양해진 관객들을 극장으로 끌어들이고 있다. 더불어 공연에 대한 관객들의 관심도 매우 높다. 오늘날 공연의 티켓 가격 상승과 영화, TV, 인터넷 등 새로운 매체의 등장에도 불구하고, 여전히 15%정도의 러시아인들은 여가시간에 극장을 방문한다.[41] 또한 2005년 극장관객을 대상으로 한 설문조사에서는 극장 관객의 50%정도가 한 달에 1~2번 이상 연극을 관람하고, 그중 18%는 일주일에 한번 이상 관람하는 애호가들이며, 또한 전체 관객의 55%가 연극페스티벌 소식에 관심을 갖고 지속적으로 살피는 것으로 나타났다.[42]

역사를 되돌아보면, 러시아에서 예술문화와 예술가들은 언제나 독특한 지위를 가지고 있었다. 전제주의에서 전체주의로 이어지는 비극의 역사 속에 많은 러시아 예술가들은 단지 예술의 영역 내에 머무르지 않고 항상 당대의 사회·정치 구조에 대한 비판자로서의 역할을 담당했다. 이러한

41 여가시간에 관한 조사(2010) http://www.advertology.ru/article81905.htm 참조. (검색일: 2010년 08월 22일)

42 극장 관객 조사(2005) http://www.advertology.ru/article11763.htm 참조. (검색일: 2010년 08월 22일)

활동은 그들로 하여금 동시대 거대 담론의 중심에 서게 만들었다.[43] 아래의 문장은 러시아에서 예술이 갖는 위치를 보다 정확히 설명해준다.

(C) 볼쇼이 극장 홈페이지 http://www.bolshoi.ru/

[그림 13] 러시아 볼쇼이 극장 내부모습

"한 가지 분명한 것은 러시아에서 예술은 언제나 '예술' 이상이었다는 점이다. 기술적 완성도를 추구하고 창조물에 외적, 내적 아름다움을 부여하는 것 이외에 러시아 예술가들은 그리고 그 수용자들은 그 이상의 것을 예술에서 찾았다. 예술은 감성의 그릇일 뿐 아니라 윤리의 도구였으며 종교적 진리를 설파하는 수단이었다."[44]

러시아의 예술과 대중문화는 이러한 사회적 위치에 따라 다른 어떤 나라보다 사회·정치 문제와 밀접한 관련을 맺어왔다. 따라서 러시아 예술의 발전은 정치적 관계에서 비롯된 측면이 강하다. 레닌에서 스탈린, 흐루시초프, 브레즈네프, 고르바초프, 옐친, 그리고 오늘날 푸틴, 메드베데프에 이르기까지 러시아 지도자들은 사회 변화의 흐름 속에서 문화를 자신들의 정치를 위한 도구로 사용하였다.[45] 그리고 이에 따라 러시아 문화는 사회 변화에 민감하게 변화할 수밖에 없었다.

그중에서도 현대 러시아 대중문화를 형성하는데 가장 큰 영향을 미친 사회변화는 역시 '페레스트로이카(перестройка)' 이후의 '자본주의 유

43 강윤희 외(2009), *op. cit.*, pp.489-490 참조.
44 이혜승(2004), 「러시아의 삶과 문화 속에서 본 예술」, 『국제지역정보』, no.127, p.86
45 박재근(1998), 「러시아 대중문화예술에 대한 연구」, 『대한무용학회논문집』, no.24, pp.161-164 참조.

입'이다. 페레스트로이카가 사회 자체를 뒤집은 대 사건이었던 만큼 이것은 러시아 문화전반에 큰 영향을 주었다. 따라서 오늘날 대중문화도 그 영향권 안에서 다른 문화－그중에서도 특히 경제문화－와 마찬가지의 변화를 겪고 있다. 자본에 따른 '문화의 양극화' 현상이 바로 그것이다.

공연의 경우 '명품관객'의 등장이 대표적이다. 이들은 유명 극장, 비싼 좌석의 공연만을 찾으며 그 공연을 선택받은 자들만을 위한 것으로 간주해 티켓 가격을 상승시켰다. 이에 따라 러시아의 공연 티켓은 2,000~3,000루블을 호가하는 로열석 티켓과 이에 비해 대략 3~5배가량 싸게 구입할 수 있는 내국인용 티켓으로 분리되었다.

이런 양극화 현상은 소비뿐만 아니라 공급에서도 나타난다. 과거 러시아의 공연예술을 지탱하는 힘이었고 페레스트로이카 이후 힘든 경제 상황 속에서도 지속되었던 국가와 국내외 유명기업들의 후원이 점차 유명 극장이나 유명 연출에게만 몰리면서 가격에 따른 공연의 질 차이가 매우 커지고 있기 때문이다. 다시 말해 자본에 따른 '관객의 양극화' 현상뿐만 아니라 자본에 따른 '극장의 양극화' 현상도 나타나고 있는 것이다.[46] 과거 러시아 공연의 높은 예술성과 작품성을 지켜주던 국가적 지원과 관객의 자부심이 자본주의 논리 하에 변질되어 예술성보다는 상업성에 무게를 둠에 따라 아이러니하게도 오히려 공연의 질적 저하와 관객소외를 불러일으키고 있는 것이다.

하지만 무엇보다 자본주의 유입에 가장 많은 영향을 받은 매체는 바로 TV다. 올리가르히는 천연자원사업과 마찬가지로, 1990년 초부터 급속도로 진행된 소련 국영 TV의 탈중앙화와 주파수 분배과정, 1992년 가격 자유화, 1993년 사유화 과정 속에서 거대자본을 활용해 제일 먼저 미디어를 구입하였다. 그러나 TV 제작 시스템과 비용의 거대한 규모는 소련 시기 TV의

46 강윤희 외(2009), *op. cit.*, pp.513-517 참조.

국가 의존성을 심화 시켜, 신문이나 잡지 같은 다른 대중매체에 비해 TV가 페레스트로이카가 상당히 진행된 시점까지도 시대적 변화를 적절히 반영하지 못하는 보수적 매체로 남아있게 하였다.[47]

(C) HTB

[그림 14] TV 영화- 닥터지바고

이와 같은 TV의 자본권력화와 보수성이 러시아 대중문화에서 중요한 이유는 극장이나 영화관이 대형화, 고급화됨에 따라 생겨난 문화적 소외층이 유일하게 사회와 소통하는 방식이 바로 TV 시청이었기 때문이다. 현재 러시아는 가구 당 적어도 한 대의 TV수신기를 보유하고 있으며, 러시아인들의 평균 TV 시청 시간이 하루 3시간에서 3시간 30분가량으로 나타난다. 따라서 TV를 지배하는 자본과 그에 따른 권력의 문화는 러시아 문화에 전반적으로 큰 영향을 미칠 수밖에 없다. 이러한 TV 자본의 힘은 미디어의 광고수입을 나타낸 다음 표에서 확연히 드러난다.[48]

47 이문영(2008), 「현대 러시아 TV의 구조적·내용적 변화와 드라마」, 『슬라브학보』, vol.23, no.1, pp.265-266 참조.

48 표의 *는 예측 치이며 모든 수치는 US$1=RUB28에 기초함. 또한 이 수치는 할인 후 금액이며, 대행사 수수료는 포함하였으나 제작비는 제외한 금액임 / 표에는 생략되었으나 1994년부터 광고수입은 증가하다가(1994년 700, 1997년 1400 등) 1998년 디폴트 선언이후 2년 동안 그 수치가 감소하였다.(1999년 573, 2000년 826) 그리고 또 하나 알아 둘 것은 2000년대 이전에 온라인과 영화의 광고수입은 전무하였으나 2000년대 이후로 그 수입이 증가하고 있다는 것이다.-그 밖에 러시아 방송에 관한 자세한 내용은 콘텐츠진흥원 홈페이지에 '콘텐츠지식-산업동향-해외산업 동향'에 있는 '러시아 방송시장 현황 및 한국 영상물 진출방안'이라는 게시물(2007년 03월 13일 게시) 참조. http://www.kocca.kr/knowledge/trend/abroad/1246110_1232.html (검색일: 2010년 08월 30일.)

〈표 2〉 러시아의 문화콘텐츠 수입

	총계	TV	신문& 잡지	라디오	옥외	온라인	영화관
2000	826	270	340	45	165	3	3
2001	1,336	510	470	70	275	6	5
2002	2,210	920	755	115	400	11	9
2003	2,890	1,240	935	155	530	18	12
2004	3,855	1,700	1,200	200	710	30	15
2005	4,890	2,261	1,394	258	909	50	18
2006*	6,000	2,950	1,535	300	1,100	85	30
2007*	7,100	3,700	1,665	350	1,200	140	45
2008*	8,300	4,500	1,805	390	1,300	235	70
2009*	9,300	5,200	1,895	430	1,350	340	85
2010*	10,300	5,850	2,000	460	1,390	500	100

(C) Association of Advertising Agencies (단위: 백만 달러)

위의 <표 2>에서 알 수 있듯이 TV 광고수입은 다른 매체의 2배를 뛰어넘는다. 또 하나 유의해야 할 것은 이러한 자본력이 TV에만 그치는 것이 아니라 영화 산업에도 커다란 영향을 주고 있다는 점이다. 현대 러시아 영화산업의 부활이 소련시대부터 계속 되어 온 TV 영화와의 관계 즉, TV 영화를 통해 검증된 러시아적 가치와 서구적 장르문법을 기반으로 대중성을 확보하였기 때문이다.[49]

이처럼 자본주의 유입으로 형성된 미디어 자본은 TV를 중심으로 그 영향력을 넓혀가고 있다. 물론 푸틴시대에 들어와서 미디어 재벌에 대한 강력한 통제와 제재로 TV 산업이 어느 정도 자본가의 손에서 국가 영역

49 이문영(2007), 「현대 러시아 영화 산업의 변화와 블록버스터」, 『슬라브학보』, vol.22, no.3, pp.288-190.

으로 넘어왔지만 누가 그것을 쥐고 있든 권력문화에 속해 있다는 점, 그리고 여전히 그와 더불어 경제적 힘을 지닌다는 점에서는 변함이 없다. 그리고 이는 곧 그것들이 예술의 영역에서 산업의 영역으로 넘어 갔음을 의미한다.

이러한 흐름에 따라 러시아 포스트모더니즘 시대의 모든 문화예술은 대중의 기호를 충족시켜 상업적으로 성공해야 하는 시점에 직면했다. 그리고 그런 까닭에 성공한 콘텐츠들 사이에서는 장르를 넘나드는 소통과 교류가 적극적으로 이루어지고 있다. 그중 가장 중심이 되는 장르는 문화예술 중에서도 과거부터 상당한 특권을 가졌던 장르인 '문학'이다.

현재 러시아의 문학은 고급문화에서 대중문학으로 넘어가고 있는 추세이다.[50] 그리고 이러한 대중문학의 작품 유형은 상업성에 근거하여 출판 프로젝트와 밀접하게 관련되어 결정된다. 따라서 현재 러시아에서 가장 대중적인 유형으로 인기를 얻고 있는 것은 바로 '시리즈물'이다. 시리즈물은 상업적인 차원에서 마치 TV 드라마처럼 전작의 성공, 캐릭터의 인기를 통해 안정적인 소비를 보장해 주기 때문이다. 그리고 이러한 출판 유형의 상업적 성공은 TV 드라마, 영화, 연극과의 만남을 통해 보다 폭넓게 이루어진다.[51] 대중 소설이 다른 장르들에게 소재와 스토리를 제공하면서 스스로의 상업성도 높이고, 문학을 기반으로 한 OSMU(One Source

50 이수연은 이에 대해 엘리트와 대중문화간의 간극을 좁히는 개념으로서 '미드컬트(midcult)'의 개념을 제기한다. 이것은 고답적이고 정전주의적인 엘리트 문화를 표방하지 않으면서 동시에 일반대중의 구미에 맞추는 '매스컬트(masscult)'가 가지는 통속성과 상업성에도 매몰되지 않고 두 문화의 융합과 상호보완을 창출하는 새로운 문화개념으로 설명된다. 그리고 문학에 있어서의 이러한 현상의 대표적인 예는 추리소설과 과학 환상소설에 대한 새로운 조망과 관심이라고 이야기 한다. 이 부분에 대해서는 뒤에 자세히 살펴 볼 것이다. [이수연(2007), 「현대 러시아 '미드컬트': 현실의 성찰과 미래 전망의 과학소설」, 『노어노문학』, vol.19, no.3, p.276 참조.]

51 이문영(2007), 「포스트 소비에트 시기 러시아 문학장의 변화와 대중문학」, 『슬라브학보』, vol.22, no.3, pp.129-131 참조.

Multi Uses)의 문화 산업화가 이루어지고 있는 것이다.

지금까지 살펴본 '극장과 관객의 양극화 현상', 'TV를 중심으로 하는 미디어 자본의 형성', '상업적 성공을 위한 시리즈물의 등장'과 이를 활용한 'OSMU' 등은 러시아 문화가 세계 다른 나라들과 마찬가지로 과거의 예술적 차원에서 벗어나 좀 더 상업적이고, 산업적인 차원으로 변화하고 있음을 보여준다. 하지만 그럼에도 불구하고 러시아의 문화산업은 과거 그들의 향유했던 문화적 영향과 권력문화의 영향력 아래에서 여전히 그들만의 문화코드를 나타내고 있다.

2) '풍자'와 '패러디', 그리고 '노스탤지어'의 문화코드

앞서 말했듯이 러시아에서 예술 문화는 매우 중요한 위치를 차지하고 있었다. 따라서 사회주의 해체와 자본주의의 유입으로 그것이 세계를 지배하는 서구 문화권 안에 들어갔다고 하더라도 그것은 여전히 러시아인들의 문화코드를 담고 있으며, 권력문화의 정치적 도구화에 따른 영향력 또한 여전하다.

먼저 과거로부터 내려오는 문화코드로서 러시아 문화를 이해하는데 빼놓을 수 없는 요소는 '풍자'와 '패러디'다. 이러한 풍자와 패러디, 즉 "우스꽝스러움을 통해 거꾸로 세상을 바라보는 방법은 고대 루시의 스코모로히(скоморох)[52]에서부터 시작하여 14, 15세기의 '성자 바보'들인 '유로지비(юродивый)'의 종교적 세계관에도 반영되고 있다. 동시에 이것은 17세기에 들어와서는 광장에서의 서커스 일종인 '발라간(балаган)', 풍자적인 인형극 '라욕(раёк)' 등에도 영향을 미쳤다."[53] 그리고 나아가

52 스코모로히는 러시아 중세시대의 광대로, 곰의 걸음걸이를 흉내 내며 재담을 들려주는 해학적 캐릭터이다. [이덕형(2009), *op. cit.*, p.358 참조.]

소비에트 시절의 '선전 포스터', 현재 인터넷 이미지에 이르기까지 러시아의 문화 속에서 끊임없이 활용되었다. 이렇듯 풍자와 패러디가 러시아 문화코드로서 오랜 기간 동안 지속해 올 수 있었던 까닭을 여기서는 권력문화의 '절대권력' 코드와 러시아 정교의 '성스러움' 코드와 연관 지어 생각해 보고자 한다.

앞서 언급했듯이 러시아는 정치적 측면에서 그 권력격차가 매우 크며 이는 경제적인 측면에서의 빈부격차로까지 이어진다. 그리고 이러한 권력구조는 자연환경과 더불어 절대권력에 대한 민중의 지지를 만들어냈다. 이는 권력과 연결고리가 강한 러시아 정교도 마찬가지다.

여기서 모순이 발생한다. 왜냐하면 러시아인들이 지지하는 절대권력은 그들을 보호해주는 동시에 짓누르고 억압하는 힘이기 때문이다. 따라서 러시아인들은 어쩔 수 없이 절대권력과 종교에 의지하면서도 한편으로는 그로부터의 해방을 꿈꿀 수밖에 없었다.

하지만 이에 대해 러시아인들은 좌절하기 보다는 광활한 대지와 자연환경, 러시아정교 사상 속에서 배운 순응과 인내로 이러한 현실을 받아들였다. 그리고 오히려 그것을 풍자와 패러디라는 코드를 통해 웃음으로 승화시켰다. 러시아 역사 속에서 이러한 풍자와 패러디의 문화코드를 가장 잘 이해할 수 있는 것이 '루복(лубок)'과 '유로지비'이다.

루복과 유로지비는 권력문화 중에서도 러시아정교가 가지는 '성스러움'과 대비되는 세속 문화와 관련된다. 그것은 소수의 지배 권력에 의해 유지되는 성스러운 것들의 위계적 상징질서와 공적인 가치체계 밑에서 그것을 지탱하고 있는 민중과 농민계층의 문화라고 할 수 있다. 그리고 민중과 농민들에게 '문화의 기층적 요소'로서의 이러한 속(俗)의 체계는 바로 '세상을 바라보는 자기 나름의 고유한 세상 읽기 방식'이었다. 따라

53 *Ibid.*, pp.414-415.

서 "성스러운 것을 위한 교회의 권위와 위엄, 추상적 상징, 과거의 성화(聖化) 대신 '속(俗)의 방식'은 이 모든 '성의 체계'를 '거꾸로' 뒤집으려는 특징을 지닌다."[54] 그리고 이러한 방식에서 바로 러시아의 풍자와 패러디가 시작된다.

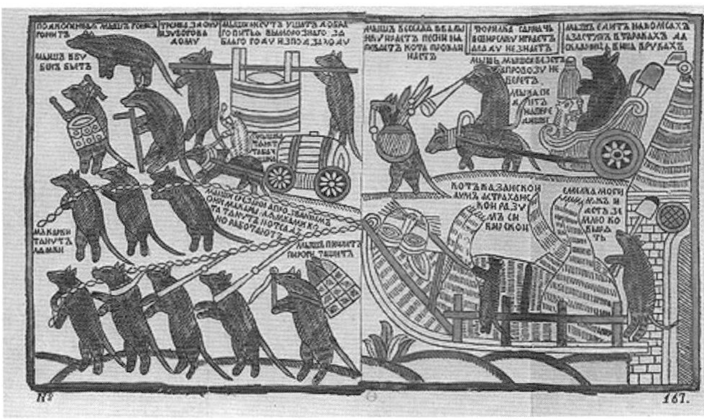

(C) http://ru.wikipedia.org/

[그림 15] 민중의 이콘－루복

먼저 '루복'은 '나무의 내피'를 뜻하는 '루브(луб)'에서 유래한 말로, 민중들을 대상으로 거래되던 싸구려 목판화, 판화용 판자를 말한다. 루복은 성상화인 '이콘'을 대신하는 '민중의 이콘'으로, 그 값이 싸며 정형적인 이콘에 비해 주제 선택이나 표현이 훨씬 다양하고 창의적이었다. 루복은 초기 종교적인 주제에서 점차 일상생활의 정경, 전통적인 풍습, 표트르 대제 시대의 정치·사회·역사적 사건에 대한 풍자와 패러디, 민화와 영웅 서사시의 주인공, 바보와 얼간이, 곰, 고양이, 토끼, 쥐 등과 같이 의인화된 동물 등으로 그 주제를 확대시키면서 이를 통해 자신들의 삶과 세계관을 표현했다.

54 *Ibid.*, p.412 참조.

"이러한 루복의 기본적인 정조는 민중들이 세계를 바라보는 방식, 즉 세상을 뒤집어보거나 거꾸로 보는 것을 담는다. 엄숙한 정교 문화의 상징적인 위계질서와 기존의 통념을 뒤집어, 그것을 풍자하고 비웃으며 조롱하는 것이다. 그러나 그 풍자와 패러디의 방식은 부정적인 적대감의 조소가 아니라, 미하일 바흐친이 프랑수아 라블레의 해학에서 발견했던 삶의 전일적 이해, 즉 성과 속, 삶과 죽음, 이승과 저승을 하나의 통합된 관점으로 보는 민중들의 역설적인 골계미(滑稽美)인 것이다. 그러므로 루복은 '러시아 민중들의 영혼을 비추는 거울'이라고도 말할 수 있다."[55]

위와 같은 주장은 앞서 말한 모순적 심리가 상충되지 않고 공존할 수 있는 까닭을 설명해준다. '유로지비'도 이러한 의미에서 이해할 수 있다. 유로지비라는 개념은 미치광이를 뜻하는 그리스어의 '살로스(σαλος, 성스러움을 비하하고 이것을 통해 다시 성스러움을 재생하고자 하는 모순적 이율배반을 체현하는 독특한 정교적 인물)'라는 의미에, 고대 슬라브어의 '어리석음', '잘못 태어난', '추악한', '불구의'라는 의미를 추가한 개념이다. 즉, 유로지비는 그 자체로 상반 또는 대립되는 가치 체계를 함유하고 있는 역설적 존재이다.[56] 그리고 이러한 코드는 오늘날 포스트모던 소설에 와서도 '잉여성', '몽유병', '술 취함' 등의 인물로 지속되어, 소비에트의 환상이 사라지고 난 폐허의 상실을 나타내며 재 코드화되기도

(C) http://ru.wikipedia.org/

[그림 16] 예술작품 속의 유로지비

55 *Ibid.,* p.402 참조.

56 이덕형(2006), *op. cit.,* pp.269-273 참조.

할 만큼[57] 러시아인들에게는 친숙하다.

이렇듯 풍자와 패러디가 고대 러시아에서부터 지속적으로 내려오고 있는 러시아의 문화코드라면, 현대 대중문화에서 새롭게 나타나고 있는 대표적인 코드는 바로 과거로 회귀하려는 경향인 '노스탤지어'라고 할 수 있다. 이 둘은 모두 현재의 문화에 읽어내는 데 중요한 코드라는 점에서 공통점을 갖지만, 그 밑바탕에는 중요한 차이가 깔려있다.

풍자와 패러디가 민중들 사이에서 자연스럽게 형성된 문화코드인 반면, 노스탤지어는 앞서 말한 권력문화의 영향, 즉 국가의 정책적인 측면의 영향을 받은 문화코드이기 때문이다. 이것은 2000년대 푸틴시대를 맞아 급속한 경제 성장을 바탕으로 성장하고 있는 러시아가 국민들에게 '소비에트 황금시대'의 기억을 떠올리며 자긍심을 갖게 하기 위한 일련의 정치적, 대중적 전략과 맞물려 있다.[58]

이러한 '노스탤지어'는 러시아 문화의 '르네상스'로 이해될 수 있다. 왜냐하면 사회주의에서 자본주의로 넘어가면서 느낀 상실감을 러시아인들은 소비에트 시절의 역사적 사건, 정치적 구호, 상징적 기호나 전통적 가치, 영웅적 행위나 대중적 인물 등의 재구성을 통해 극복하는 한편, 이러한 작업들을 통해 현대 러시아 대중문화라는 새로운 문화를 만들어 나가고 있기 때문이다. 몇 가지 예를 들어보자.

먼저 문학의 경우를 살펴보면, 현대 대중문학작품들은 각 작가별로 전통적인 문학양식을 파괴하고 새로운 형태의 문학을 표방하고 있지만, 공통적으로 러시아 고전문학의 특징이었던 '역사'라는 거대 담론을 자신들의 작품 속에 담고 있다는 사실을 발견할 수 있다. 주목할 점은 이전의

57 이 내용을 비롯한 문화코드로서의 유로지비에 대한 자세한 내용은 이덕형(2006), *op. cit.*, pp.261-290 참조.

58 라승도(2008), 「노스탤지어의 미래 현대 러시아 문화에 나타난 소비에트 과거의 재해석」, 『한국노어노문학회 학술대회 자료집』, no.11, p.209 참조.

전통문학과는 달리, 텍스트 외부에 존재하는 '역사적 현실'이 풍자와 전복의 주된 도구가 되고 있다는 것이다. 그리고 이러한 신화적 역사의 탈신화 작업과 해체, 전복이 과거와 현재의 구체적인 맥락 속에서 이루어[59] 지고 있다는 사실도 눈여겨봐야 한다.

러시아인들은 현재 러시아의 새로운 정체성을, 현재도 미래도 아닌 과거에서 찾고 있으며, 이러한 모색은 단순히 과거로의 회귀가 아닌 그것에 대한 반성과 비판, 현대에 맞는 재해석을 동반한다. "이렇게 대중문학 고유의 당대성은 체제 전환이라는 국가적 위기 상황을 경험한 러시아인들이 대중소설을 통해 이러한 현실이나 달라진 규범, 가치에 적응하는 과정을 돕고, 상처를 어루만지며, 새로운 이상과 인물 유형을 창조하는데 기여하고 있"[60]는 것이다.

이러한 흐름의 작품으로 "고전적 문체와 모험적 스토리, 해박한 역사적 지식과 현대적 맥락을 절묘하게 결합하여 현대 독자들의 취향에 가장 잘 부합"[61]하는 것으로 평가되는 아쿠닌(Б. Акунин)의 소설이 대표적이다. 이처럼 러시아의 현대 대중문학은 과거에 대한 노스탤지어를 바탕으로, 역사추리소설을 비롯하여 "슬라브의 민속적 소재에 기초해 러시아 이교 중세를 배경으로 한 '슬라브 판타지(славянский фэнтэзи)'라는 하위 장르까지 만들어"[62] 러시아의 전통 문화와 현대적 서구문화의 조화를 꾀하고 있는 것으로 평가된다. 그리고 이러한 경향은 문학뿐만 아니라 영화에서도 나타난다.

러시아 영화는 1990년대 소련 해체 이후 어두운 과거와 그만큼 어두운

---

59 이희원(2009), 「러시아 포스트모더니즘 문학에 나타난 역사의 전복」, 『노어노문학』, vol.21, no.2, pp.346-347 참조.

60 이문영(2008), 『현대러시아 사회와 대중문화』, 한울아카데미, p.76.

61 김현택 외(2008), *op. cit.*, p.372.

62 이문영(2008), *op. cit.*, p.77.

(C) Gorki Film studio

[그림 17] 〈형제〉

(C) Bazelevs Production

[그림 18] 〈나이트워치〉

현재로 가득 찼던 '체르누하(чернуха)'[63]를 거쳐, 1997년 발라바노프(А. Балабанов) 감독의 <형제(Брат)>를 통해 새로운 시대를 맞는다. 영화 <형제>는 관객이 바라는 영화 장르(갱스터 액션)를 취하고, 당대의 암울한 현실을 그려내면서도 그 안에 젊은이들의 '우리 시대 영웅'인 포스트 소비에트적 '긍정적 주인공'의 새로운 인물형을 창조했다. 이러한 발라바노프의 작업을 통해 러시아 영화는 거대한 산업으로 부활하게 된다.[64]

한편 본격적으로 새로운 국가 정체성 형성을 위한 영화 제작을 통해 러시아 영화의 부활을 이끌어 낸 감독 미할코프(Н. Михалков)의 작품은 러시아적인 특성으로 가득 차 있다. "러시아만의 가치, 러시아적인 공유

63 1980년대 말과 1990년대 초 러시아의 "냉혹한 현실을 배경으로 그것을 유일한 공간으로 사용한 문학, 영화, 시각예술, 음악"을 통칭해 체르누하라고 한다. [이문영(2007), *op. cit.*, p.93.]

64 이문영(2007), *op. cit.*, p.280 참조.

성으로 새로운 국가 정체성의 내용을 채워야 하며, 영화는 바로 이 러시아적인 가치와 러시아적인 영웅을 보여줌으로써 국가 신화 창조에 기여해야 한다는 그의 영화 철학은 다분히 소비에트적"[65]이라고 평가된다. 하지만 이것이 곧 나아가 우리가 현재 이야기 하고자 하는 '소비에트 노스탤지어'를 만들어 낸다.

이러한 현상은 비단 그의 영화뿐만 아니라 다른 영화들에서도 나타난다. 소비에트 해체를 전후로 1990년대 말까지 과거 러시아 영화가 스탈린에 대해 비판적으로 묘사했던 것과는 대조적으로 푸틴시대에 들어와서 스탈린 시대를 포함한 소비에트 과거를 새로운 시각으로 보기 시작한 영화들이 많이 제작되었기 때문이다.[66]

그리고 이 영화계의 두 흐름, 즉 발라바노프 감독이 만들어낸 러시아 영화의 '산업화 흐름'과 미할코프 감독으로 대표되는 '노스탤지어적인' 영화의 흐름은 '민족주의 블록버스터'라는 새로운 장르를 탄생시킨다. 그리고 이러한 새로운 장르의 영화는 '슬라브 판타지'를 블록버스터화하여 만든 <나이트워치(Ночной Дозор)>(2004)의 흥행으로 더욱 확고한 위치를 다지게 된다.

마지막으로 이러한 영화산업의 부활을 이끈 '민족주의 블록버스터'의 내용과 형식의 검증이 TV에서 방영된 소비에트 영화의 시청률을 통해 이루어졌다는 사실을 다시 한 번 떠올려보자. 러시아에서 TV는 사회와 더불어 변화하는 문화의 패러다임 속에서 언제나 구심점 역할을 해 온 매체라는 점에서 중요하다. 1990년대 초, 자본주의와 빈부격차로 소외된 사람들에게 유일하게 문화적 소통을 할 수 있게 해 준 것이 TV였고, 2000년대 푸틴 시대의 새로운 문화구조 속에서도 TV는 문화 영역 간

65 *ibid.*, p.281.
66 라승도(2008), *op. cit.*, p.218 참조.

소통의 중심이 되고 있다. 현재 TV 드라마는 대중문학의 베스트셀러를 원작으로 삼고, 시청률을 통해 대중의 욕구를 검증하여 러시아 영화 산업의 부활을 이끄는 러시아 문화산업의 교량 역할을 톡톡히 하고 있다. 그리고 이에 따라 러시아에서 대중문학의 강세와 복고주의, 부활한 러시아 영화의 민족주의는 TV 드라마의 보수적 혁명과 맥을 같이 하면서 대중문화의 위상 강화를 보편화하였다고 볼 수 있다.[67]

TV 드라마의 대표적 장르도 소비에트 TV 시리즈를 모델로 한 고전적 장르인 스파이, 경찰, 범죄자가 주로 등장하는 '범죄 추리물'이다. "중요한 사실은 이러한 복고주의의 핵심이 사회적 안정성과 정체성, 일상성 회복에 대한 욕망"[68]에 있다는 것이다. 그리고 이것은 비단 TV 드라마에만 국한되는 것이 아니라 문학과 영화를 포함한 현재 러시아의 모든 문화 콘텐츠에 해당하는 이야기이다.[69]

서방 세계의 물질문명과 상업문화의 침투에 따른 러시아인들의 '문화의식과 전통의 잠식', 서구적 생활양식, 상품의 대량소비, 서구식 정치·경제 체제의 이식 등 '자본주의 문물의 무분별한 수용과 그 확산'[70]은 현재 러시아의 사회적 불안정을 초래했다. 그리고 이는 곧 우리가 앞서 살펴봤던 그들만의 노스탤지어를 꿈꾸게 하는 계기가 된다. 따라서 '노스탤지어'의 문화코드는 그들의 세계를 회복하고자 하는 러시아인들의 욕망의 코드라고 할 수 있다.

---

67 이문영(2008), *op. cit.*, pp.283-284 참조.

68 *Ibid.*, p.282.

69 공연 장르 또한 고전작품의 상연이 높게 나타나는데 이에 관한 내용은 학술자료 "함영준(2007), 현대 러시아어 연극의 흐름, 한국노어노문학회 학술대회 자료집"과 "강윤희 외(2009), 『현대 러시아 문화연구(시민의식과 문화정체성)』, 한울"에 제시된 모스크바 극장의 레퍼토리(p.505)와 극장 관람에 관한 러시아인들의 설문조사 결과인 http://www.advertology.ru/atricle11763.htm (검색일: 2010년 08월 22일)을 함께 참조하기 바란다.

70 김현택(2005), 「포스트 소비에트 러시아 문화와 민족정체성」, 『슬라브학보』, vol.21, no.2, p.257 참조.

4. 러시아를 향하여

우리는 지금까지 러시아 문화콘텐츠를 이해하기 위해 '러시아'를 구성하고 있는 여러 측면의 문화코드에 대해 살펴보았다. 간단히 정리해 보자면, 러시아를 지배하고 있는 권력문화로서의 정치·경제문화에서는 거대한 영토를 지니고 있는 러시아 특유의 자연환경과 이에 따른 이민족의 침입, 고립적 역사 등을 극복하기 위한 '집단주의'와 '절대권력'에 대한 지향과 같은 정치문화코드와 러시아 경제를 이끌어 나가는 힘이지만 한편으로 러시아에게 독이 될 수도 있는 양날의 칼과 같은 '천연자원'과 '올리가르히'의 문화코드를 이야기했다. 그리고 이러한 권력문화의 영향권 안에 있지만 보다 보편적인 일상문화에서는 민중을 지탱하는 뿌리이자 지배하는 권력으로서의 종교인 '러시아정교', 자본주의 물결에 따른 식생활의 변화, 전통과 현대가 공존하는 주거생활과 이것이 내포하고 있는 문화코드를 풀어보았다. 그리고 이러한 코드들을 바탕으로 마지막에서는 이 글의 최종 목적인 러시아 문화콘텐츠에 대한 이해를 위한 현대 러시아 대중문화의 변화와 흐름, 러시아 문화콘텐츠에서 자주 발견되는 '풍자'와 '패러디'의 문화코드와 21세기에 두드러지게 나타나고 있는 대중문화계의 '노스탤지어' 경향에 대해 살펴보았다.

이러한 작업들 속에서 각 카테고리별로 몇 가지의 문화코드를 추출해 냈으나, 사실 그것만으로 러시아 문화 전체를 모두 설명할 수는 없다. 그것은 러시아가 세계에서 지리적으로 가장 큰 만큼 다양한 민족과 문화가 공존하기 때문이기도 하고, 한편으로 문화라는 것이 원래 몇 가지 코드로 설명하기엔 너무 복잡한 것이기 때문이기도 하다. 하지만 이러한 문화코드연구를 통해 적어도 '러시아 문화'를 이해하기 위한 커다란 밑그림 정도는 그려보았다고 생각한다.

얼마 전 한류 바람을 타고 국가 정책적으로 아프리카 세네갈에 진출한 드라마 '내 이름은 김삼순'이 그 기대에 부응하지 못했다는 뉴스 기사를 보았다. 기사에 따르면 그 원인은 불어에 대한 문맹률이 58%에 달하는 세네갈에 더빙이 아닌 자막 방송을 내보냈고, 남아공월드컵 중계와 종교적 행사인 '라마단'과 맞물려 방송편성에서 중간에 두 달간이나 제외되었기 때문이라고 한다.[71] 이러한 예는 우리에게 문화에 대한 다양한 측면의 접근이 얼마나 중요한지를 다시 한 번 생각하게 한다.

러시아는 1990년대 초반까지만 하더라도 우리에게는 적국(敵國)에 가까운, 멀고도 먼 나라였다. 하지만 20년이 지난 지금 조심스레 러시아에서의 한류[72]를 기대해 볼만큼 현재 러시아는 우리에게 가까워지고 있다. 사실 그동안 러시아와의 교류는 대부분 문화적 측면보다는 정부와 삼성, LG로 대표되는 대기업 주도 하에 정치·경제적 측면에서 크게 벗어나지 못했다. 하지만 글로벌 시대에 국가 경쟁력을 가지려면 이제는 한 걸음을 더 나아가야 한다. '문화의 세기'인 만큼, 이제는 이문화와 자문화 사이에서 '닮음'과 '다름'을 읽어내고 그것을 문화콘텐츠 안에 적절히 활용하는 지혜가 필요한 것이다.

러시아는 분명 우리와는 다른 자신만의 문화를 가진 나라지만, 찾아보면 생각보다 우리와 닮은 점이 많다. 음주가무를 즐기는 문화라든지, 이민족의 침입의 경험, 현실의 고통을 해학과 풍자를 통해 풀어내는 모습은 우리의 음주문화와 노래방 문화, 과거의 뼈아픈 역사, 그리고 오늘날까지 계속되어 내려오는 탈춤과 같은 우리 문화를 떠올리게 한다.

---

71 세계일보, "세네갈서 '김삼순'이 뜨지 못한 까닭"
http://www.segye.com/Articles/News/International/Article.asp?aid=20100927000556&ctg1=07&ctg2=00&subctg1=07&subctg2=00&cid=0101040700000 (검색일: 2010년 09월 27일)

72 이규환(2009), 「러시아의 한류문화(韓流文化)와 그 미래에 대한 시론적 연구」, 『동북아 문화연구』, no.21 참조.

따라서 우리가 조금만 더 노력하여 그들 문화를 총체적으로 이해하고, 나아가 그 속에서 찾아낸 문화코드를 활용한다면 앞으로는 문화가 러시아와 문화·산업적 측면의 관계를 넘어 정치·경제적 측면에서도 그들과 보다 좋은 관계를 유지할 수 있는 윤활유 역할을 할 것이라고 여겨진다.

2

영국의 문화코드: 전통과 혁신

2

영국의 문화코드: 전통과 혁신

1. 보수와 혁신의 조화로서의 영국

'축구종가', '신사의 나라'라고 세칭되는 영국은 다양한 사회 문제를 가진 나라이기도 하다. 고대 켈트족의 브리타니아, 노르만 브리튼으로부터 근세 대영제국을 거쳐 현대 영국에 이르는 2000여년이 넘는 유장하고 파란 만장한 역사가 모든 문제의 근원에 있다. 좀 더 구체적으로는 이민자 문제, 극우국가주의의 발호, 지금도 계속되는 북아일랜드와 스코틀랜드의 분리주의 움직임 등일 것이다. 이처럼 영국은 복잡한 나라다. 그럼에도 불구하고 영국에 대해 보통 붙는 수식어는 '변하지 않아도 행복한 나라'다. 영국에 대해서는 전통성과 보수성이 일반적인 인식으로 널리 회자되고 있는 것이다. 물론 영국 사회 저변에 전통주의의 특성이 실제로 많이 내포되어 있다는 점은 주지의 사실이다. 일례로 영국은 아직도 왕정과 귀족 신분제 전통을 공고하게 유지하고 있다. 유럽 대부분의 국가들은 왕정이나 귀족 신분제를 오래

전에 폐기했으며, 유지한다 하더라도 영국만큼의 권위를 부여하지는 않고 있다. 따라서 많은 사람들이 영국과 더불어 전통과 보수를 떠올리는 것은 어찌 보면 상식이다. 영국인들 역시 어느 정도는 스스로가 전통주의적이라는 자기 최면에 빠져있는 면도 있다.

그러나 이를 통해 영국과 보수성을 쉽게 연결시키는 것은 상식선의 이해일 뿐이다. 전통을 지키고자 하는 영국인들의 보수성은 오히려 새로운 형태의 전통을 만들어 나가려 하는 혁신성으로 드러나는 면이 있기 때문이다. 일례로 이런 면모는 대중문화에서도 찾아볼 수가 있다. 본래 영국은 리비스(F. R. Leavis)의 주장처럼 귀족과 신사의 문화로 대변되는 고급문화와 축구 등 노동자들의 문화로 대변되는 하층문화의 구분이 확실했지만, 이제 이 구분의 경계는 다소 모호해졌다. 고급문화와 하층문화는 완전히 별개로 떨어져 있지 않고 서로에게 영향을 주면서 계속 변화했고, 제국주의적 배경 하에 외국의 문물들은 영국 내로 유입되었다가 다시 정련되어 세계에 퍼지는 과정을 반복했던 까닭이다. 더욱이 1900년대 초 무렵 대영제국의 해체를 겪은 영국은 1980년대 대처시대를 지나며 기존 전통 문화를 한편으로는 유지하면서도, 다른 한편으로는 전통과 다른 문화를 개발 내지 발굴하여 새로운 전통으로 만들어 나가는 형태로 사회를 발전시켜 가고 있다. 그러므로 이런 한에서 보수성과 전통성은 유사한 의미가 아닌 별개의 의미가 된다. 혁신을 계속 만들어 가는 전통 역시 영국의 주요한 전통 중 하나이기 때문이다.

TV나 라디오 등 우리가 현재 사용하고 있는 상당수의 전자 제품, 축구나 테니스 등의 세계적 스포츠, 수많은 연극과 영화의 시나리오 원작이 영국에서 나왔다. 위의 관점에서 그간 영국이 만들어낸 이런 문화 산물들을 보게 되면, 영국의 문화코드가 어떤 것인지 좀 더 분명해진다. 정교함의 독일, 예술의 프랑스, 정열의 스페인, 감각적인 이탈리아, 거대 자본의 미국과는 달리, 새로운 지식과 과학과 문물을 계속해서 창조적으로 만들어 내었던 창의와 혁신의 영국이 보이는 것이다. 문화 전반에서 타국의 문물을 적극 수용하고, 자신들의 문화를 외부에 널리 유행시켰던 영국의 제국주의 역사는 보수와 혁신의 양가적 전통이 짙게 드리워져 있었기에 비로소 성립될 수 있었다. 이런 맥락에서 필자는 영국의 대표적인 문화코드를 '보수와 혁신의 조합' 혹은 '(영국식) 정중동의 변화'로 보고자 한다. 이것은 신구의 양가적 가치를 동시에 추구하려는 경향이 다른 나라 사람들보다 영국인들에게 훨씬 더 강하다는 면과 연결될 수 있을 것이다. 이 글은 위의 관점에서 영국의 문화를 정치·경제, 사회·문화, 콘텐츠 향유 문화라는 세 가지 큰 틀에서 정리한다. 이를 통해 영국인들에게 잘 맞는 문화콘텐츠는 무엇인가에 대한 해답을 찾을 수 있으리라 예상된다.

2. 영국의 정치 · 경제

1) 전통적으로 '새로움'을 추구해왔던 영국의 역사와 정치

원래 영국 거주민들은 유럽 대륙인들에 비해서는 야만인들이었다. BC 55년 경, 로마 제국은 브리튼 섬을 침공해서 현재 런던이 위치한 템즈강 주변에 군사 기지를 세우고 약 400년간 잉글랜드 전체를 통치했다. 5세기 무렵에 로마 제국이 약화되면서 로마인들은 철수했는데, 이후 브리튼 섬을 점거한 게르만족의 일파인 앵글로족과 색슨족은 6세기 말에 잉글랜드의 북동부 지역에 켄트, 에식스, 서식스, 이스트앵글리어, 마시어, 웨식스, 노섬브리어라는 일곱개의 왕국을 건설했다. 9세기 초, 웨식스왕 에그버트는 왕국들을 통일하여 잉글랜드 왕국을 건설했지만, 1066년에 프랑스로 축출되었던 가문의 자손인 노르망디공(정복

왕 윌리엄 1세)이 잉글랜드로 침공하여 헤이스팅스 전투에서 승리해 잉글랜드를 다시 통일하고 봉건 중세 시대를 열었다. 그러나 헨리 2세 때부터 왕권 약화가 점차 시작되었고, 급기야 잉글랜드는 사자왕 리차드 1세가 십자군 원정에 10여 년 간 참여하는 동안 귀족과 신하들에 의해 통치되었다. 십자군 원정에서 리차드 1세가 죽자, 그의 뒤를 이은 존 왕은 폭정과 실정을 했는데, 이로써 잉글랜드의 봉건 전제군주 시대는 막을 내렸다. 1215년에 귀족들은 존 왕에게 49개조로 된 대헌장(Magna Carta)에 서명하게 하여 왕권을 제한하였는데, 이것이 영국 의회의 기원이다.

(C) Darnley (1575)

[그림 1] 엘리자베스 1세

장미전쟁, 헨리 8세, 엘리자베스 1세 시대를 거치며 웨일즈를 병합하고 스페인의 무적함대를 격파한 잉글랜드는 세계열강이 되었다. 이를 통해 왕권이 다시 강해졌고 전제 군주 찰스 1세는 재원조달을 위해 의회를 소집했는데 이때 왕당파와 의회파가 대립했다. 1642년에서 1649년까지 의회파와 왕당파 사이에서 내전이 발생했으며, 그 결과로 찰스 1세는 처형되고 의회파인 크롬웰을 지도자로 하는 공화정부가 수립되었다. 그러나 엄격한 제도로 나라를 다스리던 크롬웰이 죽자 의회는 1660년에 신교의 자유, 대헌장과 권리청원의 존중을 맹세한 찰스 2세를 왕위에 올려 왕정을 복고했다. 뒤를 이은 제임스 2세가 가톨릭주의와 절대군주 정치를 부활시키고자 다시 의회를 위협했지만, 이에 의회는 1688년에 제임스 2세를 폐위시키고 오렌지공 윌리엄 3세를 왕위에 올려 '의회 내의 국왕'이라는 원칙으로 요약되는 명예혁명을 완성시켰다. 이후, 왕은 의회의 승인

없이 함부로 권력을 남용하지 못한다는 취지의 권리장전이 1689년에 의회에서 통과되었다.

이처럼 영국사를 보면, 어떻게 의회정치가 영국 정치의 기본에 있게 되었는가를 이해할 수 있게 된다. 명예혁명 이후 국왕·귀족·서민의 3자가 나라의 질서를 구성[1]하여 자리를 잡게 된 영국의 입헌군주제는 혁명 등에 의해 만들어진 것이 아니라, 수백 년에 걸쳐 서서히 변화되면서 만들어진 것이다. 17세기 이전의 영국에는 충돌과 전쟁이 있었지만, 영국의 헌정사에는 민주주의를 향한 피비린내 나는 혁명이 없다. 영국인들은 외세의 압력이나 내부적인 극한 갈등－피비린내 나는 전쟁은 다른 나라들과 했다－의 반복 없이 스스로 자신들을 변화시키면서 정치를 발전시켰다.

이런 스타일은 현대에도 계승되었다. 19세기부터 토리당(보수당의 전신)과 휘그당(자유당의 전신)의 경쟁이 본격화 되었고, 여당 내각과 야당 예비내각(쉐도우 캐비닛)의 대결로 요약되는 웨스트민스터 시스템도 도입됐다. 1900년, 좌파 정당인 노동당이 창설되었고, 보수당과 자유당의 전통적 대결이 이데올로기 시대인 60년대를 지나면서 우파 보수당과 좌파 노동당의 대결로 바뀌었다. 몰락한 자유당은 1988년에 사회민주당과 합당해서 자유민주당이란 이름으로 제3당의 지위를 획득했다. 한편 유럽 최초의 여성 총리였던 보수당의 마가렛 대처가 각종의 우파 정책으로 1980년대의 영국 정부를 이끌었다. 90년대가 되고 대처가 은퇴하며 남긴 공백을 존 메이저가 감당하지 못하게 되었으며, '신노동당(New Labour)'이란 슬로건을 내세운 노동당은 토니 블레어를 중심으로 다시 뭉쳐 총선에서 승리한다. 블레어는 과거 이데올로기 시대에 만들어졌던 노동당 규약을 과감히 수정하여 중도 정책을 펴나갔으며, 그의 이 '새로움 전략'은

1 헌법의 원어인 'constitution'이 '구성'이라는 의미의 유래를 가지고 있는 이유며, 영국에 성문헌법이 없는 이유이기도 하다.

10여년 이상 영국을 이끌고 가는 원동력으로 작용했다. 통상 블레어주의(Blairism)로 지칭되는 노동당의 자유주의 정책은 인간의 잠재성을 개발하여 모든 사람에게 최대, 최적의 기회를 제공하자는 의도에서 발의되었다. 이것은 보수당의 신자유주의적인 대처주의에 노동당의 전통적인 정치철학을 가미한 '수정사회민주주의'라고 평가되고 있다. 블레어의 퇴임으로 브라운은 노동당 및 정권을 이양 받았으나 2009년 총선에서 패배하고, 현재는 '새로운 보수당'을 캐치프레이즈로 내걸고 중도우파로 돌아선 보수당의 데이빗 캐머런과 중도성향의 자유민주당이 연합하여 정부를 이끌고 있다.

(C) 토니 블레어 공식 사이트
http://www.tonyblairoffice.org

[그림 2] 토니 블레어

2) 자본주의와 사회주의를 모두 만들어낸 영국 경제

세계 최초로 근대 자본주의 경제체제 국가를 수립한 영국의 저력은 대영제국의 군사적 강대함과 산업혁명의 힘이었다. 1588년 스페인의 무적함대를 격퇴하고 세계 최강국으로 부상한 잉글랜드는 1600년에 동인도회사를 세우고 17세기부터 세계 무역의 헤게모니를 잡기 시작했다. 이 회사는 식민지 확장에 따라 교역의 확대를 주관하며 영국의 주력 경제를 무역업 및 금융업으로 자리 잡게 만들었다. 1534년에 아일랜드를 병합한 잉글랜드는 1707년에 스코틀랜드와 연합하여 대영제국을 출범시켰다. 비록 1776년 최대 식민지였던 미국을 잃었지만, 영국은 계속 식민지를 세계 전역으로 확대시키며 노예·중계·가공 무역 등으로 부를 축적했다. 한편 영국 내에서는 15~16세기에 행해졌었던 농지를 병합해서 소작인을 해임하는 인클로저(Enclosure) 운동[2]이 18세기에 다시 지배층 및 젠트리(gentry)에 의해 일어나게 되며 농업자본주의가 성립되고 농민층이 몰락하였다. 이 농민층은 곧 도시의 공장으로 몰리게 되어 산업혁명의 자양분으로 작용했다.

18세기 후반부터 19세기 전반, 영국 과학 기술의 비약적인 발전에 힘입어 영국 내 산업의 전분야가 변하는 사건이 발생한다. 석탄, 철광석 등 풍부한 산업지하자원을 가지고 있었던 영국은 L. 아크라이트가 방적기를, 제임스 와트가 증기기관 등을 발명하여 산업에 투여함에 따라 제품의 대량 생산이라는 신기원을 열었다. I. 뉴턴에서부터 이어져온 영국의 과학 기술은 M. 패러데이, J. C. 맥스웰 등의 물리학자, 페니실린의 발견

(C) BBC

[그림 3] 산업혁명(Industrial Revolution)을 묘사한 그림

2 근세 영국에서 2회에 행해졌던 농지병합운동이다. 미개간지나 공유지 등 공동이용이 가능한 토지에 담이나 울타리 등의 경계선을 쳐서 다른 사람의 이용을 막았다. 이로 인해 기존 소작인들이 자신이 일하던 농지에서 쫓겨나게 되었다.

자 A.플레밍 등으로 이어지며 제국의 과학기술을 선도했다. 한편 당시 영국 내 인구도 급속하게 증가하면서 제품 판매를 위한 국내 내수 시장이 형성되었고, 공장에 필요한 노동력이 충원되었다. 또한 해외 식민지 역시 팽창되어 다양한 통로로 원자재를 공급받을 수 있었고, 제품을 판매할 해외 시장 역시 다변화되었다. 산업 발전에 따라 운송기관과 운송로도 확충되고, 금융 기관이 발달하면서 산업 자금의 조달도 훨씬 더 원활해졌다. 이 시기에 지배적인 철학은 시장주의와 직결되는 아담 스미스(A. Smith)의 자유방임주의적 경제철학이었다. 이는 탈곡기나 방직기 등을 파괴하는 러다이트(Luddite) 운동이 일어났으나 실패함에 따라 산업자본주의로 가는 지름길 역할을 하였다.

19세기에 영국은 완전히 도시 산업국가로 전환되었다. 영국 내 지하자원의 풍부한 공급은 산업생산과 국가 경제를 촉진시키고, 외국 무역을 통해 생겨난 자금이 영국 내로 다시 유입됨에 따라 영국은 서서히 세계 경제 최강국의 위치에 올랐다. 영국이 이렇게 될 수 있었던 이유는 19세기 산업화 과정에서 주도적인 역할을 담당했던 상류층인 '신사적 자본가들(gentlemanly capitalist)'이 변화하는 국내외의 상황에 기민하게 대응했기 때문이라는 것이 일반적인 견해다.[3] 그러나 이런 산업화는 일부 사람들에게는 상당한 반감으로 작용했고, 반자본주의 이념의 단초가 되었다. 산업 발전은 열악한 공장노동 환경을 만들어 내었고, 농촌 인구는 급감했으며, 나라 내 부(富)의 비약적인 증가에 따라 부의 편중 현상 및 기계화에 의한 비인간화 현상도 발생했기 때문이다. 그러던 중 독일, 프랑스, 미국 등 산업 후진국들이 세계시장에 본격적으로 진출하여 영국과 경쟁하게 되었으며, 영국의 입지는 급속도로 축소되었다.[4] 1873년에 영국

3 이영석(2001), 「신사적 자본주의와 제국」, 『서양사론』, no.69, p.21.
4 이영석(2002), 「영국 경제의 쇠퇴, 신화와 현실」, 『국제지역연구』, vol.6, no.4, p.17.

은 공황과 불황을 겪었으며, 수출은 감소하고 실업인구는 증가했다. 고전 경제학과 사회다윈주의를 바탕으로 한 영국 산업자본주의의 한계가 노출되기 시작했으며, 이는 자본주의 체제의 위기로까지 이어졌다.

19세기 중반에 칼 마르크스(K. Marx)가 영국 자본주의의 모순점을 지적하고 사회주의를 제창하자 영국 내 전역에서 노동자들이 단체를 조직해 사회주의 운동이 일어났고, 1906년에 노동당이 만들어졌다. 이 무렵 식민지 국가 대중들이 연이어 각성함에 따라 20세기 초에 대영제국은 붕괴되었다. 이때 케인즈(J. M. Keynes)는 기존의 자본주의 이론을 대폭 수정한 사회주의적 자본주의 이론을 발표했다. 제2차 세계대전 후, 식민지의 대부분을 잃은 영국을 맡은 노동당 정부는 잉글랜드 은행, 민간항공, 탄광, 철도, 철강 산업 등을 국유화하고 국민의료제도(NHS)[5]의 확충으로 복지국가로서의 새로운 영국을 건설하고자 하였으나 여러 사정으로 인해 여의치 않게 되었고, 1970년대에 영국은 IMF의 구제 금융도 받았다. 1976년 파운드화의 가치폭락에 이은 급격한 외환보유고 감소로 통화 위기에 직면한 영국은 사회주의적 요소를 점차 줄여나갔으며, 국가 경쟁력 강화를 위해 우파적인 전략을 강화했다. 보수당의 대처와 노동당의 블레어는 이 부분에 중점을 두고 나라를 운영했고 이에 따라 사회 문제점들도 양산되었지만, 현재 영국은 세계 4위의 경제 대국으로 복귀하여 자리를 지키고 있다. 경제적 측면에서도 보수와 혁신의 조합을 볼 수 있는 것이다.

5 국민의료제도 또는 국가의료제도라 번역되는 National Health System는 정부에서 세금을 재원으로 전 국민에게 무료 보건 의료 서비스를 행하는 제도로 영국에서는 1948년에 도입되어 시행되고 있다. 현재는 재정이나 적용 범위 등의 문제를 노출하고 있으나 여전히 영국 사회제도의 근간으로 작용하고 있다.

3. 영국의 사회 · 문화

1) 왕실과 사회계급

영국에서는 왕족들이 유명 연예인이나 운동선수에 버금가는 인기를 구가하며 대중들로부터 큰 관심을 받고 있다. 귀족 등이 존재하는 사회 계급제도 역시 계속 유지되고 있다. 중세 봉건 사회 제도가 현재에도 상존하며, 사회의 근간으로 작용하고 있는 것이다. 엄밀하게 말하면 현대 영국의 군주제는 잉글랜드가 스코틀랜드와 연합하여 대영제국이 본격적으로 발호한 18세기 초에 시작되었다. 이때부터 영국의 군주와 왕족은 국가 전체를 대표하는 역할을 담당하게 되었다. 그러나 현대에도 군주의 역할은 별로 크게 줄어들지 않았다. 19세기 말부터 정치적 영향력이 최소화되고 의회가 결

(C) 김성수

[그림 4] 런던의 버킹엄 궁전

정권을 가지게 되어 군주는 국가의 상징이 되었지만, 군주는 여전히 국가를 대표하며, 행정, 사법, 입법부의 수반인 동시에, 성공회(영국 국교회)[6]와 54개 영연방 회원국의 수장이며 군의 최고 통수권자이다. 또한 영국 군주는 호주·캐나다 등 16개 영연방 국가의 국가 원수라는 지위를 가지고 있으며, 지금도 의회의 개·폐회를 주관하며, 국가수반으로서 모든 외교 행사를 주관하고 있다. 공무원들, 법관들, 판사들, 군인들, 그리고 성공회의 주교들은 군주에게 충성 서약을 맹세해야 하며, 영국민들은 여전히 '신이여 우리 군주를 보호하소서'를 국가로 부르고 있다.

귀족제 역시 이런 군주제의 연장선상에 있다. 세습 귀족의 숫자는 현격하게 줄어들었으나, 군주는 국가에 공헌한 사람들에게 차등을 두어 매년 비세습 작위를 하사하고 있다. 귀족들은 군주와 왕실을 도와 국가의 경영에 일정 부분 참여할 의무를 가지고 있는데, 모병제인 영국 사회에서 왕족들 및 귀족들은 대부분 군인으로 상당기간 복무하는 노블레스 오블리제를 미덕으로 삼고 있다. 왕족들은 상당한 재산을 소유하고 있는데다가 정부로부터 일부 보조(국민의 세금)도 받기 때문에 대부분 평생 자선사업에 관계하고 있으며, 귀족들은 자신들의 지위나 입장에 따라 자신들의 사업 이외에 국가적인 사업에 참여하고 있는 것이 일반적이다. ─ 물론 최근에는 귀족 자체에 아주 큰 의미가 부여되고 있지는 않은데, 귀족 작위를 사고파는 사람들도 생겨났기 때문이다.

이런 까닭에 영국인들이 보통 느끼는 계급의식은 상당한 편이다. 영국인들은 계급에 의한 차별을 매우 싫어하지만, 그렇다고 해서 계급 자체를

6 영국 성공회(Anglican Church) 역시 '보수와 진보의 조합'으로 생각할 수 있는 좋은 예다. 과거 헨리 8세는 캐서린 왕비와의 이혼 신청을 교황에게 냈는데 교황이 이를 받아들이지 않자 교황권에 반기를 들었다. 헨리 8세는 1534년에 법령을 선포하면서 영국 교회를 가톨릭으로부터 이탈시켰고, 스스로 영국 국교회인 성공회를 만들어 수장이 됐다. 이후 성공회는 영국의 정체성에 큰 영향을 미치며 성장했다.

아예 부인하려 드는 사람도 별로 없다. 일반적으로 영국인들은 다른 계급 출신 사람들과 친한 친구가 되는 것은 어렵다고 생각하며, 상층부의 계급 사람들이 일반인들과 지낼 때는 자신들의 계급을 노출시키는 것을 자제하고 있다. 계급에 따라 음식을 먹는 시간, 음식의 명칭도 다르며, 다른 억양과 악센트를 가지고 있다. 일반인들이 사투리나 은어 등이 섞인 편한 영어를 사용하는 반면, 상층부 사람들은 공식표준영어(RP)를 사용한다. 왕실 및 귀족의 경우는 특별한 영어 말투나 단어가 있다. 일반 대중들이 축구 등의 대중 스포츠를 즐긴다면, 상층부 사람들은 폴로 등의 스포츠를 즐긴다.

계급의식은 교육에서 보다 더 분명하게 드러난다. 영국은 중·고등학교 때부터 일류대학을 목표로 하는 사립학교(public school)와 취업을 목표로 하는 공립학교(state school)로 나뉜다. 중세 때 귀족 자제들에게 희랍어와 라틴어 문법을 가르쳤던 그래머 스쿨(grammar school)에서 유래된 사립학교들은 비싼 기숙사 비용을 지불할 수 있는 상층부 사람들의 자제들만을 학생으로 받으며, 매년 언론기관을 통해 공개적으로 등수가 매겨진다. 옥스퍼드, 케임브리지, 런던 임페리얼 칼리지 등 최상위권 대학교의 학생들 대부분은 사립학교 출신이며, 옥스브리지에는 귀족의 자제들이나 사회 최상층 인사의 자제들만이 입학할 수 있는 칼리지[7]가 따로 있기도 하다. 옥스브리지는 왕실·귀족이나 지도층 인사 자제들만이 다닐 수 있는 학교들이 아니지만, 돈 없는 평범한 서민이 옥스브리지를 다니면서 받는 소외가 상당하다는 소문도 있다. 결국 영국인들은 중·고등학교

7 영국에서 'college'는 고등교육기관을 총칭하는 말이다. 이튼(Eton)칼리지에서처럼 사립학교의 명칭에도 쓰이고, 케임브리지 대학교의 트리니티(Trinity) 칼리지에서처럼 기숙학교를 의미하기도 한다. 옥스브리지의 칼리지 개념은 영화 <해리포터> 시리즈에 등장하는 호그와트 마법학교에서의 4개의 기숙반과 유사한 의미다. 한편 대대로 왕족은 일반 교육을 받지 않고 집에서 개인 수업을 받았는데, 찰스가 왕세자 중에서는 처음으로 대학을 졸업했다.

(C) 김성수

[그림 5] 케임브리지대 킹스칼리지

때부터 이미 사회 계급을 당연시하고 볼 수 있다. 이렇게 된 데에는 또한 영국의 사회 시스템이 중요한 뒷받침을 하고 있다. 영국에서는 대학이 사회적 신분 상승의 매우 큰 요인으로 작용－물론 어느 정도는 작용한다－하지 않으며, 대학을 가지 않아도 충분히 돈을 벌면서 넉넉한 생활을 영위할 수 있다. 영국의 대학 진학률은 약 60% 정도로, 우리가 90%에 접근하고 있는 것에 비하면 상당히 낮은 수치다.[8]

일반적으로 영국인들은 학문 활동에 있어서는 실용적으로 접근하기보다는, 수준 높은 엘리트 교육을 하려는 경향을 가졌다고 알려져 있다. 그러나 이런 교육의 전통은 전통적인 대학의 전통적 교과 내용에 국한되고 있는 것 같다. 현재 영국은 전통적인 대학(old university) 외에도 1960

8 현대 VIP 리포트, 2009-17 (no.399) 참조.

년 이후에 신생 대학(new university)이 많이 생겨나 사회학, 문화연구 등 새로운 실용 분야에서의 학문에서도 상당한 두각을 보이고 있다.[9] 이것 역시 영국인들이 어떻게 전통에 새로움을 부가하느냐를 잘 보여주는 좋은 예라고 할 수 있다. 영국 교육의 특징은 보수와 진보의 조화다. 다원화된 교육을 지향하면서도 종교 교육을 하고, 엘리트 교육의 전통을 유지하는가 하면, 새로운 학문을 도입한다거나 공교육을 강화시켜서 교육 기회의 평등을 추구하고 있다.[10]

이런 관점에서 보면 영국의 사회계급 역시 영국인의 보수성만을 드러내고 있는 것 같지는 않다. 그 이유는 사회계급은 단순히 영국의 기존 사회체제를 정당화시키는 보수성으로만 존재하지 않고 영국인들의 사회계급에 대한 다양한 반응으로서도 존재하기 때문이다. 영국 문화의 상당 부분은 영국 사회계급에 대한 반작용 내지는 풍자로서 만들어졌는데, 특히 대중음악이나 예술 등, 대중문화적 측면에서 이런 경향이 더욱 두드러지게 잘 나타나고 있다. 영국의 사회계급을 내용으로 한 소재들은 문학에서 영화나 드라마에 이르기까지 여러 다양한 형태로 발현되고 있는 것이다. 영국의 사회계급은 영국 사회의 보수성을 상징하는 동시에 혁신성을 자극하는 촉매제 역할을 하고 있다.

2) 영국인들의 정서와 생활 문화

본래부터 영국은 다른 유럽 국가들에 비해 상대적으로 독특한 역사

9 오'드리스콜 등에 따르면, 영국의 대학은 옥스브리지, 구 스코틀랜드대학, 18세기 잉글랜드대학, 레드브릭대학, 캠퍼스대학, 신흥도시대학 등으로 분류될 수 있다. J. O'Driscoll (2000), *Britain*, Oxford University Press, p.139. 일반적으로는 1960년대를 기준으로 전통대학과 신생대학으로 나눈다.

10 박우룡(2005), 『영국, 지역·사회·문화의 이해』, 소나무, pp.150-151.

(C) 김성수

[그림 6] 런던의 옥스퍼드 서커스

및 자국우월주의로 인해 자부심이 강한 편이었으며, 유럽연합(EU) 내에서 끊임없이 불협화음을 만들어 내었다.[11] 그렇지만 이런 영국의 태도는 영국의 과거나 현재의 입장을 이해한다면 충분히 수긍할 수 있다. 제국의 해체 이후, 그간 영국은 자국의 이익을 위해 유럽과 더 친해야 하는지, 미국과 친해야 하는 지를 놓고 늘 저울질을 해왔으며, 또한 전통적으로도 유럽과 친하기 보다는 영연방 국가들과 친선과 우호를 다지는 것이 더 이익이 된다는 계산에 따라 행동했다. 더욱이 유럽의 일부이기도 한 영국은 과거 역사적으로도 유럽 대륙 국가들이 세력 균형을 유지할 수 있게 뒤에서 조종하는 역할을 자청해 맡곤 했었다. 대륙 내에서 균형이 유지되어야만 섬나라 영국이 편안할 수 있었기 때문이다. 한편 유럽 국가들의

11 김영준(2006), 「영국 외교정책의 변화와 정치엘리트 집단의 인지적 한계」, 『국제정치논총』, vol.46, no.1, pp.271-272.

입장에서는 자국을 위해서도 유럽을 위해서도 유럽의 강자인 영국의 도움이 절실했다. 영국 없는 유럽이 미국, 아시아, 공산권(냉전시대에는)을 각기 상대하기는 분명 어려웠기 때문이다. 미국 역시 유럽과 마찬가지다. 같은 영어를 사용하는 영국은 미국이 세계에 영향력을 미치기 위해 필요한 가장 적절한 동반자다. 미국이 자신들을 무시하는 경향이 있는 프랑스나 앙금이 가시지 않는 독일과 연합하기는 쉽지 않다. 이에 따라 영국은 '영광스러운 고립(splendid isolation)'이라 불릴 수 있는 입장을 취해왔다.[12] 또한 영연방 국가들을 세력 하에 둔 영국은 미국과 유럽의 가교 입장에서 때론 유럽의 일부로 때론 미국의 최우방으로 그 세를 과시해왔다.

타국 사람들을 대하는 현대 영국인들의 정서도 기본적으로 이와 유사하다. 세계에서 가장 큰 제국을 소유했던 과거가 있는 영국인들은 어느 정도 다른 나라 사람들을 낮춰 보는 경향－예의상 이를 대놓고 드러내지는 않는다－이 있으며 자부심도 상당하다. 여행가 빌 브라이슨은 이를 두고 "영국인은 유럽을 디즈니월드나 마찬가지로 본다. 만약 당신이 영국의 언론 매체에서 보여주는 내용으로 세계지리에 대한 개념을 익혔다면, 미국은 영국 근처 어딘가에 있는 곳이 되고 프랑스와 독일은 포르투갈 서쪽에 위치한 아조레스 제도 어디쯤에 붙어 있을 거라고 짐작하게 된다"[13]고 냉소적으로 표현한 적도 있었다. 즉 대체로 영국인들은 타국인들에 대해 냉소적인 시선을 보내며 낮춰보는데, 이것이 실제로는 외국인에 대한 무관심과 보수적인 관점에서 기인된다는 것이다. 하지만 이런 면은 영국 지도층들로 하여금 대중들을 외국에 관심을 갖게 만들어야 한다는 의무감으로 어느 정도 작용하는 것 같다. 실제로 영국의 뉴스 시간에는 영국에 대한 내용이 절반, 외국의 내용이 절반 정도를 차지한다. 방송사

12 *Ibid.*, p.272.
13 빌 브라이슨(2009), 『빌 브라이슨의 발칙한 영국 산책』, 김지현 옮김, 21세기북스, p.14.

의 첫 메인 뉴스도 영국과 관련된 소식이 아닌 외국의 소식이 올라오는 경우가 많다. 그럼에도 불구하고 여전히 영국의 일반 시민들은 외국 사정에 대해 적극적으로 알려 하지도 않고, 외국어를 배우려고 노력하지도 않는다. 반면 영국이 외국으로부터 위협을 받게 된다거나, 외국에 영국이 지원을 해야 한다거나 하는 경우가 생기면, 국내 일부의 거센 반대 여론에도 불구하고 영국인들은 뭉쳐서 외국의 상황에 적극적으로 개입하려는 경향이 강하다. 대영제국은 사라졌지만 그 기상은 여전해서 세계에 영향력을 미치려 하기 때문이라는 해석이 지배적이다.[14]

그렇지만 영국 내로 이주해 와서 사는 외국인들이 영국 사회에서 노골적인 차별이나 불평등을 느끼게 되는 경우는 많지 않다. 영국은 1950년대를 지나면서 완전히 다문화사회로 진입했으며, 정부 역시 최근에는 영국적 전통의 유지 및 통합을 강조하고 있긴 하나 다문화주의 기조는 여전히 유지하고 있다. 그러나 영국인들과 외국인들 간의 차별은 제도적 인종주의라는 형태를 띠고 은근하게 표출되고 있으며[15], 그에 따른 폭동도 북부 잉글랜드 지역에서 간헐적으로 발생하고 있다. 백인과 흑인 사이의 갈등은 미국처럼 심하지 않으나, 백인과 인도·파키스탄계 아시안인과의 갈등은 꽤 심한 편이다. 인도인의 경우는 친영(親英)적인 인도인도 많으며 상당수가 영국 사회에 잘 적응하고 있으나, 파키스탄·방글라데시인 경우는 영국 사회 편입이 그리 쉽지 않은 편이다.[16] 극동아시아인의 경우에는 동남아시아계처럼 특별히 크게 느낄 수 있을 정도로 받는 차별은 거의 없다. 다만 대다수 영국인들은 일본인에 대해 상당한 호의를 갖고 있으며,

14 J. Oakland(2001), *Contemporary Britain – A Survey with texts*, Routledge, pp.52-54.

15 제도적 인종주의란 사회 내 선입견 내지 사회 내에 제도적으로 깔려 있어서 유색인들에게 결과적으로 불리하게 나타나는 간접적인 인종주의를 말한다. 더 자세한 것은 김성수·박치완(2008), 「영국의 다문화성향과 다문화주의」, 『EU연구』, no.23, pp.75-79 참조.

16 'Britain's Race Relations Problem: Reasons for the Unchanging Racial Divide in the UK', http://www.suite101.com/content/racist-britain-a46681, (접속일: 2010년 10월 01일)

중국인이나 한국인에 대해서는 일본인보다는 낮춰보는 경향이 있다.

영국 내에서의 지역감정도 상당한 편이다. 영국인들도 다른 나라 사람들 못지않게 일반적으로 지역과 지역인들의 성향을 보편화해서 동일시하려는 경우가 많다. 특히 스코틀랜드인들은 잉글랜드인들에 대해 상당한 경쟁심을 가지고 있으며, 잉글랜드인들은 되려 스코틀랜드인들을 무시하는 경향이 강하다. 잉글랜드 내에서도 북부 잉글랜드인들과 남부 잉글랜드인들 간에는 교양과 관련된 보이지 않는 긴장이 있다. 남부인들이 북부인들에 비해 좀 더 교양이 있고 체면을 차리며, 북부인들은 남부인들에 비해 덜 위선적이고 진솔하다는 평이 일반적이다. 웨일즈인들은 잉글랜드인들에게 복속된지 오래이므로 웨일즈어를 복원·보존하면서 잉글랜드의 도시 문화와는 어느 정도 거리를 두는 것이 좋다고 사료된다. 이처럼 영국인들 역시 지역감정 관련되는 지역에 대한 고정관념들을 다양하게 많이 가지고 있다. 그러나 사회계급이라는 시스템적 위계가 있기 때문에 지역적 불평등은 그렇게 심하게 나타나지 않고, 각 지역에 사는 사람들도 자신의 고장에 대해 상당한 자부심과 애정을 갖고 생활하는 편이다.

위 내용들은 다양한 인간관계에서 드러나는 현대 영국인들의 일반적인 보수성이다. 하지만 역설적이게도 현대 영국인들 자체는 상당히 개인주의적이며 비전통적이다.－유럽연합 내에서의 영국 입장도 개인주의적이라고 해석할 수 있다. 거트 호프스테드(G. Hofstede)의 조사에 따르면, 현대 영국인들은 미국인들에 버금가는 상당한 개인주의적 성향을 지니고 있는 사람들이다.[17] 영국인들은 보통 공적 영역에서는 전통을 따르려 하지만, 사적 영역에서는 개인의 현대적 안락－미국식 안락과 동의어가 될

17 호프스테드의 조사에 따르면, 영국인들의 개인주의 관념은 미국인들과 더불어 90%에 육박한다. 10%가 조금 넘는 우리나라와는 너무나 대조적이다. 영국과 같이 유럽에 속하는 프랑스와 독일은 각각 70% 정도이다. 'Geert Hofstede™ Cultural Dimensions: United Kingdom', http://www.geert-hofstede.com. 참조. (접속일: 2010년 09월 24일)

수도 있는—을 많이 추구하는 편이다. 영국은 다른 나라에 비해 국경일 숫자도 적으며, 민속적 행사들도 반드시 해야 할 것을 제외한다면 별로 많지 않다. 현대 영국의 대중들은 전통적 놀이 혹은 행사보다는 TV나 영화 보는 것을 더 좋아하며, 유럽에서 술을 제일 많이 먹는 사람들이다. 구운 베이컨, 볶은 소시지, 버터와 마멀레이드 등 칼로리가 아주 높은 전통 음식인 잉글리쉬 브렉퍼스트(English breakfast)를 집에서 아침마다 먹고 있는 영국인들은 이제 거의 없다. 이 음식은 호텔, 여관, 음식점 등에서 주로 먹는 요리이고, 일반 영국인들은 대륙식인 씨리얼이나 토스트 등으로 아침을 간단하게 먹는다. 전통 존중으로 유명한 현대 영국인들이 개인주의적인 동시에 실용적인 변화를 추구하는 사람들이라는 견해가 이미 여기서도 도출된다.

종교나 정치적 성향의 차이가 인간관계에 미치는 영향도 예전과는 달리 그리 세지 않다. 이제 이것은 가십으로서의 관점 차이일 뿐인데, 정치나 종교가 관점이나 선호의 차이에서 비롯된다는 점에 대해 잘 인식하고 있는 것이다. 영국인들 상당수가 자신들을 기독교인으로 생각하고 크리

(C) English Blog

[그림 7] 잉글리쉬 브렉퍼스트

스마스나 추수감사절 등을 지내지만, 실제로 매주 교회에 출석하지는 않고 있다는 것도 그들의 비전통적인 특성을 잘 드러내는 좋은 예다. 교회 신도들의 연령대가 상당히 높은 이유이기도 하다. 기본적으로 현대 영국인들은 개인으로서의 자신이 중요하다는 것을 아는 만큼 개인으로서의 타인도 중요하다는 것을 잘 인지하고 있다. 영국인들은 타인의 사생활과 개인적 생각을 존중하려는 관념이 무척 강해 처음 만나는 자리에서 함부로 사적인 질문을 하지 않는다. 개인주의적인 관념이 상당히 강하기 때문에, 아시아인들이 자연스레 국가·단체와 개인을 동일시하는 표현을 하면 불편해 하는 경향이 있다. 개인은 국가의 구성원일 뿐, 개인이 국가나 집단의 부속물이라는 생각은 극우적이라 여겨 배격하려는 것이다. 현대 영국인들은 과거 영국의 강대함과 현재 영국인으로서의 개인을 따로 떼어 생각하려는 성향이 강한 편이다. 자신들의 전통이나 역사에 대해서는 자부심이 대단하지만, 정치인들이나 일부 보수적인 사람들을 제외하고는 아주 적극적인 애국심을 보이지 않을뿐더러 오히려 국가와 정부 시책에 대한 불만을 토로하는 경우도 많다.

이처럼 영국인들은 이제 단순히 전통과 과거 속에서 살고 있는 보수적인 국민들이 아니다. 정치·경제·사회계급의 상황에서도 잘 드러났듯이 현대 영국민의 정서에는 보수성과 혁신성이 모두 있는 것이다. 영국인들은 과거와 전통을 소중히 생각하고 지켜나가는 보수적인 사람들이지만, 현대적 감각에 맞게 자신들을 적극적으로 변화시키며 사는 혁신적인 사람들이기도 하다. 이런 면모는 영국인들의 주택 문화에서도 단적으로 나타난다. 최근 영국인들은, 건물의 외양은 몇 백 년 전의 그대로를 유지하지만, 내부는 초현대식으로 개조 공사해서 사는 것을 무척 좋아한다. 성이나 저택에서만이 아니라 일반 주택에서도 이 같은 공사가 행해지고 있다. 이 맥락은 대중의 소비 성향과도 연결이 된다. 중고품을 매매하는 카부츠(Carboots) 시장[18]의 활성화 등에서 볼 수 있듯이 영국의 일반 대중들은 일반적으로는 검소한 편이나 비싼 골동품이나 명품에 대한 관심도 많은 편이다. 여름 반값 세일 기간이 되면, 일반 서민들도 명품 구매를 위해 백화점과 아울렛으로 몰린다. 영국인들에게 명품은 시간이 오래 지나도 대를 이어 계속 사용할 수 있는 좋은 물건이라는 관념이 강하며, 그에 따라 골동품에 대한 집착 역시 강하다. 사회계급이 있으므로 사회계급에 따라 분수에 맞춰 소비하는 것을 미덕으로 삼고 있지만, 상품에 대한 이런 형태의 관심은 사회계급과 관계없이 동일하게 나타나고 있다. 또한 명품이나 골동품 외에도 폴로 경기나 여우 사냥 등 다양한 고급문화를 향유하는 상층부 사람들은 자신들의 고상한 취미들에 대해 겉으로 자랑하지 않고 현대 문화를 즐기는 것을 미덕으로 삼고 있다.

(C) 김성수

[그림 8] 영국의 카부츠 세일

18 우리나라의 중고물품 바자회와 비슷한 성격으로, 일반인들 각자가 재활용하고 싶은 물건들을 차에 실어 큰 공터로 가지고 와서 판매하는 일요 상설 시장을 말한다. 참여의 제한이 전혀 없으며, 영국 전 지역에서 매주 활발하게 열리고 있다.

그러다 보니 대다수 영국의 대중들은 패션이나 유행 등에 대해 다른 유럽 나라 사람들처럼 그렇게 민감하지는 않게 되었다. 비록 이에 대한 반작용으로 집시문화나 펑크문화 등이 생겨났으며 파리와 뉴욕에 맞먹는 런던 컬렉션이 패션계를 선도하며 유행을 만들어 내고 있지만, 여전히 절대 다수의 일반 대중들은 맵시 있으면서도 무난하고 단정한 차림새를 선호한다.[19] 사회 전체적으로 보면 보수와 혁신이 잘 조화되어 있다고 간주할 수 있겠다. 음식 문화 역시 비슷한 양상을 보이고 있다. 잉글리쉬 브렉퍼스트, 피쉬 앤드 칩스, 스테이크 등 세계적으로 맛이 없기로 유명한 영국의 전통 음식−소스를 많이 쓰지 않으며 종류도 많지 않은−들이 여전히 소비되고 있지만, 최근에는 영국인들에 입맛에 맞게 개량된 인도 음식, 중국 음식, 미국의 패스트푸드 음식 등이 영국 전통 음식보다 훨씬 더 인기를 끌고 있다.

호프스테드의 조사를 보면 영국의 불확실회피 지수는 30% 대로 유럽 평균인 55%보다 낮으며, 장기지향성 지수도 20% 대로 유럽 평균인 70%보다 훨씬 낮다.[20] 불확실한 미래를 두려워하지 않으며, 변화를 적극적으로 수용하는 것이 현대 영국인들이라는 것이다. 이 수치를 여태까지 파악한 영국인들의 정서 내용들을 함께 고려해 보면, 영국인들은 겉보기에는 보수적이고 전통을 고집하는 고루한 사람들처럼 보이지만, 속으로는 상당히 모험적이고 현실의 이해에도 밝으며 실용적이고 능동적으로 변화하려는 사람들이라는 해석을 할 수 있게 된다. 혁신적인 성향이 외부로 드러나 다수의 지지를 받게 되면 다시 새로운 전통으로 자리 잡을 수 있다는 점에 대해 영국인들 대부분이 긍정하고 있다는 것이다. 이것이 바로

19 K. Fox(2004), *Watching the English −The Hidden Rules of English Behaviour*, Hodder & Stroughton, pp.270-274.

20 'Geert Hofstede™ Cultural Dimensions: United Kingdom', http://www.geert-hofstede.com. (접속일: 2010년 09월 24일)

영국 사회가 겉으로 보기에는 평화롭고 차분해서 재미없어 보이지만, 그 속에는 온갖 각축과 경쟁이 들어 있다고 평가를 받는 이유다. 입헌군주제 방식의 정부 조직을 갖고 있으면서도, 성문헌법이 없다는 면이 한편으로는 이런 현실을 잘 보여주고 있는 것 같기도 하다. 또한 이는 뜨겁게 감정적이기보다는 잔잔하게 감성적이고, 차갑게 이성적이기보다는 냉소적이

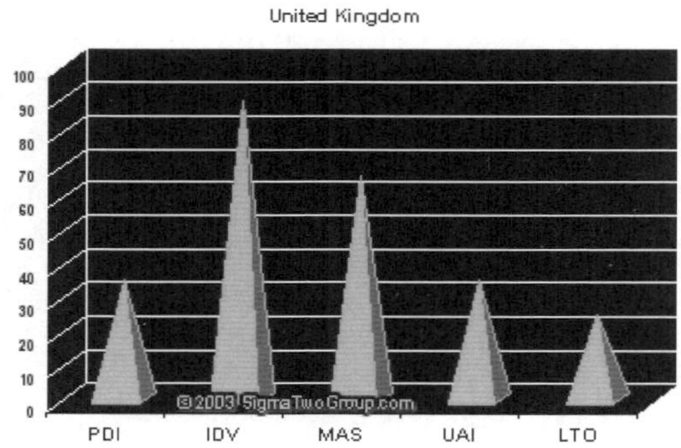

(C) Geert Hofstede™

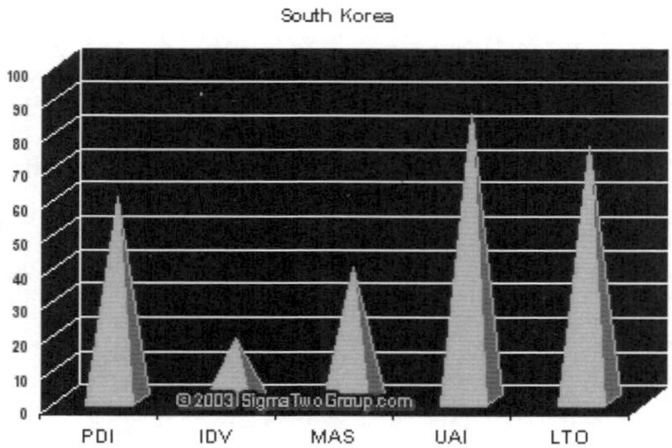

(C) Geert Hofstede™

2003년에 만들어진 호프스테드의 표로 비교해 보면, 영국은 권력불평등성 수용정도(PDI), 개인주의 성향(IDV), 개인의 성취욕구성(MAS), 불확실회피·불변수용성(UAI), 장기지향성(LTO) 등 모든 지수가 우리와는 거의 반대라는 것을 알 수 있다. 우리는 새 것을 좋아하지만 사회 변화 수용에는 약하고, 영국인들은 보수적이지만 상대주의적이고 새로운 변화 수용에 익숙함을 알 수 있다.

고 이지적인 영국인들의 기본 성향에서 기인된 것이라고 생각할 수도 있다.

4. 영국의 콘텐츠 향유문화

1) 전통문화에서 새로운 전통문화로

영국 전통문화에서의 금자탑은 단연 문학이다. 영국 문학의 기틀을 만들었다는 제프리 초서와 영국의 르네상스인 윌리엄 셰익스피어 외에도 존 밀턴, 윌리엄 워즈워드, 윌리엄 블레이크, 존 키츠, 제인 오스틴, 찰스 디킨스, 브론테 자매, 죠지 엘리오트, J. R. R. 톨킨 등 셀 수 없이 많은 잉글랜드의 문학가들이 있다.[21] 여기에 대영제국의 역사를 감안하여 아일랜드인들인 죠나단 스위프트, 오스카 와일드, 죠지 버나드 쇼, C. S. 루이스 등까지 포함시키면, 왜 영국에서 '셜록 홈즈 시리즈'의 코난 도일과 '해리 포터 시리즈'의 J. K. 롤링이 나올 수 있었는지를 이해할 수 있게 된다. 또한 영국의 전통 철학 역시 주요한 부분이다. 스코틀랜드 출신의 데이비드 흄과 죠지 버클리, 존 로크 등 잉글랜드가 배출한 철학자들의 경험론 사상은 철학 공부를 위해서는 필수적인 내용들이다. 이런 문학과 철학에서 파생되어 나온 공연예술의 주요 분야로서의 연극도 영국이 세계에 자랑하는 전통문화 중 하나다.

거대한 영국 문학의 흐름에 비하면, 예술 분야는 약한 감이 없지 않다. 특히 영국의 음악은 다른 유럽 나라에 비하면 미미한 편이다. 잉글랜드, 스코틀랜드, 웨일즈, 아일랜드 왕국의 전통 음악이 중세 이전부터 있었지

21 영국문학은 특히 18세기경 낭만주의와 빅토리아 시대 때부터 더욱 유명해졌다. 문화와 국력이 결코 별개가 아니라는 것을 보여주는 좋은 예다.

만, 주요 전통 문화로 내세울 수 있을 만큼 인정을 받지는 못했다. 그러다가 영국의 음악이 세계적으로 인정받게 된 것은 독일 출생의 음악가 헨델이 영국에서 활동을 개시한 1700년대 중반 이후부터다. 헨델은 우아하고 귀족적인 바로크 음악들을 작곡하여 세계에 알렸으며 이를 영국 전통의 일부로 만들었다. 또한 1800년대 중반에는 에드워드 엘가가 장중한 영국식 전통 음악은 어떤 것인가에 대한 개념을 정의했다. 현재도 왕립음악학교에서 많은 전통 음악가들을 배출해 내고 있다. 회화계에서는 풍경화가로 존 콘스터블이나 윌리엄 터너 등이 뛰어났고, 그 밖에 일러스트레이터로 베아트릭스 포터, 현대 추상화가였던 프랜시스 베이컨 등이 주목할 만한 인물이다. 그 밖에도 건축에서는 세인트 폴 대성당 등을 설계한 근세의 크리스토퍼 렌 등이 있다. 한편 디자인 분야는 프랑스에서 유래된 '아르 데코(art deco)'가 영국에서도 크게 유행한 20세기 초반부터 비약적으로 발전하고 있다.

이 밖에도 지역 전통문화로 웨일즈의 하프음악, 스코틀랜드의 백파이프 음악과 전통의상 킬트(치마), 축구·럭비·테니스·크리켓 등의 스포츠, 잉글랜드의 모리스 댄스 같은 민속 춤, 옥스브리지 요트 경기나 에든버러 축제 같은 오랜 역사를 지닌 각 지방의 다양한 축제, 스톤헨지·켄터베리 성당 등의 대표적인 건축물 등이 있다.

이상 간략하게 살펴보았듯이 영국의 전통문화에는 4개 왕국에서 비롯된 전통문화와 대영제국의 문화가 각기 녹아 있다. 애초부터 다민족의 혼종성이 영국 전통에 있었으므로, 그만큼 영국인들의 전통 문화는 다양할 수밖에 없었다. 그런데다가 대영제국 시절에는 인도 등 수 많은 외국의 문화가 영국 내로 유입되어 영향을 미쳤다. 이때부터 영국은 종래의 전통문화를 넘어 영국식으로 혼합된 새로운 영국식 전통문화를 만들어 내기 시작했다고 판단된다. 대표적인 예는 브라이튼시(市)에 있는 왕궁

(C) 김성수

[그림 9] 로열 파빌리온의 외부

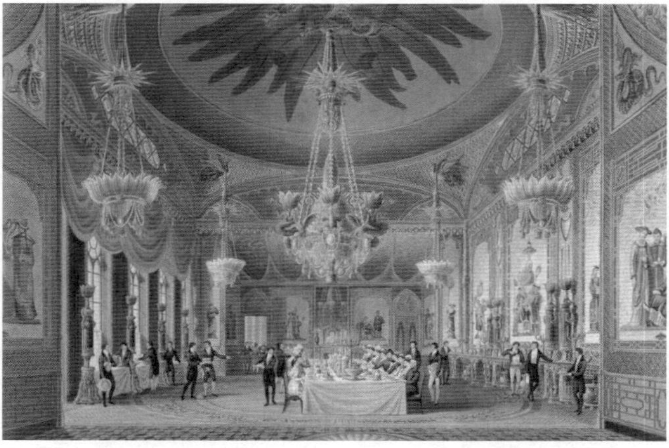

(C) J.Nash (1826)

[그림 10] J. Nash가 묘사한 로열 파빌리온의 내부

로열 파빌리온인데, 영국인들의 전통적인 혁신성을 잘 보여주는 이 왕궁은 19세기 초반에 아라비아, 인도, 중국식의 영향을 받아 만들어졌으며, 대영제국의 위상을 잘 드러내는 전통 건축물로 인정받고 있다.

이런 내막은 '영국적인 것은 과연 무엇이냐'라는 질문과 결국 연결되는 문제다. 문화적 측면에 있어서 영국의 정체성을 4개 왕국의 고전 전통에서만 찾는 것이 옳을지, 대영제국 하에서 생성된 혁신적인 융합(퓨전) 문화까지 포함시켜야 하는지에 대한 논란[22]이 계속 이어지고 있다. 이런 상황은 현대 문화콘텐츠 산업의 발달에 따라 영국 사회·문화 각각의 영역으로까지 파급되며 확산되고 있다. 결과적으로 이는 영국의 전통이 단순히 보수에만 있는 것이 아니라 혁신에도 있다는 것을 간접적으로나마 다시 한 번 증명하고 있다.

2) 20세기 이후 문화로서의 영국문화콘텐츠－TV, 영화, 공연예술, 대중음악

영국식으로 융합하는 전통, 즉 변화와 혁신의 전통은 20세기 이후의 영국문화콘텐츠에서 보다 더 명확하게 드러나며 현대 영국 문화 전반에 걸쳐 진행되고 있다. 영국인들은 고전적이고 보수적인 영국의 문화를 여전히 계승 발전시키는 한편, 전통과 현대가 잘 조화되고 혼합된 현대의 문화콘텐츠들을 제작하고 즐기며 세계 시장에 수출하고 있다. 특히 영국 문학과 관련이 깊은 스토리텔링이 스토리와 밀접하게 연결되는 콘텐츠 분야인 TV, 영화, 공연 예술 등에 폭 넓게 영향을 미치면서 강세를 보이고 있다. 초등학교에서의 동화 창작·구연 학습이나 성인들의 독서 클럽 등도 이 같은 현실을 설명할 수 있는 좋은 예다. 이런 맥락에서 전통적으

22 J. Oakland(2001), *Contemporary Britain －A Survey with texts*, Routledge, pp.61-64.

〈표 1〉 영국 대중문화 산업의 중요도 비교 (2007)

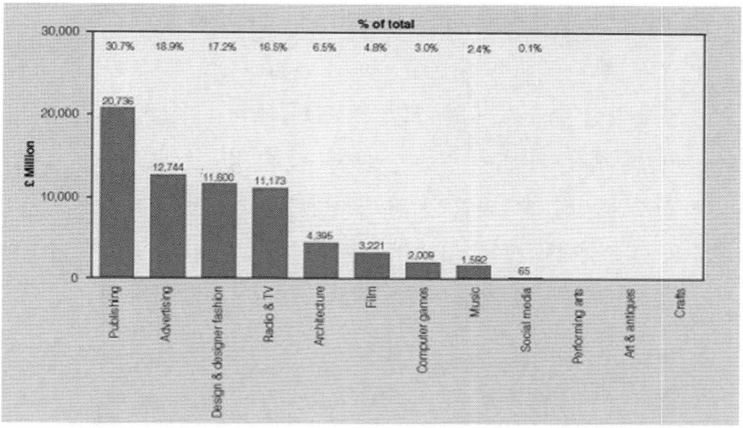

(C) 한국문화콘텐츠진흥원

로 강세 분야인 잡지·출판이 광고, 디자인과 함께 영국 문화콘텐츠 산업을 선도하고 있다.[23]

〈표 2〉 영국 대중문화 산업 수입

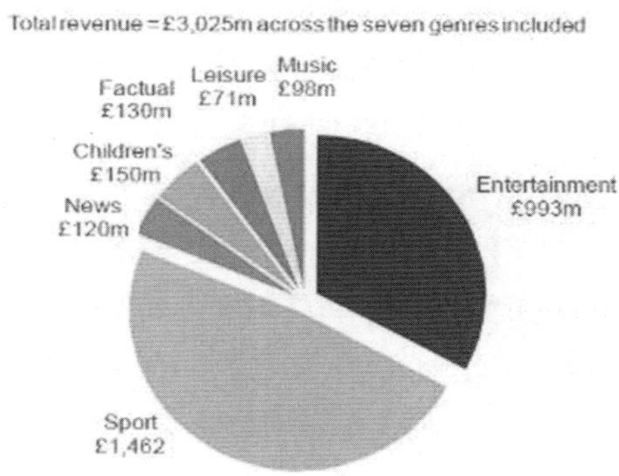

멀티채널 시장의 핵심적인 7개 장르별 수입 비교
(C) 한국문화콘텐츠진흥원

다음 표에서 4위를 기록하고 있는 TV 분야는 현대 영국인들이 가장 좋아하는 대중문화 중 하나이다. 공영방송인 BBC1과 BBC2, 민영방송인 ITV, 채널 4, 채널 5가 영국의 공중파 방송사이며, 이외에도 수많은 케이블 채널 및 위성

23 한국문화콘텐츠진흥원(2009), 「2009년 영국콘텐츠산업 동향」, 『동향과 분석』, p.305.

채널이 송출되고 있다. 영국의 TV 프로그램은 크게 예능(버라이어티 쇼, 리얼타임 쇼 등), 드라마(단막극, 미니시리즈, 시트콤 등), 스포츠 중계, 교양 프로그램(다큐멘터리나 르포 등의 Factual, 뉴스, 레저, 아동용 교육)으로 크게 나뉠 수 있다. 특히 교양 프로그램의 비율이 상당한데, 영국의 다큐멘터리 제작·판매는 미국과 일본을 앞설 정도로 초강세를 보이고 있다. 하지만 역시 엔터테인먼트와 드라마가 해외 수출의 대부분을 차지하고 있으며, 실제로 케이블 TV 채널까지 모두 합쳤을 때 영국 내 수요에서는 스포츠 관련 방송 비율이 압도적으로 높다.[24] 이는 TV 방송이 영국 사회의 중·하층 계급과 더욱 밀접하게 관련이 있음을 보이는 증거로 간주될 수 있다.

관광 수입인 건물 항목 다음으로 영국인들이 선호하는 문화콘텐츠상품은 영화다. 20세기 초·중반의 영국 영화산업은 다큐멘터리와 사회리얼리즘 영화로 인정받으며 세계무대 중심의 한 부분을 차지할 수 있었다. 현대 다큐멘터리 영화의 시조 격으로 추앙받는 존 그리어슨(John Grierson)이 영국인이다. 영국 뉴 웨이브(British new wave)라고 세칭되는 사회리얼리즘(Social realism) 영화들은 현대 대중사회 속에서 힘겹게 살아가는 소년·청년층이나 노동계급을 주인공으로 해서 교육, 폭력, 낙태, 매춘, 동성애, 금전만능주의 등 인간 소외와 관련된 여러 사회 문제들을 관객들에게 적나라하게 보여주곤 했다. 그러나 영국의 영화 산업은 1980년대에 들어서면서 급격히 하향곡선을 그리게 되는데, 미국식 자본주의가 세계화 되고, 할리우드가 세계 영화계의 주류로 등장함에 따라 세계 영화 관객들은 물론 영국인들마저 기존의 영국 영화 및 영화 시스템에서 멀어지게 되었기 때문이다. 이에 영국 영화계는 미국 영화계와 연합하였으며, 오데온 등의 멀티플렉스 영화관 등도 만들어 적극적으로 관객

24 한국문화콘텐츠진흥원(2009), 「영국 2009 텔레비전 산업 보고서」, 『동향과 분석』, p.299.

〈표 3〉 영국인들의 영화선호도

성별에 따른 영화의 선호도 차이 (2008년 상위 20위권 영화와 상위권 영국 영화를 중심으로)

여성이 선호하는 영화	남성(%)	여성(%)
페넬로페(UK)	10	90
와일드 차일드(UK)	15	85
나는 조지아의 미친 고양이(UK)	16	84
섹스 앤 더 시티	19	81
천일의 스캔들(UK)	22	78
하이스쿨 뮤지컬 3: 졸업반	24	76
맘마미아!(UK)	25	75
파자마를 입은 소년(UK)	29	71
공작 부인: 세기의 스캔들(UK)	29	71
스텝 업 3	31	69
주노	38	62

남성이 선호하는 영화	남성(%)	여성(%)
아이언맨	71	29
헬보이 2: 골든 아미(UK)	69	31
예스맨	67	33
어덜트후드(UK)	66	34
다크 나이트(UK)	62	38
007 퀀텀 오브 솔라스(UK)	61	39
인디아나 존스 4: 크리스탈 해골의 왕국	61	39
미이라 3: 황제의 무덤	59	41
핸콕	59	41

(UK)는 영국 영화 표시 자료 출처: UKFC

(C) 영화진흥위원회(KOFIC)

유치 전략을 펼치며 대응해 나갔다.[25] 현재 순수 영국 제작으로 만들어지는 영화는 그리 많지 않으며, 대부분 영·미 합작 영화의 형태로 영국 영화가 만들어 지고 있다. 2008년 현재 영국인들이 선호하는 영화를 살펴보면 위와 같다.[26] 현대 영국인들은 대부분 할리우드 스타일의 영화를 좋아하는데, 여성의 경우에는 로맨틱 코미디와 뮤지컬, 그 밖에도 <천일의 스캔들>이나 <공작부인> 같은 영국 전통사극 영화에 많은 관심을 가지고 있으며, 남성의 경우에는 대부분 액션과 판타지를 선호한다는 것을 알 수 있다.

스토리텔링과 관련해서 또한 눈여겨 볼 분야는 연극·뮤지컬 등의 공연예술이다. 17세기부터 런던의 웨스트엔드 지역은 영국 공연 예술의 본거지였다. 19세기에 들어서면서 특히 런던은 세계 공연 예술의 중심지 중 한 곳으로 각광받게 되었고, 제2차 세계대전 이후 영국의 연극과 뮤지컬은 비약적으로 발전했다. 최근에는 세계적으로 유명한 연극과 뮤지컬의 대부분이 런던에서 만들어져 초연되었다.[27] <오페라의 유령>, <라이

25 김광옥(2003), 『영국 대중문화의 이해』, 미디어 24, pp.142-151.

26 영화진흥위원회(KOFIC) 해외통신원 리포트, 2010년 06월 04일

온 킹>, <빌리 엘리오트> 등의 유명 뮤지컬은 상설 극장에서 국경일을 제외하고 1년 내내 계속 상연된다. 셰익스피어를 위시하여 오스카 와일드, 죠지 버나드 쇼, 피터 쉐퍼, 해롤드 핀터 등의 극작가를 가졌던 영국은 이처럼 극작의 전통을 계승해 현대에도 계속 양질의 연극과 뮤지컬을 제작해 내고 있는 것이다. 한편 앤드류 로이드 웨버(Andrew Lloyd Webber)는 주옥같은 곡들을 작곡하여 세계 뮤지컬 음악계의 대부로 군림하고 있다. 영국인들의 공연예술 관람 수준은 상당히 높은 편이다. 사회의 상위 계층이 발레, 오페라, 클래식 음악회, 고전적 연극에 더 관심을 갖는다면, 중·하 계층은 연극과 뮤지컬, 그중에서도 성공담이나 추리극 등의 내용에 좀 더 흥미를 보이고 있는 것 같다.

영화 못지않게 인기 있는 분야는 대중음악이다. – 컴퓨터 게임은 미국에 주도권을 넘겨주고 있는 실정이다. 위 TV 관련 표에서도 대중음악이 상당 부분을 점유하고 있음을 확인할 수 있었다. 순수 클래식에 대한 일반인들의 관심은 줄어들고 있는 추세지만, 현대 대중음악 시장은 점점 더 커지고 있다. 사실 1950년대 미국으로부터 로큰롤을 수입한 영국은 1960년대 '비틀즈', '롤링 스톤스'의 등장으로 이미 세계 대중음악계를 석권한 바 있다. 이때 영국식 팝의 역사가 본격적으로 시작되었는데, 1970년대에는 '아바(ABBA)' 등의 나이트클럽과 거리 문화를 혼합시키는 음악이, 1980년대 중반부터는 댄스 음악이 유행했다. 1990년대부터는 클래식 음악과의 퓨전을 추구하는 음악가나 '스파이스 걸스'와 같은 걸그룹 등이 등장해서 현재까지 많은 인기를 끌고 있는 실정이다. '오아시스', '라디오헤드' 등 전자 악기를 사용하는 그룹은 브릿 팝(Brit pop)이라고 불리는 장르를 개척해서 세계 대중음악계에 많은 영향을 미쳤다. 현재 영국의 대중음악은 영국과 미국을 크게 구분하지 않고, 서로 간에 영향을

27 D. Christopher(1999), *British Culture – An Introduction*, Routledge, pp.37-39.

주고받으면서 동일 시장을 공유하고 있다. 현대 영국의 대중음악 역시 혼합과 변화를 잘 보여주고 있는 좋은 예다.

5. 문화산업을 통해 새로운 대영제국을 꿈꾸는 영국

본래부터 전통적으로 혁신과 변화는 보수성에 버금가는 영국의 트레이드 마크였다. 이런 영국인들에게 당연히 가장 적합한 문화콘텐츠는 '보수와 혁신이 영국식으로 잘 조합'된 것이라고 생각된다. 일찍이 에드문드 버크(E. Burke)는 '보수를 위한 개혁'이라는 교훈[28]을 역설했다. 영국의 근대 보수주의 창시자로 추앙받는 버크는 세대와 세대 사이의 연결을 매우 중요하게 생각하며, 이 연결을 위해서 급진적인 변화는 가급적 피해야 하며, 현재가 다음 세대에도 계속 이어지려면 발전적인 방향으로 서서히 변화를 꾀해야 한다고 주장했었다.[29] 보수와 개혁을 동시에 추구하는 것이 옳다고 본 것이다. 이런 견지에서 보면 일반 영국인들의 문화코드와 버크의 말은 어느 정도 상통하고 있는 것 같다. 여태까지 살펴보았듯 영국인들은 외세의 압력 혹은 내부의 급진적인 변화 이전에, 보수와 혁신을 조합시켜 자신들 스스로를 서서히 변화하여 현실에 적응시켜 가는 것을 선호했기 때문이다. 한때 급변하는 세계 근·현대사의 중심에 대영제국이 있었다. 이후 시대의 한계로 무너졌지만 현대의 시류에 적극 편승해 스스로 변화를 받아들인 새로운 영국은 세계 강대국 중의 하나로 다시 오를 수 있었다. 바로 여기서 세계를 제패했던 영국인들의 강점이 드러나는 것이다.

현대 영국 문화콘텐츠산업의 발전 상황 및 콘텐츠 상품의 내용에서도

28 박지향(1997), 『영국사, 보수와 개혁의 드라마』, 까치, pp.15-16.

29 R. 니스벳·C. B. 맥퍼슨(1997), 『에드먼드 버크와 보수주의』, 강정인·김상우 옮김, 문학과 지성사, pp.48-60.

이러한 면모를 찾아볼 수 있다. 21세기 들어 영국 정부와 민간기업의 노력으로 인해 영국의 문화산업은 GDP의 8%[30]을 넘을 정도로 중요한 분야가 되었으며, 영국은 문화산업을 통해 새로운 대영제국을 꿈꾸고 있다. 영국은 자국의 문화콘텐츠 산업의 활성화를

(C) Aardman

[그림 11] 월래스와 그로밋

위해 미국과 연합하여 새로운 길을 모색하고 있으며, 콘텐츠 내용도 영국 전통문화와 타국의 문화들을 적절하게 잘 배합시켜 나가면서 다양성을 확보해 가고 있는 중이다. 보다 더 넓은 시각에서 자신들의 전통 위에 외부의 문화까지 탑재시켜 자신들만의 문화상품들－예를 들면 <노팅힐> 등 워킹타이틀의 로맨틱 코메디 영화 시리즈, 리얼리티 TV쇼 <빅 브라더>, 매튜 본의 발레 뮤지컬 <백조의 호수>, 아드만의 애니메이션 <월래스와 그로밋> 시리즈 등－을 계속 만들어 내고 있는 것이다. 따라서 영국의 문화코드인 '보수와 혁신의 조합'은 영국 문화콘텐츠 산업을 단적으로 나타내는 핵심어구일 듯하다. 물론 이것은 결국 영국인들이 애초에 염두를 두었든, 우연이든 글로컬문화콘텐츠와도 자연스레 연결이 될 수밖에 없다. 글로컬문화콘텐츠는 로컬과 글로벌이, 자국의 전통문화와 세계 및 외국의 문화가 자유롭게 소통하면서 새로운 형태의 콘텐츠를 만들어 내는 문화콘텐츠다.[31] 때로는 전통적일 수도 있고, 때로는 혼종적일 수도 있는 다양성을 담지한 문화콘텐츠인 것이다.

30 한국문화콘텐츠진흥원 국가심층보고서 2009, 「영국」편.

31 박치완 · 김성수(2009), 「문화콘텐츠학과 글로컬문화」, 『글로벌문화콘텐츠』, no.2, pp.8-9 참조.

최근 영국의 서브컬쳐는 다문화 및 퓨전문화로 가득 차 있다고 해도 과언이 아니다. 중국식·인도식의 음식 문화, <노팅힐 축제> 같은 거리 축제와 공연, 클래식과 현대 음악이 접합된 재즈 및 팝아트 예술과 연극 공연에 이르기까지 전통 문화와 여러 다양한 문화들의 결합이 영국 사회 전체에 널리 퍼져 있다. 일부 극우주의자들 혹은 지방 소도시의 전통우월주의자들을 제외한 대다수의 영국인들은 이제 반드시 과거의 전통만이 영국을 영국적으로 만들어 준다고 생각하지는 않는 것 같다. 영국의 전통문화가 이런 다양한 문화 모두를 포괄할 수 있는 융합적인 문화라고 생각하는 사람이 점점 늘어가는 추세다. 역설적으로 이런 혼종문화들이 계속 발달할 때 순수 전통 문화에 대한 중요성이 오히려 부각될 수 있는 면이 있는 바, 영국의 기존 전통 문화에 대한 관심도 계속되고 있다. 영국의 사례가 결국 우리 문화콘텐츠 제작에 주는 시사점은 바로 이것이다. 전통의 보존을 위해 전통을 보수적으로 계속 붙들고만 있다면 전통도, 전통에 대한 관심도 잃을 수밖에 없다. 쉽지 않은 일이긴 하지만, 전통에 많은 관심을 두고 자발적으로 혁신하고자 노력한다면, 기존의 전통도 살리는 한편 전통을 계승 발전시켜서 충분히 새로운 전통을 만들어 낼 수도 있을 것이다.

3

일본인의 시각에서 재조명한 한류

문화콘텐츠와 문화코드
글로컬시대를 디자인하다

3

일본인의 시각에서 재조명한 한류

1. 일본으로 스며든 '한류'

한 문화에 대한 이미지는 국가 간의 관계나 역사와 무관할 수 없다. 일반적으로 일본에서의 한국에 대한 공적인 논조는 두 개가 있다. 하나는 비교적 자유주의적인 관점에서 한국을 바라보는 양심적인 논조이다. 그것은 식민지주의의 역사를 제대로 인식하고 진지한 반성을 토대로 관계를 쌓으려고 하는 것이다. 다른 하나는 편협한 내셔널리즘과 역사에 대한 무반성에서 오는 차별적이고 편견에 찬 논조이다.[1] 그러나 이들은 모두 공적인 것일 뿐, 그동안 보통의 일본인들이 가진 '한국(한국인)'에 대한 이미지는 호감이 가지 않는 나라, 아니면 특별히 뚜렷한 이미지가 없는 나라였다.

한 드라마를 계기로 오랫동안 계속된 무관심한 단절이 거짓말처럼 사

1 毛利嘉孝(2004),『日式韓流─「冬のソナタ」と日韓大衆文化の現在』, せりか書房, p.44.

라졌다. 근년 한국과 일본의 문화교류가 활발해지며 불과 몇 년 사이에 한일 간의 문화의 흐름과 사람들의 왕래가 쉽게 파악할 수 없을 정도로 많아졌다. 정치적 역사적 관심으로부터 문화적 관심으로의 이행이라는 큰 변화는 한국과 일본이라는 각 문화권에 사는 사람들의 욕망과 인식의 변화 더 나아가 일상의 변화까지도 반영하는 것이다. <겨울연가>를 중심으로 한 '한류'에 대한 견해는 받아들이는 입장에 따라 달라지겠지만, 어떻든 간에 이 붐의 출현이 한일 간의 문화적 관계를 생각하는 데 있어서 중요한 역할을 했다는 것은 의심의 여지가 없다. 2010년 현재, 일본 TV에서는 한국 배우와 한국 가수가 빈번히 등장하며, 이들은 최근 몇 년 사이에 일본사회의 문화적 아이콘 중 하나가 되었다. 배용준을 비롯한 '한류스타'라고 불리는 한국배우들이 일본의 광고업계에서 최고의 파워를 발휘하고 있었던 할리우드 스타들의 자리를 빼앗았으며, 일본 스타가 아니면 서양 스타라는 '양자택일'의 공식을 무너뜨렸다.

본 글에서는 일본에서 '한류'가 절정을 이루었던 2004년을 기준으로 삼아, 그 전후와 절정기의 한류로 구분하여 일본인의 시각에서 고찰해 보고자 한다. 우선 제2, 3장에서 다루는 절정기 이전의 한류에서는 일본에서의 한류의 기원을 찾으며, 대다수 사람들이 모르고 있는 <겨울연가> 이전의 한국 대중문화의 역사를 되돌아본다. 제4장에서는 대다수 사람들이 생각하는 2003~2005년쯤의 한류 절정기, 즉 <겨울연가> 시기의 한류 현상을 살펴본다. 끝으로 제5장 절정기 이후의 한류에서는 한류 현상이 한일 양국에 어떤 영향을 미쳤는지, 또 <겨울연가>로 폭발한 한류가 진정된 상태인 현재, 일본에서의 한국 대중문화의 방향을 논하며 마무리하고자 한다.

향후 한일 간의 역사를 논할 때에 2004년은 종요한 의미를 지닌 해로 인식될 것이다. 아무도 예상하지 못했던 일본에서의 한류란, 한일 양국을 둘러싼 큰 사건이자 양국인에게 주어진 선물이기도 하다. 그렇다면 일본인들은 <겨울연가>를 비롯한 한국드라마, 또는 한류현상을 어떤 식으로 바라보고, 또 드라마 너머로 보이는 한국이라는 나라를 어떤 식으로 보는 것일까?

2. 〈겨울연가〉 이전의 한류

1) 한류의 기원

일본에서의 한류는 언제 어떻게 시작됐을까? 일본에서 한류라고 하면 <겨울연가>를 중심으로 2003년이나 2004년쯤에 폭발한 한국 대중문화의 유행을 가리키는 경우가 많다. 그러나 일본에서의 '한류' 현상은 갑자기 나타난 것이 아니라 1990년대부터 일본에서 한국대중문화가 소개되고 그것을 소비하는 사람들이 생겨나면서 이미 준비되어온 것이다. 일본에서 한국 대중문화의 인기가 어떻게 변해왔는지는 한류에 대한 명칭의 변화에서 단적으로 드러난다. 일본에서 한국 대중문화의 인기를 가리키는 말은 '아시아 붐 → 한국 붐 → 캉류(韓流カンリュウ) → 한류(韓流ハンリュウ)'로 변해져왔는데 겨울연가는 세 번째 단계인 '캉류'(한류에 일본식 발음) 시기에 포함된다.[2] 한국 대중문화는 1990년쯤에 시작된 일본 내의 아시아 붐과 맞물려 일본에 소개되기 시작했다. 이 시기에 일본의 아시아 대중문화 전문 잡지에는 주로 홍콩 스타들이 등장했고, 한국 대중문화에 할애되는 지면은 아주 적었다. 그런데 이 상황은 1996년에 한국과 일본이 월드컵 공동 개최국으로 결정되면서 크게 달라졌다. 이후 2000년까지는 한국 영화를 비롯하여 한국 대중문화에 대한 전체적인 관심이 높아지면서 한국

2 히라타 유키에(2005), 『한국을 소비하는 일본－한류, 여성, 드라마』, 책세상, p.26.

붐이라는 말이 등장했다. 2003년쯤부터는 한국 붐이 점점 '캉류'라는 말로 대체되기 시작했으며 2004년에 들어서면서부터는 한국어 발음에 보다 가까운 한류라는 말이 많이 쓰게 되었다.

중국어권에서 대중음악을 중심으로 한류가 시작되었다면 일본에서 그 붐의 시작은 영화였다. 1999년 도쿄 국제 영화제 개막 작품으로 상영되어 주목을 받은 한국 영화 <쉬리>를 시작으로 일본에서 본격적인 한국 붐이 시작되었으며, 한국 영화는 점점 대도시의 소규모 극장에서 상영되었다. 2000년대에 들어서는 이런 한국 영화의 붐과 함께 TV 속에서도 적지 않게 변화를 보이기 시작했다.

2) 한류 시발점

절정기 이전의 한류를 논할 때 빼놓을 수 없는 존재로 한국에서 활동하다가 활동 거점을 완전히 일본으로 옮긴 윤손하를 들 수 있다. 윤손하는 2001년 일본 호리프로덕션에서 데뷔하여 큰 성공을 거둔 최초의 한국 여배우다. 그는 NHK에서 2001년에 방송한 드라마 <다시 한 번 키스(もう一度キス)>에서 일본의 인기 배우와 함께 주연을 맡았고, 이후 <파이팅걸(ファイティングガール)>, <지상의 사랑(至上の恋～愛は海を越えて)>, <굿 럭! (GOOD LUCK!) >등에 출연했다. 드라마 이외에도 버라이어티 프로그램 등에서 다양한 활동을 하고 있다.

무국적성을 인기의 기반으로 하는 보아와 달리 윤손하는 유창한 일본어를 구사하는 동시에 자신의 '한국성'을 전면으로 내세워 활동하는 여배우라고 할 수 있다. 2002년에는 <한글 강좌－안녕하십니까?>라는 NHK의 외국어 학습 프로그램에도 정기적으로 출연하는 등 한국성을 잘 이용하여 활동하였다. 유창한 일본어를 구사하는 그녀는 고정적으로 출연하는 인기 버라이어티 프로그램도 적지 않았다. 한국 색을 드러내면서 일본 미디어에서 정착하는 데 성공한 사례는 윤손하가 처음이라고 해도 과언이 아니다. 또한 <Easy 한글>(2002), <윤손하의 한국에 오레오!>(2003), 등 한국어 학습 교재나 한국 문화와 여행지를 소개하는 책을 출판하였다.[3] 그녀는 한국과 일본을 연결시켜준 한류스타들의 선두 주자라고 할 수 있다.

일본에서 한국 이미지를 크게 변화시킨 하나의 계기는 2001년 4월부터 시작된 <초난강>이라는 심야 프로그램이다. <초난강>은 최고의 인기 그룹 SMAP의 멤버 쿠사나기 츠요시가 15분 동안 진행하며, 모든 대사가 한국어로 진행되고 일본어를 자막으로 처리한다.[4] 2004년 4월부터는 <초난강2>가 방송되었으며 프로그램의 내용은 이웃나라 한국을 소개하는 것에서 일본 속 한국과 접촉하는 방식으로 변화되었다. 이 방송에는 많은 한류 배우, 가수, 영화감독 등이 출연했기에 인기를 끌었으며 2010년 3월에 종료하였다.

쿠사나기 츠요시는 한국 영화 <쉬리>를 본 것을 계기로 한국어 공부를 시작했다고 하며, <초난강>이란 프로그램도 '한국에서 스타가 될 수 있는지 도전해보고 싶다'는 그의 소원이 계기가 되어 시작된 것이라고 한다.[5] 프로그램의 내용은 다양했는데, 초기에는 주로 한국에 사는 보통 한국인들과의 직접적인 만남, 그들의 대화나 '미니스토리(드라마)'를 다루었으며, 이를 모두 한국어로 방송했다. 한편 <초난강2>는 일본에 있는 한국인들과의 만남을 중심으로 구성되었다. 이 프로그램뿐만 아니라 쿠사나기 츠요시는 2002년 일본에서 한국어 학습서인 <정말 북>을 썼고,

3 *Ibid.*, p.57.
4 *Ibid.*, p.64.
5 *Ibid.*, p.64.

2002년 6월에는 한국과 일본에서 동시에 CD를 발매해서 화제가 되었다.[6] 그의 활동은 각 분야에 큰 영향을 미쳤으며 특히 젊은 세대들의 한국에 대한 이미지와 관심의 증대를 가져왔다.

3. 장르별로 보는 한류

1) 영화

1980년대 후반, 자국 영화의 점유율이 낮아진 한국 영화계에서 한국영화인들은 한국영화 자체의 생존을 위해 1984년에 한국영화아카데미를 창립하였다.[7] 1993년에 한국영화계를 선도하고 있던 임권택 감독이 <서편제>를 대히트시켜 한국영화계의 활기를 되찾게 했다. 5년 후인 1998년에는 한국영화아카데미에서 이른바 386세대－1960년대에 태어나 80년대에 대학 생활을 한 당시 30대의 세대－의 영화감독들이 졸업하였다. <8월의 크리스마스>(1998)의 허진호 감독, <미술관 옆 동물원>(1998)의 이정향 감독 등이 등장한다. 언론의 자유와 표현규제의 완화, 그리고 또한 스크린 쿼터제가 맞물려서 영화감독들은 자유롭고 보다 참신한 영화를 만들 수 있게 되었으며 그 여파는 일본에도

(C) 태흥영화사

[그림 1] 일본에서도 히트한 〈서편제〉

6 *Ibid.*, p.65.

7 小倉紀蔵·小針進(2007), 『韓流ハンドブック』, 親書舘, pp.28-29.

미쳤다. <서편제>는 비록 소극장에서 개봉했지만 대히트를 기록하여 한국영화를 일본에서 주목받게 만들었다. 특히 1999년에 일본에서도 개봉된 <8월의 크리스마스>는 특수한 작품이다. 고정된 일본 내 한국영화팬뿐만 아니라 많은 보통 일본인들의 마음을 사로잡았기 때문이다. 그때까지의 어둡고 어려운 영화라는 한국영화에 대한 이미지를 싱싱하고 산뜻한 이미지로 바꾸었던 것이다.

그러다 <쉬리>(1999)가 등장하며 한국영화의 붐이 일어난다. <쉬리>는 한국에서 600만 명을 넘는 공전의 대히트를 기록하고, 일본에서도 한국 영화로서는 사상 최고인 120만 명의 관객을 동원했으며 흥행 수익은 19억 엔에 달했다. 당시의 한국 정세도 관련되었겠지만 이 전에는 무조건적 증오의 대상으로 그려진 북한의 공작원을 인간답게 그린 것을 새로운 조류로 받아들인 것은 부정할 수 없을 것이다. 이후 <공동경비구역 JSA>(2000), <태극기 휘날리며>(2004)등 남북문제를 인간드라마로서 그린 작품이 차례차례로 대히트하였고, 일본에서도 그때까지의 소극장과는 달리 대규모로 개봉하였으며 한국 영화의 붐이 확실해졌다. 이때 주목의 대상이 되는 것은 결코 '한류' 붐이 아니라 한국 '영화' 붐이었다. 남북문제를 다룬 작품뿐만 아니라 <미술관 옆 동물원>(1998)이나 <텔미 썸씽>(1999), 코미디 영화 <반칙왕>(2000) 등 다양한 영화가 개봉됨에 따라 일본에서 한국영화는 계속해서 주목을 받게 되었으며 관객층도 폭넓어 졌다.

한일 월드컵 공동개최의 해인 2002년, <겨울연가>가 제작되어 다음해에 일본에서 방송된다. 이때 일본에서도 중국이나 동남아시아보다 조금 늦었지만 한류라는 말이 탄생하게 된다. <쉬리> 이후에 구축된 한국영화 붐을 뛰어 넘는 '후유소나'[8] 현상은 배용준에 힘입어 한류 붐으로

8 일본에서 <겨울연가>가 <후유노소나타>라는 제목으로 방송되었는데, '후유소나'는 '후유

확대되었다. 이 무렵에 일본에서 <봄날은 간다>(2001), <친구>(2001), <엽기적인 그녀>(2001) 등의 한국 영화가 개봉되었다.[9]

이때부터 일본에서 한국 대중문화는 영화뿐만 아니라 드라마도 방영되었다. <겨울연가> 이후 일본 각 방송국은 앞 다투어 한국의 인기 TV 드라마를 방송했고, 배용준 이외에도 이병헌, 송승헌 등이 한류 스타로서 등장했으며, 그와 관련된 한류상품이 생겨나고 그들의 브로마이드사진은 불티나게 팔렸다. 이 경제적 효과는 한국영화계까지 자극하여 드라마 안에서만 활약했었던 새로운 한류 스타들을 일본에서의 한국 영화 붐을 이끌고 있었던 한석규, 송강호, 최민식 대신에 스크린에 등장하게 했다. 어느덧 한국 본토에서도 유명해진 한류 붐은 한류 스타들의 출연료와 판권료의 상승을 유도해 한류 스타가 있어야만 한류 영화인가 라는 자성의 소리도 나오기 시작했다. 한류 붐의 기세는 멈추지 않고, 2000년 <쉬리> 개봉 당시는 일본에서의 한국 영화 개봉 편수가 연간 14편이었다는 것에 비해 2005년에는 61편으로 5년 전보다 5배 가까이 증가했다.

그러나 2006년 일본에서의 한국영화의 연간 개봉개수는 전년의 반인 34편이었다.[10] 한류스타라고 불리는 이병헌 주연 <달콤한 인생>(2005), 권상우 주연 <청춘 만화>(2006)의 부진이 계속되어 한류 팬은 극장에서 멀어진다. 이와 달리 2005년에 일본에서 260만 명을 동원한 정우성, 손예진 주연의 <내 머리 속의 지우개>(2004)나, <엽기적인 그녀>의 후속 작품이라고 할 수 있는 <내 여자 친구를 소개합니다>(2004)는 일본에서도 대히트를 기록하였다. 이 두 영화의 주연배우들은 이른바 한류스타라고 불리는 배우들이 아니었으나, 작품 자체가 좋은 평가를 받았기 때문에

노소나타'의 축약어에 해당된다.

9 히라타 유키에(2005), *op. cit.*, p.49.

10 小倉紀蔵·小針進(2007), *op. cit.*, p.32.

공전의 히트가 가능했던 것이다. 이는 단지 한류 스타가 출연하기만 하는 한류영화에는 한계가 있을 수 있음을 의미한다.

2) TV 드라마

<겨울연가>의 대히트 이후 일본 TV의 많은 채널에서 한국 드라마가 방송되고 있으며, 잡지나 인터넷에서도 주요 콘텐츠의 한 부분을 차지하고 있다. 초기에는 장년의 여성 팬들이 많았지만 다양한 장르의 드라마가 방송됨에 따라 팬층을 넓혀갔다. <겨울연가>의 인기는 설명할 필요도 없이 굉장했다. 하지만 <겨울연가>는 일본에서 처음으로 방송된 한국 드라마가 아니다. 2000년대에 들어서면서 점차적으로 한국 드라마가 일본에서 방송되기 시작되었는데 주요 드라마를 들자면 2000년에 방송된 <가을 동화>, <별은 내 가슴에>가 있다. 그리고 2003년에는 <레디고!>가 방송되었으며, 또 같은 해에 <이브의 모든 것>이 한국 드라마로서는 처음으로 지상파 방송을 탔다. 이후에도 <올인>, <천국의 계단>등, <겨울연가>에 못지않은 인기 드라마가 등장하였다. 그 대다수가 연애를 중심으로 한 드라마였지만, 이와는 이질적인 <대장금>은 장년 남성이나 고정된 한류 팬 이외의 팬도 늘리는 현상을 일으켰다.

한일 월드컵 공동개최 결정 이후 한국 드라마의 인기 기세가 높아지면서 미디어 산업에서 한일 합작이 눈에 띄게 늘어났다. 2002년 한국 MBC가 일본 TBS[11]와 함께 제작한 <프렌즈>가 사상 처음으로 한국과 일본 양국에서 방송됨에 따라 큰 화젯거리가 되었다. 2002년 11월에 한국

11 1955년에 설립된 간토 광역권을 대상으로 방송하는 일본의 민영방송사이다. 본디 TV 방송과 라디오 방송을 겸업하였으나 2001년 라디오 방송을 자사인 TBS 라디오 &커뮤니케이션즈로 이행하여 지금은 TV방송만 담당하고 있다. 위키피디아 'TBS' 참조. (검색일: 2010년 12월 13일)

MBC와 일본 후지TV의 합작으로 방송된 <소나기 비 갠 오후> 역시 큰 주목을 받았다. 이 드라마 출연을 계기로 여주인공 요네쿠라 료코가 한국 친선대사가 되는 화제를 낳기도 했다. <소나기 비 갠 오후>와 같이 한국 MBC와 일본 후지TV의 합작드라마로 2004년 1월에 방송된 <별의 소리>가 있다. <소나기 비 갠 오후>는 아시아의 미디어들과 협력하여 드라마나 콘서트 등을 기획하려는 아시아 콘텐츠 프로젝트의 첫 작품으로 제작되었다. 같은 프로젝트의 두 번째 작품으로 제작된 <별의 소리>는 한국 주도로 만들어졌다. <소나기 비 갠 오후>는 일본 주도로 만들어진 한일 합작 드라마이다. 이들 한일 합작 드라마는 모두 한국 남성과 일본 여성의 사랑을 그리고 있는데 이러한 구도는 한국과 일본의 역사적 관계와 관련이 깊다. 한일 양국 간의 외교적 역사적 갈등이 깊이 반영된 것이다. 물론 이들 한일 합작 드라마는 한일 우호나 문화 이해를 위해 만들어진 우호적이고 평화 지향적인 작품이다.

한국 배우 원빈과 일본 여배우 후카다 쿄코가 주연을 맡은 <프렌즈>에 대한 일본인들의 반응은 어땠을까? 일본에서는 <프렌즈>가 방송된 이후 남자 주인공 원빈에 대한 인지도와 인기가 높아졌다. 인터넷 상에는 원빈의 비공식 팬 페이지가 만들어졌고 DVD구입 문의가 쇄도했다고 한다.[12] 나중에 판매된 DVD는 예상보다 훨씬 많은 판매고를 기록했는데 이를 구매한 팬의 대부분은 일본 여성들이었다. 일본에서 이틀간 방송된 이 드라마의 시청률이 각각 14.1%와 15.3%로 나쁘지 않았고 일본 시청자들에게는 호응을 얻은 것 같이 보인다.[13] 월드컵이 간접적인 요인이 되었다고는 하지만, <겨울연가>로 폭발한 한류 붐의 전조라고 할 수도 있다. 이렇듯 한국 드라마는 일부 팬들 사이에서는 인기가 있었지만, 일반 시청

12 히라타 유키에(2005), *op. cit.*, p.80.
13 *Ibid.*, p.81.

자의 지지를 얻고 있었다고 하기에는 어렵다.

3) K-POP

(C) 일본 혼다

[그림 2] 일본 혼다 CF에 출연한 보아

일본에 알려져 있는 한국가수로서는 조용필, 김연자, 계은숙 등이 있었지만, 한류 붐 초기에 K-POP은 영화나 드라마 같은 대중적인 인기를 얻고 있지는 않았다. 일본어에 능통한 여성과 영어에 능통한 여성이 포함된 3인조 그룹 SES가 1998년에 일본에서 데뷔해서 어느 정도의 화제가 되었지만 한국에서의 폭발적인 인기에 비하면 일본에서의 인기는 그리 대단한 것이 아니었다. 그 외에도 노래 가사의 제공이라든가 제작 협력, 공동 기획 등 다양한 시도들이 있었는데 가장 성공적인 경우는 보아의 일본진출이다. 한국을 대표하는 기획사인 SM기획과 일본의 유명한 기획사 AVEX의 공동 제작으로 등장한 보아는 2000년 당시에 14세였으며 한국에서 활동할 때부터 일본어를 배우는 등 일본 진출을 염두에 두고 있었다.[14] 일본어로 노래하고 일본어로 의사소통을 한다는 철저한 현지화 전략으로 보아는 순식간에 톱스타가 되었다. 일본인 가수도 달성하기 어려운 밀리언셀러 가수로 큰 인기를 끌었으며 그 명성이 한국 내로 파급되었다.

현지화에 성공한 예로써 또 하나 동방신기를 꼽을 수 있다. 동방신기는 국내 시장은 물론 동시에 아시아 전략을 진행한다는 의미에서 그룹명을

14 *Ibid.*, p.56.

한국에서의 데뷔 당시부터 일본식으로도 중국식으로도 읽을 수 있는 한자 4글자로 하였다고 한다. 동방신기는 오리콘 차트[15] 1위를 획득하는 등 확실하게 그 지위를 일본에서도 확립하였다.

보아, 동방신기의 성공으로 거액을 손에 넣게 된 SM기획을 따라 다른 기획사들도 일본진출에 나섰다. 특히 월드컵이 개최된 2002년까지 우호적인 분위기를 타고 많은 한국가수들이 일본에서 콘서트를 행하거나 이벤트에 출연하게 된다. 이를 계기로 일본 음악계에 한국의 실력이 있는 가수들의 존재가 알려지게 됨에 따라, 차례로 한국 가수들의 진출이 촉진되었다. 이것이 K-POP 가수들의 일본 진출의 첫 번째 전성기이다. 인기 있는 가수는 몇 개의 레코드 회사가 계약을 제안한 결과 계약금은 올라갈 대로 올라가고 가수에 따라서는 서양의 인기 가수 수준의 금액이 된 케이스도 적지 않았다고 한다.[16] 그러나 단일 앨범 계약을 맺는 한국에서는 언제까지 그 기획사의 가수가 소속되는가에 대한 보증이 없어 일본 레코드 회사가 계약금을 손해 보는 케이스도 당시에는 많았다. 그리고 CD를 발매해도 한국과 일본에서는 프로모션 방법에 큰 차이가 있기 때문에 일본식의 프로모션을 충분히 하지 못하고 CD판매량이 부진한 채 계약이 완료될 때도 많았다. 이와 같이 첫째 K-POP의 전성기에는 일본 레코드 회사가 손해 본 경우가 많았음에도 불구하고 한국 기획사는 지속적으로 가수들을 일본에 진출시켰다. 그러나 2002년 월드컵 후, 일본 미디어에서 한국 연예계를 다루는 기사가 줄어들면서 일본 레코드 회사도 많은 실패를 겪었기 때문에 너무 쉽게 한국가수에 손을 대지 않게 되었다.

15 일본에서 가장 지명도 높은 음악 인기 차트로, 일간, 주간, 월간 등의 집계기간과, 대중음악, 엔카(대한민국의 트로트와 비슷한) 등 장르별 차트, DVD나 비디오 게임 등의 판매 랭킹 및 모니터 조사에 따른 광고 호감도도 발표한다. 2005년 3월부터 온라인 음악 판매 사업에 뛰어들어 최신 랭킹에서 그대로 음악을 다운로드할 수 있다. 위키피디아 '오리콘' 참조. (검색일: 2010년 11월 17일)

16 小倉紀蔵·小針進(2007), *op. cit.*, pp.46-47.

그런데 그 직후 2003년에 <겨울연가>로 한국 붐이 폭발함에 따라 한국 음악계도 많은 혜택을 받았다. 특히 <겨울연가>의 사운드트랙 CD는 100만장이 넘는 대히트가 되어 주제곡을 맡은 RYU는 일약 화제의 인물이 되었다. 또한 이 드라마에 출연한 배우 박용하는 한국에서 발매한 앨범을 일본판으로 발매하여 대히트를 기록하였다.[17] 그 밖에도 한국 배우 류시원이 마찬가지로 한국에서 발매한 과거 앨범을 일본판으로 발매하여 대히트를 쳐서 이후 드라마를 기점으로 그 출연배우가 내는 CD나 사운드트랙이 일본에서 대량으로 팔리는 현상을 낳았다. 이것을 계기로 일본의 레코드 회사는 다시 한국 음악계에 손을 내밀게 되었는데 이것이 K-POP 가수들의 일본 진출의 두 번째 전성기이다. 이 두 번째 전성기는 드라마라는 콘텐츠가 따르는 경우가 많았기 때문에 2002년의 첫 번째 전성기 때보다 훨씬 폭발적이었고 움직인 돈도 적지 않은 액수에 달했다. 그리하여 2004~2005년에 본격적으로 일어나기 시작한 한류 붐에 따라 많은 한국 가수들이 각광을 받게 된다. 특히 앞에 언급한 박용하와 류시원은 일본 무도관에서 콘서트를 하였을 때 티켓이 매진될 정도로 인기였다. 그 이외에도 한국의 이정현이 가수로서 NHK의 홍백가합전[18]에 출연하였고, 비(RAIN), SEVEN, 신화 등이 일본에서의 활동을 통해 어느 정도 성과를 거두었다.

그러나 현실적으로 보면 드라마나 영화와는 달리 K-POP가수들이 한류 붐을 이끌어왔다고 하기에는 어렵다. 왜냐하면 콘서트에서는 일정한 인원 동원을 기록하여 성공한 것 같이 보이기도 하지만 음반의 경우 대다수가 오리콘 차트의 상위에 올라가지 못했기 때문이다. 전형적인 예가

17 小倉紀蔵·小針進(2007), *op. cit.*, p.47.

18 NHK가 매년 12월 31일 밤에 생방송하는 홍백대항형식의 음악방송. 통칭 '홍백'. 회장은 NHK홀. TV 방송은 1953년 1월 2일부터 시작되었다. 위키피디아 '紅白歌合戦' 참조. (검색일: 2010년 11월 17일)

'비(RAIN)'의 존재이다. 한국에서 배우로서 가수로서 큰 성공을 한 그는 일본에서도 일본 무도관[19]에서 1만 명 이상의 콘서트 동원 인수를 확보하는 인기를 모았지만, 정작 CD판매량 실적은 좋은 편이 아니었다. 비뿐만 아니라 한국 가수들의 CD 판매량 실적이 좋지 못한 가장 큰 원인은 음악을 팔기 위한 프로모션을 하지 않는 것이라고 한다.[20] 즉 이 무렵 보아 같은 특별한 경우를 제외하고 K-POP은 아직도 일부 팬들의 향유물이었을 뿐 일본 사회 전체에 널리 침투한 것은 아니었다.

4. 한류 현상

1) <겨울연가>를 통해 본 한류

한류의 가장 큰 원인이 된 TV 드라마는 잘 알려져 있듯이 <겨울연가>이다. 배용준과 최지우가 주연을 맡은 이 드라마는 일본에서 2003년 4월부터 일주일에 한 번씩 밤 10시에 위성 방송인 NHK-BS[21]에서 방송된 것이 처음이다. 이 무렵에 사람들이 <겨울연가>를 시청하게 된 계기는 "TV를 보다가 우연히 보게 되었다" 등에 불과했다. 그런데 그것이 입소문으로 확산되었고, 미디어에서 <겨울연가>와 배용준에 빠진 사람들의 현상의 보도를 보고 <겨울연가>가 어떤 드라마이기에 그렇게 인기가 많은지 알고 싶다는 호

19 도쿄에서 개최된 1964년 하계 올림픽의 경기장 가운데 하나로 설립되었다. 유도, 합기도, 검도, 가라데 등 운동 경기에 사용되는 것뿐만 아니라 연주회나 밴드 공연, 격투기, 대학이나 회사의 입학, 졸업, 입사식의 장소 등으로도 사용된다. 위키피디아 '무도관' 참조. (검색일: 2010년 11월 17일)

20 小倉紀蔵·小針進(2007), *op. cit.*, p.48.

21 BS(Broadcasting Satellite)는 위성방송 전용에 설계, 제작된 인공위성이다. 통신위성(CS)의 한 종류이다. 직접방송위성(Direct Broadcast Satellite)라고 불린다. 위키피디아 '放送衛星' 참조. (검색일: 2010년 11월 17일)

기심으로 이 드라마를 보게 된 사람이 많다.[22]

(C) KBS

[그림 3] 일본에서 방영된 〈겨울연가〉

2004년 8월 아사히신문의 설문 조사에 따르면 "한국 드라마 <겨울연가>를 본 적이 있습니까?" 라는 질문에 2,988명의 응답자 중 40%가 "있다"고 대답하고 있다. 이 조사는 남녀 모두를 대상으로 한 것인데 만약 여성으로 한정해 조사했다면 그 비율이 더 높을 것으로 생각된다. 이러한 인기 바람으로 2003년 12월에 재방영되고 이 무렵에는 <겨울연가>의 화제가 다양한 주간지나 신문 등에서 게재되기 시작하였다. 2004년 4월에 배용준이 일본을 처음 방문함에 따라 <겨울연가> 붐은 큰 사건으로 인식된다. 그때 공항에는 배용준을 만나러 간 일본 팬들이 5,000명에 달했으며 주요 신문에서도 이 사건을 대대적으로 보도했다. NHK는 이러한 인기를 근거로 <겨울연가>를 지상파에서 재방영할 것을 결정했으며 2004년 4월부터 지상파에서 방송됨에 따라 겨울연가 붐은 순식간에 퍼졌다. NHK가 서양 드라마가 아닌 연속 드라마를 지상파에서 정기적으로 방송한 것은 이례적인 일이었다. 이렇게 세 번에 걸친 방송은 자막이 아닌 더빙 형식이었으며 드라마 내용도 시간 관계상 축약판으로 1회당 60분에 맞게 방송되었는데, 2004년 12월에는 더빙이 아닌 자막으로, 축약판이 아닌 완전판으로 네 번째로 재방송되었다. 이런 식으로 외국 드라마 한 편이 불과 2년 사이에 네 번이나 재방영되는 아주 드문 일이 일어났다. 그 시청률은 외국 드라마로서는 전례 없는 수치였다.[23]

22 히라타 유키에(2005), *op. cit.*, p.126.

현재 배용준을 '욘사마'라고 부르는 것은 당연시 되며 그 현상은 한국 국내로까지 침투했는데, 일본 미디어에 있어서 '사마'를 붙이는 것은 그다지 일반적인 현상이 아니다. 이런 호칭이 붙이고 불리는 경우는 황실 관련 인물을 들 수 있다. 천황가와 관련된 특수한 경우를 제외하고는 '–사마' 라는 표현이 습관적으로 쓰이는 경우는 거의 없다. 드물게 인기배우나 유명 운동선수 같은 사람에게 붙이는 경우가 있었지만 그것은 어디까지나 일시적 혹은 일부 한정적인 팬 사이에서 쓰일 뿐이었다. 욘사마처럼 일부 팬 사이에서 사용되던 애칭에서 일반적인 호칭으로서 정착한 유례가 없다. 또 배용준의 일본 애칭인 '욘사마'와 최지우의 일본 애칭인 '지우히메'를 대부분 같이 떠올리며 부르지만 욘사마라는 말이 일상 회화에서도 잘 쓰이게 된 것에 비해 지우히메라는 말은 언론에서 취급할 때밖에 사용하지 않는다.

또한 한류라고 해서 떠오르는 것 중 하나로 '한류 사천왕'을 들 수 있다. 일본인이라면 누구나 한 번은 보고들은 적이 있는 이 말은 그들이 소개될 때마다 어김없이 "한류 사천왕인 ○○가"라는 식으로 쓰여졌다. 당시 한류의 중심이던 한류 사천왕의 멤버란 바로 배용준, 이병헌, 장동건, 원빈의 4명이다. 이후 일본에서도 활동 정도에 따라 그 인기도도 점차 변화했으며 한류스타의 범위도 확대되었지만 한류 사천왕의 멤버들로 인해 일본 중년 여성의 소비가 늘어난 것은 틀림없다. 한류 사천왕은 한류 초기에 있어서 그 붐을 이끄는 존재였다. 특히 <겨울연가>가 특별한 이유는 붐의 중심 주체가 40대 이상의 여성이라는 점이다. 지금까지 주목되는 일이 없었던 중년 여성들이 문화를 이끄는 역할을 하며 20, 30대의 젊은 세대와 남성들이 40대 이상의 아줌마들을 따라하는 식으로 이 붐은 확산되었다.

23 *Ibid.*, pp.109-110.

사실 일본인이 한류를 발견하는 방식은 한국이나 아시아의 다른 나라와는 상당히 이질적이다. 예를 들면 주연 배우에만 열광하는 것이 아니라, 감독이나 각본가, 그리고 주제가를 부르는 가수 등도 신격화하며, <겨울연가>에 관련된 모든 것을 알려고 하는 지적 탐구심을 갖추고 있다. 그러한 문화실천이 한 드라마의 히트라는 현상을 넘어, 하나의 사회현상으로까지 확대된 것이다.[24]

여기서 하나 더 지적하고 싶은 것은 욘사마 팬을 비롯해 한류스타에 열광하는 아줌마들의 행동에 대한 한국 쪽의 인식이다. '가정을 내버리고 딴 젊은 남자에 빠진다니 어이없다', '외국까지 쫓아가다니 남편이 불쌍하다' 등 중년 여성들의 행동을 신기하게 바라보는 시선이 강하지만 일본 아줌마들의 그러한 행동은 결코 가정의 파탄을 의미하는 것은 아니다. 오히려 '남편과 같이 한국드라마를 시청하게 되며 대화가 많아졌다', '딸과 한국식당에 간다는 공통의 취미가 생겼다'는 의견이 꽤 많으며 그런 구도 자체가 부모와 자식의 즐거운 화제 역할을 하고 있다.[25] 물론 일본에서도 일련의 욘사마 붐은 특별히 큰 화제였으며 중년 여성들이 공항까지 만나러 가는 경우는 희소한 현상이기는 하다. 하지만 일본인은 어른이 되어도 아이돌의 콘서트를 즐기기도 한다. 아이돌의 콘서트에 가는 자격이 학생에게만 부여된다는 개념은 없으며, 옷이나 취미 등으로 인해 자신의 행동 범위가 남의 시선에 의해 제한되는 경우는 한국에 비하면 적다. 이렇듯 일본인은 다양한 형태로 TV 시청을 자신의 능동적인 문화 활동으로 재조합하고 있다. 이러한 활동은 우리의 생활을 미디어의 압도적인 지배로 인해 수동적인 것에 갇혀 있게 만드는 현재의 스펙타클 사회에 저항하는 한 걸음이다. 그것이 작은 한 걸음일지는 모르지만 확실히 어딘

24 小倉紀蔵(2005), 『韓流インパクト-ルックコリアと日本の主体化』, 講談社, p.217.
25 毛利嘉孝(2004), *op cit.*. p.36.

가로 향하는 한 걸음이다.[26]

2) 일본인의 시각에서 본 한국 드라마

일본에서는 한국 드라마를 논할 때 '일본이 잃어버린 것'이란 표현이 자주 나온다. 그 대표적인 예가 웃어른을 공경하는 마음, 가족관계, 우정 등이다. 예를 들어 말씨에 관해서는 일본도 한국같이 존댓말과 반말을 구분하여 쓰지만 한국드라마에서 나타나는 것 같은 뚜렷한 구별은 없다. 일본에서 자기 부모에게 존댓말을 쓰는 것은 일반가정에서는 아주 드문 일이다. 두 등장인물간의 관계가 변하면 말씨도 완전히 변하고 이름이나 호칭도 변하는 등, 대화나 관계성의 원근감의 변화 또한 일본인에게는 신선한 듯하다. 식사나 술자리에서의 규칙은 적어도 지금의 일본에서는 볼 수 없는 예의이기 때문이다.

한국에서는 여성들끼리도 팔짱을 끼고 다닌다는 문화는 일본인에게도 잘 알려져 있는 문화다. 한국은 일본에 비해 사람과 사람의 거리감이 가깝고 남녀 불문하고 스킨십도 많다. 드라마 속에서 여성뿐만 아니라 어머니와 아들이 손을 잡고 있는 장면, 남자가 여자를 업는 장면이 나오는 것이 한국 드라마의 주요 특징 중 하나다. 또한 현재 일본 젊은이들이 주인공인 드라마에는 가족 관계가 거의 나오지 않는다. 젊은이들 중심인 일본 드라마에 감정이입을 못하고 있던 비교적 연령이 높은 여성들은 폭 넓은 연령층을 목표로 제작되어 가족이 빈번하게 등장하는 한국 드라마에 공감을 느끼고 그 속에서 일상을 변화시키는 계기를 찾아내는 것이다. 쉽게 말하면 이것은 짙은 인간관계에 대한 향수이다. 등장인물은 상대방과 깊이 관계를 갖고 언제든지 상대의 품에 뛰어들며 자기 입장이나

---

26 *Ibid.*, p.49.

생각을 말로 맞부딪치고 설득하는 등 짙은 커뮤니케이션을 보여준다. 그것은 한국 특유의 인간관계의 표현이다.

지금의 일본사회는 사람끼리 서로 부딪쳐 솔직하게 소통을 하지 못한다. 그러나 최근 일본에서는 지금까지의 '얕은 소통' 방식이 의문시 되고 있다. 이웃에 어떤 사람이 살고 있는지도 모르고 부부간이나 가족 사이에서도 상대방이 무엇을 생각하고 있는지를 모르는 상황, 상대를 간섭하지 않은 결과, 많은 사람이 고독함을 느낀다. 특히 한국 드라마를 능동적으로 시청하는 장년 여성들은 일본에도 '짙은 소통'이 있었던 시대, 젊은 시절에 그것을 경험한 세대이다. 장년 세대 이상의 일본인들은 과거의 향수로서, 비교적 젊은 세대에게는 새로운 것으로서 한국드라마의 짙은 소통을 동경한다.[27]

또 친근감과 차이점의 융합이 한국 드라마의 매력이라고 할 수 있다. 더 구체적으로 말하면 검은 눈에 검은색 머리 등, 외모가 비슷하다는 부분에는 친근감을 느끼면서, 동시에 미묘한 차이에 있어서는 신선함을 느낀다. 할리우드 영화나 서양 TV 드라마에서는 느낄 수 없는, 일본에는 없을 것 같지만 있는 친근감과 미묘한 감각이 한국이라는 드라마 너머에 보이는 곳곳으로 시청자들의 흥미를 향하게 함과 동시에, 한국 드라마의 인기 요인 중 하나가 된다.[28] 한국 드라마에서는 인물을 깊이 자세히 그리려고 한다. 한국 드라마는 어린 시절의 에피소드부터 시작하는 드라마도 많은데, 특히 성장 과정을 세밀하게 다루기에 주인공의 생활이 아니라 인생이 그려진다.

27 小倉紀蔵(2004), 『韓国ドラマ、愛の方程式』, ポプラ社, p.74.
28 히라타 유키에(2005), *op. cit.*, p.28.

3) 한국 드라마에서 본 '한국'

일본에서 2006년에 방송된 <대장금>은 외국 드라마로서는 예외적인 것으로 생각되었던 <겨울연가>에 비견될 만큼 경이적인 시청률을 올렸다. 앞부분에서도 언급했지만 장년 여성뿐만 아니라 어린이부터 남성에 이르기까지 폭 넓은 인기를 끌었기 때문에 <겨울연가>와는 또 다른 방식으로 한국 역사나 문화로의 관심을 높였다. 이렇듯 일본에서의 한류의 특징으로서 단순히 TV 드라마의 테두리에 머무르지 않고 광범위한 일상생활의 실천으로 퍼진 것도 그 예로 들 수 있다. 한국 드라마에는 한국의 풍경뿐만 아니라 한국인의 문화코드, 즉 사고방식, 마인드, 생활양식, 한국사회가 안고 있는 문제나 희망이 다수 포함되어 있다. 앞에서 살펴본 바와 같이 일본인들은 한국 드라마가 보여주는 인간관계를 동경하면서 시청하고 있는데, 그 시선의 끝에는 한국 특유의 무언가가 있을 것이다. 그래서 한국 그리고 한국인 특유의 정서라고 말할 수 있는 '한(恨)'과 '정(情)'에 대해 짚어보고자 한다.

(C) MBC

[그림 4] 일본에서 개최된 〈대장금〉 페스티발

한국인 특유의 정서인 '한(恨)'은 한국 드라마나 영화를 이해하는 데에 있어서 중요한 키워드가 되고 있다. 한은 '자신이 있어야 할 곳, 자신이 동경하는 곳'에 지금 자신이 있지 않은 것에 대한 무념의 마음이다. 자신이 원래 있어야 할 곳, 바람직한 모습, 그러한 '이상적인 상태'에 대한 동경이 한국인은 강하다. 그것은 다른 사람보다 높은 뛰어난 위치·상태일수도 있고, 또는 보통 사람이라면 누구나 누릴 수 있는 평범한 행복일 수 도 있다. 그러나 그러한 이상적인 상태에 도달할 수 없는 사람도 많다. 그럴 때에 한국인은 '한을 품는다'고 한다. 즉 한이란 누구나 가지고 있는 동경이고 동시에 그가 어떤 이유로 좌절했을 때에 품는 슬픔, 무념의 마음이다. 한국 사회는 외부에서 많은 침략을 받았던 역사적 사실도 있고 정치적 상황이나 빈부 격차 등의 가혹한 상황이 한의 에너지를 강하게 해왔다. 이러한 한을 풀기 위한 최적의 곳이 드라마나 영화라는 허구의 세계이다.[29]

한국인들이 자주 '우리는 정이 많은 민족이다'라고 말하듯이 한국 사회를 이해하는 데에 있어서 '정(情)'은 중요한 키워드이다. 한국 드라마에 있어서도 이 정의 역할은 매우 중요하다. 한국 사회는 수직과 수평의 축으로 이루어져 있다. 한국은 전통적으로 '과거(科挙)'라는 국가시험으로 관료를 선택한다는 시스템이 있어서 노력하여 실력을 갖춘 사람은 사회적으로도 상승할 수 있다는 강한 믿음이 있다. 따라서 한국 사회는 수직의 축에서 상위자와 하위자의 구별을 명확히 명시한다는 경향이 있다. 이러한 수직의 축에 있어서 서열화의 엄격함이 한국 사회의 특징인데, 이 중압감을 치유하는 또 하나의 축이 한국 사회에서는 아주 강하게 작용하고 있다. 그것이 수평의 축이고 구체적으로는 정의 축이다. 즉 서열화의 어려움을 치유할 정이, 한국에서는 아주 중요한 역할을 하고 있다. 서열화가 가혹할수록 거꾸로 정도 강해진다.[30] 살펴본 바와 같은 '한(恨)'과 '정(情)'은 드라마에서도 잘 드러난다. 한국의 정은 일본에서도 잘 알려져 있는데, 한국 드라마에서 자주 볼 수 있듯이 대부분 모든 사람들이

29 小倉紀蔵(2004), *op. cit.*, pp.109-110.
30 小倉紀蔵(2004), *op. cit.*, pp.127-128.

모두에게 잘해주려고 하는 표현, 예를 들면 주변 사람들이나 친구 등 어떠한 관계를 맺은 사람에 대해 자기가 갖고 있는 것을 나눠 주려고 하는 그 따뜻함의 정이 현대의 일본인에게 동경을 품게 하는 것이다.

한국 드라마의 인기가 높아짐에 따라 한국 드라마나 영화에 대한 관심에서 곧 "한국에서의 인간관계는 어떻게 되어 있는가?", "한국 사회는 도대체 어떤 사회인가?"라는 관심으로 전환되었다. 드라마 인기의 바람을 타고 한국어 학습을 시작했다는 주부, 한국 드라마를 시청하다가 한국 음식에 빠졌다는 학생, 정기적으로 한국여행을 가는 엄마와 딸, <겨울연가>에는 관심이 없지만 <엽기적인 그녀>나 <내 머리 속의 지우개>를 좋아한다고 하는 젊은이도 적지 않다. 한류는 '아줌마들이 욘사마에 열광하는 현상'만이 아니다. 다만 <겨울연가>와 배용준이 한국 대중문화의 소비자층을 급격히 넓힌 작품이라는 것은 틀림없다. 1990년대 일본 여성들의 한국 대중문화 소비가 관광이나 유학 등을 계기로 한 비교적 젊은 세대를 중심으로 한 것이었다면, <겨울연가>는 그러한 한정적 소비를 거의 무한정적인 것으로 바꿨다고 할 수 있다.[31] 여기서 제시할 수 있는 것은 일반화 가능한 경향보다도 그 '다양성'이다.

5. 한류 '이후'의 한류

1) 한류가 미친 영향

한류 현상은 미디어뿐만 아니라 관광이나 언어·정치·경제 더 나아가 시민 한 사람 한 사람의 생활에 이르기 까지 여러 분야에 직접적으로 다양한 영향을 미쳤다. 첫 번째, 한국을 방문하는 일본인의 수는 1990년대 후반부터 늘어나

31 히라타 유키에(2005), *op. cit.*, p.131.

고 있었지만 <겨울연가>의 인기 이후 드라마 촬영지를 찾는 일본인이 엄청나게 급증했다. 촬영지뿐만 아니라 서울 시내의 주요 관광지인 명동이나 동대문, 인사동 등에서는 이른바 한류 상품들이 눈에 띈다. 한국관광공사가 발표한 자료에 따르면 2004년 1월부터 10월까지 한국을 방문한 일본인은 199만 명이며 2003년의 같은 기간에 비해 무려 38%나 증가했다고 한다.[32]

두 번째, 오늘날 비디오 대여점에는 당연한 듯이 한류 코너가 설치되어 있어 DVD나 비디오를 쉽게 빌릴 수 있다. 이것은 한류가 가져온 새로운 현상이라고 할 수 있는데 2000년만 해도 비디오 대여점에서 한국 드라마는커녕 한국 영화도 찾기 힘들 정도였다. 한국 영화나 한국 드라마를 보려면 아시아 대중문화 전문점 등에 가서 비디오를 구해야만 했고, 한국 노래를 듣기 위해서는 한국에 가서 직접 CD나 테이프를 구해야 했다. 그러나 최근에는 인터넷에서도 동영상 서비스로 한국 드라마를 볼 수 있는 등 일본에서도 한국에서 제작된 프로그램을 다양한 채널을 통해 접할 수 있게 되었다. 한일 합작 드라마나 일본에서 만들어진 드라마가 아닌, 한국에서 제작된 드라마가 일본에 소개되기 시작한 것은 일본인에게 한국인과 동시대를 살아가고 있다는 느낌을 주는 데 큰 역할을 했다. 이제 일본인들은 일상생활 속에서도 한류를 느낄 수 있다. 지하철이나 기차 같은 교통기관 역명 등 표기는 일본어와 영어만이 보통이었는데 요즘 대도시에는 한글까지 병기되어 있다. 한일 간의 왕래가 무시할 수 없을 정도로 활발해졌다는 것을 의미한다.

세 번째, <겨울연가>와 그에 이은 한류를 통해 한국 드라마나 한류 스타에 매혹된 팬을 중심으로 한국어 학습열이 높아졌다고 한다. 한국문

32 한국관광공사가 공개한 출입국 통계 '2004년 10월 세부국가 통계' 참고. http://korean.visitkorea.or.kr/kor/tt/knowledge_db/tour_statistics/korea_tour_stat/immigration_imcome/content/cms_view_246883.jsp (검색일: 2010년 11월 17일)

화원이 한류 팬을 대상으로 행한 설문 조사에서는 "한류를 통해서 생긴 한국에 대한 관심은?"이라는 질문에 대해 "한국어학습의욕"이라 답한 응답자가 32.4%로 가장 많았다. 다음 "한국관광에 대한 욕구"가 6.8%, "한국인 친구 만들기"가 12.3%, "한국문화에 대한 관심"이 14.2%, "한국 역사나 사회에 대한 관심"이 14.2%, "한류 이외에는 관심 없다"가 20.2%이다.[33]

한류 이전에도 초난강의 출현 등으로 한국어 학습자는 서서히 늘어나고 있었지만 2004년의 <겨울연가> 붐, 욘사마 붐이 얼마나 영향력이 컸는지는 한글 능력검정 시험 응시자수 추이를 보면 알 수 있다. 이웃나라 언어인데도 불구하고 그렇게 의식하는 일이 없었던 한국어가 한류를 통해 "자막 없이 드라마를 보고 싶다", "한국어로 팬레터를 쓰고 싶다", "한국의 인터넷 사이트에서 정보를 얻고 싶다"라는 마음을 유발시켜 한

〈표 1〉 "한류를 통해 생긴 한국의 관심은?" (회답수 1200, 2007년 1월 조사)

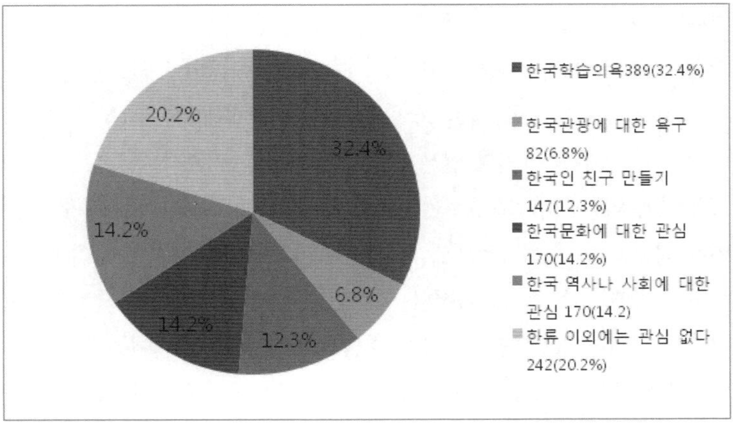

(C) 小倉紀蔵·小針進(2007), 『韓流ハンドブック』

33 小倉紀蔵·小針進(2007), *op. cit.*, p.131.

〈표 2〉 한글 능력 검정 시험 응시자수 추이

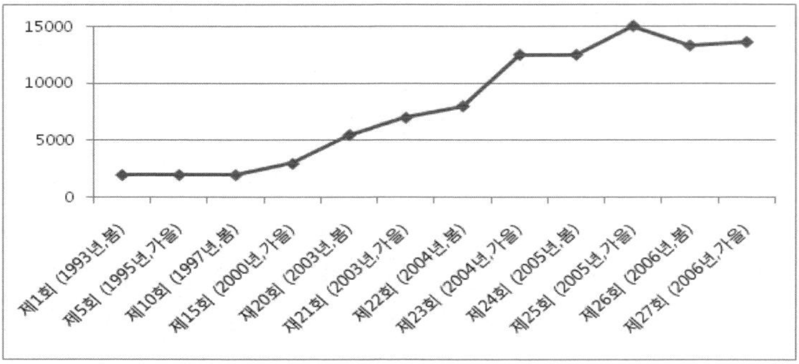

(C) 小倉紀蔵·小針進(2007), 『韓流ハンドブック』

국어는 순식간에 인기 언어로서 주목을 받게 되었다.

<겨울연가>에서 시작되었던 한류를 통해 "한국을 가까이 느끼게 되었다"라는 의견이 대다수 사람들의 공통된 감정일 것이다. 한국에 대한 인식이 비약적으로 개선되는 경향은 '일본 정부(내각부, 内閣府)'가 1978년부터 실시하고 있는 '한국에 대한 친근감'을 묻는 여론 조사를 보면 알 수 있다. 1988년 서울 올림픽의 개최 시기를 예외로 하고 "친근감을 느끼지 않는다"가 "친근감을 느낀다"를 계속 상회해왔다. 그러나 1998년의 김대중 대통령 방일과 일본 대중문화 개방 시기부터 그 격차는 줄어 1999년에 역전한다. 그리고 월드컵이 개최된 2002년부터 2004년 <겨울연가>붐으로 인해 비약적으로 진전된다. 2005년 코이즈미 수상의 야스쿠니신사 참배문제, 역사교과서나 영토문제 등이 있었기에 일시적으로 정체기가 있지만 2007년부터 다시 친근감이 늘어 2009년에는 "친근감을 느낀다 63.1%", "친근감을 느끼지 않는다 34.2%"로 전례 없는 격차를 보여주었다. <겨울연가>와 욘사마를 중심으로 한 한류가 도와주고 있는 바가 큰 것이다.

〈표 3〉 한국에 대한 친근감

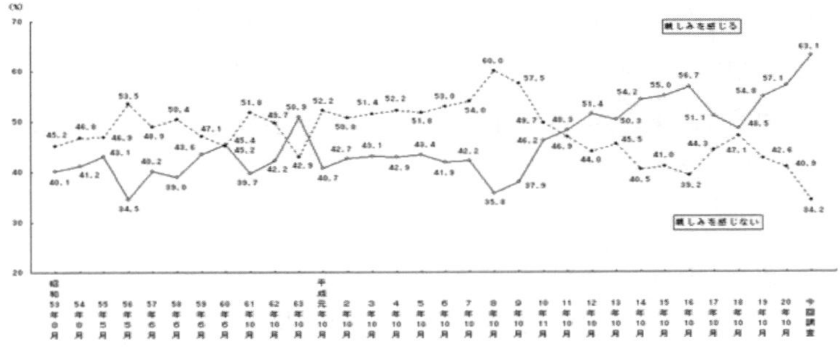

(C) http://www8.cao.go.jp/

한류를 논할 때 잊지 말아야 하는 것 중 하나가 재일한국인의 존재이다. 한류를 통해 잊어 가고 있던 모국의 문화를 다시 체험하게 된 사람, 한일의 중개자로서의 역할을 하고 있는 사람 등, 한국문화에 대한 그들의 수요와 소비방식은 다양하다. 일본에서의 한국 문화 침투에 의한 한국 사회의 이해와 이미지 향상은 재일한국인이 스스로 한반도와의 관계를 가진 인간으로서 일본 사회에서 살아가는 것에 대한 자신을 초래하였다. 또한 이전에는 금기시되고 있었던 일본 사회에서의 재일한국인에의 차별이나 양국의 틈새에서 흔들리는 그들의 정체성 문제 등이 일본 미디어에서 자주 등장하기도 했다. 그러나 대부분의 재일한국인이 왜 그 동안 남북분단 이전의 조선인으로서 여권도 없이 살지 않을 수 없었는지에 대해 아는 사람은 많지 않다.

여기서 하나 더 언급해야 할 것은 대중문화를 이용해 한일 간의 복잡한 역사적 관계를 무마해보려는 일본의 움직임과 한류를 국력으로 이용하려는 한국의 움직임이다. 좀 더 구체적으로 말하자면 일본의 경우 대중문화 교류를 통해 한일 상호 이해를 촉진함으로써 양국 사이에 아직 남아 있는 역사 문제를 무마하거나 한국 정부로부터 일본 대중문화 완전 개방을 이끌어내려는 움직임을 보이고 있다. 한국의 경우에는 정부와 한국관광공사가 한류스타를 한국의 국가적 영향력과 결합시켜서 관광 대사로 임명하고 있다.[34] 한류가 한국과 일본 사이에 있었던 과거를 없애는 방식으로 커져간다는 비판이 나오기도 했지만, 양국 사이에 이러한 움직임이 있다는 것 또한 사실이다.

2) 한류의 방향

한류는 이제 확실하게 정착했으며 확대되고 있다. 2009년 일본 음악계에서 전통과 권위 있는 일본레코드대상[35]에서 신인상을 수상한 가수가 바로 한국을 대표하는 그룹 '빅뱅'이다. 2009년 6월에 일본에 진출한 빅뱅은 2010년 5월에 요요기 내셔널 스타디움에서 개최된 'MTV WORLD STAGE VMAJ 2010'에서 '최우수 신인 가수 비디오상', '최우수 팝 비디오상'으로 2관왕에 올랐다. 동방신기나 빅뱅의 출현에 의하여 한국 남성그룹이 주목 받기 시작하였는데, 동방신기가 해체될 무렵인 2010년에 들어서 많은 한국 걸 그룹이 일본 열도를 석권하고 있다. 특히 소녀시대와 카라가 눈부신 활약을 보이고 있다. 2010년 10월 20일에 발매된 소녀시대의 두 번째 싱글 <Gee>가 2010년 11월 1일자 오리콘 차트 싱글 순위에서 아시아 여성그룹(일본을 제외함)으로서는 사상 최초인 2위를 기록하였다. 소녀시대는 올해 9월에 일본에서 데뷔하였는데, 데뷔곡 <GENIE>는 해외 여성가수 데뷔곡으로서는 가장 높은 순위인 4위를, 카

34 히라타 유키에(2005), *op. cit.*, pp.27-28.

35 일본 작곡가 협회(Japan Composer's Association)에서 탁월한 업적을 나타낸 사람에게 매년 수여하는 상이다. 이 상은 1959년에 처음 착상되었다. 시상식은 매년 12월 30일 TBS 방송국에서 현장 중계 방영된다. 위키피디아 '일본 레코드 대상' 참조. (검색일 2010년 12월 13일)

라도 데뷔곡 <미스터>가 5위라는 높은 순위를 기록하였다. 이렇듯 일본 미디어에서 매일 같이 한국 걸 그룹이 등장하는 것을 보면 현재 한류의 중심 요소는 K-POP이다. K-POP의 제3의 전성기라고 할 수 있을 것이다. 그러나 현재 K-POP 붐은 언론의 과장된 보도에 의한 일시적인 과열현상일 수 있다는 면 역시 고려해야 한다. 보아나 배용준이 꾸준한 인기의 양상을 보인 것과는 달리, 지금의 K-POP붐은 일시적인 유행에 그칠지도 모르기 때문이다.

한류를 전후로 많은 한국 드라마가 방송되었는데, 특히 주목할 만한 것은 한국에서도 히트한 <IRIS>가 2010년 4월부터 한국 드라마로서는 처음으로 TBS계열에서 밤 9시라는 골든타임에 방송된 것이다. 그때까지는 아무리 한국 드라마가 인기 있다 하더라도 대부분 위성방송(BS)이 중심이었고, 지상파에서 방송될 경우에도 심야 혹은 점심시간이라는 것이 상식이었다. 빅뱅이 맡은 주제곡과 주연배우 이병헌, 김태희는 일본에서도 많은 사랑을 받고 있다. 또 한류스타 중 한 명인 송승헌과 일본 인기 여배우 마츠시마 나나코가 영화 아시아판 <고스트>에서 함께 출현한 것도 화제가 되었다. 이제 한국배우와 일본배우가 함께하는 작품은 드문 일이 아니다. 하지만 한 가지 지적하고 싶은 것은 <겨울연가>이후, 배우 가수 등 장르를 불문하고 한류 스타가 일본에서 활약하고 있는 요즘에도 한일 합작의 중심 줄거리는 항상 정해진 것처럼 '한국 남성과 일본 여성의 연애'라는 한 가지 패턴에 한정되고 있다는 점이다. 일본 남성과 한국 여성의 연애를 포함한 다양한 구성의 작품이 등장한다면 드라마의 소재가 더 풍부해 질 수 있을 것이라고 생각한다.

이 외에도 주목해야 할 사람이 하나 더 있다. '김영아(일본에서의 활동명은 영아)'라는 이름의 일본을 거점으로 활동하는 인기패션모델이다. 그녀는 한국에서 14살 무렵 스카우트를 받아 데뷔했으며 한국에서 몇 차례

드라마나 CM에 출연한 후 17살이던 2004년 9월, 활동 거점을 일본으로 옮겼다. 여성패션잡지 <Oggi>의 전속 모델로서 활약하다가 2010년 7월부터는 드디어 이 잡지의 표지모델이 되었다. 소위 '커버모델'이라 불리는 표지를 맡을 수 있는 모델은 많은 패션모델 중에서도 아주 소수에 불과하다. CM 출연 외에도 TV 프로그램의 출연이 늘어나고 있다.

일본에서는 배우나 가수처럼 모델이라는 직업 역시 여자들이 선망의 눈빛으로 바라보는 직업 중 하나이며 그 위치는 한국보다 높은 것으로 보인다. 특히 최근 들어 여성패션잡지는 질과 양 모두의 수준이 높아짐에 따라 잡지 간의 경쟁률이 상당하다. 그만큼 많은 모델이 존재하며 그중에서 커버 모델을 맡을 수 있는 것은 아주 영예로운 일이다. 일본인도 서양인도 아닌 동양의 외국인인 한국인이 일본에서 시대를 선도하는 여성패션잡지의 계속적인 커버모델을 맡은 것은 <겨울연가>의 히트와 욘사마 붐에 못지않게 이례적인 일이다. K-POP의 선두주자가 보아이며, 버라이어티 탤런트로서 윤손하가 그 위치를 확립하였다. <겨울연가>와 배용준

(C) <Oggi>

[그림 5] 김영아가 모델로 나온 광고

이 큰 공적을 남겼다면 김영아는 '패션잡지모델'이라는 분야의 선두 주자다. 동방신기가 해체된 2010년 현재, 김영아는 일본에서 가장 두드러지게 활약하고 있는 한국인, 곧 한류 스타라고도 말할 수 있겠다.

6. 결론

한류, 그것은 일본인의 한국에 대한 인식의 극적인 변화이다. 큐슈대학 교수인 모우리 요시타가(毛利嘉孝)는 한류 팬들을 대상으로 한 인터뷰를 통해 다음과 같이 말하고 있다. "인터뷰한 사람들에게 공통적으로 보이는 점은 <겨울연가>나 욘사마를 통해 자신의 사적인 말로 한일관계나 역사를 얘기하는 모습이다. 그것은 일반적으로 유포되고 있는 자유주의적이며 양심적인 말도 아니고 편협적인 내셔널리즘의 말과도 다른 것이지만, 사적인 말이기 때문에 독특한 설득력을 가지고 있다".[36] 10년 전인 2000년만 하더라도 한국에 대해 이미지조차 가지고 있지 않은 일본인이 많았다는 것을 생각하면, 계기가 어떻든지 간에 한류를 통해 대다수의 일본인들이 한국에 대해 '관심'을 갖게 되었다는 데 의의가 있다.

한류를 통해 일본인들이 한국어나 한국의 음식문화, 더 나아가 한국인이나 한국이라는 나라에 관심을 기울이게 된 것은 높이 평가할 만하다. 한류 덕분에 많은 혜택을 받게 된 분야 중 하나가 관광 분야인데, 한류 이후 한일 간 사람들의 왕래는 더욱 활발해 졌다. 한국 연예인들의 일본 진출도 끊이지 않고 있다. 한국 가수나 배우가 일본 연예계에서 활동하는 것은 드문 일이 아닌 일이 되었다. 이제 한류 현상은 '붐'이라고 하기에는 어려울 정도 여러 곳에 뿌리를 내린 것으로 보인다.

36 毛利嘉孝(2004), *op. cit.*,. p.47.

한류로 인해 일본인들은 기존의 한국 이미지가 아닌 새로운 한국을 발견했고, 접하게 되었다. 지금까지의 무관심이나 편견을 포함한 좋지 않은 그 구조가 붕괴되어, 이웃나라 한국의 문화를 받아들이고 그것을 부정하는 것이 아니라 일본의 문화 맥락과 비교하려는 태도의 확립은 비교적 변화가 적은 일본사회에서는 획기적인 변화라 할 수 있다. 당연히 한류현상에 대해 부정적인 견해를 제시하는 사람이 있는 것도 사실이다. 드라마나 영화, 노래 등 대중문화에만 관심을 기울여 과거 역사나 정치적인 것들에 대해서는 무관심하다는 의견도 있다. 일본인이 한국에 대해서는 물론이고, 자국의 역사도 너무나 모른다는 것은 부정할 수 없으며 아직 산적한 것도 확실하다.

한류 이후, 문화적 교류가 이루어지는 것은 이웃나라로서 당연한 일인데도 불구하고 지금까지 한일 간의 상황은 그렇지 않았다. 상대를 지나치게 의식하고 경쟁 형태에 매몰되었던 한일 간의 역사가 한류를 통해 어떤 면에서는 한국이 먼저 이끌어가고 어떤 면에서는 일본이 이끌어간다는 대등한 관계가 되었다. 이전에는 일본에서 한국으로 일방적으로 들어가는 형식이었던 한일 간의 문화교류를 쌍방적인 교류로 바뀌었다는 것이다. 한일 간의 복잡하고 긴 단절의 역사를 고려하면 최근의 활발한 문화적 교류는 막 시작한 것에 불과하다. '시작이 반이다'라는 말이 있듯이, 이제 한국대중문화가 '한류' 라는 하나의 세계 문화콘텐츠로 인식될 날이 멀지 않은 것으로 보인다.

4

부상하는 아시아의 주연배우 인도: 인도의 문화코드

4

부상하는 아시아의 주연배우 인도: 인도의 문화코드

1. 인도, 문화콘텐츠, 문화코드

최근 문화콘텐츠 산업이 황금알을 낳는 새로운 산업군으로 각광받고 있다. 실제 투자금액에 비해 엄청난 부가가치를 창출한다는 점뿐만 아니라 사회 문화적 파급 효과와 그 영향력이 크다는 것 때문이다. 또한 관련 산업을 활성화시키며 국가이미지 마케팅에도 도움이 된다는[1] 점 때문에 현재 많은 국가들이 문화콘텐츠 산업에 대한 투자를 강화하고 있다.

2003년 미국 투자은행인 골드만삭스의 브릭스(BRICs) 보고서에 따르면, 인도, 중국, 러시아, 브라질은 G7의 뒤를 이어 국제사회에 커다란

1 황해두·표옥연(2007), 「한국 콘텐츠 산업의 친디아 전략」, 『국제지역연구』, vol.11, no.3, p.22.

영향을 미칠 신흥 경제국으로 인식되고 있다. 세계 4대 문명의 발상지로 역사가 깊고, 다양한 자연환경과 언어, 인종 등이 뒤엉킨 사회 환경 속에서 만들어진 인도의 문화콘텐츠는 점차 세계적으로 그 영향력이 확장되고 있다. 게다가 최근 인도 총인구의 50% 이상을 차지하는 청년인구가 전통의 것이 아닌 새로운 콘텐츠에 흥미를 보이기 시작했다. 인도가 거대 신흥 문화콘텐츠 시장으로 인식됨에 따라 우리로서도 인도 현지에 적합한 맞춤형 글로컬문화콘텐츠를 개발하는 일이 시급한 상황이다.

인도는 다문화사회를 대표하는 국가로서 단일문화권인 대한민국의 문화와는 상이한 모습을 가진다. 따라서 새로운 문화콘텐츠 개발을 위해 인도사회의 다양한 측면들을 종합적으로 이해해야 한다. 따라서 인도의 문화코드(culture code) 분석은 필수적이다. 그런데 지금까지 인도 문화를 코드화 하여 분석한 논문은 인도의 정치 문화를 코드로 분석한 스티븐 호프만(Steven A. Hoffmann)의 1981년도 논문[2]을 제외하고는 찾아보기 힘든 실정이다. 게다가 문화콘텐츠를 분석한 연구 중에서 인도 대륙 전체를 대상으로 한 연구도 그 수가 많지 않은 것으로 보인다.[3]

따라서 이 글에서는 지역학적 시각에서 인도문화를 분석하고 코드를 추출하는 작업을 수행하고자 한다. 지역학은 “한 지역 고유의 언어와 문화의 이해를 토대로 삶의 장으로서의 한 지역의 역사, 정치, 경제, 사회, 과학에 대한 이론과 실제의 연구를 통해 그 지역의 개별성과 특수성을 종합적으로 파악하고자하는 종합학문”[4]으로서, 거대한 인도 사회를 분석

2 Steven A. Hoffmann(1981), “Faction Behavior and Cultural Codes: India and Japan”, *The Journal of Asian Studies*, vol.40, no.2, pp.231-254.

3 참고로 문화연구를 문화코드의 관점에서 연구한 국내의 글들로는 다음과 같을 것들이 있다: 김형인, 「미국과 한국의 문화적 갈등의 근원－문화코드의 비교연구」, 『국제지역연구』, vol.12, no.1, 2008; 최영수, 「브라질의 문화코드와 의사소통방식」, 『중남미연구』, vol.23, no.2, 2004; 최영수, 「스페인과 포르투칼의 문화코드와 의사소통방식」, 『국제지역연구』, vol.8, no.4, 2005; 김정하, 「이탈리아의 문하코드와 의사소통방식」, 『EU연구』, no.17, 2005.

하는데 가장 적합한 학문체계로 판단된다. 이에 따라 우리는 인도 정치, 경제, 사회문화를 지역학의 연구 관점 중 하나인 문화상대주의적 관점에서 이해하고 코드화할 계획이다. 문화상대주의는 "어떤 특정 지역의 관습과 문화를 그 지역의 특수한 환경과 상황 및 역사적 맥락에서 이해하고 평가하는 관점을 말한다."[5] 이는 현지실정을 고려한 '글로컬' 문화콘텐츠 개발에 가장 적합한 연구 방법이라 생각된다. 실제 동일 콘텐츠상품이라고 할지라도 해당 지역과 국가의 미묘한 문화적 코드의 차이로 인해 성패가 엇갈리게 되는 경우도 있는데, 바로 그 때문에도 우리는 해당 지역의 연구를 게을리 해서는 안 된다.

전 세계가 하나로 통합된다는 이념이 국제사회 전반에 퍼지면서 많은 사람들은 단일 문화, 단일 사회의 도래를 주장한다. 하지만 각 국가와 민족, 자연환경 등을 고려한 각국의 고유문화를 무시하고서는 궁극적인 세계화(globalisation)에 도달 할 수 없다. 때문에 우리가 선진화된 문화수준을 가지기 위해서는 해외 각국의 고유한 문화에 대한 이해가 필수적이다. 본 연구에서는 이와 같이 '일방적 세계화(unilateral globalisation)'를 지양하고 지역과 세계가 함께 발전할 수 있는 길을 모색하는데 초점을 둔다.[6] 그러므로 본 연구는 '문화콘텐츠 산업의 해외 진출방향 모색'이라는 목적 뿐만 아니라 편견 없이 타국의 문화를 이해하고, 나아가 세계문화시민의식을 고양함에 있어서도 의의가 있을 것으로 생각된다. 연구 방법은 대상연구지역인 인도에 대한 기존 단행본, 논문 그리고 인터넷 자료

4 이희수(1996), 「지역연구 방법론 고찰」, 『한국이슬람학회 논총』, no.6, p.3.

5 *Ibid.*, p.11.

6 프랑스의 바르니에 같은 학자는 '일방적 세계화'를 맥도날드, 코카콜라, 디즈니랜드로 대표되는 '미국화(américanisation)'라고 구체적으로 거명하고 있으며, 이로부터의 저항은 일종의 개인적 차원에서는 정당방어이자 문화적 정체성에 대한 방어라고 강조하고 있다. Jean-Pierre Warnier(2004), *La mondialisation de la culture*, coll. ≪Repères≫, La Découverte, pp.103-104 참조.

를 중심으로 문헌연구방법을 선택해 진행했다.

이 글에서 우리는 정치, 경제, 사회 각 분야에서 중요하다고 판단되는 인도의 문화코드를 몇 가지씩 추출하여 서술했다. 먼저 '지속적 민주주의와 서민구제'로 대변되는 인도의 정치를 시작으로 '집단적 개인주의'인 인도의 집단의식을 살펴보고, 사회문화로 넘어가 '생활종교'인 인도의 종교를 분석한다. 그리고 인도의 현재 지향성 '카르페 디엠'에 대해 이야기한 다음 경제문화 부분을 다룰 것이다. 정치와 사회문화를 먼저 서술하는 이유는 후술할 경제문화를 이해하는데 반드시 필요하기 때문이다. 정치와 사회문화의 문화코드인 집단의식과 권력, 현재지향성 부분은 호프스테드(Geert Hofstede)[7]의 연구를 바탕으로 서술했다. 마지막으로 인도에서 선호되는 콘텐츠 종류인 '맛살라 무비'와 그 영화를 구성하는 이야기 중에서 어떤 주제가 12억 인구를 사로잡고 있는지 알아볼 것이다. 그리고 이를 토대로 인도의 진출을 꿈꾸는 한국의 글로컬문화콘텐츠가 어떤 것들을 준비하고 갖추어야 하는지를 결론에서 제시할 생각이다.

7 네덜란드 출신의 문화인류학자. 경영자들이 국가적 문화 간의 차이점을 잘 이해할 수 있도록 도와주는 가장 폭넓게 인용되는 접근방법을 개발했다. 호프스테드는 1967년부터 1973년까지 수년간에 걸쳐 세계 66개국에 흩어져 있는 IBM의 지사 관리자들을 대상으로 분석하였으며, 5가지 관점은 다음과 같다. 개인주의 / 집단주의 (individualism vs collectivism), 권력의 격차 거리 (low vs high power distance), 남성적 / 여성적 (masculinity vs femininity), 불확실성 회피 (low vs high uncertainty avoidance), 단기지향 / 장기지향 (long vs short term orientation).

2. 인도의 정치 · 사회 문화코드

1) 인도의 정치역사와 정치성향 – 지속적 민주주의와 서민구제

1947년은 인도 역사에 있어 매우 중요한 의미를 가지고 있다. 그것은 1947년이 인도가 200년이 가깝게 이어진 영국의 식민지배로부터 공식적으로 벗어난 해이기 때문이다. 이후 인도는 세계 최대의 민주주의 국가라고 자부하면서 독립 이후 단 한 번의 군사 쿠데타 없이 안정적으로 민주주의 정치 체제를 유지해 왔다. 대한민국을 포함한 여러 개발도상국과는 구별되는 모습이다.[8] 그것이 가능했던 이유는 인도의 국민들이 그들이 가진 가장 큰 정치권력이자 의무인 투표권의 행사를 통해 현 정권의 심판자 역할을 충실히 수행해왔기 때문이다. 이러한 인도의 정치 발전은 정치학에서 후진국의 민주주의 문제를 이론화하여 경제발전 후에 민주주의가 정착될 수 있다는 오르간스키(Abramo Fimo Kenneth Organski)의 주장과 완전히 배치되는 것이다.

이렇게 민주주의가 인도의 사회에 잘 안착할 수 있게 된 원인은 두 가지로 꼽을 수가 있다. 첫 번째 원인은 외부적 자극으로 영국의 식민지배가 바로 그것이다. 동인도회사의 '방탕한 인도 착취를 두고 볼 수 없었'던 빅토리아 여왕은 인도를 구제한다는 명분으로 인도의 정치 자주권을 침탈했다. 무갈 제국(Mughal Empire)의 판도는 물론 인도 전체로 지배영역을 확장하기 위해 영국은 주변의 여럿 소왕국들을 매수하여 통치권을 끌어 모았다 그러나 이러한 영국의 제국주의적 침입이 분산되어 있던 인도 대륙 전체를 포괄하는 민주주의의 시발점이 되었다.

두 번째 원인은 내부적 기반이다. 인도에는 오랫동안 빤짜야뜨(Panchayat)라고 하는 주민자치 시스템이 존재해왔다.[9] 우리나라의 향교

8 이옥순(2007), 『인도에는 카레가 없다』, 책세상, p.294.

와 비슷한 빤짜야뜨 제도는 마을 내 문제를 논의하고 세금을 걷는 등 현대 민주주의에서 중요한 풀뿌리 민주주의의 모습을 그대로 담고 있다. 1993년 빤짜야뜨가 빤짜야뜨 라즈(Panchayat Raj)라는 이름으로 인도 헌법상 정치기관으로 인정되면서 현재 인도 민주주의 행정의 긍정적인 역할을 수행하고 있다. 이렇게 외부적·내부적 원인에 의해 독립 이후 인도는 안정적으로 민주주의 체계를 유지해 올 수 있었다.

앞서 주장한 바와 같이 민주주의가 잘 발달했다는 특징 때문에 인도의 정치상황은 인도 사회에 큰 영향을 미치고 있다. 독립 이후 폐쇄주의적 경제활동을 지속해 왔던 인도가 세계에서 주목받는 시장으로 성장하게 된 가장 큰 원인은 바로 1991년 나라시마 라오(P. V. Narasimha Rao) 총리의 인도 경제 개방 정책이다. 당시 개방경제를 주장했던 라오 총리와 집권당의 의지로 탄생된 이 정책은 인도의 미래를 바꾸어 놓았다. 따라서 인도의 미래를 예측하기 위해서는 현재 정부의 정치지향성을 아는 것이 매우 중요하다.

50년 가까이 민주주의가 발달한 인도에서는 정당의 수가 많고 성격 또한 다양하다. 현재 인도에는 인도국민회의당(India National Congress)

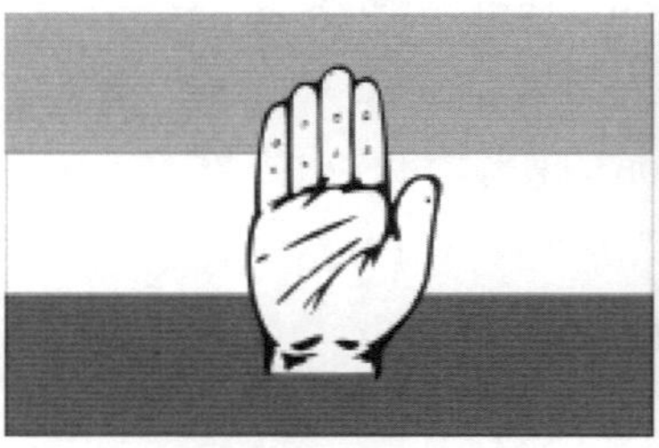

(C) http://en.wikipedia.org/

[그림 1] 인도 국민회의당 심벌

(C) Indian express

[그림 2] 인도 현 총리 만모한 싱 (Manmohan Singh)

9 박홍윤(2009), 『멈추어 인도를 바라보다』, 한국학술정보(주), p.236.

을 포함한 주요 정당 7개를 비롯하여 약 1000여 개가 넘는 지역 정당이 존재한다. 대체로 주요 정당의 정치적 영향력이 미치는 범위나 강도가 크지만 주 단위에서는 지역 정당의 세력이 더 큰 곳이 많다. 1980년대 중반부터 분파주의 정치가 만연하고 부정부패가 확대되어 상대적으로 주요 정당의 정치적 입지가 약화되면서 지역 군소 정당들의 정치적 입지가 강화되었기 때문이다.[10] 이뿐만 아니라 종교, 언어, 지역, 경제 성향 등과 관련해 셀 수 없을 만큼 다양한 대표성을 가지는 인도 정당과 이에 따른 인도 정치의 특성 때문에 인도 전체의 정치 지향성에 대해 단정 짓기란 매우 조심스럽다.

하지만 2009년 세계 최대 규모의 민주주의 선거라고 할 수 있는 인도 총선에서 통일진보연합(UPA, United Progressive Alliance)정당의 압도적인 승리가 인도 국민들의 정치 지향성이 현재 어느 방향을 원하는지를 가늠할 수 있게 해주었다. 아래 <표 1>에서 나타난 바와 같이 총 543개의 의석 중 무려 50%에 육박하는 262석을 통일진보연합이 차지했다. 제1야당인 전국민주연합(NDA, National Democratic Alliance)은 159석으로 전체에서 약 30%를 차지하는데 그쳤다. 나머지 제3진영과 제4진영은 각각 79석과 27석으로 약 20%와 5%의 비중을 가진다.

통일진보연합정당의 중심축인 인도 국민회의당(INC, India National Congress)은 262개 의석 중에서도 206석을 차지하여 인도 전체 의석 비중에서 무려 37.94%를 가지게 되었다. 반면 전국민주연합의 주요 정당인 인도인민당(BJP, Bharatiya Janata Party)은 전국민주연합 전체 의석인 159석에서 116석을 차지하여 전체 의석 비중에서 21.36%를 가지게 되었다.[11]

10 문철우 · 김찬완(2005), 『인디아 쇼크』, 매일경제신문사, p.73.
11 Results of the 2009 Indian general election by party:

〈표 1〉 2009년 인도 대선 정당별 의석 비중

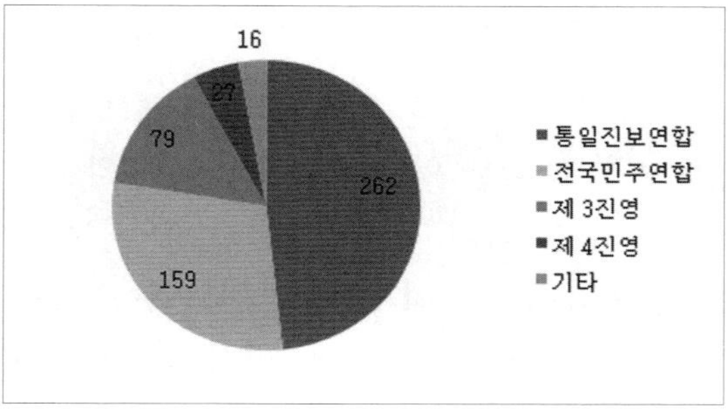

(C) 인디아 쇼크

이례적이라고 할 정도로 압도적인 지지율을 얻어낸 통일진보연합정당의 승리는 많은 의미를 함축하고 있다. 먼저, 종교나 카스트, 언어, 지역 등으로 편 가르기에 급급했던 인도정치선전에 더 이상 국민들이 흔들리지 않게 되었다는 것이다. 과거, 종교를 이용하여 정권을 잡았던 인도인민당의 우파주의와 보수주의는 2004년 선거 이후부터 인도 국민의 마음을 얻는데 실패했다. 또한 "인도인민당은 안정을 추구하는 도시 중산층과 미래지향적인 청년층에 희망을 주는 데에도 실패 했다."[12] 또 하나는 2009년 총선에서 국민회의당의 슬로건이었던 'am aadmi bachao(saving common people)'가 빠른 경제 성장과 동시에 공평한 부의 분배를 이뤄내겠다는 공약으로 선전 대상 이었던 일반 시민(common people)의 의중을 간파한 것이다.

결과적으로 2009년 총선은 인도가 좀 더 세속적인 국가로 나아갔다는 데에 큰 의의를 둘 수 있다. 따라서 인도 정치 문화를 나타내는 코드는 식민 지배 시절부터 독립 후 지금까지 꾸준히 시행되고 있는 지속적 민주

http://en.wikipedia.org/wiki/Indian_general_election,_2009 참조.

12 백좌흠(2009), 「제15차 인도 총선에서 현 집권당 압승」, 『친디아저널』, no.34, p.30.

주의이며 현재 인도의 정치성향을 나타내는 코드는 서민구제로 성장과 분배를 동시에 강조하는 중도 좌파적 성향을 보여준다.

2) 권력 앞에서의 또 다른 인도의 모습－권위주의

카스트는 인도를 대표하는 사회체계이자 권력문화이다. 프랑스 혁명부터 시작된 인간 평등과 존엄 사상이 현대 문명사회의 근간이 되고 있음에도 불구하고 인도는 독특한 신분체계인 카스트 제도의 굴레에서 벗어나지 못했다는 이미지가 강하다. 물론 인도가 1947년 독립 후 헌법에 모든 국민의 평등을 명시했지만 아직도 인도 사회에서 카스트는 무시 할 수 없는 사회 시스템이다.

실제로 인도에서 카스트 제도는 바르나 제도라고 불리고 있다. 바르나는 색을 의미하는 인도어로, 북쪽에서 침범해 내려온 아리아 족이 본래 인도 땅에서 삶을 영위해 오던 드라비다 족을 지배하기 위해 만든 것이라고 알려진다. 단순히 사람의 물리적 외관상 차이에서 시작했던 바르나 제도는 힌두교의 모체인 브라만교의 탄생과 더불어 종교적 의미를 가지게 되면서 차별의 명분이 생겼고, 지금은 4개의 바르나 안에 자띠를 포함한 좀 더 복잡한 구조로 발전되었다. 소수가 다수를 지배하고 관리한다는 개념에서 카스트는 여타 고대 국가의 신분차별제도와 다를 바가 없다. 하지만 사회적 계급과 지위 상승에 대한 열망보다 현

(C) The Age

[그림 3] 인도의 불가촉천민

재의 위치와 역할에 충실 하라는 힌두교의 가르침 때문에 자신보다 높은 바르나에 속한 사람에게 복종하는 즉, 강한 권력과 높은 지위에 있는 사람에게 복종하는 것 그리고 자신에게 주어진 권력을 마음껏 휘두르는 것이 인도사람들에게 당연한 일이 될 수밖에 없다.

브릭스(BRICs) 국가들의 공통된 문제점으로 꼽히는 정부기관의 극심한 관료주의와 권위주의는 인도의 경우에서 살펴보면 그 원인이 단순히 오랜 식민지배에서 발생된 부작용이라고만 할 수 없다. 상위와 하위라는 권력개념이 뚜렷한 인도는 호프스테드의 연구에서 윗사람을 공경해야 한다는 인식이 강한 우리나라보다도 권력간 거리차가 더 크다.[13] 왜냐하면 앞서 이야기 한 것처럼 긴 역사에 걸쳐 형성된 계급사회의 사회·문화적 인식이 인도인들의 사고에 뿌리 깊게 박혀있기 때문이다.

하지만 인도의 바르나 제도도 급격한 시대의 변화에 따라 권력을 형성하는 요인이 바뀌면서 과거와 상이한 양상을 띠게 되었다. 가장 두드러진 차이는 종교적 위계질서가 강했던 인도에서 재력에 근거한 위계질서 체계가 새로이 등장한 것이다. 조선 시대 말 급격히 늘어난 잔반처럼 돈이 없거나 정치적 권력이 없는 브라흐만들은 현재 인도에서 가장 '낮은' 계급인 불가촉천민과 비슷한 생활을 하고 있다. 또 하나 달라진 점은 영국의 식민지배에서 시작된 공무원의 권력신장은 바르나 체계에 영향을 받지 않은 채 지금까지 이어지고 있다는 것이다. 하층계급이어도 공무원이라면 최고의 대접을 받는 현상이 이를 반증한다. 이러한 양상은 인도에서 종교(정신)적 권력관계가 더 중시되던 과거에 비해 현대에 이르러 물질적 권력관계로 그 중요도가 이동하였음을 나타낸다.

오랜 시간 동안 지배하고 지배당하는 관계에서 생활해온 인도 사람들은 항상 사람을 만날 때 그가 나보나 높은지 낮은지를 탐색한다.[14] 상대방

13 G. 호프스테드(1995), 『세계의 문화와 조직』, 차재호 역, 학지사 참조.

의 종교적, 물질적 상황 등을 고려하여 자신의 위치를 정하고 그에 맞게 행동하려고 한다. 그러한 절차에 따라서 한 무리 안에 주어진 권력을 잡는 사람은 거침없이 자신의 권력을 행사한다. 그리고 인도 사람들은 이를 불만 없이 따른다. 때문에 담당 실무자보다 상위 관리자와 이야기를 하는 것은 인도 비즈니스의 노하우로 잘 알려져 있다. 따라서 역사적, 문화적 정황에 비추어 볼 때 인도에서 권력이 가지는 코드는 자신에게 주어진 권력 앞에서 가차 없이 영향력을 행사하는 권위주의라고 할 수 있다.

3) 뭉치면 살고 흩어져도 산다－집단적 개인주의

인도 사람들은 실제로 연합을 잘한다. 영국 식민 지배 당시에도 수많은 사람들이 독립을 위해 힘을 모았고, 셀 수 없을 정도로 많은 종교 집단의 연합력은 유혈사태를 불러일으킬 정도로 단단하다. 또한 실제로 인도 사회에서 벌어지는 사건, 사고들에 인도인의 강한 군중심리가 그 원인이 되는 것[15]으로 미루어보아도 알 수 있듯 인도인의 집단주의는 상당히 강한 편이다. 인도 사람들은 '함 로그 힌두스타니'라는 말을 많이 사용한다. 이것은 '우리 인도 사람들은'이라는 뜻으로 한국 사람이 '우리나라'를 자주 언급하는 것과 비슷한 맥락이다.[16] 우리가 '우리'라는 단어로 집단의 결속력을 강화하게 된 이유에는 여러 가지가 있지만 가장 큰 이유 중 하나는 공공의 적이란 개념을 형성하는 외부 집단에 대한 배타성이다.

아래 <표 2>는 미국의 민간연구소인 퓨(Pew) 리서치 센터가 2007년 발표한 외국 이민자에 대한 각국의 우호도를 조사한 것이다.[17] 인도는

14 김도영(2006), 『내가 만난 인도인』, 산지니, p.148.
15 박홍윤(2009), *op. cit.*, p.60.
16 김도영(2007), 『인도인과 인도문화』, 산지니, p.240.
17 Pject(2007), "World Public Welcome Global Trade - But Not Immigration: 47-Nation",

〈표 2〉 이민자에 대한 제재를 더 가해야 하는가?

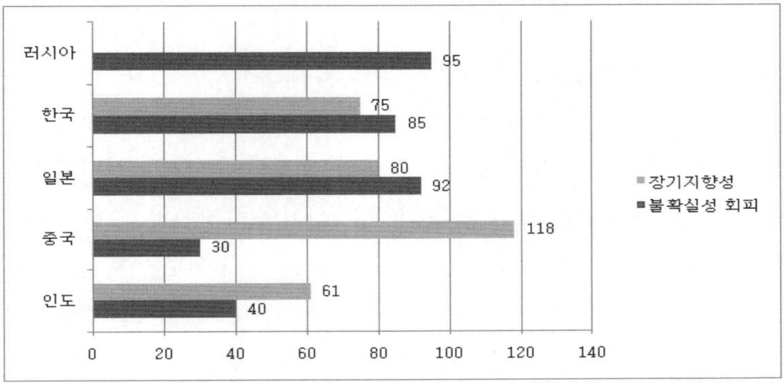

(C) Hofsted's Cultural Dimensions Index

이민자에 대해 좀 더 강한 제재를 가해야 하는가라는 질문에 84%가 찬성을 나타내어, 이번 연구 대상 국가들 중에서 이민자에 대한 배타성을 가장 강하게 드러냈다.[18] 인도 스스로도 자부심을 가지고 있는 넓은 문화적 포용성을 고려할 때 아이러니한 결과가 아닐 수 없다. 하지만 과거 영국 식민 지배의 아픈 역사를 가진 인도는 독립 직후 자가의존(self-reliance)적 경제 성장 기조를 표방하면서 배타적 경제활동 및 외교활동을 통해 외부 세력에 대한 강한 거부감을 표현해 왔다.

이렇게 집단주의적 성향이 확고히 존재하는 인도 사회는 한편으로 개인주의적 성향을 가지고 있는데 이번 연구 대상 국가 중에서 개인주의 지수가 가장 높은 것으로 나타났다. 호프스테드의 연구에서 중국과 한국은 각각 20, 18로 집단주의적 국가로 분류되며 나머지 인도와 일본, 러시아는 48, 46, 39로 중국과 한국에 비해 상대적으로 개인주의적 국가로 구분 된다. 두 번째로 높은 개인주의 지수를 보여준 일본은 개개인의 사

Pew Global Attitude Research 참조.

18 김도영(2007), *op. cit.*, p.244.

생활과 인격을 존중해 주는 차원에서 개인주의 지수가 높다고 할 수 있다. 하지만 이와 다르게 인도의 개인주의는 우리나라 사람들의 문화적 시각에서 볼 때 조금은 이기적인 모습으로 나타난다.

인도사람들은 당사자 본인에게 이득이 된다면 뭉칠 수도 있고 흩어질 수도 있다. 일본의 사무라이 정신인 의리, 희생적 충성과는 상반된 모습이다. 예를 들어, 집안의 가업을 대대로 이어오는 장인정신, 한 회사에 뼈를 묻겠다는 기업문화가 대표적인 일본과는 달리 인도는 자신이 속한 회사의 일이라도 업무분야가 다르다면 절대로 손대지 않는다. 천장에 달려 있는 선풍기 날개에 먼지가 많아 청소를 지시했을 때 인도 사람들은 자신이 먼저 나서서 일하지 않고 누가 그 선풍기를 청소해야 하는지 상의한다. 선풍기 날개 청소를 임무로 지정받은 사람이 아무도 없기 때문에 이와 같은 일이 벌어진다.[19]

이렇게 인도는 우리라는 개념에 묶여 있으면서도 개인주의적인 국가라고 할 수 있다.[20] 정치 문화에서 언급했지만 현재 인도는 주정부가 중앙정부의 영향력 아래에 있음에도 불구하고 점차 지역정당이 득세하는 현상을 보이고 있다. 이는 독립이전과 직후 강력한 인도의 민족주의나 애국심이 분산화, 개별화된 모습이라고 할 수 있다. 그러므로 아직도 집단주의적이지만 개인주의적인 모습인 '집단적 개인주의'는 인도의 문화 단면을 잘 나타내고 있다.

19 권춘근(2006), 「'Yes, Sir'을 믿지 말고 업무 지시서를 믿어라」, 『친디아저널』, no.2., p.35.

20 김도영(2007), *op. cit.*, p.241.

4) 신앙 이상의 의미를 지닌 인도의 종교－생활종교

인도는 전 세계에서 종교라고 하면 가장 먼저 떠오르는 국가이다. '종교의 백과사전'이라고 불릴 정도로 다양한 종교가 녹아 있는 인도사회는 여타 국가와 달리 외래 종교보다 자생 종교의 수가 많으며 신자 또한 약 84%에 육박 할 정도로 자생 종교의 교세가 강하다. 한 국가에서 하나의 종교도 탄생하기 어려운데 반해 인도에서는 과거에서부터 현재에 이르기까지 다양한 종교가 생성과 소멸의 과정을 거치고 있다.

아래 <표 3>에서 인도 종교의 분포를 살펴보면 힌두교가 전체에서 80.5%를 차지하며 이를 제외한 나머지 종교들 가운데서 가장 많은 분포인 13.4%를 이슬람교가 차지한다.[21] 비율로 따졌을 때 힌두교와 이슬람교를 제외한 나머지 종교들의 비중이 적다고 단정 짓기 쉬우나 인도의 거대한 인구를 고려했을 때 이 종교들의 신자도 상당한 수라고 할 수 있다. 다만, 이 표에서 자생 종교로서 전 세계적으로 수많은 신자를 보유한 불교의 분포가 매우 적은 원인에 대해서는 곧이어 개별 종교에 대한 설명을 통해 보론할 것이다.

〈표 3〉 인도 주요 종교의 분포

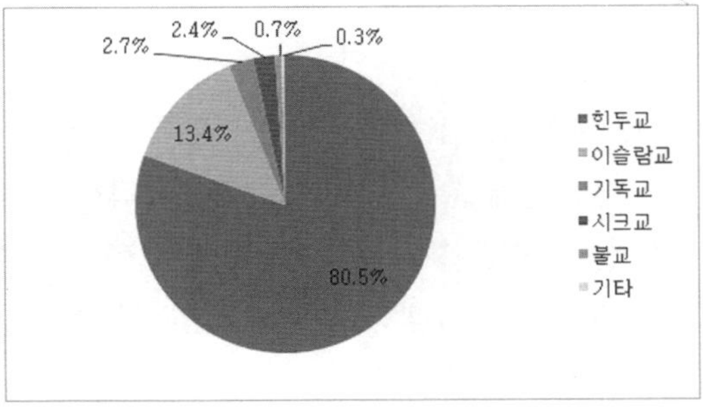

(C) 인디아 쇼크

- 힌두교

인도의 대표 종교이자 인도의 정신을 대표하는 사상이다. BC 15세기 아리아 족의 침

21 Government of India(2005), Ministry of Information.

입 이후로 생겨난 종교로서 현재는 종교가 아닌 인도의 사회를 유지하는 생활양식으로 자리 잡았다. 이슬람 국가였던 무갈 제국의 오랜 통치에도 불구하고 지금까지 힌두교가 살아남을 수 있었던 데에는 다음과 같은 특징이 중요한 역할을 했다. 즉, 기독교나 불교, 이슬람교와는 달리 힌두교에는 창시자나 탄생시기가 없다는 것, 일정한 경전이 없다는 것, 주술적인 원시신앙에서 형이상학적 고등철학까지 종교의 모든 것을 포함하고 있다는 것, 교리 체계는 매우 복잡하고 다양하며 조직의 통일성과 강제성이 없다는 5가지를 들 수 있다.[22] 힌두교는 인도인의 절대 다수가 믿고 있는 종교인만큼 정치적 영향력도 상당한데 실제로 힌두 중심주의나 힌두 극우주의를 표방한 정당들이 활동 하고 있으며, 2000년 힌두 국가를 건설하자는 공약을 내건 정당(BJP)이 인도 총선에서 승리한 바가 있다.

(C) http://en.wikipedia.org/

[그림 4] 힌두교의 신 가네샤(Ganesha)

- 이슬람교

11세기경 이슬람 세력의 인도 서북부 진출로 델리 술탄 왕조가 성립되면서 인도 땅에 본격적으로 전래되기 시작했다. 16-17세기 무굴 제국의 전성기에 델리를 중심으로 번창하였으며 현재 약 1억 2천 명의 신자를 보유하고 있다.[23] 수피즘(Sufism)의 음악과 세밀화, 타지마할로 대변되는 건축에 이르기까지 인도 문화에 큰 영향을 주었다. 현재 인도에 존재하는

22 문철우 · 김찬완(2005), *op. cit.*, p.51.

23 김승호(2009), 『맛살라 인디아』, 도서출판 모시는 사람들, p.248.

(C) Merinews

[그림 5] 인도의 무슬림

이슬람교는 인도식으로 약간 변형된 형태를 가지고 있다.

절대 다수인 힌두교와의 세력 다툼을 오래 전부터 벌였으며 그러한 역사적, 정치적 불화는 독립 이후 인도와 파키스탄 분리 독립의 원인이 되었다. 과거 인디라 간디 총리 집권 당시 무슬림 사원 파괴 등으로 힌두교와의 관계가 매우 악화되었으나 현재 큰 분쟁은 발생하지 않고 있다. 하지만 이슬람교도들은 대체로 정치적, 사회적 주류에서 소외 받고 있다고 생각한다.

- 기독교

인도에 들어온 역사가 오래되지 않은 종교로서 주로 영국계, 스페인계 선교사들이 많이 활동했던 남인도에 중심을 두고 있다. 신도들은 대부분이 평등사상에 동감하는 불가촉천민이나 바르나 체계에서 낮은 축에 속하는 계급으로 구성되어 있다. 하지만 이슬람교나 시크교처럼 힌두교와 정치적 대립각을 세우고 있지는 않다.

- 시크교

B.C. 16 세기경 힌두교와 이슬람교의 장점만을 모아 두 종교간 대립을 막기 위해 나섰던 구루 나낙(Guru Nanak)에 의해 창시되었다. 특유의 성실성으로 장사나 사업에서 성공한 사람들이 많고 인도 군대에도 많이 진출해 있다.[24] 대다수가 인도 펀잡(Punjab)주에 거주하고 있어 펀자비(Punjabi)라고 불리기도 한다. 인디라 간디 집권 시절 종교적 탄압에 대한

24 *Ibid.*, p.250.

대항으로 칼리스탄(Khalistan)이라는 시크교의 독립 국가를 세우겠다는 주장을 펴 그들의 성전인 황금사원(Golden Temple)이 피로 물드는 불미스러운 사건도 있었다. 하지만 현재는 힌두교와 과거처럼 극심한 대립을 하고 있지는 않다.

(C) http://en.wikipedia.org/
[그림 6] 시크교의 구루(스승)들

- 불교

B.C. 6 세기경에 석가모니로 알려진 고타마 싯타르타(Gotama Siddhartha)에 의해 창시되었다. 왕자로 태어나 부족함 없이 자라난 그가 서민들의 처참한 생활을 보고 출가를 결심하게 되었다는 이야기는 여러 종교 관련 일화들 중에서도 유명하다. 고된수행 끝에 깨달음을 얻은 석가모니는 이후 힌두교의 지배 아래 놓인 인도의 종교적, 사회적 불평등 문제를 해소하기 위해 평등사상을 전파하고자 노력하였다. 그 결과 하층민이 중심이 되어 신자들이 모이기 시작했지만 힌두교에 뿌리를 둔 종교라는 인식의 한계에서 벗어나지 못해 결국 힌두교의 거대한 범주에 흡수되고 말았다.

- 기타

이외에 인도의 종교 중 주목해야 하는 것은 다음과 같다. 첫 번째, 자이나교로 극도의 금욕생활과 불살생을 원칙으로 해탈에 이르고자 하는 종교이다. 약 400만 명에 달하는 자이나교도들은 살생을 피해 농사도 짓지 않고 무역업, 중개업, 자영업 등에 종사한다.[25] 인도 대표 언론 기업인 타임즈 그룹(times group)을 비롯한 유명 IT 기업이 자이나교도의 것으로

25 *Ibid.*, p.252.

알려져 있으며 무소유와 평화를 원칙으로 하는 교리의 특성상 다른 종교 집단에 비해 자선사업을 많이 하는 것으로도 유명하다. 두 번째는 조로아스터교로 배화교라고도 불리는 종교이다. 인도에서 파르시(Parsi)

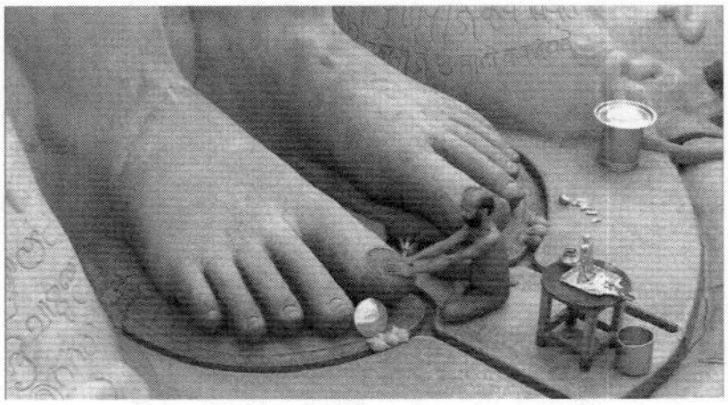

(C) MBC

[그림 7] 자이나교의 나체 수행자

라고 불리는 이 종교 집단은 사업 및 교육 분야에서 성공한 사람들이 많다. 대우 쌍용차를 인수한 타타(TATA) 그룹이 그 대표적인 경우인데, 타타는 기업 이익의 상당 부분을 사회에 환원하는 인도의 국민기업으로 존경받고 있다.[26]

이 외에도 새로 생긴 여러 가지 종교들이 공존하는 인도사회의 특징이 있다면 유일신을 섬기는 이슬람교나 조로아스터교도들 조차 힌두교적인 생활양식을 따르고 있다는 점이다. 힌두교의 가장 큰 장점인 포용성과 이미 오랜 시간에 걸쳐 인도 생활에 스며든 힌두교적 사회 환경 때문에 외래 종교들도 인도화(化)된 그들만의 종교적 특징을 가지고 있다는 것이 다른 국가들과 비교 했을 때 큰 차이점이라고 할 수 있다.

이러한 특징을 뒷받침할 수 있는 예로는 힌두의 축제에 참여하고 종교적인 단식과 금욕을 준수하며 죽은 조상과 마을신들을 정성으로 섬기는 것, 성인식과 결혼식 등 수많은 통과의례를 제대로 갖춰 치르는 것, 점성술사와 무당 등을 통해 인생의 위기를 상담하며 신성한 동식물과 자연에 대한 경외감을 가지는 것 등이다.[27] 인도에서 종교의 울타리를 벗어나 일어나는 이러한 현상들은 앞서 소개한 사례들이 힌두의 종교적 의식이

26 *Ibid.*, p.254.
27 M. N. Srinivas(1962), *Hinduism*, Media Promoters & Publishers Pvt. Ltd., p.159.

아니라 모두가 따라야 하는 생활관습과 같은 것으로 인식되기 때문이다.

게다가 종교는 인도에서 정치적으로도 큰 영향을 준다. 민주주의가 잘 발달한 인도에서는 다양한 집단의 이익을 대변하는 정당들이 무수히 존재한다고 앞서 언급했는데, 이 중에서는 특정 종교를 대표하는 정당들도 많다. 전국민주연합의 제1당인 BJP는 힌두교를 대표하는 정당이며 이 밖에 무슬림을 대표하는 무슬림 동맹(Muslim League), 시크교의 아깔리 달(Akali Dal) 등이 종교를 기반으로 생성된 대표적인 정당이다. 이러한 종교정당들 간의 정치선전과 이념 다툼은 실제로 인도인들 사이에 분쟁을 일으키거나 큰 사회적, 경제적 문제로 이어지기도 한다. 즉, 인도인들에게 있어 종교는 신앙이 아닌 인생의 모든 단계와 정치, 경제, 사회에 영향을 미치는 요소이자 생활 속에서 살아 숨 쉬는 요소다. 그러므로 인도에서 종교가 가진 문화코드는 철저히 '생활종교'라 할 수 있다.

5) 미래보다 현재에 충실한 인도－카르페 디엠

"지금 살고 있는 현재 이 순간에 충실하라"는 뜻의 라틴어로서 영화 <죽은 시인의 사회>에 나왔던 대사인 카르페 디엠. "젊을 때 고생은 사서도 한다"는 속담이 지배하고 있는 한국 사회는 확실히 카르페 디엠과는 좀 거리가 먼 문화를 가졌다고 볼 수 있다. 하지만 인도 사회는 우리와 다르다. 왜냐하면 힌두교의 인생의 목적 중 하나인 다르마(Dharma)가 의미하는 바가 바로 카르페 디엠이기 때문이다. 이렇게 현재지향성이 강한 문화를 가진 인도를 호프스테드의 연구와 인도의 사회문화적 환경을 중심으로 그에 대한 원인을 분석해 보도록 하겠다.

위의 <표 4>에도 나타난 것처럼 인도는 중국과 함께 불확실성 회피점수(UAI, Uncertainty Avoidance Index)가 낮은 국가군에 속한다.[28]

〈표 4〉 연구대상국가의 UAI와 LTO의 비교

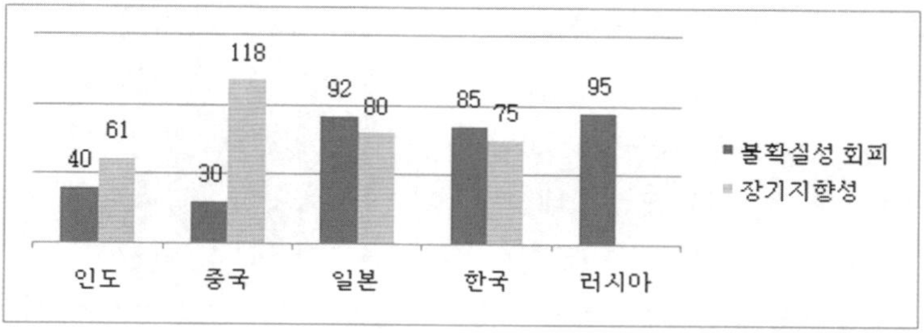

(C) Hofstede's Cultural Dimensions Index

이것은 미래에 대한 두려움이 일본, 한국, 러시아보다 훨씬 작다는 것을 의미한다. 인도의 No Problem, 중국의 만만디와 달리 한국이 왜 '빨리빨리'를 좋아하는지 <표 4>를 통해 이해 할 수 있을 것이다. 저조한 분석샘플수 때문에 일반적으로 활용도가 낮지만 장기지향성 지수(LTO, Long-Term Orientation)는 인도의 단기지향, 현재지향성 문화를 잘 나타낸다. 러시아의 분석 지수가 빠진 가운데 인도는 가장 낮은 장기 지향성 점수를 보여주고 있다.

인도에서 한번 결정된 공식 목표는 실제로 달성되는데 오랜 시간이 걸린다. 그러나 심사숙고 끝에 결정된 공식적 목표가 무산되거나 불이행되는 일은 좀처럼 없다. 이러한 공적 스타일은 "시간이 곧 금이다"라는 말이 일맥상통했던 탈공업화(post-industrial) 비즈니스와 기업가의 세계와 상반된 모습을 보인다.[29]

이러한 현재지향성 문화는 인도의 사회문화적 배경을 원인으로 꼽을 수 있는데 힌두교의 영향이 가장 크다고 할 수 있다. 서구 사회의 시간관

28 Hofstede's Cultural Dimensions Index.

29 Rodney W. Jones(2006), "India's Strategic Culture", *Comparative Strategic Cultures Curriculum*, p.6.

념은 인도의 것과는 정반대이다. 인도 종교의 대부분은 윤회 사상을 기반으로 하고 있다. 힌디어의 내일을 뜻하는 '깔'은 내일이라는 뜻도 가지고 있다. 어제는 오늘이 되고 오늘은 내일이 된다.[30] 이것은 '시간의 법륜(法輪)'이라 불리며 원형으로 시간관념이 형상화된 것이다.

(C) http://bulja.co.kr/budd

[그림 8] 시간의 법륜

미래를 위해 현재를 희생하고 빨리 빨리 문화에 익숙한 우리는 비교적 느긋해 보이는 인도의 모습을 게으르다고 섣불리 판단 할 수 있다. 하지만 그들의 느긋함은 '카르페 디엠'을 충실히 수행하려는 인도인들의 무의식이 작동된 것임을 알아야 할 것이다.

3. 인도의 경제 문화코드

1) 종교주의 국가 인도의 돈－12억 인구가 숭배하는 신

"부자가 하는 모든 일은 결코 부끄러운 것이 없지만, 가난하다는 것은 항상 죄이다." 이 글귀는 고대 인도 우화인 판차탄트라(Pancatantra)에서 발췌한 문장이다. 종교생활에 충실하며 금욕적이고 정신적인 삶을 추구할 것 같은 인도 사람들의 이미지와는 매우 대조된다. 하지만 이 말은 힌두교상의 논리를 가감 없이 그대로 나타낸 것이다.

인도의 대서사시 마하바라따(Mahabharata)에서는 "다르마도 전적으로 재물에 의존한다. 타인에게서 재물을 빼앗는 자는 그의 다르마도 빼앗

30 김도영(2007), *op. cit.*, p.150.

는 자이다. 빈곤은 죄의 상태이다. 부로부터 모든 종교적 행위 모든 즐거움, 그리고 하늘 자체로 솟아남으로 모든 덕행은 부의 소유로부터 흘러나온다. 마치 코끼리들이 코끼리를 잡듯이 부는 부의 축적을 가져온다. 종교적 행위, 쾌락, 기쁨, 용기 그리고 배움이 모든 것이 부로부터 나온다. 부로부터 덕도 증가한다. 재물이 없는 사람에겐 이 세상도 저 세상도 없다."[31]라고 말한다. 즉 인도인의 철학에서 부는 다르마를 지키기 위한 수단으로 이용되고 있다. 이 이야기는 "인도에서 돈은 신이다"[32]라는 말이 절대로 틀린 것이 아님을 보여준다.

(C) Indianexpress

[그림 9] 인도화폐 루피(Rupee)

때문에 기본적으로 종교성이 강한 인도인들이 돈에 집착하는 경향은 결코 모순되지 않음을 알 수 있다. 혹자는 이 세상에 돈에 집착하지 않는 민족이 어디 있는가라고 반문 할 수도 있을 것이다. 하지만 인도에서의 금전 추구방식은 우리가 흔히 생각하는 정직한 노동과는 거리가 있다. 그 이유는 힌두교에선 일의 달성 수단이나 방법보다 결과를 중시하는 성향이 강하다는 데 있다. 즉, 힌두교적 논리에 의하면 올바르지 않은 방법으로도 취한 돈이나 물건들도 노동을 통해 얻은 재화와 같은 가치를 부여 할 수 있다. 그러므로 순수하게 금전지향적 성향을 가진 인도는 일을 하기 위해 일하는 일본사람과는 다르다.

악착같다고 할 정도로 돈에 집착하는 인도인들은 의외로 노블리스 오

31 박홍윤(2009), *op. cit.*, p.185.

32 김도영(2006), *op. cit.*, p.22.

블리제를 실천에 옮기는 경우가 많은 편이다. 가족 기업의 형태가 많아 가문의 명예를 목적으로 기부 및 자선활동이 활발하며 한편으로는 종교적 이유(교리 상 불살생이나 무소유가 강조되는 자이나교 등을 예로 들 수 있음)로 이루어지는 경우도 있다. 또한 과거 사회주의적 경제체제 하에 있던 인도의 오랜 경제관념 탓에 많이 가지고 있는 사람이 없는 사람들에게 나누어 주어야 한다는 생각이 강한 것도 원인으로 꼽을 수 있다. 이러한 사회적 배경으로 인도에서는 기업의 사회적 책임이 상당히 강조되고 있다.

이렇게 사람들을 울고 웃게 하고 가끔은 관용을 베풀어 남을 도와주는 돈은 인도사회에서 12억 인구가 숭배하는 신이라는 코드로 불리기에 부족함이 없다.

2) 세계 구매력 4위의 인도의 소비 – 실용적 구매

국가의 물리적 규모와 인구수를 고려하지 않은 GDP 비교는 실질적으로 그 국가의 경제적 잠재력을 보여줄 수 없다는 이유 때문에 요즘은 구매력을 평가하여 한 국가의 경제적 미래를 가늠하고 있다. 2008년 실질 구매력 평가기준으로 인도는 미국, 중국, 일본에 이어 3.4조 달러로 세계 4위를 차치했다.[33] 따라서 거대한 구매력을 가진 인도 소비자들의 심리를 파악하는 작업은 인도 문화코드를 분석하는데 있어 매우 중요하다.

2006년 인도인들을 대상으로 실시한 설문조사를 바탕으로 인도와 영국 브랜드에 대한 인식을 조사한 논문[34]을 살펴보면 인도 구매자들이 어

33 홍석빈, 「젊은 소비 시장 인도, 이제 시작에 불과」, 『LG Business Insight』, no.1096, 2010, p.33.

34 Zhongqi Jin and Bal Chansarkar, N. M. Kondap(2006), "Brand origin in an emerging market: perceptions of Indian consumers", *Asia Pacific Journal of*

떠한 상품선택기준을 가지는지 알 수 있다. 브랜드 인식을 통해 인도 사람들의 상품선택기준을 직접적으로 알 수 있는 것은 아니지만 대체로 다수 고객의 니즈(needs)에 맞춰 브랜드 포지셔닝이 이루어지기 때문에 이는 간과 할 수 없는 중요한 부분이다. 가장 큰 특징은 영국의 브랜드에 비해 인도의 브랜드가 저렴한 가격의 이미지를 가지고 있다는 것이다. 이렇게 두 국가의 브랜드 이미지를 비교 했을 때 차이가 큰 지표들은 가격(Inexpensive, Reasonably priced)과 대중성(Common, For lower class), 필요성(Necessary items)이다. 저렴한 가격을 브랜드 이미지 전면에 내세운 인도는 반면에 품질에 대한 평가(workmanship)에서 영국 브랜드에 비해 크게 뒤쳐지지 않아 싼 게 비지떡 이란 말은 인도 상품 시장에서 통용되지 않음을 알 수 있다.

이렇게 인도의 브랜드 이미지는 대중성, 저렴한 가격, 적정한 품질, 생활의 필요성을 중심으로 어필하고 있는데 실제로 인도 소비자들은 한국인과 비교 했을 때에도 크게 차이가 나지 않는다는 것을 알 수 있다. <표 5>에서 인도 구매자들은 한국 구매자보다 가격에 매우 민감하고 구매충성도가 높지 않다.[35] 또한 충동구매를 하지 않고 신중하게 구매하기 때문에 품질과 더불어 제품의 사용 기간을 연장시켜주는 A/S를 중시하는 것으로 나타났다.

인도 서비스 산업의 급성장으로 생겨난 신흥 중산층들의 구매력은 지금 전 세계적으로 주목 받고 있다. 현대 인도의 대도시에서는 대중매체를 통해 서구식 생활을 꿈꾸는 핵가족이 빠르게 성장하고 있다.[36] 그러나 대부분의 인도 서민층은 <표 5>에 나타난 바와 같이 물건을 구매 할 때

Marketing and Logistics, vol.18, no.4, pp.296-297.

35 문철우 · 김찬완(2005), *op. cit.*, p.246.

36 나카지마 다케시(2007), 『인도의 시대』, 이정환 역, 북북서, p.27.

〈표 5〉 인도구매자들의 일반적인 특성

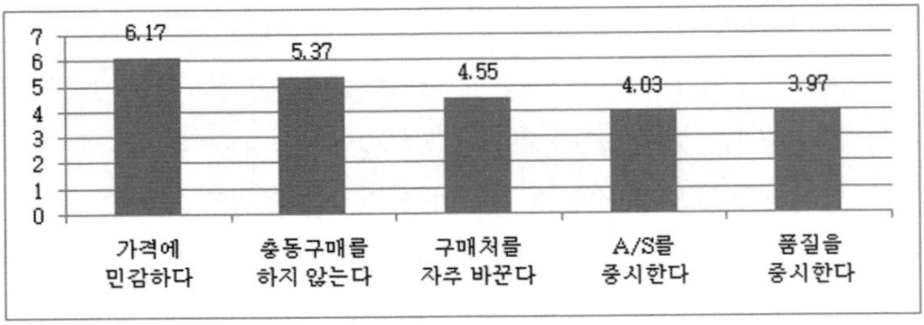

(C) 인디아 쇼크

가격을 가장 중요하게 생각한다. 물건 하나를 살 때에도 매우 신중히 고려하며 한번 구매한 물건은 쉽게 버리지 않는다. 따라서 세계 4위의 구매력을 가진 인도 구매자들의 소비 문화코드를 우리는 '실용적 구매'라고 요약할 수 있을 것이다.

4. 인도의 문화콘텐츠 코드

1) 인도의 국민 문화콘텐츠－맛살라 무비

'발리우드(Bollywood)', 이 말은 인도 남부에 위치한 봄베이(Bombay, 현재는 뭄바이로 지칭)와 미국 할리우드를 합성한 것으로 인도 영화 전반을 대표하는 용어이다. 이 단어는 옥스포드 사전에 등재되어 있을 정도로 전 세계적으로도 많이 사용 되고 있으며 그 의미 또한 잘 알려져 있다.

우리가 흔히 발리우드 영화라고 하는 것들은 인도에선 맛살라(Masala) 무비로 불린다. 맛살라는 인도어로 양념을 의미하는데 이러한 맛살라 무비들은 영화 중간에 스토리 전개와 크게 상관없이 흥을 돋우기 위해 춤과 노래를 삽입한다. 우리가 보기엔 다소 유치하고 내용 집중도가 떨어질 것이라고 생각 할 수 있는 이 맛살라 무비는 이미 세계시장을 제패한

〈표 6〉 인도 미디어 산업 크기

십억 루피	2005	2006	2007	2008	2009	2010	2011	2012	2013
TV	163.3	182.5	211.3	240.8	262.7	295.6	341.7	399.1	472.6
인쇄	117.1	138.6	160.4	172.6	183.9	197.9	216.0	239.3	266.0
영화	66.9	81.7	96.4	109.3	109.2	117.5	130.9	151.3	168.6
라디오	4.9	6.0	7.4	8.4	9.2	10.3	11.9	13.9	16.3
음악	8.3	7.8	7.4	7.3	7.5	8.0	8.7	9.5	10.7
애니메이션	10.0	12.0	14.5	17.4	20.0	23.3	27.8	33.1	39.4
게임	2.2	3.0	4.4	6.5	9.4	13.3	17.9	22.5	27.4
인터넷광고	2.0	2.0	3.9	6.2	8.4	11.0	13.7	17.1	21.4
실외	10.0	11.7	14.0	16.1	17.7	19.8	22.4	25.5	29.3
총 계	385	445	520	584	628	697	791	991	1052

(C) 한국영화진흥원

할리우드 영화로부터 인도 영화 시장을 지켜낸 튼튼한 자가 방어막이다.

우리가 흔히 할리우드 영화라는 말을 떠올릴 때 몇 가지 특징을 떠올리듯, 인도 맛살라 무비도 할리우드 영화와는 매우 상이한 그들만의 특징을 가지고 있다. 맛살라 무비의 특징은 크게 네 가지로 구분 할 수 있는데 다음과 같다. 첫 번째, 상영시간(running time)이 3-4시간인 장편영화가 많고 영화 상영도중에 휴식시간(intermission)을 가진다. 두 번째, 노래를 부르며 춤추는 뮤지컬 형식이 많다. 세 번째, 출연자가 대부분 화려한 의상이나 장식으로 치장하며 최신 유행 트렌드를 선보인다. 네 번째는 러브로맨스나 히어로를 다루며 해피엔드가 많다는 것이다.[37]

여가 활동을 할 만한 장소가 많지 않은 인도에서 맛살라 무비는 남녀노소와 빈부의 격차를 허물고 누구나 즐길 수 있는 최고의 스트레스 해소 수단이다. 우리나라에서 영화를 볼 때 단순히 줄거리에 따라 울고 웃는다

37 가도쿠라 다카시(2007), 『인도레포트』, 이정환 옮김, 넥서스BIZ, p.117.

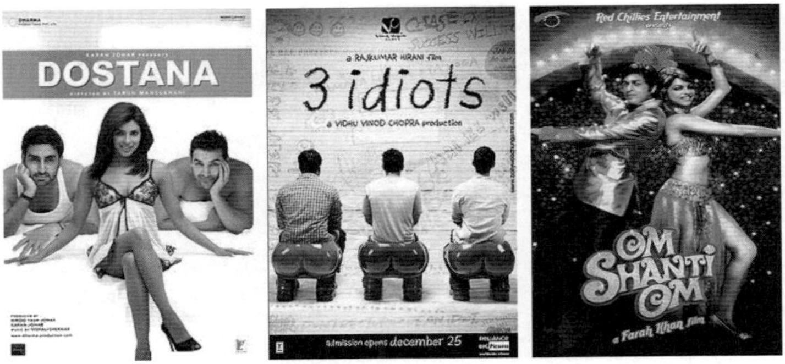

(C) Dharma Production　　(C) Eros International　　(C) Red Chillies Entertain

[그림 10] 인도 맛살라 무비들

면, 인도에서는 춤과 노래를 통해 더욱 확대된 수준의 카타르시스를 느낀다. 위의 <표 6>[38]에서도 알 수 있듯이 인도에서 영화는 TV와 출판물을 제외하고 인도 미디어 산업에서 가장 큰 산업규모를 가지고 있다.

이렇게 종합 엔터테인먼트의 역할을 수행하는 인도 영화의 사회·문화적 영향력은 우리나라보다 크다고 할 수 있는데, 실제로 인도에서는 영화를 개봉하기에 앞서 영화 OST를 발매하여 개봉작의 인기를 예측한다. 이는 인도 대중음악시장이 영화에 상당히 종속되어 있음을 암시한다. 또한 영화배우의 인기가 상상을 초월할 정도로 높은 탓에 대부분의 광고에 영화배우가 자주 등장 하는 현상은 인도 내 영화의 영향력을 가늠 할 수 있는 또 다른 사례이다. 실제로 인도에 진출한 우리나라의 대표 기업인 삼성이나 LG 그리고 현대 자동차의 경우 자사 제품을 인도 영화에 간접광고 형태로 노출시켜 기업과 제품의 이미지 및 인지도 확대를 위해 노력하고 있다. 최근에는 맛살라 무비가 인도를 넘어서 세계적으로 진출하고 있는데 우리나라에서도 몇몇 인터넷 카페가 활발히 활동할 정도로

38 김성경(2009), 「해외 영화시장 정보 조사 보고서[인도/스페인]」, 『한국영화진흥원』, p.49에서 재인용.

맛살라 무비는 외국에까지 널리 알려져 있다. 게다가 이러한 멜로 드라마적 요소는 아시아와 중동 심지어 유럽까지 공감대를 얻을 수 있어 맛살라 무비 시장의 성장 가능성이 점차 부각되고 있다.[39]

> "문화콘텐츠를 활용한 산업이라는 측면에서 연간 38억 명이 넘는 인도의 영화 관람객은 불리우드의 현재와 미래의 가치를 보장해 주는 든든한 버팀목이 되고 있다. 인도 영화의 또 다른 강점은 콘텐츠의 풍요로움이라고 할 수 있다. 인종, 종교, 문화의 다양성, 과거와 현대가 공존하는 복잡다기한 상황 속에서 나오는 수많은 소재들이 볼리우드 고유의 영화를 만들어내는 훌륭한 콘텐츠가 되고 있는 것이다."[40]

맛살라 무비는 인도에서 가장 많이 소비되고 생산되는 문화콘텐츠 장르이자 인도의 복합적 사회·문화의 모습을 인도만의 방식으로 담아낸 인도사회의 또 다른 거울이다. 따라서 12억 인구를 매료시키는 인도의 문화콘텐츠 장르의 코드는 '맛살라 무비'인 것이다.

2) 영화는 아직 끝나지 않았다 – 해피엔딩

앞서 인도를 대표하는 문화콘텐츠 장르인 영화를 살펴보면서 대부분의 결말이 해피엔딩으로 끝난다고 언급했는데 실제로 그러한 것인지 알아보도록 하자. 인도사람들의 선호 스토리 구조를 알아보기 위해 인도를 대표하는 문화콘텐츠인 영화를 우리나라와 비교 분석했다.

아래 <표 7>[41]은 2009년까지의 동원관객수를 기준으로 한 우리나라의

39 *Ibid.*, p.62.

40 김승호(2008), *op. cit.*, p.239.

41 영화진흥위원회, 한국영화 역대관객순위: http://www.kofic.or.kr/cms/65.do 참조.

〈표 7〉 한국영화 역대 흥행순위

순위	영화제목	개봉연도	동원관객수	스토리
1	괴물	2006	13,019,740	새드엔딩
2	왕의 남자	2005	12,302,831	새드엔딩
3	태극기 휘날리며	2004	11,746,235	새드엔딩
4	해운대	2009	11,325,228	새드엔딩
5	실미도	2003	11,081,000	새드엔딩
6	디워	2007	8,426,973	해피엔딩
7	국가대표	2009	8,392,953	해피엔딩
8	과속스캔들	2008	8,201,986	해피엔딩
9	웰컴 투 동막골	2005	8,008,622	새드엔딩
10	화려한 휴가	2007	7,307,993	새드엔딩

(C) 영화진흥위원회

흥행 순위를 나타낸 것이다.

1위부터 10위까지의 순위에서 전체 순위 6위인 <디워>와 각각 7위, 8위를 차지한 <국가대표>와 <과속스캔들>을 제외한 모든 영화가 새드엔딩으로 끝나는 것을 알 수 있다. 호프스테드의 연구에서 나타난 바가 있듯이 미래 불확실성에 대한 두려움이 큰 대한민국의 경우 개연성 없는 낙관주의는 사람들의 공감을 크게 이끌어 내지 못하고 있음을 보여준다.

<표 8>[42]이 보여주는 인도의 경우, 워낙 인구가 많다는 이유도 있지만 도시의 일반 극장 및 멀티 플렉스 상영을 제외한 시골 지역의 길거리 상영까지 정확한 동원 관객수 파악이 불가능하기 때문에 순수익(Raw Nett)를 기준으로 흥행순위를 정리했다. 흥행한국영화의 대부분이 새드엔딩인 반면 인도영화의 경우 역대흥행순위의 1위부터 10위 모두가 해피엔딩으로 끝난다. 게다가 악한 자들은 벌을 받고 착한 사람들은 상을 받는다는 권선징악 사상이 영화 전반에 깊게 깔려 있다.

42 IBOS: http://www.ibosnetwork.com/asp/rawalltime.asp 참조.

〈표 8〉 인도영화 역대흥행순위

순위	영화제목	개봉연도	순수익	스토리
1	3 Idiots	2009	Rs. 1,89,38,74,729	해피엔딩
2	Ghajini	2008	Rs. 1,17,48,22,756	해피엔딩
3	Dhoom 2	2006	Rs. 83,51,87,981	해피엔딩
4	Krrish	2006	Rs. 81,46,05,346	해피엔딩
5	Singh Is Kinng	2008	Rs. 75,58,81,177	해피엔딩
6	Rab Ne Bana Di Jodi	2008	Rs. 73,52,37,848	해피엔딩
7	Welcome	2007	Rs. 72,98,27,492	해피엔딩
8	Lage Raho Munnabhai	2006	Rs. 70,00,00,000	해피엔딩
9	Om Shanti Om	2007	Rs. 69,96,01,108	해피엔딩
10	Gadar	2001	Rs. 67,74,94,585	해피엔딩

(C) IBOS

인도영화의 서사구조는 인도 신화를 많이 닮아 있는데 인도를 대표하는 유명 서사시인 라마야나와 마하바라타가 바로 그 대표 신화이다.

> "인도신화—특히 마하바라타와 라마야나는 스토리 밸류로서의 모든 조건을 갖추고 있다는 것을 알 수 있다. 인간의 보편적 욕망들이 갈등을 일으켜 주인공을 고난으로 끌고 가며, 이에 따른 예측불허의 사건들이 발생하면서 사람들의 흥미를 유발시키는, 스토리 밸류의 전형을 보여주고 있다."[43]

인도영화는 보통 힌두교의 4대 인생의 목표인 욕망(Karma), 권력(Artha), 질서(Dharma), 해탈(Moksha)에서 인간의 보편적 욕망이라 할 수 있는 해탈을 제외한 3가지의 요소를 등장인물 앞에 제시한다. 이로 인해 발생하는 사건과 이해관계는 선을 대표하는 주인공에게 큰 장벽이

43 송정란(2007), 「스토리텔링으로서의 인도신화」, 『인도연구』, vol.12, no.2, p.134.

된다. 하지만 모든 신화가 그러하듯이 인도 영화도 마찬가지로 절대 악은 패배 할 수밖에 없다는 교훈을 남기고 행복한 결말로 마무리 된다.

"픽짜르 아비 바끼 해(영화는 아직 끝나지 않았습니다)". 이 말은 2007년 대히트를 친 인도 영화 옴 샨티 옴(Om Shanti Om)에서 남자주인공이 한 대사이다. 해피엔딩이 아니라면 인생은 아직 끝나지 않은 것이라는 뜻을 가진 이 말처럼 인도 영화 콘텐츠의 주제 선호 코드는 바로 '해피엔딩'이다.

5. 인도로 가는 길

지금까지 인도를 이해하는데 있어 매우 중요하게 작용하는 문화코드에 대해 살펴보았다. 이를 다시 한 번 요약하면 다음과 같다.

먼저 인도 정치를 대표하는 코드인 지속적 민주주의와 현 정권의 정치성향을 대표하는 코드인 서민구제에 대해 이야기했다. 독립 이후 현재까지 인도는 안정적으로 민주주의 시스템을 정착, 발전 시켜왔고 부당한 정권에 대해서는 언제든 그에 대한 심판이 이루어졌다. 그리고 현재 집권정당인 국민회의당에서는 맘모한 싱 총리를 전면에 세워 빠른 경제성장과 동시에 성장 수익의 고른 분배, 친서민 정책을 강조하면서 일반 국민을 구해낸다는 중도좌파성향을 보여주고 있다. 이를 바탕으로 우리는 인도의 정치문화를 거시적으로는 권력지향적 권위주의로 파악했고, 미시적으로는 인도인들에게 기본적으로 집단주의적 성향이 강하지만 자신의 개인이익에 부합하지 않을 경우 망설임 없이 집단의 울타리에서 벗어나는 개인주의적 성향을 지니기 때문에 집단적 개인주의도 주요 코드로 제시했다.

다음으로 인도 사회문화에서 가장 중요한 것은 생활종교라는 코드임을 살펴보았다. 종교는 종교의 의미가 아닌 생활의 방식이자 삶의 일부로 받아들여지고 있다는 사실을 인도 주요 종교에 대한 소개를 중심으로 언급했다. 다양한 종교가 공존하는 인도 사회를 지배하고 있는 주 종교인 힌두교는 인도에서 종교가 아닌 생활방식으로 받아들여지고 있다. 이러한 힌두교의 영향으로 인도 사람들은 현재 지향적 시간관념을 가지고 있는데, 이를 카르페 디엠이란 코드로 분석했다.

이렇게 정치·사회문화적 코드를 이해한 다음 경제 문화코드에 대해 알아보았다. 먼저 인도에서 돈이란 12억 인구가 종교의 구분 없이 모두 숭배하는 또 하나의 신으로 여겨지고 있다. 그리고 가격에 민감하며 과소비나 충동구매를 삼가고 신중한 구매를 하는 인도인의 소비 문화코드를 실용적 구매로 분석했다. 독특한 정치·사회·경제 문화코드를 가지고 있는 인도에서 가장 인기 있는 영화, 즉 맛살라 무비는 인도 사회와 콘텐츠 선호 장르를 대표하는 문화코드이다. 할리우드 영화의 홍수에도 음악과 춤이 들어가는 등의 특징을 가진 맛살라 무비가 자국의 영화 시장을 굳건히 지켜내고 있다. 또한 인도에서 가장 선호되는 스토리 구조는 해피엔딩으로, 대부분의 주제는 권선징악이다. 따라서 인도 문화콘텐츠를 대표하는 주제 선호 코드는 해피엔딩으로 마무리 지을 수 있었다.

이번 연구를 진행하면서 세계 경제의 중심으로 부상하고 있는 인도에 대해 우리가 너무 무지하다는 사실에 적잖이 놀랐다. 인도는 같은 아시아권에 속해 있음에도 불구하고 물리적 거리와 여러 가지 선입견 때문에 인도사회 전반에 대한 체계적인 이해보다 단순히 종교의 나라, 소를 숭배하는 나라라는 불명확한 이미지만 가지고 있었다. 때문에 최소한 우리가 제시한 인도 문화코드만이라도 정확히 이해하고 인도에 접근하는 것이 필요해 보인다. 기존에 우리가 가지고 있던 고정관념의 벽을 깨지 못하는 한 우리는 인도에 한 발짝도 다가설 수 없다는 것을 자각해야 한다.

그렇다면 문화콘텐츠 시장으로서 많은 매력을 가지고 있는 인도에 대해 우리는 어떤 현지화 전략을 세워야하는 것일까? 인도에서 생각 외의 성공을 거두었던 <대장금>과 기대만큼의 성과를 내지 못한 <괴물>과 <디워>의 진출 사례를 주목해야 한다. <대장금>은 지극히 한국적인 콘텐츠이지만 앞서 이야기 한 대로 여러 역경을 헤쳐 나가며 결국 성공하는 스토리 라인은 인도 사람들이 좋아하는 맛살라 무비의 내용과 매우 닮아 있다. 드라마 방영시간이 30분, 주 1회 방영이라는 조건 속에서도 시청자들의 집중력이 흐트러지지 않게 치밀한 재편집과 힌디어 더빙이 이루어졌다는 점은 내용상의 경쟁력뿐만 아니라 인도 방송환경에 맞추어 적절히 현지화 전략을 세운 것으로서[44] <대장금>의 성공을 이끈 중요한 원인이 되었다.

반면, <괴물>과 <디워>의 경우 인도인들이 공감하기 어려운 내용으로, 비록 한국에서는 흥행작들이었는지 모르지만, 이 작품들을 수출하여 큰 성과를 보지 못한 것은 바로 인도현지화의 실패, 인도 문화코드의 분석 미비 때문이라고 볼 수밖에 없다.[45] 게다가 단기적 성과를 내기에 급급해서 결국 인도 영화 상영 환경에 맞춘 사전작업을 소홀히 했던 것도 실패의 원인으로 지적할 수 있겠다. <괴물>은 한국판보다 약 50분가량 삭제된 상태로 개봉한데다가 아마추어 통역가를 섭외하여 내용 전달이 미흡했고 더빙도 립싱크가 일치하지 않아 결국은 기대와 달리 인도 시장에 한국영화를 알리는데 실패했다.[46]

따라서 두 진출사례를 통해 도출해 낼 수 있는 인도 문화콘텐츠 시장의 진출 전략은 첫 번째로 인도인들이 공감 할 수 있는 이야기를 찾아내야

44 김승호(2008), *op. cit.*, p.321.
45 영화진흥위원회(2009-06), 한국영화 수출 세부 현황: http://www.kofic.or.kr/cms/627.do 참조.
46 김현혁(2008), 「괴물과 디워 인도 개봉이 남긴 교훈」, KOFIC 해외통신원 리포트, p.2.

한다는 것이다. 이것이 바로 글로컬문화콘텐츠의 핵심이다. 그렇다면 본문에서 설명한 코드들을 바탕으로 우리가 예측할 수 있는 인도에서 시장 개척이 가능한 글로컬문화콘텐츠의 분야는 어떤 것일까? 당연 영화와 드라마이다. 실제로 인도인들은 많은 현실적 제약 속에서 살아가고 있다. 오랜 시간동안 단단히 굳어진 종교적, 정치적, 사회적 한계들 속에서 그들이 할 수 있는 것은 많지 않다. 권위주의 틀에서 살고 있지만 그 틀을 깨고 싶어 하며 카르페 디엠, 현재에 충실한 정체된 삶을 추구하는 듯해도 미래에 발전되어 있을 자신의 멋진 모습을 상상하기도 한다. 돈이 또 다른 신으로 모실정도로 중요할지라도 생애 한번은 물질적 제약으로부터 탈피하여 선행을 베풀거나 영웅이 되고 싶어 하기도 한다. 현재 인도에서 가장 큰 성공을 거둔 <3 idiots>는 인도에서의 주요 사회적 제약인 권위주의, 개인주의, 종교, 물질적 문제, 자신의 태생적 한계 등을 떨치고 무엇이든 할 수 있다고 사람들에게 희망찬 메시지를 전달한다. 앞서 성공사례로 언급한 <대장금>도 정확히 여기에 부합한다고 볼 수 있다. 주인공 장금이는 오랜 고난 속에서도 그녀 스스로의 당당함과 총명함으로 많은 제약을 물리치고 행복한 결말을 맞이한다. 특히 낮은 계급의 여성이 나라로부터 인정받고 나아가 사랑하는 사람과 맺어지는 결말은 인도인들의 마음을 움직이기에 충분했다고 판단된다. 따라서 인도에 진출하기 위해 적합한 글로컬문화콘텐츠는 <대장금>처럼 인도인들에게 희망을 주는 주제여야 한다.

두 번째, 인도 방송 및 영화 개봉 환경을 이해하고 이에 맞춘 현지화 전략이 한국이 인도를 겨냥한 글로컬문화콘텐츠 보급에 있어 가장 중요한 것이라고 할 수 있다. 어설픈 자막 작업보다는 완벽히 준비된 실감나는 더빙으로 원작의 내용을 인도에 적합한 내용으로 적절히 편집하는 작업이 필요하다.[47] 그리고 인도를 단기수익을 위한 시장으로 볼 것이 아니라 새로운 한류를 일으킬 수 있는 미래의 투자 가치가 있는 시장으로 판단하고 좀 더 적극적이고 공격적인 마케팅을 할 필요가 있다. 또한 일반적으로 인도에서 한국이 가지는 이미지는 인도에 진출한 대기업인 삼성이나 LG 등에만 국한 되어 있으므로 이렇게 제작된 콘텐츠를 지속적으로 방송하고 인도 사회에 노출 시켜 한국문화에 친근감을 느낄 수 있도록 하는 것도 매우 중요하다.[48]

인도를 상대로 한 비즈니스는 쉽지 않은 길고 험난한 여정으로 생각된다. 콘텐츠의 경쟁력을 갖추는 것도 중요하지만 현지에서 부딪치게 될 우리나라와의 문화적 간극이 어쩌면 인도 진출과 현지화에 있어 가장 큰 걸림돌이 될 수도 있다. 따라서 인도인이 선호하는 콘텐츠가 무엇인지 뿐만 아니라 인도사회에 대한 체계적이고 올바른 이해가 절실한 시점이다. 특히 세계경제의 중심으로 성장하고 있는 인도, 인도를 겨냥한 글로컬문화콘텐츠를 제작하고 판매하기 위해서는 인도의 9개 문화코드인 지속적 민주주의와 서민구제, 권위주의, 집단적 개인주의, 생활종교, 카르페디엠, 12억이 섬기는 신인 돈, 실용적 구매, 맛살라 무비, 해피엔딩에 대해 지대한 관심을 갖고 주목해야 할 것이다.

47 *Ibid.*, p.7.
48 이주한(2007), 「인도에서는 왜 한류가 시들한가」, 『친디아저널』, p.45.

5

한국사회의 문화코드와 문화콘텐츠

문화콘텐츠와 문화코드
글로컬시대를 디자인하다

5

한국사회의 문화코드와 문화콘텐츠

1. 한국의 문화적 특성에서 드러나는 문화코드는?

오늘날 우리는 수많은 문화콘텐츠 상품들을 소비하고 있다. 공중파 TV의 범람하는 쇼 프로그램이며 케이블과 IP-TV에서 넘쳐나는 드라마, 영화를 비롯한 공중파의 재판매 프로그램까지 온갖 영상콘텐츠들은 우리의 시선을 뗄 수 없도록 강제한다. 그리고 그 문화콘텐츠는 우리 삶에 직간접적인 영향을 준다. 우리 주변의 미디어 환경은 우리가 원하든 원하지 않든 간에 문화콘텐츠를 소비하게 하며 끊임없이 기호를 표출하는 문화상품의 홍수 속에 살게 한다. 오늘날이 '문화콘텐츠의 시대'라는 선언적 발언은 더 이상 신선해 보이지 않는다. 지금은 바야흐로 문화콘텐츠 과잉의 시대다. 그러나 문화콘텐츠의 홍수 속에서 우리의 마음을 울리는 콘텐츠를 만나기는 쉽지 않다. 문화콘텐츠에 대한 대중의 향유 수준이 높지 않아서일까? 아니면 대중의 취향을 이해하지 못하는 콘텐츠 생산자들이 저렴한 콘텐츠를 마구잡이로 양산하

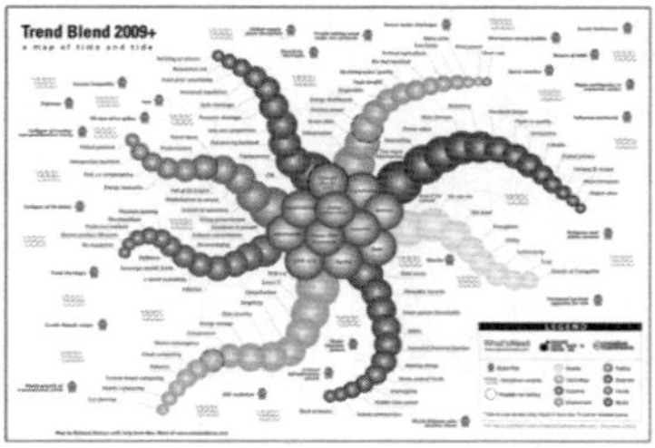

(C) Internet Trend Blend 2009

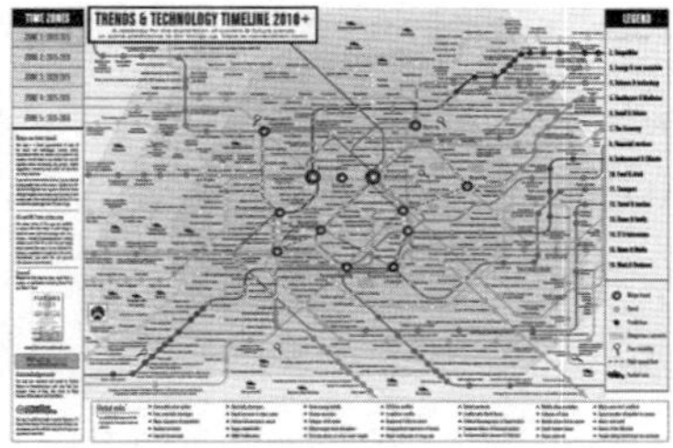

(C) Trend & Technology Timeline 2010

[그림 1] 사회적 소비 구조 분석의 예들

기 때문일까?

왜 그런가하는 질문은 어리석을 수도 있다. 백가쟁명 식의 수많은 답변이 가능하기 때문이다. 그 답을 찾기 위해 문화콘텐츠 하나하나를 분석하는 것은 나무를 하나하나 살펴 숲을 보려는 것과 같다. 쉽지 않은 일이다. 그래서 문화콘텐츠가 범람하는 사회 전체를 조망하기 위해서는 거시적 분석이 훨씬 경제적일 것이다. 그러나 그러한 거시적 조망은 구체적인 근거가 뒷받침되어야만 의미가 있다. 그 근거는 보다 심층적인 곳에 숨겨져 있다. 우리가 보편적 대중의 심층적 내면이 문화콘텐츠에 어떻게 반응하는가를 분석할 수 있다면 문화콘텐츠의 사회적 소비구조를 조망하는데 중요한 근거자료가 될 것이다.

이것이 바로 클로테르 라파이유가 '문화적 무의식(cultural unconscious)'이라고 설명한 문화코드와 상통한다고 볼 수 있다.[1] 우리가 대중의 문화적 무의식을 관찰하여 소비구조를 분석한다면 또한 생산방식을 결정하는데 영향을 줄 수도 있다. 그래서 콘텐츠 생산자는 일반적인 대중들의 소비 트렌드를 분석하여 생산에 반영하려는 시도를 해왔다. 세계적인 회계회사 PwC는 매년 세계엔터테인먼트 시장에 대한 전망[2]을 발표한다. 한국

1 Clotaire Rapaille(2006), *The Culture Code*, Broadway Books, pp.27-28.

의 MBC에서는 소비자들의 문화트렌드에 관련한 리포트[3]를 발표하기도 한다. 그러나 표층적인 트렌드 분석에 치우쳤다는 느낌을 지울 수 없다. 표층은 보여주지만 심층을 보여주지는 못한다. 유행하는 것은 보여주지만 왜 유행하는지는 말하지 못한다.

한 사회 구성원들이 공유하는 문화적 특성을 일반적으로는 국민성이라고 말하고 사회적 성격이라고도 말한다. 흔히 한국문화를 특정하는 코드의 하나로 '한(恨)'을 꼽아왔지만, 오늘날 한이 우리문화의 특성이라는 데 선뜻 동의하기는 힘들 것이다. 한국사회는 근현대사를 거치면서 정치, 경제, 사회 제도적으로 문화접변의 시기를 맞았고 이 과정에서 한국을 의미하는 문화의 광범위한 문화변용이 이루어졌다. 우리는 문화접변의 역사적 과정의 자발적, 비자발적 여부를 떠나서 우리의 과거 정체성이 현재에도 여전히 유효한 것인지 정확하게 말하기 어려운 사회적 존재로 살아가고 있다. 그래서 문화를 연구하는 학자들은 정체성이라는 것의 유동성에 대해서 말한다.

> 오늘날 정체성이란 파편화되었거나 복수화된 것으로 이해하지만 일상생활에서 우리는 우리자신을 자아에 대한 하나의 서사에 입각해서 지속적으로 기술한다……정체성은 우리가 창조하는 그 무엇이며, 항상 과정 중에 있고, 도착하는 것이기 보다 무엇인가를 향해 움직이는 중에 있는 그 무엇임을 의미한다.[4]

2 세계 4대 회계법인 중의 하나인 PricewaterhouseCoopers(약칭 PwC)는 'Global Entertainment and Media Outlook'이라는 5년짜리 전망보고서를 매년마다 발표하고 있고 각국의 문화산업관련 보고서는 이를 대거 인용한다. 그러나 PwC의 보고서는 거시적 경제수치(그것도 추정치)만을 보여줄 뿐 각 국가의 문화적 특성에 따른 변수에 대해서는 고려하지 못한다.

3 MBC는 소비자의 트렌드에 대한 정량적 연구의 일환으로 『MBC 컬쳐리포트-2010 트렌드 웨이브』를 발간했다.

4 크리스 바커(2009), 『문화연구사전』, 이경숙·정영희 옮김, 커뮤니케이션북스, pp.287-289.

이 글은 한국인의 문화적 특성과 한국의 사회적 특성을 고찰하여 문화코드를 추출하는데 일차적 목적이 있다. 자아는 스스로 성찰하는 것이 일반적이지만 때론 타인의 냉정한 시선에 의해 더 쉽게 발견되기도 한다. 그래서 내용적 중심이 되는 한국인의 문화코드는 한국인과 외국인의 시선으로 각각 분석하는 교차분석 방법을 택했다. 이를 위해 한국인의 문화적 특성을 분석하고자 했던 한국인들의 문헌과 한국을 거쳤던 외국인들의 문헌에서 발견되는 문화코드를 함께 추출하였다. 이렇게 추출된 한국인의 문화코드는 한국 대중의 문화적 취향에 대한 이해와 문화콘텐츠 향유의 심층적 내면구조의 이해를 도울 것이다. 또한 문화콘텐츠 기획자나 생산자들에게 창작의 향방에 대한 실마리를 제공할 것으로 기대한다.

2. 한국인이 보는 한국의 문화코드

코드(code)라는 용어를 학술적으로 처음 사용한 사람은 소쉬르(Ferdinand de Saussure)라고 할 수 있다. 소쉬르의 코드는 소통을 위한 기호체계, 간단히 말하자면 신호등 같은 것을 의미한다. 한 사회의 소통체계를 분석하기 위해 그 사회에 내재된 문화코드를 분석하는 것은 이제 보편적인 방법론이 되었다. 이 소통체계인 코드의 차이를 몰라서 갈등이 생긴다는 인식[5]이 자리 잡고 있고 그것을 극복하기 위한 다양한 연구들이 활발하다.

그 동안 한국사회에 내재된 문화코드를 알아내기 위한 노력이 여러 갈래로 존재했는데 가장 일반적인 형태는 저널리즘적인 국민성, 민족성 논의가 있다. 주로 기자들과 학자들이 중심축이 되어 신문 칼럼 등을 통

5 김형인(2008), 「미국과 한국의 문화적 갈등의 근원－문화코드의 비교연구」, 『국제지역연구』, vol.12, no.1, pp.83-106.

해 확산되는 계몽주의적인 국민성, 민족성 논의이다. 이러한 논의가 생산해낸 이념은 대단히 표피적이고 주관적이라는 취약점에도 불구하고 매체의 영향력과 이념 생산자의 신분의 특성상 광범위하게 확산되어왔다. 주로 조선일보, 동아일보를 중심으로 한국인의 문화적 관습을 폄하하는 방식이 그것이다. 그 일차원적인 시각은 무의식적으로 각인되어 대중 속에서 재생산되는 악순환을 낳았다. 이들과는 다른 방법이었지만 과거 정신문화연구원(현 한국학연구원)의 연구 성과는 그 방대함에도 불구하고 그리 사회적 반향을 얻지 못한 것으로 평가된다.[6]

학술적인 연구로는 심리학적인 관점과 사회학적 관점이 있다. 심리학적 연구는 윤태림의 저서 『한국인의 성격』(1964)을 효시로 꼽는데 이견이 없다. 사회학적 연구는 2000년 전후로부터 시작된 연구들에서 현실사회의 여러 가지 문화담론과 트렌드 요소를 반영하여 한국사회와 한국인의 문화적 특성을 분석하려는 시도들이 오늘날까지 활발하게 이루어지고 있다. 이에 대해서는 매우 다양한 스펙트럼의 연구가 진행되고 있는데 모두 다루는 것은 어렵기에 이 글에서는 몇 가지 중요한 연구들을 선택하여 분석한다.

1) 한국의 문화코드에 대한 연구

한국인에 대한 정체성 분석을 시도했던 인물로서 故이규태 조선일보 논설위원을 빼놓을 수 없다. 그는 1983년부터 2006년 2월까지 만 22년

6 '정신문화'와 설립 목적으로 명시된 '주체적 역사관과 건전한 가치관을 정립하고', '민족중흥을 위한 국민정신을 드높이는' 등은 국가주의, 권위주의의 유산이라는 비판이 많았다. 군사정부 시절 군사정부의 정통성을 정당화하는 논리를 생산하고 그 정통성을 확보하는 방법의 일환으로 정신문화연구원이 '단일민족론'과 '민족문화창달'의 이념을 생산했던 것은 이미 널리 알려진 이야기이다.

(C)『한국인의 의식구조』 (C)『한국인진단』

[그림 2] 이규태와 동아일보사의 한국문화와 한국인 정체성에 대한 연구

11개월 동안 조선일보에 <이규태 코너>를 6천700회에 걸쳐 연재했다. 한국 신문 역사상 하나의 역사적 기록이라 할 수 있겠다.[7] 그는 한국에 관한 역사와 민속과 세상이야기를 일관되게 다루었는데 『한국인의 의식구조』라는 그의 대표적 저서를 살펴보면 목차만으로도 그 내용을 짐작케 한다.[8] 그가 남긴 저서의 분량을 통해 알 수 있듯이 그의 저서에서 한국인에 대한 자료의 방대함은 백과사전 수준이지만 내용적으로는 분류하기 어려운 자료의 나열이다.[9] 그것은 한국인에 대한 이규태의 박학다식함을

7 이한수, <'씨받이 문화' 세상에 처음 알려>, ≪조선일보≫, 2006년 2월 26일자 참조.

8 이규태(2000), 『한국인의 의식구조 1』, 신원문화사 참조. 목차를 살펴보면 열등의식, 서열의식, 상향의식, 집단의식, 은폐의식, 통찰의식, 금욕의식, 가족의식, 체면의식, 내향의식, 공공의식 등으로 정리되어 있다. 다른 저서에서는 '의식'이라는 용어 대신 '성향'이라는 용어나 한국인의 '버릇', 한국인의 출세 '주의' 등의 용어를 사용하고 있다.

9 그의 저술은 『한국의 인맥』, 『서민 한국사』, 『민속한국사』, 『한국인의 조건』, 『서민의 의식구조』, 『선비의 의식구조』, 『서양인의 의식구조』, 『한국인의 생활구조』, 『한국인의 정서구조』, 『한국인의 음식문화』 등 120권에 달한다. 그리고 그의 책의 제목에는 눈물, 배꼽, 배짱, 욕심, 웃음, 입술, 신바람, 아리랑, 싸움 등의 제목을 붙였다. 그러나 한국인과 한국문화에 대한 표피적인 이해와 지극히 개인적 관점, 같은 이야기의 재탕, 모순적

과시하는 것은 될 수 있어도 그 속을 관철해서 설명할 수 있는 일관된 이론이 없다는 것이다. 이규태는 그가 살아온 시대의 한국사회와 한국인에 대해 지극히 개인적 관점을 넘지 못했다는 한계를 가진다. 이규태 칼럼에 영향을 받아서인지는 알 수 없지만 이윽고 동아일보에서도 한국인의 정체성에 대한 분석을 시도하며 책을 출간했는데 조선일보 이규태 칼럼의 아류라는 비판으로부터 자유롭지 못했다. 그리고 그 내용도 거의 식민사관에 가까운 시각을 보여주고 있다.[10]

저널리스트들의 한국문화 비평뿐만 아니라 많은 학술 연구자들도 한국문화와 한국인의 정체성에 대한 연구를 시도했다. 대표적으로 김열규는 한국의 문화코드를 울음, 웃음, 욕, 음식, 숟가락, 치마, 그릇, 물, 불, 소나무, 마을, 안방, 숫자, 결혼, 남자, 여자라는 15가지 한국적 요소를 통해서 분석한다.[11] 그는 한국인의 공간, 인간관계, 의식주와 자연관에 대한 분석을 통해 한국인의 정체성을 설명하지만 구조적 분석이라기보다는 민속학적 소재 해석에 치우쳤다고 하겠다. 그밖에 1978년 한국정신문화연구원의 설립 이후 많은 한국학 학자들이 민속기술지적 관점으로 한국의 정체성에 대한 연구를 했는데 심층구조에까지 이르기보다는 동어반

기술 등은 많은 이들에게 비판받아왔다.

10 동아일보 편(1991), 『한국인 진단』, 동아일보사. '자기성찰을 통해 본 우리의 자화상'이라는 부제를 달고 출판된 칼럼 모음집 형식의 책인데 계몽적 의도로 만든 책이었겠지만 내용적 수준은 '자학'이다. 45개의 주제로 나누어진 내용을 살펴보면 한국인은 "책을 안 읽는다, 계획성이 없다, 책임회피 심하다, 걸핏하면 제도 탓만 한다, 공동체의식이 없다, 지역감정 뿌리 깊다. 연줄 너무 따진다, 자기과시 심하다, 줄을 설줄 모른다, 예절을 안 지킨다, 창의성 뒤떨어진다, 변덕 죽 끓듯 한다, 겉과 속이 다르다, 술버릇 고약하다, 말씨가 거칠다, 돈 씀씀이 헤프다, 편견이 심하다, 자기일 아니면 무관심" 등 지극히 주관적이며 일차원적인 시각으로 한국인의 단점만을 골라내고 있다. 이러한 시선이 순수한 계몽적 차원으로 보기 어려운 것은 군사정권의 통치적 관점이 반영되어 있음이 분명한 정치적 복선이 글의 곳곳에서 발견되기 때문이다. 그런 정치적 의도를 담지 않은 것이라면 그들의 시각이 대단히 심각하게 식민지적 자학사관에 경도되었음을 반증하는 것이다.

11 김열규(1997), 『한국의 문화코드 열다섯 가지』, 마루 참조.

복적인 표층적 해석 활동에만 치중했다는 아쉬움을 지우기 어렵다.

2000년도 이후에 들어오면 한국학이나 민속학적 관점에서 벗어나 한국인의 당대적 삶에 대해 폭넓은 분석을 시도하는 경향이 많아졌다. 대표적으로 이어령은 붉은 악마, 문명전쟁, 정치문화, 한류문화 라는 네 가지 코드를 통해 한국사회의 문화를 분석하고자 시도한 바 있다.[12] 암호와 같이 숨어있는 문화 기호의 해독을 통해 한국 사회와 한국인에 대한 분석을 시도한 이 텍스트는 소쉬르의 기호학이나, 비트겐슈타인의 언어학에 대한 이해가 전혀 없는 사람이라도 문화코드 리터러시를 얻을 수 있을 정도로 쉽게 쓰였고 이어령 특유의 다방면에 관한 해박한 지식과 탁월한 분석이 빛나지만 자의성에 치우친 일방적 문화코드 해석이라는 비판 앞에 그 빛은 퇴색하게 된다.

김기봉 등의 연구자들이 한국사회의 당대적 흐름을 반영하는 29가지의 키워드를 중심으로 연구하기도 하였다.[13] 그러나 그 키워드는 어떤 체계에 의해 선정되었다기보다 당시 유행하거나 화두가 되는 테마를 중심으로 선정되었기에 대중의 표층적인 기호를 분석하는데 그친다. 주창윤은 한국사회의 문화코드를 유목민, 참여, 몸, 섹슈얼리티, 역사적 상상력 등으로 나누어서 분류하고 이를 통한 시대정신을 분석하고자 했다.[14] 박재환과 부산, 경남지역의 소장파 연구자들은 사회학의 관점에서 한국사회의 일상문화코드를 분석하려는 시도를 했는데 전통적 문화에서 현대로 넘어오면서 구현되는 한국인의 일상적인 삶을 폭넓게 다루었다. 다만 여러 명의 저자들이 각기의 주제를 가지고 연구하다보니 내용의 중요도나 주제의 참신성에 비해 저자간의 주제에 대한 연구 기술능력의 편차가 드러나는 아쉬움이 남는다.

12 이어령(2006), 『문화코드』, 문학사상사.
13 김기봉 외(2007), 『29개의 키워드로 읽는 한국문화의 지형도』, 한국출판마케팅연구소.
14 주창윤(2010), 『대한민국 컬처코드』, 21세기북스 참조.

2) 한국인의 전통적 문화 정체성

사회학적 관점으로 한국사회의 문화적 특성을 연구해온 박재환은 한국사회를 분석할 때 전통적 문화정체성과 현대적 문화정체성을 구분하여 설명한다. 박재환은 전통적 문화의 특성을 인간본위의 문화, 주기적 시간구조와 순응양식, 가족주의와 집단의식, 범신론적·상대주의적 세계관 비언어적 교류 중시경향, 전일적·융합적 사고, 현재적 삶의 강조 등을 들었다.[15] 한국의 전통적 문화정체성에 관한 이러한 해석은 넓은 의미에서 그동안 진행해온 민속지적 연구와 일맥상통한다고 할 수 있다. 즉 한국의 전통적 문화정체성에 관해서 이제 학술적으로는 관점의 합의에 어느 정도 도달한 것으로 보인다. 한 예로 사회학 입장의 연구와 한국학 입장의 연구 성과들을 비교해 보면 그 맥락이 서로 소통하고 있음을 알 수 있다.

<표 1>에서 보는 바와 같이 세계관, 사회관, 종교관, 경제관, 가족관, 인간관, 문화관에서 모두 한국사회와 한국인의 전통적 정체성의 개념은 서로 상통하고 있다. 그러한 관점 속에서 많은 학자들의 연구결과를 토대로 한국사회의 정체성에 대한 주요한 몇 가지 요소를 추출해보았다.

① 한국의 전통적 세계관—현세적, 범신론적 세계관

한국의 전통적 세계관은 범신론적이고 상대적인 세계관을 가지고 있다고 할 수 있다. 범신론적 세계관이란 이질적 문화에 대해 너그럽게 수용하는 문화를 말하는데 대체적으로 이문화의 수용에 너그러운 것을 사대주의라고 비판하는 사람들도 있다. 하지만 사실상 그러한 비판은 "엘리트층이나 고급종교 신봉자들"로부터 제기되지만 기독교의 유일신 같은 이상주의적 원리는 "수많은 일상의 한계 속에서 생존해야하는 일반대중"

15 박재환 외(2004), 『현대 한국사회의 일상문화코드』, 한울아카데미, pp.22-35 참조.

〈표 1〉 한국의 전통적 문화정체성 비교

분류	박재환	국제한국학회[17]	신수진, 최준식[18]
세계관	주기적 시간구조 전일적, 융합적 사고	–	과거(전통)지향 동시적 시간지향
종교관	범신론적·상대주의 현재적 삶의 강조	다종교 문화 / 현세구복	이원론적 세계 병렬적 신관 현세중심주의
사회관	집단주의	혈통주의 / 집단주의 경쟁적 사고관 서열, 위계의 중시	유교적 집단주의 가족주의
경제관	홍익인간 사람중심적 가치	경쟁적 노동관 일과놀이의 엄격한 구분	인본주의 정신적 가치중시
가족관	가족주의	가족에 묻힌 개인 도구적 가장	혈통주의, 권위주의
인간관 (교류관)	비언어적 교류중심(눈치)	체면 / 의례 / 눈치 연고주의	특수주의(사적관계)

(C) 김평수

의 처지를 이해하지 못했기에 한국사회를 하나의 이념이나 윤리체계로 대중을 묶지 못했다는 것이다.[16] 즉, 한국의 전통적 세계관과 종교관은 다원적인 본성을 가지고 있다는 것이다.

② 한국의 전통적 사회구조-가족주의와 유교적 서열중심의 집단주의

가족주의는 혈족 또는 씨족적 근친관계에 두드러진 가족중심주의 논리와 메커니즘을 개개 집단이나 조직의 통합과 질서를 유지하기 위한 제일의 준거 기준으로 삼고, 이의 정당화를 지속적으로 강화해 가는 집합적(collective) 행태나 현상을 말한다.[19] 유교적 원리는 가족이라는 단위까

16 박재환 외(2004), *op. cit.*, p.27.

17 국제한국학회(1999), 『한국문화와 한국인』, 사계절 참조.

18 신수진 · 최준식(2004), 『현대한국사회의 이중가치체계』, 집문당, pp.87-109 참조.

19 송재룡(2002), 「가족주의와 한국사회의 '삶의유형'」, 『현상과인식』, vol.26, no.1/2, p.19.

지도 국가의 연장에 서게 만들었다. 최재석의 경우 유교적 이념의 기원을 갖는 한국 가족주의의 재구조화 과정을 분석하여 가족주의와 혈통주의가 한국 사회 구조를 구성하는 심층적 원형으로 자리 잡고 있음을 심도 있게 해석하였다.[20] 유교가 종교는 아니지만 조선에서 전성기를 연 성리학은 한국사회를 유교적 원리가 종교적 원칙으로 구조화된 사회로 만들었다. 유교적 원리에 따라 형성되는 한국사회의 나이와 계급에 따른 질서는 한국사회를 서열주의 사회로 만들었고 개인의 이해보다 집단의 이해를 더 중요하게 강조하는 문화를 심었다. 이 유교적 서열중심의 집단주의는 오늘날까지 이어오는 것으로 보아 한국사회를 관통하는 핵심적인 코드임이 분명하다.

③ 한국의 전통적 인간교류관–눈치문화와 연고주의

박재환은 인간관계에 있어서 눈치를 비언어적 교류의 특성이며 한국 전통사회의 정체성에 있어서 대단히 중요한 특징이라고 정의 하였다. 그동안 한국 사람의 눈치를 '약삭빠른 처세술'로 보는 관점이 많이 있었지만 그것은 "상대방의 마음을 헤아리는 통찰이며 말을 하지 않아도 타인의 아픔을 헤아리는 격조 높은 눈치의 사회적 기능을 간과한 결과"라는 것이다.[21] 즉, 눈치는 말에 대한 태도의 신중함을 강조하는 유교문화적 특징이라 볼 수 있고 또한 이것은 '문맥이 풍부한 문화'의 특징이기도 하다. 또한 한국사회의 인간교류관에 있어서 혈연은 말할 것도 없고 지연과 학연 등을 따져보는 연고주의는 대단히 중요한 교류의 조건이었다. 이러한 연고주의, 혹은 특수주의적 특질이 공과 사를 혼동하는 사회적 습속으로 자리 잡게 되는 요소가 되는 것이다.

20 최재석(2002), 『한국 초기사회학과 가족의 연구』, 일지사 참조.
21 박재환 외(2004), *op. cit.*, p.29.

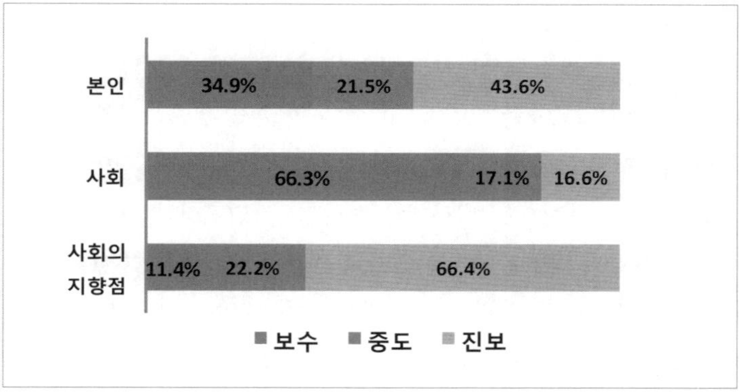

(C) 오마이뉴스 2010년 9월 22일자, '국민정치의식조사'

[그림 3] 한국인의 정치의식

3) 현대 한국사회의 문화코드

① 현대 한국의 정치문화 코드－의식의 진보성, 현실의 보수성

보수와 진보의 경계를 나누는 것은 우선 정책적 관점이다. 기업가와 노동자, 성장과 복지로 대변되는 각 진영의 정책적 아젠다에 대한 한국인들의 생각은 어떠할까? 최근의 한 인터넷 언론사와 여론조사기관의 공동 여론조사[22]에 따르면 한국인은 현실 정치와 정책의 방향이 좀더 진보적으로 가야한다는 입장이 우세한 것으로 나타났다.

조사에서 국민들은 자신들의 정치적 성향에 대해 진보(43.6%)>보수(34.9%)>중도(21.5%)라고 응답하여 자신을 진보적이라고 생각하는 국

22 인터넷 언론사 오마이뉴스가 여론조사 전문기관인 '케이스파트너스'와 '한백리서치'에 의뢰해 공동조사한 '국민의 생활현황 및 정치인식 조사'(이하 국민정치인식 조사) 현황을 분석한 결과다. 조사표본의 모집단은 온라인 패널리서치 전문기관인 '패널인사이트'에 패널로 가입되어 있는 84만여 명을 대상으로 하였고, 표본수는 1000명으로 허용오차는 95% 신뢰수준에서 ±3.1%P이다. 오마이뉴스(www.ohmynews.com) 2010년 9월 22일, '국민정치의식조사' 검색.

민이 더 많은 것으로 드러났다. 그러나 현재 한국 사회의 성향을 묻는 질문에서는 자신의 성향이 보수나 진보에 상관없이 모든 계층이 '보수'(66.3%)라고 확연하게 인식하고 있다. 앞으로 한국사회가 지향해야 할 정치사회적 성향에 대해서도 개인의 정치성향과 연령, 직업에 관계없이 66.4%가 '진보적으로 변화해야 한다'고 응답했다.

즉 한국사회의 국민들은 기본적으로 진보나 보수라는 자신의 정치성향을 떠나서 모두 한국사회가 진보적으로 변해가야 한다고 생각하는 '의식의 진보성'이 확연하게 드러난다. 그러나 한국사회의 현실은 자신의 성향과 관계없이 모두 보수적이라고 인식하고 있다. 현대 한국사회는 이러한 '의식의 진보성'과 '현실의 보수성'이 대립쌍을 이루고 있는 사회적 정체성을 보여주고 있다.

② 현대 한국의 경제문화 코드－물질주의와 경제적 양극화

6.25라는 급격한 사회변동을 겪은 한국사회는 1960년대의 경제재건이라는 목표 하에 급격한 산업화의 시대를 향해 달려왔다. 이러한 과정에서 필연적으로 물질주의를 옹호하는 가치가 사회전반을 지배했고 1997년 IMF 구제 금융 이후 한국사회에 본격적으로 신자유주의가 도입되기 시작하면서 그 정도는 극에 다다른다. 구제 금융으로부터 10여년이 지난 지금의 한국경제의 키워드는 바로 양극화라고 말할 수 있다. 이 양극화는 부의 양극화는 물론 소비의 양극화를 이루고 한국사회의 통합을 가로막는 중요한 기제가 된다.

미적 안목의 변화와 삶의 질을 추구하고자 하는 노력은 중산층을 중심으로 명품소비를 비롯한 과시적 소비를 낳게 되었고 이를 뒤따르는 금전만능주의적 가치관과 상품화의 논리는 배우자 선택과 결혼이라는 전통적 통과의례의 과정의 예를 보면 극명하게 나타난다. 교육에 있어서의 불평등도 국민들의 문화자본 획득의 양극화를 야기하며 계급의 세습화를 고착시키는 등 한국사회를 규정짓는 중요한 특질이 된다.

삶의 질의 척도를 '무엇을 얼마큼 소유하고 있는가?'로 측정하려는 사회적 분위기는 사람들을 더욱더 물질 중심적으로 몰아간다. 그런 사회적 분위기는 한국을 세계 제1의 장시간 노동국가로 만들었다. [그림 4][23] 에서 보는바와 같이 한국은 OECD 소속 국가 중에서 가장 노동시간이 긴 것으로 나타난다.

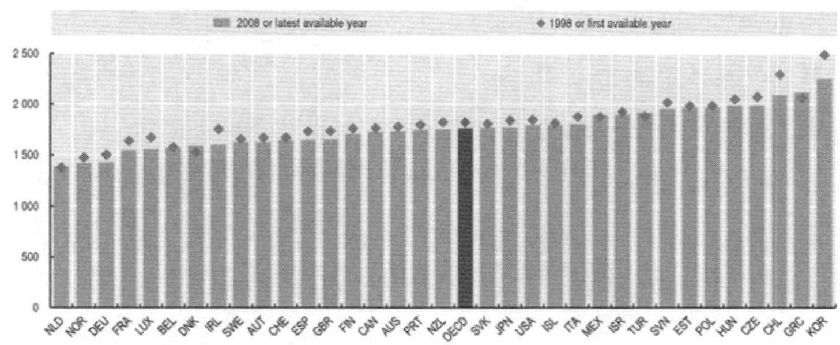

(C) OECD FactBook 2010

[그림 4] OECD국가 평균 노동시간

그동안의 눈부신 경제성장이 이런 노동 강도로 인해 가능했다고 말할 수 있을지는 몰라도 국민들의 행복이나 삶의 질이 경제성장에 비례했던 것은 아니다. 경제성장이 최소한의 개인의 행복을 보장해주지는 않았다는 것은 OECD의 다른 통계가 반증한다. [그림 5]에서 보듯이 한국은 OECD국가 중에서 삶의 만족도가 두 번째로 낮은 국가이며 더불어 자살률이 가장 높은 국가다.

23 OECD(2010), *OECD Factbook 2010: Economic, Environmental and Social Statistics*. (ISBN 92-64-08356-1) 참조.

사람들은 자살을 하는 것은 미래를 기약할만한 희망을 찾을 수 없기 때문이다. 굳이 호프스테드(Geert Hofstede)의 지수를 살펴보지 않더라도 한국사회는 삶의 불확실성이 높은 나라이며 사람들은 미래의 불확실성에 대해 비관적인 것이 분명하기에 삶의 만족도가 낮고 자살률이 높은 것이다. 이러한 사회적 불안감의 이면에는 불안과 더불어 분노가 숨겨져 있다.

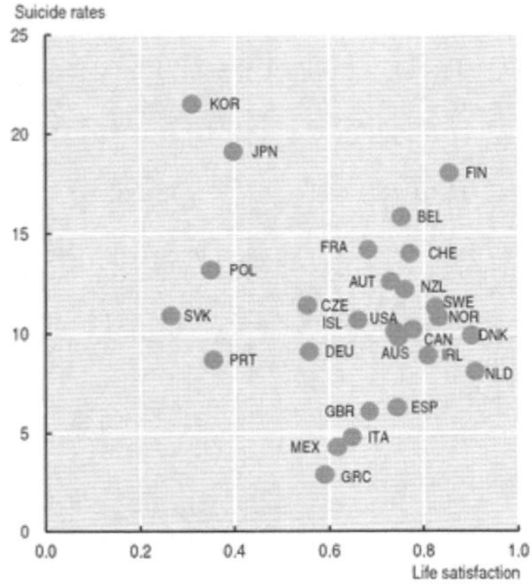

(C) OECD FactBook 2010

[그림 5] OECD 국가의 삶의 만족도와 자살률 비교

국민들은 재벌들의 부를 부러워할지언정 인정하지 않으며, 상류층의 특권을 시기할지언정 존중하지 않고, 정부의 공권력을 두려워할지언정 마음으로 복종하지 않는다. 오늘날까지 한국사회의 지배계층은 자기들이 부나 권력, 명예를 누릴 자격이 있음을 대부분 입증하지 못했다. 자기들의 지배가 더 낫고 올바르며 이익이 된다는 점을 설득하지 못하고 있다. 하루가 멀다 하고 정치인들이나 경제인, 고위공무원, 법조인, 사회적 지도층들의 불법적 병역면제나 재산축적 과정에서의 비리가 청문회 등을 통해 속속 밝혀진다. 법과 사회적 규칙은 그들은 예외이며 사회적 약자에게만 적용되는 이중규범임이 노골적으로 드러나는 것이다. 이런 불평등에 대한 개인적 반발 심리는 사회적으로는 '극단적 평등주의'라는 형태로 표면화된다.[24]

24 박재환은 이를 "성역부재의 극단적 평등주의"라고 말하는데 이는 공권력이 상실한 신뢰가 우리사회에 불신을 부르고 이러한 불신은 전통적 권위와 성역을 사라지게 만들었다는 것이다. 즉 개인의 신분상승은 모든 사람의 신화가 되고 재산축적과정에서 도덕성

앞서 인용한 국민의식조사 통계를 보면 응답자의 48.6%가 '분배 중심'의 정책지향을 선택했고, '성장 중심'의 정책지향은 30.2%에 머물렀다. 또 응답자의 64.2%가 '노동자 중시' 정책을 우선해야 한다고 응답한 반면에 '기업 중시' 정책을 우선해야 한다는 응답은 11.5%에 불과했다. 중요한 것은 '기업 중시' vs. '노동자 중시'를 묻는 질문에서는 전 계층이 노동자 중시 정책 지향을 선호했는데 보수성향의 응답자도 기업 우선(14.9%)보다는 노동자 우선(55.1%) 정책을 선호했다. 즉, 자신의 정치적 성향이 보수든 진보든 관계없이 대다수의 국민은 현재 한국사회의 정책이 재벌 중심적이지 친서민적이라고 생각하지 않으며 경제적으로 불평등하다고 인식하고 있다는 것을 알 수 있다.

③ 현대 한국의 사회적 코드—집단주의 vs 개인주의, 그리고 서열주의

현대사회로 넘어올수록 전통적 한국사회가 가진 집단주의를 강조하는 의식과 유교적 서열의식은 아직까지도 유효하지만 젊은 세대를 중심으로 이에 반발하는 개인주의적 성향이 깊어진다. 이것은 국가와 사회를 위해 봉사해야했던 과거 세대와는 달리 개인의 자유와 행복을 최우선으로 두고자하는 사회적 분위기의 영향이 커진 것으로 보인다. 신자유주의로 인해 파편화된 개인들의 삶은 무한경쟁으로 내몰렸다. 경쟁을 자신의 운명으로 생각하면서 살아야 되는 사회에서 집단을 위해 개인을 희생한다는 사고를 기대하기는 힘들 것이다. 개인의 생존이 최우선의 과제가 된 것이다. 그래서 사회곳곳에는 유교적 서열주의가 살아있다. 서열을 통해 생존의 유리한 고지를 획득하고자 하는 것이다. 유교적 서열의식은 군대문화의 상명하복 문화와 결합하여 더욱 공고화 된다. 이것은 극단적으로 서열

에 흠이 있는 부자들의 위계를 인정하지 않으려는 풍조는 바로 극단적 평등주의의 일상화를 불러왔으며 이는 필연적 결과라고 설명한다.

〈표 2〉 국내 콘텐츠산업 매출액

(단위: 억원, %)

산 업	2004년	2005년	2006년	2007년	2008년		2004-2008년 연평균 성장률
						비중	
출판	189,210	193,922	198,793	215,955	210,529	35.7%	2.7%
만화	5,059	4,362	7,301	7,616	7,233	1.2%	9.3%
음악	21,331	17,899	24,013	23,577	26,021	4.4%	5.1%
게임	43,156	86,798	74,489	51,436	56,047	9.5%	6.8%
영화	30,224	32,948	36,836	32,045	29,546	5.0%	-0.6%
애니메이션	2,650	2,338	2,886	3,111	4,048	0.7%	11.2%
방송	77,728	86,352	97,198	105,343	109,581	18.6%	9.0%
광고	80,260	84,178	91,180	94,346	93,116	15.8%	3.8%
캐릭터	42,193	20,759[1)]	45,509[2)]	51,156	50,987	8.6%	4.8%
에듀테인먼트[3)]	8,790	9,925	1,180	1,558	2,403	0.4%	-27.7%
합 계	500,601	539,481	579,385	586,147	589,511	100.0%	4.2%

(C) 2009 콘텐츠산업백서

을 깨거나 서열문화라는 질서에 도전하는 개인에게 대해서 사회적으로 제도화된 폭력으로 나타난다.[25]

④ 현대 한국의 문화상품 소비코드–현실도피성향의 감성소비

산업적 규모로 따져보면 한국에서 가장 많이 소비되는 문화콘텐츠 시장은 출판(35.7%) > 방송(18.6%) > 광고(15.8%) > 게임(9.5%) > 캐릭터(8.6%) > 영화(5%) > 음악(4.4%) 순이다.[26]

최대 규모의 출판산업은 전반적으로 매출액 규모가 꾸준히 증가하였다. 만화산업분야는 만화출판업, 온라인 만화 제작·유통업, 만화책 임대

25 군대에서의 구타, 학교에서의 체벌, 경찰의 시위에 대한 폭력진압이나 피의자 고문 등 사회적으로 합법화된 제도적 폭력은 언제나 국가와 사회의 규범과 질서를 지킨다는 명분으로 행해진다. 일단 국가와 사회의 질서라는 명분이 서면 어떠한 경우에도 개인의 자유와 존엄은 후순위로 밀린다. 한국사회가 집단주의 사회임을 확인하게 하는 대목이다.

26 문화체육관광부(2010), 『2009 콘텐츠산업백서』, 문화체육관광부. pp.19-27. 개인적으로는 광고분야를 콘텐츠산업분야로 분류하는 것은 적절치 않다고 보지만 일단 공식자료에 명기된 점유율이라 명기하였다.

업, 만화도소매업으로 나눌 수 있는데 이들 중 2007년에 비해 매출액 규모가 증가한 업종은 만화책임대업이 유일하였다.

음악산업 분야는 2005~2008년 사이에 음악제작업과 음반도소매업이 연평균 약 16%씩 감소한 반면에 음악공연업은 연평균 13.2%, 음악산업 전체규모의 50%에 해당하는 노래연습장운영업은 전년대비 10.8%, 연평균 6.1% 증가한 것으로 나타난다.

게임산업은 게임 제작 및 배급업이 전체 매출의 64%의 비중을 차지하며 이는 전년대비 20.3% 증가했다. '게임유통업'은 전체 매출의 36.0%의 비중을 차지하며 이는 전년대비 6.7% 감소한 것이다. 제작·배급시장에 해당하는 5개 게임플랫폼에 의한 매출 규모 64.0%, PC방, 아케이드게임장, 비디오게임장 등 유통시장규모는 36.0%다. 온라인게임이 전체 매출액의 48.0%, PC방이 34.4%로 매출의 대부분을 차지한다.

영화산업은 전년보다 7.8% 감소한 것으로 나타났다. 영화산업의 세부 매출규모를 보면 극장상영이 50.2%으로 가장 많고, 제작은 15.9%, 배급은 12.5%, 수입은 11.3%, 홍보 및 마케팅은 5.5%, 제작지원은 3.9%, 투자 조합은 0.7%의 순으로 나타났다. 영화산업 2차 시장 매출액은 23.8% 감소하였다.

방송산업의 2008년 총매출액은 10조 9,581억 원으로 2007년 10조 5,343억 원 대비 4.0% 증가한 것으로 나타나는데 이는 오락프로그램과 드라마의 성장에 힘입은 바 크다. 방송산업은 다른 산업에 비해 2004년부터 감소 없이 꾸준히 증가하고 있는 반면에 영화산업은 콘텐츠산업 중 유일하게 전년대비 증감률과 연평균 증감률이 모두 감소한 것으로 나온다.

통계로 보면 문화콘텐츠 산업의 규모는 매년 성장하고 있다. 그런데 각 산업별로 매출이 성장하는 분야를 살펴보면 만화 임대업, 음악공연업, 노래방업, 온라인게임, PC방, 방송산업 등으로 문화콘텐츠산업의 성장축인 제작업의 규모는 감소하는 반면에 유통을 통한 소비 규모가 늘어가고 있음을 알 수 있다. 즉, 제작과 유통의 동반성장이 아니라 유통을 통한 소비분야만 성장하는데 이러한 현상은 소비자들이 주로 도피적인 콘텐츠 소비를 하고 있는 것으로 해석할 수 있다. 만화는 만들어지지 않는데 만화방 매출이 늘어난다. 음악제작은 줄어드는데 노래방 매출은 늘어난다. 감성적 드라마의 폭발적 수요와 더불어 광고 매출이 늘어나며 공공성은 거의 없는 온라인 게임만이 고속 성장하는 것이 현실이다. 이런 성향은 한국 사회 전반의 경제적 환경과 맞물린 현상으로 국민들이 현실도피적인 감성코드로 문화콘텐츠를 소비하고 있다고 볼 수 있다.

외국인의 시선으로 바라본 우리문화에 대한 논의는 조선시대 『하멜표류기』가 효시라고 할 수 있겠지만 그 텍스트가 가지는 현재적 함의는 거의 없다고 봐야할 것이다. 70년대 이후 한국이 본격적인 산업사회로 진입하면서 외국인 기자나 사업가, 외교관, 교수 등 다양한 외국인이 한국에 거주하게 되었고 이들의 시선이 반영된 다양한 저서들이 쏟아져 나왔다. 외국인들의 시각도 일차원적이거나 주관적 관점을 배제하기는 어렵겠지만 이들의 관점은 한국의 문화를 다른 문화권과 비교할 수 있다는 점에서 중요하다.

3. 외국인이 보는 한국의 문화코드

1) 타자의 시선－호기심, 비교, 애증

한국과 한국문화에 대한 외국인들의 기록 유형을 크게 세 가지 핵심어로 분류해 본다면 호기심, 비교, 애증이라고 할 수 있다. 근현대사 시기의 외국인에 의한 기록은 그야말로 신기한 것에 대한 호기심의 기록이다. 일반적으로 우리나라에서 체득한 개인적 경험과 간접 자료들을 바탕으로 쓴 기록들이 많다. 그래서 관찰자 입장의 호기심에 찬 내용들이거나 또는 사실에서 벗어난 왜곡된 기록들이 많다. 특히 개항 이후 조선에 대한 서양인의 기록들은 개인적 관점이거나 일본의 기록을 주로 인용한 자료들이 많아 부정확한 정보들을 많이 담고 있다.[27]

그러나 근대를 벗어나 산업사회로 들어오고 한국의 경제적 활동이 활기를 띠는 현대로 들어오면 그런 주관적 관점을 벗어나 객관적으로 한국을 보려는 노력들이 활발해진다. 한국인들의 한국정체성에 대한 연구가 동질성에 기초한 분석이라면 외국인의 시각은 자국적 정체성에 기초한 '비교 관찰'이다. 70-80년대에 경제적, 문화적 목적으로 한국에 거주하며 한국을 경험한 많은 외국인들이 한국과 한국 문화에 대한 그러한 비교문화 형식의 글을 남겼다.[28]

그러나 그러한 기록들은 대체로 애정 어린 비판도 포함하지만 자기 나라의 문화적 관습과 다른 점을 관찰하는 방식의 기술이 주류를 이룬다. 오랫동안 한국에 거주했던 주한 외국인들이 사실 한국인은 직접적인 비

27 1879년 미국의 작가 맥로드가 쓴 『조선과 열 번째 유태족』이라는 책에서는 '한국인은 일본인에 비해 키가 크고, 피부가 하얗다. 그리고 갑옷이나 투구의 모양이 동양의 것보다는 서양 것과 비슷하기 때문에 유럽에서 온 족속일지도 모른다'고 말하고 있고, '멸망 이후 전 세계로 떠돌던 유태인들이 한반도에까지 와서 정착했을 것'이라는 억지 추측까지 내놓고 있다. 미국의 저명한 심리학자 죠지 텀블 라드(George Trumbull Ladd)가 쓴 *In Korea with Marquis Ito*(이토 후작과의 조선여행)이라는 책은 한국인을 대단히 미개하고 야만적인 민족으로 서술하며 일본의 한일합방에 대한 활동을 긍정적이고 인도적인 일로 묘사하고 있다.

28 한국외대 교수를 했던 여동찬(본명 Roger Leverrier)의 『외국인이 본 한국과 한국인』(1979, 문리사), 『이방인이 본 한국·한국인』(1987, 중앙일보사) 등과 일본기자 출신의 구로다 가쓰히로 『한국인, 당신은 누구인가』(1983, 모음사), 『좋은 한국인, 나쁜 한국인』(1994, 고려원), 장 폴 마띠스의 『프랑스인이 본 한국, 한국인』(1994, 문지사) 등의 책들이 비교관찰 유형의 책들이다. 이들 책들은 자신들의 정체성에 따라 한국문화를 자국문화와 비교하며 관찰한다. 서양인들의 '오리엔탈리즘'은 넓은 스펙트럼을 가지고 있다. 한국을 아끼는 애정을 가지고 있겠지만 이 저자들은 기본적으로 우월주의적인 관점을 가지고 있다.

판에 대해 관대하지 않은 속성을 잘 알기에 직접적인 비판보다는 비교하는 방식으로 우회적 표현방식을 선택했을 수도 있다.

2000년대에 들어와서는 무조건적인 긍정보다는 부정을 통한 긍정이라는 반어법적인 효과를 노리는 한국학 서적들이 나오기 시작했다. 이케하라 마모루의 『맞아죽을 각오를 하고 쓴 한국, 한국인 비판』(1999)이라는 책을 필두로 박노자의 『당신들의 대한민국』(2001) 그리고 스콧 버거슨의 『발칙한 한국학』(2002), 『더 발칙한 한국학』(2009), 드물게 중국에서 온 유학생이 쓴 『왕 샤오링의 한국 리포트』 등이 그런 책들의 주요목록이다. 한국사회에 대한 이들의 '애증'이 드러나는 이런 책에 이르러서야 외국인들의 시선은 한국사회와 문화의 표층만 훑는 것이 아닌 심층구조의 분석에 대해 노력을 기울이며 사회적 아젠다에 대한 구조적 비판의 수준에 이르게 되는 것이다.

2) 외국인이 보는 한국사회의 문화코드

이케하라 마모루는 한국에서 30여 년을 살아온 인물이다. 그가 대표적으로 꼽는 한국사회의 특징적 코드를 보면 수능문화, 술문화, 독도문제, 무질서 등이다.[29]

그는 수능 때면 학생들을 수송하기 위해 마치 전쟁이나 쿠데타라도 일어난 것처럼 온 나라가 법석을 떠는 것을 이해하기 힘들다고 여긴다. 교육적인 처사가 아니며 중요한 시험을 치러야 하는 학생이라면 평상시와 똑같이 자기 힘으로 시험 보는 곳까지 갈 수 있어야 한다는 것이다. 학생 스스로 문제를 해결하는 능력을 길러주어야지 온 나라가 마비될 지경이 되도록 학생들 편의를 봐 주는 것은 "과잉보호"라고 말한다. 또한

29 이케하라 마모루(1999), 『맞아죽을 각오를 하고 쓴 한국, 한국인 비판』, 중앙 M&B.

한국에서 체질적으로 술을 못 마시는 사람이나 약을 먹고 있어서 마시면 안 된다는 사람에게도 억지로 잔을 돌리고 폭탄주를 권하고 취해서 실수하는 것을 관대하게 바라보는 문화에 대해 일침을 가한다. 일본사람 대부분이 당연히 한국 땅이라고 생각하는 독도문제에 대한 한국인의 태도(주로 정부)와 국민들의 극단적인 애국심의 문제에 의아해하고 한국인들의 무질서에 대해서도 비판을 하고 있다.

한국정부 초청 장학생으로 한국에서 공부를 했던 중국인 유학생 왕 샤오링은 우리가 망각하고 지나치는 일들에 대해 외국인이기에 느낄 수 있는 시각으로 문제를 직시하고 있다. 특히 최근에 문제되는 체벌문화에 대한 지적이나 한국 대학생과 중국 대학생의 차이에 대한 지적은 곧 우리의 미래가 어느 방향으로 나아가고 있는지에 대한 뼈아픈 지적이라 할 수 있다. 왕 샤오링은 한국 유학중 쓴 책[30]에서 한국인의 문화정체성에 관한 중요한 키워드를 집단성, 서열주의, 양반기질, 사대주의, 용두사미, 수줍음, 엄마들의 극성, 체벌문화 등으로 제시했다. 왕 샤오링이 바라보는 관점은 아무래도 젊은이의 관점이 반영되어 주로 한국 대학생 사회를 지켜보고 있는데 상당히 공감되는 이야기로 한국 사회와 한국 젊은이들의 약점을 아프게 찌르고 있다.

스콧 버거슨이 쓴 두 권의 책은 그 내용이 중첩되는 부분도 없지 않으나 『발칙한 한국학』은 한국이라는 나라 속에서 살아가는 외국인의 모습을 주로 그리고 있고 상당히 학술적인 연구를 하려는 노력도 있으나 『더 발칙한 한국학』은 주변 인물들의 글을 포함한 한국생활에 대한 신변잡기적인 내용에 가깝다. 버거슨이 읽어내는 한국사회에 대한 코드는 '뒤죽박죽'이다. 그는 한국을 '뒤죽박죽의 나라'로 규정한다. 전통관습과 현대적 관습, 깨끗함과 더러움, 친절과 무시, 안정과 위험, 밝음과 어둠 등 상반된

30 왕 샤오링(2002), 『왕 샤오링의 한국 리포트』, 가람기획.

이미지가 혼재한 나라라는 것이다.[31]

『당신들의 대한민국』은 '블라디미르 티호노프'라는 이름의 러시아 사람이었던 박노자가 한국인으로 귀화하여 쓴 책이다.[32] 2006년에는 『당신들의 대한민국 2』가 출간되었다. 그는 한국사회의 정체성에 대해 전근대적이고 극단적인 우상숭배, 인종차별, 종교의 패거리문화, 대학문제, 폐쇄적 단일민족관 등을 꼽았다.

그에 따르면 남과 북은 서로 다른 체제를 표방하고 있지만 그 내부를 들여다보면 '전근대적이고 극단적인 우상숭배'라는 교집합을 이끌어낼 수 있다고 하면서 일본의 군국주의로부터 비롯된 무장숭배가 남한에서는 광화문의 이순신 동상과 김유신 동상으로 고스란히 이어지고 있으며 북한에서는 주체탑이라는 변형된 형태로 발견된다고 꼬집고 있다.

또한 자신의 신념에 배치된다는 이유로 병역을 거부하는 젊은이들이

---

31 그의 표현에 따르면 한국은 세계에서 가장 오래된 문명 중의 하나이지만 사람들은 열렬히 새 것을 숭배한다. 출고한 지 5년이 지난 차는 거리에서 흔히 볼 수 없고 전통한옥에 사는 사람들도 흔치 않다. 또한 한국은 세계에서 가장 유교적인 사회여서 노인에 대한 공경이 사회의 공식적인 규범이라지만 실상은 전혀 딴판이다. 패션, 엔터테인먼트, 출판, 레스토랑, 여가산업 등은 거의 전부 젊은 층을 겨냥하고 있다. 한국은 배타적이고 칸막이가 심하고 정형화된 틀에 맞추려 하고 똑같으면 멋있다고 여기는데 갑자기 트랜스젠더가 최고 인기 연예인으로 뜨는 웃기는 나라이다. 한국은 미국사람들도 '쓰레기 음식'이라고 여기는 맥도날드나 버거킹 같은 패스트푸드점에서 식사하는 걸 '쿨'(Cool)하다고 여기는 젊은이들의 나라다. 한국은 예의범절을 강조하지만 길거리에서는 사람들이 서로 마구 밀치며 지나가고 발을 밟는 것도 예사다. 노인들은 상당히 복잡한 체계를 가진 높임말을 제대로 쓰지 않으면 마구 화를 낸다. 한국의 미적가치의 뿌리는 한(恨)이라고 하는데, 실제 한국의 일상생활에서 그런 무거운 감정은 거의 없고 가벼움과 경박함이 가득하다. 지나치게 진지한 것은 촌스럽게 여겨져 거의 금기시된다. 한국은 20대의 다 큰 여자들이 가방과 휴대폰에 토끼인형을 주렁주렁 달고 다니는 이상한 나라이기도 하다. 또 한국은 세계에서 가장 잘 발달된 대중교통시설을 놔두고도 자가용을 몰고 나서서 교통정체 때문에 갇혀 시간을 낭비하는 이상한 나라다. 이상하고 맹랑하고 허점투성이인 그래서 흥미만점의 재미있는 나라다.

32 박노자(2001), 『당신들의 대한민국』, 한겨레출판. 현재 노르웨이 오슬로 국립대학 한국학 교수로 재직 중인 그는 누구보다도 한국에 대하여 애정 어린 시선을 가진 사람으로 생각된다. 책을 통한 인세수입 모두 외국인 노동자들의 권익보호를 위해 쓰였으면 한다는 뜻을 피력하기도 했다.

속절없이 범법자로 낙인찍히는 현실, 군대의 경험이 한 개인의 영혼에 얼마나 깊은 상처를 남기게 되는지에 대한 군사문화와 제도화된 폭력에 대해 비판한다. 그는 중세적인 도제주의적 전통이 시퍼렇게 살아있는 대학과 끼리끼리 더러운 곳을 감춰주는 패거리 문화에서 짙은 절망을 느끼고 우리 자신들이 인종차별로 인한 아픔을 만만찮게 겪어왔으면서도 이 땅에 온 외국인 노동자들에 대한 말 못할 차별대우를 하는 이중성을 베트남의 한국어교육에 대한 이야기로 따끔하게 고발하고 있다.[33]

그는 또 우리 사회에 만연한 종교의 패거리문화에 대해서도 고발을 한다. 골방에서 내밀하게 개인적으로 해야 할 기도를 '우리 다같이'라는 명령에 따라 '기도의 성실성을 가늠하는 성적을 매기는' 한국인들의 모습을 신날하게 비판한다. 그가 이토록 한국사회에 대한 부정적 면에 비판을 했지만 많은 고민 끝에 한국인으로 귀화할 것을 결정했던 주된 요인 중의 하나는 바로 '폐쇄적 단일 민족관'에 사로잡힌 많은 한국인들에게 하나의 화두를 던지고 싶어서였다고 밝히고 있다. 그는 지금까지 한국의 민족주의가 얼마나 허구적이었는가를 '혈통주의를 부정한 재외동포법'의 문제점에 관련하여 구체적으로 적시하고 있다.[34]

33 베트남 처녀들의 한국어 교본은 "왜 때려요. 우리도 인간이에요", "밀린 월급 주지 않으면 신고할 거에요" 등의 '생활 한국어'로 구성돼 있다는 것이다. 한국인이 "굿모닝", "굿애프터눈" 으로 영어공부를 시작할 때 그들은 자신의 존엄을 지키는 말들부터 배워야 하는 것이 현실이다.

34 1999년 '재외동포법' 제정당시에, 1948년 정부 수립 이전에 외국으로 이주한 동포들을 '재외동포'의 개념에서 제외하여 중국, 구소련, 무국적 재일 동포들이 법적으로 '동포'의 지위를 얻지 못했다. 과거 독립운동을 위해, 또는 일제의 탄압에 쫓겨 만주로 이주해간 우리 동포들이 '재중동포'가 아니라 우리와는 무관한 '조선족'이 되어버렸다. 이 때문에 시민단체와 인권단체들이 헌법소원을 내 헌법재판소가 이 조항에 대한 헌법불합치 판정을 내렸다. 그리하여 2004년 법의 개정 시 재외동포의 정의 규정을 '대한민국 국적을 가진 해외 영주권자', '대한민국의 국적을 보유하였던 자(대한민국정부 수입 이전에 국외로 이주한 동포를 포함한다) 또는 그 직계비속으로서 외국국적을 취득한 자'로 하여, 대한민국정부 수립 이전에 국외로 이주한 동포를 재외동포의 범위에 포함하도록 규정이 변경되었다.

3) 외국인 시각과의 공통 코드

이렇게 한국인과 외국인이 보는 한국사회의 주요한 문화코드를 조합하여 비교해보면 <표 3>과 같다. 외국인이 보는 관점은 우리가 보는 관점과 크게 다르지 않다는 것을 확인할 수 있다. 다만 외국인들의 시각이 심층적 분석에 있어서는 각각의 편차가 존재한다. 예를 들어 한국인의 집단성이 가지는 순혈주의적 측면은 비판을 하지만 어려운 시기에 단결을 하게 되는 응집력의 측면에서 긍정적인 면까지 보는 외국인이 있고 그렇지 못한 외국인도 있다. 이것은 관찰자가 사물의 양가적 가치를 판별하는 안목과 깊이의 문제이기도 하고 축적된 시간과 경험의 다양성이 가져오는 편차이기도 하지만 의도적 왜곡이나 오류의 문제는 아니다. 결국 21세기에 들어서며 외국인이 한국사회를 바라보는 관점은 과거의 호기심과 단순비교의 단계에서 벗어나 깊이 있는 분석에 다다랐고 내용적 객관성도 확보해 가고 있다고 볼 수 있다.

〈표 3〉 한국인과 외국인이 보는 공통적 한국사회 문화코드

분류	한국인이 보는 문화코드	외국인이 보는 한국문화코드
정치	진보 vs 보수 극단적 평등주의 / 공권력 불신	보수사회 사대주의(숭미주의) / 무질서
사회	집단주의 vs 개인주의	집단주의 / 우상숭배
	서열주의	차별의식
경제	물질주의, 삶의 만족도 낮음	물질주의, 근면, 성실
문화	섹슈얼리티 (얼짱, 몸짱문화)	몰개성적 문화
문화소비	현실도피적 감성소비	
교류	가족주의 / 연고주의	인맥
종교	현세구복적 다종교	패거리 종교문화

(C) 김평수

4. 문화코드와 문화콘텐츠

앞서서 우리는 한국 사회를 관통하는 문화적 정체성과 문화코드들을 살펴보았다. 그 중 한국인과 외국인이 공통적으로 인정하는 현대 한국사회의 문화코드는 바로 집단주의, 서열주의, 공권력에 대한 불신, 섹슈얼리티, 물질주의 등을 꼽을 수 있겠다. 이러한 코드는 사회적 시기와 트렌드에 따라 영향을 받게 되어있다. 한 사회의 창조적 활동을 통해 만들어지는 문화콘텐츠는 필연적으로 그 사회가 가지고 있는 문화적 질료들을 내재하고 있다. 이 질료들의 집합체이며 기표인 문화콘텐츠를 보고 울거나, 웃거나 재미있게 느낄 수 있는 것은 그 사회 구성원의 내면에 존재하는 기의 때문이다. 문화콘텐츠는 텍스트다. 포스트모던한 오늘날의 텍스트는 기표와 기의의 경계를 허물어뜨린다. 그래서 필연적으로 기표로서의 문화콘텐츠 속에는 기의로서의 문화코드가 내재되어 있다.

1) 문화콘텐츠 속에 투영되는 문화코드

오늘날의 대중은 자신의 삶 속에서 문화콘텐츠를 구매하고 소비하고 즐긴다. 문화콘텐츠를 받아들이는 과정이 상업적 소비나 심미적 향유인가는 또 다른 영역의 관점과 연구가 필요하므로 여기서는 깊게 언급하지 않겠다.[35] 대중이 문화콘텐츠의 어떤 요소를 구분해서 선택하는지에 대한

35 문화콘텐츠를 선택하고 어떤 유형의 콘텐츠를 향유하는지를 소비행태를 구분해 보면 문화콘텐츠의 향유는 재미, 심미, 의미의 소비 층위가 존재한다고 볼 수 있다. 콘텐츠에 대한 접근은 재미 층위에서 제일 먼저 이루어진다. 재미 층위의 콘텐츠를 선호하던 단계를 지나면 사람들이 심미 층위나 의미 층위가 결합한 콘텐츠 쪽으로 발전하게 된다. 영화의 예를 들면 저예산의 상업적 영화는 재미만을 추구하는 경우가 많지만 일반적으로는 재미 층위만을 갖지 않고 재미를 기본으로 다른 층위가 결합된 복합적인 층위를 갖는 경우가 많다. 그래서 대부분의 영화들은 '재미－의미' 층위, '재미－심미' 층위의 콘텐츠로 구성된다고 할 수 있다. '의미－심미' 층위에 속하는 영화는 일반적으

여러 가지 논의도 있겠지만 문화콘텐츠가 그 사회의 대중의 어떤 요소를 반영해서 만들어지는지를 분석해 볼 수도 있겠다.

한 사회의 상부구조를 형성하는 문화의 기표적 산물인 문화콘텐츠는 사회를 살아가는 사람들의 생각과 관심으로부터 동떨어져 만들어질 수 없다. 영화나 음악은 물론 모든 예술적 창작활동은 그 사회 대중들의 삶과 인생을 반영한다. 문화콘텐츠 속에 투영된 사회적 문화코드는 그 시대의 문화코드를 대변하기도 하고 그 시대의 문화코드의 담론을 형성하기도 한다. 예를 들어 시대의 흐름에 반해 충격을 주는 문학작품이나 영화는 당시로서는 대중들의 극심한 반감이나 찬반논란에 휩싸이기도 하지만 시간이 지날수록 대중들에게 인정받기도 한다. 그것은 그 문학작품이나 영화가 선도적으로 존재하지 않는 문화코드를 새롭게 형성한 것이라기보다는 기표로 형성되어 보이지는 않지만 대중과 그 사회의 심층에 내면화된 문화코드를 날카롭게 읽어낸 것이 반향을 주는 것이라고 할 수 있다.[36]

로 말하는 '예술영화'의 범주에 속하는 영화들이고 이들은 심미적인 안목을 가진 소수의 관객에게 호평받기는 하지만 상업적 성공으로 이어지기는 힘들다는 것을 의미한다. 국내에서는 김기덕, 홍상수 같은 감독의 영화들이 대부분 이 층위에 속한다. '의미-심미' 층위의 영화들은 높은 미학적 완성도를 추구하지만 영화제를 위한 영화라는 비판을 받기도 한다. 그러나 김기덕의 <봄, 여름, 가을, 겨울, 그리고 봄> 같은 작품은 미학적 완성도와 더불어서 재미 층위도 잃지 않은 보기 드문 작품으로 평가받기도 한다. 김기덕의 <봄, 여름, 가을, 겨울 그리고 봄>에 대해서는 박종천(2006), 「영화가 종교를 만났을 때－김기덕의 <봄, 여름, 가을, 겨울 그리고 봄(2003)>을 중심으로」, 『종교연구』 Vol.44, 한국종교학회, pp.291-316를 참조하라.

36 예를 들어 1950년대에 한국 사회에 큰 충격을 주었던 정비석의 『자유부인』의 예를 들어보자. 성에 대한 문제가 중대한 사회적 관심사가 되었던 1950년대 한국 사회의 '자유부인'에서 여성의 외부세계와의 연결고리는 댄스다. 그런데 당시 댄스는 여성의 허영심을 조장하고 성을 타락시키는 하나의 근원으로 지적되며 철저한 단속의 대상이었다. 가부장제 사회의 섹슈얼리티는 여성의 '몸'을 부계적 혈통을 유지하기 위한 도구로 취급하므로 여성의 정조만 중요시될 뿐 여성에게 있어서 '몸'은 자신의 권리로 보장받지 못한다. 그런데 댄스는 여성이 '몸'에 대한 자각을 일깨우는 요소이기에 가부장 사회는 댄스를 부정적, 타락의 원천으로 취급한다. 또한 자유부인에서는 여성의 사회진출 모습을 부정적으로 묘사한다. 오선영이 일하는 파리양행은 값비싼 물건들이 거래되는 소비의 중심지이다. 미제 상품의 소비자이자 판매자가 되는 순간부터 평범한 여성에서 섹슈

1950년 말부터 1960년대의 한국영화들은 그 내용적 깊이와 영화적 언어의 표현력이 뛰어난 작품들이 많이 등장해 이 시기를 한국영화의 중흥기이자 르네상스의 시기라고 부른다.[37] 1960년대의 한국 영화는 강렬한 문제의식과 함께 리얼리즘 경향이 짙은 작가주의 영화가 등장함으로써 한국 사회와 한국인의 내면의 문제의식에 천착하였다. 그러나 한국영화는 1970년대의 국가의 철저한 통제로 인한 침체기를 거치면서 1960년대의 영화적 자산은 이어지지 못하고 단절되며 이것은 80년대까지 계속되는 것이다.[38]

2) 한국영화 속의 문화코드

시대를 관통하는 트렌드와 핵심적인 문화코드가 직접적이든 간접적이든 그 시대에 만들어지는 문화콘텐츠에 어떻게 반영되는지 한국영화를 중심으로 고찰해 보자. 영화는 해방 이후 한국의 대중들이 가장 손쉽게 접할 수 있는 문화콘텐츠였다. 따라서 영화는 대중들의 기호와 그 시대의 트렌드를 측정할 수 있는 가장 좋은 장르라고 할 수 있다.

<표 4>는 1990년부터 2009년까지 한국영화의 연도별 흥행순위 3위 안에 올라온 작품들을 정리한 것이다. 흥행 성적이 상위에 들어온 영화만

얼리티에 눈뜨며 근대적 여성의 주체성을 획득하게 된다. 그 결과는 선영이 춤을 배우고 양장을 입고 화장을 하고 결국 불륜을 저지르는 것으로 표현된다. 선영은 '자유'라는 이름으로 가부장적 가정을 박차고 나왔으나 소설의 마지막은 결국 가부장적 사회가 진정한 안식처임을 깨닫고 다시 회귀하는 것으로 마무리된다. 그것은 결국 정비석의 한계이기도 하며 여성의 사회적 진출을 부정적으로 바라보는 1950년대 한국이라는 가부장제 사회의 강력한 문화코드이기도하다.

37 김미현(2006), 『한국영화사』, 커뮤니케이션북스 참조.

38 음악의 경우에도 비슷한 역사적 경로를 겪는다. 해방 전후 한국의 대중음악은 비록 일본식 엔카의 영향과 직수입된 미국음악의 영향을 받기는 했지만 대중의 애환과 정서를 담은 노래들이 꾸준하게 상장해왔다. 그러나 1970년대의 엄격한 검열제도는 상징적인 정치적 표현마저도 억압하고 자유로운 상상력을 발휘할 수 있는 여지를 가로막았다.

〈표 4〉 연도별 한국영화 흥행순위

	1위	2위	3위
1990년	장군의 아들	남부군	추락하는 것은 날개가 있다
1991년	장군의아들(2)	사의찬미	잃어버린 너
1992년	결혼 이야기	미스터 맘마	하얀 전쟁
1993년	서편제	투캅스	그 여자 그 남자
1994년	너에게 나를 보낸다	닥터 봉	마누라 죽이기
1995년	테러리스트	개 같은 날의 오후	아름다운청년 전태일
1996년	투캅스 2	은행나무 침대	꽃잎
1997년	편지	접속	창
1998년	약속	여고괴담	8월의 크리스마스
1999년	쉬리	주유소습격사건	텔미썸씽
2000년	공동경비구역 JSA	반칙왕	비천무
2001년	친구	엽기적인 그녀	신라의 달밤
2002년	색즉시공	광복절 특사	품행제로
2003년	실미도	살인의 추억	동갑내기 과외하기
2004년	태극기 휘날리며	어린 신부	말죽거리 잔혹사
2005년	왕의 남자	웰컴투 동막골	가문의위기-가문의영광2
2006년	괴물	타짜	투사부일체
2007년	디워	화려한 휴가	미녀는 괴로워
2008년	놈,놈,놈	추격자	과속스캔들
2009년	해운대	국가대표	7급 공무원

(C) 김평수 (※한국영화진흥위원회 자료 재구성)

이 그 시대 대중들의 주류적 문화코드를 반영하고 있다고 볼 수 있는 것은 아니다. 대중적 인기는 많지 않았지만 유의미한 문화코드를 반영한 작품들도 있었다. 그러나 논의의 편의를 위해 일단 대중적 인기가 높았던 한국 영화들을 중심으로 문화코드를 분석해 보자.

① 몸과 섹슈얼리티 코드

상업적으로 성공하는 작품들은 재미요소가 있는 작품들이 대부분이다.

그러나 재미만으로 구성되었다고 반드시 상업적 성공이 담보되는 것은 아니다. 극단적인 재미요소만을 추구하는 영화가 상업적으로도 외면 받는 경우도 많다. 국내 흥행작들의 코드를 분석해 보면 젊음, 육체, 섹슈얼리티 코드를 담고 있는 영화들의 상업적 흥행이 높은 경우가 많다. <색즉시공>, <미녀는 괴로워>, <과속스캔들> 같은 코미디 영화들은 몸과 섹스에 대한 시대적 관심사를 반영하고 있다. 일종의 섹슈얼리티적 주제가 많은 인기를 얻고 있는 것이다.

주목할 만한 것은 메트로섹슈얼(metrosexual)[39] 코드다. 메트로섹슈얼을 추종하는 남자들은 패션 감각이 뛰어나 유행을 이끌어가며 패션산업의 새로운 소비층으로 떠오르고 있다. 물론 여자들이 이들을 추종하는 것도 문화적 소비 행태의 지각변동을 일으킨다. 영화 <왕의 남자>는 2005년 개봉과 동시에 한국영화사상 최고 관객을 모으는 흥행돌풍을 일으켰다. 물론 그 배경에는 탄탄한 원작과 뛰어난 연출력을 보여준 감독의 역량도 있겠지만 제작자가 의도한 바는 아닌 이준기라는 신인배우가 가진 중성적인 메트로섹슈얼 코드가 흥행을 불러오는데 폭발적인 촉매제 역할을 했음을 부인할 수 없다.[40] 이러한 경향은 메트로섹슈얼 코드를 지닌 특정한 남성배우들이 등장하는 영화를 통해 계속 확산되며 20대여성을 중심으로 열광적인 관심을 끌고 있다.

---

39 영국의 작가이자 문화비평가인 마크 심슨(Mark Simpson)이 1994년에 일간지 《인디펜던트(Independent)》에 기고한 글에서 처음 사용한 것으로 알려진 용어다. 패션에 민감하고 피부와 헤어스타일에 시간과 돈을 투자하는 것은 물론 음식, 문화 등 여성적 관심사에 많은 남성을 의미한다. 영국의 축구스타 데이비드 베컴이 대표적인 메트로섹슈얼로 손꼽히며 한국에서는 조인성, 권상우, 이준기 등이 메트로섹슈얼로 손꼽힌다. 메트로섹슈얼은 자본주의적 소비를 촉진하는 상업적 도구라는 비판을 받기도 하지만 20~30대 초반의 도시 남성들에게 이러한 경향이 많이 나타나며 여성들에게 폭발적으로 인기가 높다. 네이버 백과사전(http://100.naver.com)참조.

40 문석, 「왕의남자> 성공비결」, 『씨네21』, 2006년 1월 25일자. http://hanimovie.cine21.com/Articles/article_view.php?mm=009007000&article_id=3155 참조.

② 가족주의 코드

한국 사회를 특징짓는 가족주의 코드 또한 한국영화에서 나타나는 중심적인 코드다. 한국영화 속에서 부분적으로 드러나는 가족주의 코드까지 추출하자면 거의 빠지지 않는다고 볼 수 있다. <태극기 휘날리며>같은 전쟁영화는 물론 <가문의 영광>같은 조직폭력배를 주제로 한 코미디 영화에 이르기까지 가족주의는 한국영화에서 절대 빼놓을 수 없는 중요한 코드다. <표 4>에서 보는 바와 같이 1992년부터 1994년까지와 1997년과 1998년까지 두 차례의 기간에 걸쳐 가족주의 영화가 유행처럼 흥행을 했다.

우선 1992년부터 1994년은 군부의 통치가 종식되고 해방 후 최초의 문민정부를 표방한 김영삼 정부 시기이며 80년대 말부터 시작된 3저 호황(저금리, 저달러, 저유가)으로 인해 한국 경제가 대단히 안정적으로 보이던 시기였다. 이 시기의 영화를 살펴보면 결혼 혹은 신혼과 섹슈얼리티에 관한 로맨틱 코미디 영화들이 주를 이룬다. <결혼이야기> <미스터

(C) 신씨네

(C) 익영영화사

[그림 6] IMF 이전의 가족주의 영화

맘마> <마누라 죽이기> <닥터봉> <그 여자, 그 남자> 등이 바로 그것이다. 그 서사구조를 살펴보면 전통적 가족의 패러다임과 현대사회의 가족 패러다임 혹은 성 담론의 충돌과정에서 일어나는 에피소드를 가볍게 다룬 영화들이다.

포르노그라피라는 형식을 차용한 충격적인 '섹슈얼리티 코드'가 바로 흥행의 주요 요소였다고 볼 수 있다. 이처럼 이 시기의 영화 속에 나타난 가족주의 코드는 전통과 현대 가족주의의 차이에서 일어나는 현실을 다루고 있다.

그러나 1997년과 1998년 사이의 한국영화에서 다뤄지는 가족주의 코드는 앞의 시기와는 다르다. 이 시기는 한국경제에 어두운 먹구름이 낀 IMF구제 금융기간이었다. 많은 기업들이 하루아침에 도산했으며 많은 가장들이 실직을 당하고 그 좌절감에 따른 자살이 폭증했다. 사회적으로 암울한 분위기였던 그 시기의 한국영화 최고흥행작 6편 중 5편이 멜로드라마였다.

<편지>, <접속>, <약속>, <8월의 크리스마스>, <창> 등은 실직과 좌

(C) 아트시네마　　　　(C) 우노 필름

[그림 7] IMF 이후의 가족주의 영화

절감으로 대단히 어려운 사회 현실 속에서 가족에 대한 복고적 관계회복이 이루어지고 누구보다도 사랑하는 사람의 가치를 소중하게 여기는 영화들이 주를 이룬다. 공포영화로는 사상 최고 흥행 성적을 올렸던 <여고괴담> 10대들의 교육환경에 대한 불안감을 반영하는 것은 물론 사회적 불안감이 반영되어 흥행을 한 영화라고 볼 수 있다.

이와 같이 사회적 불안요소가 증가할 때 사람들은 정서적 울림을 주는 근대적인 가족관계를 지향하는 영화로 회귀하는 경향을 나타나며 이러한 가족주의 코드를 반영한 영화를 통해 위로받고자 한다는 것을 알 수 있다.

③ 금기에 대한 도전 코드

1990년 이전의 한국영화에서 다룬 남북영화는 전쟁영화를 중심으로 한 반공영화 일색이었고 남북관계와 북쪽의 인물들을 객관적으로 다룬 영화는 전무하다시피 했다.[41] 1988년 노태우 정권의 북방정책의 일환으로 통일문제에 관해 정치적으로 유화국면이 열리면서 새로운 장이 펼쳐진 것이다. 사실적 고증을 중심으로 한 1990년 <남부군>이 6.25전쟁의 산물인 빨치산이라는 존재를 객관적으로 그려내고자 하는 것으로 출발했고 1999년 <쉬리>를 통해 북한의 공작원은 그동안의 전형적인 인물들과는 다른 인간적 고뇌를 가진 모습으로 조우한다. 2000년 6.15선언 등을 통해 남북관계에 있어 획기적인 화해국면이 만들어지면서 <공동경비구역 JSA>, <태극기 휘날리며>, <실미도>, <웰컴투동막골> 등과 같은 작품들이 잇달아 발표되었고 또한 상업적으로도 성공했다. 이 작품들은 그

---

41 물론 이만희 감독의 <돌아오지 않는 해병>(1963)같은 작품은 전쟁이라는 극한 상황에서의 휴머니즘을 그린 뛰어난 리얼리즘 영화로 일반적인 반공영화의 도식성을 극복한 탁월한 작품이기도 하다. 그러나 1965년 <7인의 여포로>라는 영화에서 북한군을 인간적으로 묘사했다고 반공법으로 이만희 감독이 구속되었다. 그 후 90년대까지의 한국영화에서 남북문제는 반공이라는 개념을 넘어서는 것은 절대적 금기사항이었다.

동안의 한국영화의 전형적인 금기 공식을 깨고 있다. <꽃잎>, <화려한 휴가> 등의 영화는 남한의 현대사의 비극인 80년 광주라는 금기에 접근하며 관객에게 고민을 던졌다. 현대사의 비극이라는 무거운 주제임에도 불구하고 대중들이 현대사에 대단히 진지하면서도 깊은 관심을 가지고 있음을 영화의 흥행 성적이 말해준다.

(C) 강제규 필름 (C) 명 필름 (C) 필름 있수다

[그림 8] 남북문제에 대한 접근을 시도한 영화들

<주유소습격사건>, <괴물>, <추격자>, <살인의 추억> 등의 영화는 무기력하고 해결능력을 상실한 공권력을 대신하는 개인들의 모습을 그리고 있다. 이들 영화에 그려지는 공권력의 모습은 대단히 무능하고 관료적이다. 그들은 결코 사회의 기저에서 일어나는 폭력과 사건들을 해결할 능력도 개인을 보호할 능력도 없다. 심지어는 그들 스스로가 제도적으로 합법화된 폭력의 비호아래 움직이는 가해자들이기도 하다. <주유소 습격사건>에서는 낙오된 젊은이들이 주유소를 습격함으로서 사회에 대한 반감을 직접적으로 표시하고, <괴물>에서는 괴물을 잡겠다고 독가스나 뿌리고 있는 무능력한 공권력을 대신해 보통 일상을 살아가는 평범하기 그지

없는 가족이 총과 활, 화염병 등의 무기를 들고 괴물과 직접 맞선다. <추격자>에서도 희대의 살인마를 추격하고 피터지게 격투하는 것은 경찰이 아닌 비리로 인해 경찰직에서 해직되고 포주가 된 비도덕적 인물이다. 이런 비도덕적 인물이 공공연하게 오히려 범인잡기를 망치고 범인의 농간에 놀아나는 관료적이고 무능력한 공권력보다는 나은 것이다.

공권력에 대한 이러한 불신은 현대 한국사회의 공권력에 대한 불신 코드를 반영한 것이다. 과거 권위주의 정권시대에서 국가권력에 대한 불신은 공공연한 금기였으나 사회 기저의 문제와 폭력을 해결하지는 못하면서 국가라는 이름으로 합법화된 폭력만을 과시할 뿐인 공권력과 관료주의에 대한 도전을 보여주고 있는 것이다.

5. 문화콘텐츠는 문화코드를 함의한다

이 글에서는 문화코드를 분석하는 방법으로서 여러 가지 문헌들을 중심으로 한국사회의 문화정체성과 코드를 분석하였다. 문화코드를 분석한 이유는 한국사회의 문화콘텐츠의 생산, 소비과정에 문화코드가 어떻게 작동하는가를 확인하기 위해서였다. 한국영화의 역대 흥행작에 대한 분석을 통해 그 시대의 문화적 트렌드와 코드가 대중의 문화콘텐츠 소비성향에 영향을 미치고 있음을 확인할 수 있다.

그런데 변화하는 문화코드를 바로 우리의 정체성이라고 말할 수 있을까?

> "당대문화가 어떤 특정한 양식을 보여주고 있다면 그것은 문화코드라고 부를 수 있다. 문화코드는 당대사회의 정치·사회·경제적 지형을

구체적으로 보여준다. 문화코드는 역사적 과정(시간)속에서 형성되어 오는 것이지만 동시에 공시적 맥락(공간)과 밀접히 연결되어 가변적이면서도 정형화된 형식을 띠기 때문이다."[42]

주창윤은 문화코드란 역사성을 가지고 있지만 통시적인 형성과정뿐만 아니라 공시적인 관심이 모두 반영되는 것이기에 가변적이라고 말한다. 하나의 문화코드라도 공시적 상황에 따라 다르게 작동할 수도 있다는 것이며 그렇기에 문화코드란 변화한다는 것이다. 이러한 상황은 앞장에서 '가족주의' 코드가 다른 시대적 상황에서 어떻게 작동하는가를 통해 살펴 본 바와 같다. 정체성이 역사적 시간을 통해 축적된 것이라면 문화코드는 바로 동시대 대중의 정서에 의해 형성되는 것이라고 볼 수 있다. 한 시대에 형성된 문화코드가 역사적 시간을 축적하면 바로 정체성이 되는 것이다. 근대의 정체성과 현대의 정체성이 다른 것처럼 정체성 또한 긴 시간의 단위로 본다면 단기간의 문화코드의 흐름을 축적하면서 계속 변화하는 것이라고 생각할 수 있다.

문화콘텐츠는 태생적 특성상 텍스트의 외적 맥락을 통해 바라보아야 해석 가능할 경우가 많다. 시간이 지날수록 많은 양의 정보가 넘쳐나고 많은 문화코드들이 넘쳐나는 오늘날은 더욱 그러하다. 세계화(globalisation) 문화의 대안으로서의 글로컬(glocalisation) 문화란 바로 그 나라의 문화코드를 잘 읽어내어 현지화 되는 문화를 의미한다고 볼 수 있다.[43] 오늘날 수많은 문화콘텐츠들이 만들어지고 문화콘텐츠들은 너무나 손쉽게 다른 문화권으로 전달된다. 문화콘텐츠는 그 콘텐츠가 만들어진 사회의 문화를 함의하고 있다. 우리가 '미드'라고 부르는 미국 드라마를 읽기 위해서는 영어라는 기표뿐만 아니라 미국 사회의 맥락이라는 기의, 즉 코드를

42 주창윤(2010), *op. cit.*, p.7.

43 박치완 외(2009), 『글로컬문화콘텐츠, 어떻게 그리고 왜?』, 한국외국어대학교 출판부, p.18.

이해하는 것이 필수적이다.

문화코드는 문화콘텐츠를 해석하는 기의가 되기도 하며 기표가 되기도 한다. 문화코드는 대중의 '트렌드'를 통해 잘 드러나기도 하지만 심층 속에 자리 잡고 어떤 상황이 되기 전까지는 드러나지 않는 것이기도 하기에 한 사회의 외부에 서 그 사회 내부의 문화코드를 정확하게 분석한다는 것은 현실적으로 불가능한 일일수도 있다. 그럼에도 불구하고 문화코드는 문화콘텐츠의 맥락을 이해하는 열쇠라고 할 수 있다. 모든 문화콘텐츠는 그 사회의 문화코드를 함의하고 있기 때문이다.

6

문화코드로 읽는 일본의 문화콘텐츠

문화콘텐츠와 문화코드
글로컬시대를 디자인하다

6

문화코드로 읽는 일본의 문화콘텐츠

1. 가깝고도 먼 나라, 일본

일본이 '가깝고도 먼 나라'로 회자되는 것은 다른 어느 국가들보다 우리나라와 밀접한 교류가 이루어져왔지만, 동시에 국제적인 마찰이 끊임없이 진행되어 왔기 때문이다. 한국의 선진 문화가 일본에 전래된 고대기 이래, 수백 년에 걸친 중세의 공백기 이후 이어진 임진왜란과 조선통신사 왕래의 근세를 지나, 근대의 일제강점기에 이르러 '가해자 일본, 피해자 한국'이라는 숙명적 역사관계가 정착되었음은 새삼 언급할 필요가 없을 것이다. 그럼에도 역사는 변화하면서 계속될 수밖에 없다. 일본의 제2차 세계대전 패전과 전후의 경제부흥 그리고 1965년 한일 국교 정상화, 한국의 비약적인 경제성장 이후, 2002년 월드컵 공동개최 및 한류의 유행 등을 통해 새롭게 미래지향적인 21세기를 만들어 가고 있는 한일 두 나라는 현재 정치, 경제에 그치지 않고 이제는 문화 전반을 아우르는 전방위적(全方位的)인 선린, 우호관계를 구축해 나가야 할 시점에 있다.

문화의 국교 정상화라고도 할 일본 문화 개방이 이루어진 오늘날, 한국을 가장 많이 찾고 있는 외국인이 일본인이고, 또한 우리가 가장 많이 찾고 있는 나라 중의 하나도 일본이다. 과거사는 있는 그대로 직시하면서 동시에 이웃나라 일본과 공존의 길을 모색하는 것이 지혜롭고 의연한 선택일 것이다. 그 첫 단계로 우리는 일본을 체계적으로 알아야 하겠다. 지리적으로 가장 가까이 위치한 나라이기 때문에 비슷하다고 생각하기 쉽지만, 실제로는 놀랄 만큼 다른 것이 한국과 일본 두 나라이다. 비슷해 보이지만 다른 일본을 어떻게 체계적으로 파악할 수 있을까? 같은 동아시아 한자 문명권에 위치하면서도 우리와는 다른 일본의 다양한 문화적 기층(基層)을 기존의 편향적 시각에서 벗어나 객관적으로 조명하고 개괄하는 것을 이 글의 목적으로 삼겠다. 이를 위해 문화코드를 통해 일본을 알아보고자 한다. 우선 대 분류를 정치, 경제, 사회, 콘텐츠 향유문화로 나누고, 각각의 항목 안에서 문화코드 항목을 설정해 역사적 배경, 사회적 맥락, 실제 사례 등을 바탕으로 검토하는 방식으로 진행하겠다.

일본은 미국에 이은 문화콘텐츠 혹은 문화산업의 강국을 지향하며 이와 관련된 많은 정보를 수집해나감과 동시에 전통문화와 현대문화 그리고 상상력을 결합하여 많은 콘텐츠를 개발하여 콘텐츠의 산업화에 국력을 기울이고 있다. 실제로 2010년 일본의 콘텐츠 시장규모[1]는 12조 1,157억 엔에 이르러 미국에 이어 세계 제2위의 규모로 평가되고 있다. 일본의 문화와 예술을 다양한 방식으로 향수하는 콘텐츠 시장은 일본의 국내총생산량의 7분의 1이라는 매우 높은 비중을 차지하고 있다. 일본 정부는 국민의 '문화수요'에 대하여 적절한 문화콘텐츠를 공급해야 한다는 목표

1 株式会社ヒューマンメディア가 발표한 日本と世界のコンテンツ市場規模データベース 2010의 미디어 발표 자료를 참조.
http://www.humanmedia.co.jp/database/PDF/DB2010_press.pdf (검색일: 2010년 09월 15일)

를 충족시키기 위하여 문화산업정책을 총괄하는 경제 산업성이 문화예술의 진흥에 관한 기본적인 정책방향을 명확하게 밝히고 이를 추진하고 있다. 이는 기술 산업의 육성을 통한 경제성장을 국가적인 목표를 삼아 경제 대국화를 내세우던 그간의 정책방향을 크게 바꾸어, 문화예술을 창조하고 이를 향유하며 문화적 환경 가운데 삶의 기쁨을 누릴 수 있도록 하겠다는 선언이다. 다시 말해 21세기는 문화의 세기가 되어야 한다는 세계의 흐름을 받아들인 획기적인 변화를 보인 것이다.

이와 같은 일본의 동향에 발맞추어 본 글에서도 문화코드를 통해 일본을 분석, 이해하고자 한다. 역사적 배경, 사회적 맥락, 실제 사례 등을 바탕으로 이를 분석하려는 본 시도를 통해 오늘날의 일본을 편향된 시각이 아닌 객관성과 균형성에 초점을 맞춘 중립적 시각으로 바라볼 수 있을 것이라 기대한다.

2. 일본의 정치문화

1) 정치지향성 – 생활보수주의

일본은 보수적인 정치지향성을 띠는 사회라고 할 수 있겠다. 이는 단순히 일본 정치의 보수성뿐만 아니라, 일본 국민들의 보수적 감각에서도 쉽게 파악할 수 있다. 그 단적인 예로, 일본인들은 그때그때의 관심에 따라 적당히 이합집산하며, 변화를 꺼리는 경향이 강하다는 점을 들 수 있다. 또한 일본인들은 '수직적인 인간관계'와 합의, 그리고 '조화를 존중'하며, '권력에 종속적인 문화'를 가지고 있다.[2] 이 모든 것을 설명할 수 있게 해주는 중요한 근거가 '생활보수주의'인데, 이 장에서는 일본의 생활보수주의를 중심

2 김용복(2008), 「일본 보수의 장기집권은 왜 가능했나?」, 『시민과세계』, no.13, pp.208-209.

으로 일본사회의 보수적인 정치지향성을 설명하려고 한다.

생활보수주의란, 소비사회에 만족하여 사회변혁을 바라지 않는 자세를 일컫는다. 이를 일본의 사회적 배경에 비추어 보면, 1980년대에 들어서면서부터 일본 국민들은 현실에 대한 불평불만을 갖지 않고 단지 자신의 풍요로운 생활을 지키고 싶다는 태도를 보였다. 대부분의 선진국이 그렇듯 한 사회의 생활 전반이 안정기에 들어서면 국민들이 보수적인 경향을 띠게 된다. 일본의 경우 그것이 오랜 기간에 걸쳐 고착화 되었고, 이것이 일본 사회의 또 다른 보수적인 면을 설명할 수 있게 한다.

생활보수주의가 일본에 만연하게 된 것은 일반적으로 전후 일본의 고도성장이 그 원인이라는 설이 지배적이다. 고도 성장기라고 불리는 1955년부터 1973년까지 일본의 실질 경제성장률은 평균 9.1%를 기록했다.[3] 1974년부터 1990년까지는 평균 4.2%, 그중 8년간은 10%를 넘는 성장률을 보였다. 또한 1960년 이케다 내각에서 책정한 장기경제계획인 '국민소득 배증계획'을 바탕으로, 실질 국민 총생산은 약 6년 만에, 국민 1인당 실질 국민소득은 7년 만에 2배로 급성장한 경이적인 결과를 낳았다. 이러한 1960년대에서 1980년대의 경제발전으로 인해, 일본인들은 남부럽지 않은 풍요로운 생활을 누릴 수 있게 되었고, 그 결과 문제가 발생하더라도 개혁을 통해 이를 해결하려고 하기 보다는 현상유지를 선호하는 생활보수주의가 자리 잡게 되었다.

이와 연계하여, 일본의 고도경제성장이 막 시작될 무렵인 1955년에도 주목할 필요가 있다. 1955년은 일본에서 55년 체제가 성립한 해로서 일본 정치에 있어서 중요한 의미를 갖는다. 이를 설명하면, 1955년에 좌파 사회당과 우파 사회당이 합당하여 사회당이 창당되자 보수정치세력의 통합을 원하는 압력이 재계를 중심으로 강하게 제기되었다. 그에 따라 나뉘

3 김용안(2009), 『키워드로 여는 일본의 響』, 제이앤씨, p.404.

어 있던 자유당과 민주당이 합당하여 자유민주당(자민당)을 창당하였다. 그리하여 1955년 이후에는 보수 세력을 대변하는 자유민주당과 혁신세력을 대변하는 사회당이라는 양대 정당이 정비되어 전후의 정치적 혼란을 벗어나 정당정치를 주도하게 되었다. 이때 만들어진 정당정치의 특징은 부분적인 변화를 겪으면서도 자유민주당의 일당지배체제가 약 38년간 안정적인 기반 위에서 1993년까지 지속되었는데, 이를 '55년 체제'라고 부른다.[4] 이는 일본의 고도경제성장이 이루어진 시기와 일치하며, 이러한 경제성장을 뒷받침한 정치체제가 '중상주의, 성장주의, 친기업주의'로 대표되는 55년 체제였다고 주장된다. 동시에 자유민주당의 장기집권이 가능했던 요인으로는 경제발전이 결과한 국민들의 생활보수주의를 들 수 있다.[5]

2) 집단의식 – 화(和)의 정신에서 비롯된 일본적 집단의식

일본인의 집단 지향적인 성향을 '일본적 집단의식'이라고 칭한다. 그 특징은 첫째, 집단에 소속된 개인적 구성원은 집단과의 일체감을 높여 가능하면 집단의 이해와 자기의 이해를 일치시키려 하고, 그래서 합리적 판단보다는 집단 내부의 관행이나 권위에 의해 제어받는 일이 많다는 점이다. 둘째, 일본인들은 집단에 대한 강한 귀속의식을 가지고서 강한 응집력과 조직력을 발휘한다. 즉, 구성원이 집단성을 인지하게 되면 자연스럽게 상호 의사소통이 원활해지고 협조적 행위를 취하게 된다는 것이다.[6] 그렇다면 일본적 집단의식은 어디서 비롯된 것일까? 이를 파악하기

4 김용복(2008), *op. cit.*, p.208.
5 박희숙(2009), 「일본의 생활정치의 과제와 전망」, 『시민사회와 NGO』, no.7, pp.75-76.
6 변연희(2004), 「현대 일본사회의 일본적 집단의식에 관한 연구」, 서강대학교 공공정책대학원 석사학위논문.

위해서 일본적 집단 속에 인간관계의 기준이 되는 가장 중요한 덕목 중 하나인 화(和)를 중심으로 생각해 보기로 한다. 일본인들이 인간관계의 형성에 기준으로 삼는 화(和)라고 하는 것은 사람과 사람간의 다툼을 피하고 사이좋게 지낸다는 의미로 해석할 수 있다. 그리고 주어진 전체의 틀 안에서 자신을 맞추어 간다는 의미도 있다고 할 수 있다.

물론 서구인들이나 한국인들에게도 집단의 의식이 존재하지만 그것은 일본의 화(和)를 바탕으로 한 집단적인 융화와는 다소 다른 느낌을 가지게 한다. 서구인들의 경우에는 개개인의 서로 다른 주장을 스스럼없이 토로하며 논의에 논의를 거듭하고 서로의 타협점을 찾아 가는 과정에서 원만한 결론에 다다른 후에야 서로가 납득하고 따르게 된다. 그렇지만 일본인들의 경우에는 집단에서 어떠한 문제에 대한 논의를 해 나갈 때 서로 다른 의견을 가지고 있더라도 자신의 주장을 강하게 펼쳐가는 것이 집단의 화(和)에 도움이 되지 않을 경우에는 자신의 의견을 피력하지 않는다. 의사결정에서 전체적인 의견이 자신의 생각과 일치하지 않을 때 개인이 가지는 갈등은 자신 스스로가 해결하는 것이 바람직한 것이며, 그것이야말로 정신적인 수양이라고 생각하는 정신적 제어능력이 존중되어지는 것이라 생각하기 때문이다.[7]

'모가 나면 두들겨 맞는다'라는 일본 속담이 있다. 이 속담에 일본의 화(和)가 고스란히 담겨있다고 해도 과언이 아닐 것이다. 이를 화(和)와 관련해 해석하자면, 일본인들에게 있어서 집단적인 행동은 개개인의 개별행동보다 앞서는 가치관을 가진다는 독특한 의식이 있으며, 비록 집단적인 행동의 가치관이 보편적인 사회통념과 큰 거리가 있다고 하여도 개개인의 행동은 집단 속에서 존재할 때만 가치를 인정받는 경우가 많다

7 이성근(2005), 「日本人의 對人關係에 있어서의 화(和)의 意味」, 『畿甸語文學』, no.17, p.315.

는 것이다. 이러한 '일본적 집단의식'을 둘러싸고 개인이 집단에 몰입하여 자율성이나 자유, 권리를 포기하고 때로는 희생을 요구하는 몰아적 집단주의라는 비판이 제기되는가 하면, 개인의 이익을 고려한 선택적 행동이라는 주장이 나오는 등, 다양한 해석이 이루어져 왔다. 그러나 결국 일본인들이 집단지향성이 강하고, 내부적으로는 인간적인 유대감이 강하게 기능하는 집단을 구성한다는 것과 이 원리가 일본사회 시스템 곳곳에서 발현되었다는 것만큼은 부정할 수 없는 사실일 것이다.

3. 일본의 경제문화

1) 직업관 – 노동의 미덕의식, 일중심주의적 의식, 집단을 향한 강한 귀속의식

일본인의 근면성은 전 세계적으로도 유명하다. 이를 바탕으로 제2차 세계대전에서 패배한 이후에도 비교적 단기간 내에 1960년대~1980년대의 고도경제성장을 이루었고 그 후 세계 제2의 경제대국에 올라설 수 있었다. 무엇이 그토록 일본인들을 일하게 만들었을까? 일본인들이 열심히 일을 할 수 있었던 밑바탕엔 무엇이 있었을까? 이를 알아보기 위해 일본인들의 직업관에 대해 고찰해보기로 하겠다. 비단 직업관에 국한하지 않더라도, 어떤 관념이라는 것 자체는 짧은 시간에 완성되는 것은 절대 아닐 것이다. 그렇기 때문에 일본인의 직업관이 어떻게 완성되었는지를 설명하기 위해 우선은 역사 속에서 일본인의 직업관이 어떻게 형성되어 왔는지를 이해해보려 한다. 시공간을 초월한 일본인 특유의 직업관은 과연 무엇일까?

일본에는 오래전부터 '농업은 즉 불행(佛行)이다'라는 사상이 있었으며, 육체노동과 정신노동, 인격수행은 하나로 융합되어 있었다. 에도막부에서 조선 선비 강항에 의해 전수된 성리학을 일본인의 기본적 윤리체계로 지정했기 때문에 멸사봉공(滅私奉公)이라는 윤리관이 생겼다.[8] 이는 근면성을 바탕으로 자신의 몸을 돌보기보다는 집단을 위해 일에 매진해야 함을 의미한다. 그에 따라 개인은 자신이 소속된 집단의 존속을 위해 노동력을 제공하고, 사무라이는 군주를 위해, 농민은 지주를 위해, 직공은 우두머리를 위해, 상인은 고용인을 위해 몸을 아끼지 않고 일하는 것 그리고 자기보다 일을 우선시 하는 것이 최대의 미덕으로 여겨졌다.[9] 이는 노동의 미덕의식, 일중심주의적 의식, 일본인의 강한 집단귀속의식으로 대표되는 일본인의 직업관이 여기에서 시작되었음을 발견할 수 있는 덕목이다.

에도시대 중기 이후에는, 촌락법에 의해 금욕, 근면, 검약, 효행, 인종(忍従), 정직, 일찍 일어나는 것, 검소한 식사가 미덕이자 당위로운 것으로 소용되게 되었다. 그 배경에는 경제활동에 윤리적 기반을 제공한 이시다 바이간(石田梅岩)이나 니노미야 손토쿠(二宮尊徳)에게서 보이듯, 근검절약의 정신이 영향을 끼쳤다고 여겨진다. 칸(間)은 에도시대 농민의 직업의식을 ①일을 생활의 중심으로 생각해야 한다고 기대되던 것 ②영주나 가족을 위해서와 같이, 자기 이외의 존재를 위해 일하도록 기대되던 것 ③일하는 것 자체가 미덕으로 여겨지던 것 이라고 정리했다.[10] 여기서도 보이는 일 중심주의, 귀속의식, 노동의 미덕 이라는 사회규범이나 윤리적 가치관은 역사적으로 일본인의 정신에 뿌리를 깊이 내리고 자리잡고 있다고 생각할 수 있겠다. 메이지시대에 들어서면서, 근대기술이나

---

8 本田千代子(2001), 「職業間の系譜と働くことの意味」, 『立正大学社会学社会福祉学論叢』, no.34, pp.33-34.

9 三隅二不二(1987), 『働くことの意味 : Mowの国際比較研究』, 有斐閣, pp.145-146.

10 伊丹敬之, 加護野忠男, 伊藤元重(1993), 『リーディングス日本の企業システム３－人的資源』, 有斐閣, pp.212-246.

기업시스템과 함께 서양의 노동관이 일본에 유입되었다. 그로 인해 서양과 일본 양 국의 문화에 의해 평가되던 근면성은, 일본인 특유의 근로관으로 융합되어 갔다. 20세기 초 농업화와 함께 회사조직을 가진 기업이 생겨나 그 종업원인 샐러리맨이 등장했다. 이 시대의 샐러리맨은 노동시간이 상대적으로 적었기 때문에 기업귀속의식이 다소 높았으며, 직업의식은 매우 적극적이었다.[11] 또한 여가를 즐기는 여유 없이 일을 하는 것이 미덕으로 여겨졌기 때문에, 직업의식의 중심에는 일 그 자체가 있었다.

그 이후 제2차 세계대전에서 패배하고 혼란기를 지나, 고도 경제성장기에 들어서자 종신고용과 연공서열 그리고 기업별 노동조합 등 '3종의 신기'를 특징으로 하는 이른바 '일본적 경영시스템'이 출현한다. 기업은 아낌없는 복리후생 제도를 지원해 종업원의 가족까지 돌보고, 한 번 회사에 취직하면 그 회사에서 평생 안정된 생활이 보장된다는 의식이 강해져 갔다. 그 속에서 장시간 노동을 꺼리지 않고 멸사봉공적으로 회사에 온 힘을 바치는 이른바 '회사인간'이라는 존재가 등장했는데, 이는 지적의 대상이 되기도 하였다. 그 후 버블경제에 의해 정신적 풍요로움을 추구하게 되어, 여가가 중시되고 자기실현과 삶의 보람을 추구하는 경향이 강해졌다. 그러나 버블붕괴 이후, 정리해고에 의해 노동시장이 악화되고 프리터나 파견사원이라는 비정규직 고용이 증가하는 추세에 있으며, 일에 대한 가치관 역시 다양해지고 있다. 오늘날엔 일하지 않거나 일하지 못하는 '니트(NEET)족'이 주목을 받기에 이르렀다.

이상과 같이 일본의 역사 속에서 오랜 시간 축적되고 완성된 일본의 직업관은 한마디로 '노동의 미덕의식, 일중심주의적 의식, 집단을 향한 강한 귀속의식'이라고 정리할 수 있다. 그렇기 때문에, 한편 일본인은 먹고 살기 위하여 일한다기 보다는 일하기 위해 사는 경향을 보인다고 할

11 三隅二不二(1987), *op. cit.*, p.146.

수 있다. 서양인들 중에는 일본인들이 일중독에 걸렸다고 농담처럼 말하는 사람이 많다. OECD에서 발표한 '2008년 주요 OECD 회원국의 연간 노동시간(Average hours actually worked; Hours per year per person in employment)'[12]의 통계치를 보더라도 일본인의 노동시간은 확실히 다른 서구 선진국의 노동자보다 긴 것이 사실이다.

일본 사회에서는 대학 졸업 후, 회사의 최고 지위까지 출세할 수 있는 기회가 모든 사람에게 평등하게 주어져 있기 때문에 다른 사람보다 오랜 시간 일하고 항상 다른 사람보다 뛰어나게 일에 온 몸을 다 바치고 있다는 점을 알려야만 한다. 너무 일에만 몰두한 나머지, 가정이나 자신의 건강마저 희생하는 수준에 이른 상태를 가리키는 것이 바로 일 중독인데, 이것이 도가 지나치면 과로사로 이어진다. 과로사는 주위로부터의 암묵적 강제 하에 장기간 잔업이나 휴가가 없이 근무를 강요당한 결과 육체적 정신적 부담으로 인해 뇌출혈, 심장마비 등으로 돌연사 하는 것을 말한다. 또한 일본의 후생노동성의 매뉴얼[13]에 따르면, 과로사는 과도한 노동 부담에 따라 고혈압이나 동맥경화 등의 기초 질환이 악화되어 뇌혈관질환이나 허혈성심장질환, 급성심부전증 등이 발생해 영구적으로 일하지 못하거나 또는 죽음에 이르게 되는 상태라고 정의된다. 이러한 일본의 상황이 서양에서도 보도되는 경우가 증가해 영어권 국가에서도 일본어 그대로 'Karoshi'라고 번역되고 있다. 선진국에서도 있을 법 한 일본의 봉건적인 노동 상황을 상징하는 말로 인지되기도 한다.

이런 모든 내용을 일본이 남성적인 사회이기 때문이라는 말로 설명할

12 『OECD Factbook 2010: Economic, Environmental and Social Statistics』의 인터넷 공개판 참조. http://www.oecd-ilibrary.org/content/book/factbook-2010-en (검색일: 2010년 08월 22일)

13 厚生労働省労働基準局(2002), 『産業医のための過重労働による健康障害防止マニュアル: 過労死予防の総合対策』, 産業医学振興財団.

수 있을 것 같다. 호프스테드의 문화적 차원 분류(Geert Hofstede Cultural Dimensions)[14] 중 하나인 남성다움/여성다움 구분에 입각해 설명하면, 일본 사회는 전 세계에서 두 번째로 남성적 사회인 것으로 파악된다. 전 세계 68개국의 남성성 평균치가 50.5점인데 비해 일본의 경우 95점으로 110점으로 평가된 슬로바키아에 이어 두 번째로 남성적인 사회인 것으로 드러났다.[15] 스웨덴이 5점으로 전 세계에서 가장 남성적 사회이지 않은, 즉 가장 여성적인 사회로 평가된 것을 감안하면, 95점으로 평가된 일본 사회가 얼마나 남성적인지 쉽게 알 수 있다.[16] 참고로 한국은 39점으로 평균치를 밑도는 수준이다.

본래 남성적인 사회에선 전통적인 남성과 여성의 가치에 입각하여 가치판단이 이루어진다. 또한 남녀 간의 차이와 성역할이 더 강조된다. 경쟁, 확신, 포부, 재산증식, 소유 등이 높은 가치로 인식되어 사람은 일하기 위해 산다고 생각하며, 돈과 물질을 중요하게 받아들이거나 심지어는 삶의 목표로 삼을 수도 있다. 그렇기에 일 중독자들은 남성적 사회에서 살아가기 위해서는 필연적인 존재들일지도 모른다. 전통적인 남성의 가치에 입각하여 가치판단이 이루어진다는 대목은 남성에게 요구되었던 멸사봉공에서 특히 잘 드러난다. 연장선상에서 그렇게 열심히 일을 하기 위해서는 자연스레 가정 중심적이 아닌 사회활동을 중시 여기게 될 것이다.

14 호프스테드는 문화를 분류하는 5가지 관점을 개인주의 / 집단주의 (individualism vs. collectivism), 권력 격차 거리 (low vs. high power distance), 남성적 / 여성적 (masculinity vs. femininity), 불확실성 회피 (low vs. high uncertainty avoidance), 단기지향 / 장기지향 (long vs. short term orientation) 이라고 설명한다.

15 호프스테드의 문화적 차원 분류 홈페이지 http://www.geert-hofstede.com/ 참조. (검색일: 2010년 08월 21일)

16 호프스테드의 연구에 의하면 반대로 여성적인 문화에서는 인간관계와 삶의 질 등이 높은 가치로 인식된다. 여성적 문화에서는 보육이나 보살핌, 삶에 대한 관심이 기본이 되므로, 살기 위해 일한다는 관점이므로, 겸손이나 평등, 생활환경에 대해 더 관심을 갖는다.

2) 패전, 버블붕괴, 근검절약, 그리고 낮은 가격, 높은 가치와 기본 성능을 중심으로 한 소비기호

일본인의 근검절약 정신 또한 널리 잘 알려져 있는 그들의 일면 중 하나이다. 앞 절에서 언급한 직업관과도 연관이 되지만, 일본이 세계 제2의 경제대국에 오를 수 있었던 것은 마치 일개미처럼 열심히 일한 점도 하나의 요인이지만 그와 동시에 열심히 일해서 번 돈을 흥청망청 쓰는 일 없이 저축을 하는 금전관도 크게 작용했다고 생각할 수 있다. 그렇다면 일본인의 이러한 근검절약하는 습관은 어디서 비롯되었을까? 그 원인을 찾아 거슬러 올라가 보면, 제2차 세계대전 패전과 1990년대 버블 붕괴에서 답을 얻을 수 있다.

제2차 세계대전 패전 직후 일본 경제는 비참한 상황에 처해 있었다. 공업 생산은 전쟁 전의 1/10수준으로 떨어졌고, 그 후에도 1/3 수준으로까지 밖에 회복되지 못했다. 당시의 국민 생활은 그저 굶지 않고 먹을 수만 있다면 하고 바라는 수준이었다. 엥겔계수는 전쟁 전에 30%였던 것이, 1946년에는 68%였다. 인플레이션도 심각해져 1945년의 물가 수준은 1937년의 4.4배였고, 1948년에는 100배를 넘었다. 그 이후 생산력 회복을 위해 취해진 조치가 경사생산(傾斜生産) 방식이다. 경제를 긴급하게 회복시키기 위해 석탄, 철강, 비료 등의 증산에 집중적으로 자원을 투자하고 이들의 생산 증가분을 순차적으로 다른 생산으로 돌리는 방식이었다. 또한 소비를 억제하고 중요한 물자 생산을 우선시키기 위해서 경제안정본부 라는 강력한 기관을 설치, 물자별로 배급을 하는 등 통제적인 수단도 사용되었다. 소비를 억제시키기 위해 일정액 이상의 예금인출을 금지하는 조치도 취해졌다.[17] 그 후 일본 경제는 1947년쯤부터 부흥기

17 김용안(2009), *op. cit.*, p.403.

를 맞이하고 1955년쯤부터 약 20년에 걸쳐 고도성장이라고 불리는 지속적인 경제성장을 기록했다. 1970년대 2번의 석유위기를 거친 후 일본 경제는 안정 성장시대에 들어간다. 그러나 1980년대 후반 부동산과 주식에 과다한 투자가 이루어져 그로 인해 경기에 거품 혹은 버블이 형성되었고, 버블붕괴가 일어나 급속한 엔고현상으로 인해 1990년대 초부터는 장기불황에 빠지게 되었다. 이를 두고 1990년대를 일본 경제에 있어서 '잃어버린 10년'이라고도 칭한다.

사실 버블의 발생은 일본 경제 구조에 원래부터 잠재하고 있었다. 주식이나 부동산에 대한 과다한 투자로 인해 본래의 이익배당이나 수익성 이상으로 가격이 부풀어 버블경제가 형성된 것이기 때문이다. 물론 주가나 지가는 정상적인 상황에서도 경제 성장에 따라 자연적으로 상승하기 마련인데, 이 시기엔 일반적인 재화나 서비스 가격이 안정된 반면 자산가격만 크게 상승했다. 1980년 중반까지만 해도 주식·토지 자산액은 GDP의 절반 정도였으나, 1980년대 후반 이후 주가와 지가의 상승과 함께 주식·토지 자산액은 GDP의 수준을 넘어설 정도였다.[18]

1980년대의 수출확대는 미국 등 무역 상대국과 격한 마찰을 불러일으켰다. 1985년 플라자 합의에서 엔고현상이 급진전하자 수출주도의 경제성장은 난관에 부딪히고 이에 따라 일본 정부는 금리를 인하하여 내수를 촉진시키는 방향으로 선회했다. 또한 1987년 블랙 먼데이의 영향을 피하려는 금리인하정책도 시행되어 일본 국내에서의 자금공급이 확대되고 폭주하는 돈이 자연스레 부동산이나 주식으로 몰려들기 시작했다. 지가상승을 배경으로 금융기관에서는 부동산담보 대출이 급격하게 꼬리에 꼬리를 물었다. 이렇게 조달된 자금은 설비투자나 새로운 부동산 투자에 범람

18 이동규(2003), 「일본 장기불황에 대한 국가론적 연구」, 연세대학교 대학원 석사학위 논문.

하기 시작했다. 주가의 상승은 개인의 소비를 활성화시켜 새로운 수요를 창출했다. 그러나 과도한 버블이 형성되었고 급기야 1990년 초에 버블이 붕괴하기에 이르렀다. 버블붕괴의 결과 부동산 값과 주가가 완전히 곤두박질 쳤으며, 높은 값으로 산 부동산이나 설비가 불량채권으로 돌아와 기업을 압박했다. 이 여세는 개인에게까지 영향을 미쳐, 개인 소비의 위축을 부추기는 결과를 낳았다. 그 후 개인소비는 회복되지 않았고, 종래의 상품가치를 크게 밑도는 가격으로 판매하는 가격파괴가 진행되어 마침내 디플레이션에 빠지고 말았다.[19]

이러한 두 차례의 역사적 배경에 따라 일본인에게 근검절약의 습관이 몸에 배었다고 할 수 있다. 이러한 경향은 오늘날까지도 잘 드러나고 있는데, 경기회복을 위해 일본은행이 1999년과 2000년 두 차례 제로금리 정책을 펼쳐 시장에 윤택한 자금이 유통되도록 도모했으나 좀처럼 자금이 유통되지 않는 것이 사실이다. 더군다나 2008년 불어 닥친 전 세계적 장기 불황으로 인해, 오늘날에도 일본 경제는 디플레이션에 빠져 돌파구가 좀처럼 보이지 않는 상황이다.

2008년 9월 미국발 금융위기 이후 세계적인 불황으로 일본 경제는 급격한 하락세를 보였다. 경기 상승의 견인차 역할을 했던 수출이 주요 시장인 북미와 유럽에서 두 자릿수 감소하는 등 전체적으로 40% 이상 줄어든 것이 일본 경제에 큰 타격을 주어 2009년 1분기 경제성장률은 전후 최악의 수준인 -13.7%를 기록하였다. 전통적 수출 산업인 자동차, 전기전자 분야의 수출부진은 설비투자 감소, 개인소득 감소, 개인소비 냉각으로 차례차례 이어졌다. 그 결과 2008년도 일본 경제는 마이너스 3.7%성장을 기록하였다. 특히 2009년 1~3월의 대폭적인 마이너스 성장에 의해 일본의 경제규모는 2005년 수준으로 축소되었다. 주택 투자의 경우 전년대비

19 김용안(2009), *op. cit.*, pp.405-406.

3.7% 하락을 기록하였고, 민간 설비 투자 역시 전기 대비 -6.8%로 큰 폭으로 하락하였다. 이 뿐만 아니라 공공투자는 -6.6%, 가계 지출은 -2.0% 등 2008년도엔 거의 모든 면에서 일본 경제는 마이너스 성장을 면치 못했다.[20] 2008년 당시의 경제 상황 속에서 일본의 유명 정보지 닛케이 트렌드는 2008년 10월부터 2009년 9월 사이 발매된 제품 및 서비스를 대상으로 매출액, 시장점유율, 신규성, 시장 창조성, 그리고 소비자의 생활에 미친 영향 등을 고려해 '2009년 히트상품 랭킹'을 조사, 발표하였다.[21] 이를 통해 읽을 수 있는 오늘날 일본의 핵심 소비 트렌드는 한 마디로 '낮은 가격, 높은 가치'라고 정리할 수 있을 것이다. 장기 불황이 계속되는 가운데 저렴하면서도 성능이 뛰어난 상품이 일본인들에게 인기를 끈 것이라고 해석할 수 있겠다.

1위에는 혼다의 하이브리드 자동차 '인사이트'가 뽑혔다. 사실 심각한 불황으로 경자동차마저도 전년대비 판매대수가 줄고 있는 상황에서 200만 엔에 가까운 자동차가 불티나게 팔릴 것이라고는 누구도 예상하지 못했는데, 혼다의 인사이트는 발매 1개월 만에 월간 목표의 3.6배인 약 1만 8천대를 수주하는 결과를 낳았다. 인사이트의 가격은 180만엔 정도이었는데 이는 타사의 동급 차량과 비교했을 때 파격적으로 싼 가격이었고, 연비가 좋을 뿐만 아니라 친환경적 운전을 가능하게 하는 기능까지 갖추고 있다는 점이 인기의 원인으로 꼽을 수 있겠다.

이외에도 주목할 만한 것은 '할인매장의 확대붐'이다. 1990년대 버블 붕괴 이후 1차 할인매장 붐이 일었었는데, 2009년의 신세대 할인매장의 인기는 점포수나 집객력에서 1차 할인매장의 붐을 뛰어넘었다고 평가되

20 KOTRA가 발표한 일본 경제 동향 참조. http://globalwindow.org/ (검색일: 2010년 09월 15일)

21 닛케이트렌드 홈페이지 참조. http://trendy.nikkeibp.co.jp/as/ranking/ (검색일: 2010년 09월 16일)

었다. 그 예로 대형매장, 세븐 일레븐, 슈퍼마켓, 백화점을 운영하는 세계적인 소매회사 '이토요카도'는 2008년 판매실적이 좋지 않은 매장을 할인매장인 '더 프라이스'로 전환했다. 그 결과 할인매장으로 전환 한 후 매상고가 전년 대비 170%까지 증가했다. 이러한 인기의 원인은 저렴하면서도 고품질의 상품을 제공한다는 것이 주요하게 작용한 것으로 분석된다.

또한 유니클로의 모회사로 유명한 '퍼스트 리테일링'의 저가 의류라인인 'gu'에서 2009년 3월 전략상품으로 990엔 청바지를 선보였는데 이것 역시 선풍적인 인기를 끌었다. 물가가 비싼 일본에서 990엔이라는 저렴한 가격이 주요하게 작용한 것이다. 이 청바지는 말 그대로 불티나게 팔렸는데, 'gu'가 990엔 청바지를 판매하기 이전인 2008년 8월의 매상고는 약 40억 엔으로 영업적자에 빠졌었으나, 2009년 3월 출시한 990엔 청바지의 인기에 힘입어 2009년 3월 매상고는 전년 동월 대비 70% 증가를 기록했다. 이미 살펴본 바와 같이 일본인들의 금전관은 '근검절약'으로 설명 가능하기 때문에, 일본인들은 가격이 저렴하다고 해서 무조건 구매하지는 않는 편이다. 'gu'의 990엔 청바지는 저렴함이라는 가격 경쟁력을 지녔음과 동시에 품질이나 디자인, 패션성 어느 하나 빠지지 않았기 때문에 인기를 끌 수 있었다는 평가가 지배적이다.

불황에는 구매 후 후회하는 쇼핑은 하고 싶지 않는 것이 당연하다. 그렇기 때문에 '낮은 가격, 높은 가치'를 전면에 내세운 상품들이 좋은 결과를 얻을 수 있었던 것이다. 또한 이것저것 불필요한 기능이 들어간 고가 제품보다는, 기본에 충실함과 동시에 소비자가 원하는 기능만이 들어간 저렴한 제품이 소비자의 욕구를 만족 시켰다는 점 역시 주목할 부분이다. 이를 고려할 때, 오늘날 일본인들의 소비패턴은 '낮은 가격, 높은 가치'이고, 상품 선택 기준은 '기본성능중심'이라는 결론을 얻을 수 있다.

4. 일본의 사회문화

1) 식 & 주생활 – 기후와 풍토의 영향을 받아 나타난 각 지역의 지방성

한 나라의 음식문화는 오랜 역사 속에서 그 나라의 풍토와 자연조건의 제약을 받으며 형성된다. 의학자이며 시인인 키노시타 모쿠타로(木下杢太郎)는 일본 역사 속에서 무언가 대단한 사건에 일어날 때에는 언제나 푸른 바다가 그 배경에 있다고 했다. 이는 일본이 섬나라라는 입지조건을 지적한 말이다. 여기서의 입지조건은 풍토성과 지정학적 자리매김을 포함하는 말로, 어떤 한 국가의 문화를 이해하는 데 있어서 그 풍토적 요인을 살펴보는 것은 중요한 사항임에 틀림없다.[22]

일본인의 식생활 역사를 살펴보면, 많은 변화가 있었지만 그래도 전체적으로는 쌀을 주식으로 하면서 생선과 채소, 콩 등을 부식으로 하는 기본 유형을 유지해 왔다. 이것이 일본인의 전통적인 식생활의 내용이다. 일본인은 미식(米食)민족인 동시에 어식(魚食)민족인 셈이다. 일본인의 전통적인 식생활에서는 육식의 요소가 약하다. 물론 오늘날 육류도 생선과 더불어 일본 가정식탁의 주역이 되었지만, 육류가 일반적으로 일본인들에게 받아들여진 역사는 극히 짧다. 육류가 금기 식품에서 벗어난 것은 메이지시대 이후부터다. 육식이 기피된 동기와 이유는 불교의 교의 때문인 것으로 되어 있다. 그러나 육식 기피가 단순의 불교의 살생계 때문이라고만은 생각하기 어렵다. 중국에서는 불교가 식생활에 개입하여 국가의 방침으로서 육식을 금지한 일이 없었고, 티베트, 스리랑카, 미얀마, 태국에서도 승려는 유제품뿐만 아니라 육식도 하고 있었다.[23]

일본인의 음식문화를 이해하기 위해서는 풍토 및 자연조건과의 관계

---

22 이상업 · 정희순(2006), 『일본문화를 키워온 마음 33가지』, 보고사, p.9.
23 김태정(1997), 「일본의 음식문화와 풍토」, 『日本研究』, no.11, p.197.

를 이해해야 한다. 사실 본래부터 문화란 어느 나라 어느 민족을 막론하고 인간과 자연의 관계에서 성립되기 마련이지만, 일본 음식 문화의 경우에는 문화 형성의 조건의 전제가 되기 때문이다. 자연조건 속에는 지리적 위치도 포함되며, 일본열도의 지리적 위치는 인근 국가와의 역사적 관계를 결정짓는 요소로서 작용한다. 일본의 국토는 일본열도라고 불리듯이 많은 섬으로 이루어져 있다. 현재의 일본열도가 형성된 것은 지금으로부터 약 1만 년 전이라고 한다. 빙하기 때까지는 대륙에 이어져 있었다. 마지막 빙하기가 끝날 무렵 빙하의 융해로 낮은 곳이 침수되면서 대륙과의 사이에 바다가 생기고 분리되게 된 것이다. 일본열도는 지질시대의 침강과 융기 변동이 심했던 관계로 호수가 많고 해안선이 들쭉날쭉하다. 이는 일찍부터 항만과 어항이 발전할 수 있는 조건을 제공해 주었다. 복잡한 해저의 지형과 지질은 다종의 생물이 생존하기에 알맞고, 특히 다종다량의 플랑크톤과 해조가 생겨나 어업자원을 풍부하게 해 주는 원인이 되었다. 또한 북상하는 대마해류와 연해주에서 남하하는 리만해류가 동해 쪽에서 마주치는 것도 어업자원을 풍부하게 해 주고 있다. 한류와 난류가 교차가 기후와 어업에 영향을 미쳐 일본 근처에 무려 3,380종류의 해산동물을 서식하게 하여 일본열도 북방은 세계 3대 어장의 하나가 되었다.

남방으로부터의 난류와 북방으로부터의 오호츠크 한류가 서로 교차하는 동해의 환류는 일본의 기후를 고온다습하게 하여 각종 식용품종을 증식시키고 이를 이용한 식품을 만들어 낼 수 있게 했다. 계절풍과 무역풍의 남북 교차는 온난다우형과 한랭다우형의 기후대를 만들어, 난대에서 아한대에 가까운 남북에 걸친 기후변화는 발효식품의 발달과 냉동식품의 생산을 촉진시켰다. 요컨대 일본의 이러한 자연조건으로 인해 식물자원의 양과 종류가 풍부한 것이고, 그 조리와 가공법을 복잡하게 만드는 원동력이 되고 있다. 일본의 기후적 조건은 일반적으로 온난다우라고 할 수 있으나, 열도가 남북으로 길게 뻗어 있고 산지와 평지의 고도차가 심하기 때문에 일정하지는 않다. 그러나 일반적으로 일본의 여름 기후는 계절풍에 태평양의 습도가 다량 포함되어 있기 때문에 한 여름엔 견디기 어려울 정도로 찌는 날씨가 계속된다. 특히 장마나 태풍은 많은 비를 동반해 습도가 많은 기후의 원인이 되고 있다. 이 때문에 일본은 벼 재배에 적합하고 삼림도 무성하다. 삼림에는 많은 삼림성 포유동물이 서식하고 있고, 복잡한 지형으로 인해 크고 작은 동물이 각종 분포하고 있으며, 조류의 수나 품종 역시 많아 일본인의 식량자원이 되고 있다. 한편 비가 많은 관계로 산지나 고원에 방목을 해야 하는 목축업은 발달하지 못한 편이다. 목축업의 부진으로 서양인들만큼 쉽게 쇠고기, 돼지고기, 양고기 등을 구하기 어려워 채식을 주로 하는 식생활이 형성되게 되었다. 일본인들이 채식을 주로 하게 된 원인 중에는 불교의 영향도 크지만, 강우량이 많은 기후와도 깊은 관련이 있다.

일본인의 음식문화 형성에는 문화적 조건도 무시할 수 없다. 일본열도는 유라시아 대륙과 태평양과의 경계지점에 위치하지만, 미대륙이 등장하기까지는 태평양 쪽으로부터 아무런 세계문명의 파동이 없었다. 늘 새로운 문명의 시작은 동해와 동지나 해상으로부터 왔다. 이와 같이 아시아 대륙에서 문명이 퍼져 가는 경향은 해류와 계절풍의 도움으로 쉽게 일본에 까지 미칠 수 있었다. 더구나 일본은 아시아 대륙의 최동단에 위치하고 있기 때문에, 중국과 한국의 문화는 물론 중국문화에 유입되어 있던 중앙아시아, 동유럽의 문화요소까지 들어왔다. 일본의 위치, 지형, 주위의 해류가 남방계의 각 문화요소를 북상시킴과 동시에, 북방계의 각 문화요소를 남하시키는 이동로가 되었으므로 남북방의 양 문화가 모두 들어오게 된 것이다. 일본인의 음식 문화 속에 이국적인 요소가 포함되어 복잡한 양상을 띠는 것도 이 같은 문화 배경이 있기 때문일 것이다.

일본의 주생활 역시 식생활처럼 지역적, 기후적, 문화적 조건을 모두 따져야 쉽게 이해될 수 있다. 원래 이 지구상에 존재하는 다양한 주거형태는 인간이 공간을 어떻게 이용하는가하는 문제, 다시 말해 인간에 의한 지면의 선택과 지면에 대한 인간의 적응의 문제를 반영하고 있는 가장 적절한 자료다. 주거양식의 다양성은 기후나 생업, 지리 등 생태학적 환경에 대한 인간의 선택과 적응에 직접 관련되어 있으며, 거기에 사는 사람들의 사회·문화적 조건과의 상호작용에 따른 결과이기 때문이다.[24] 주거의 기후완화 기능의 점에서 보면, 지구상의 여러 기후대에 사는 사람들의 주거는 더운 지방에서는 혹독한 일사를 피하고 통풍이 잘 되게 하기 위해 궁리를 기울인 흔적이 드러난다. 또한 추운 지방에서는 옥외의 차가운 공기를 차단하고, 실내의 열을 빼앗기지 않으려는 노력이 배어 있다. 기후 조건에서 오는 제약에 의해 건물의 형태뿐만 아니라 건축 재료에도 그 토지 특유의 자연 소재가 사용되어 재료에서 오는 공법이나 형태에 그 특징이 나타난다.

일본의 모든 문화는 예전에 중국이나 한국의 영향을 받았다. 주택건축에서도 외래 기술이나 건축양식의 영향은 크다. 그러나 그 영향을 받았다고 하더라도 전부를 받아들인 것은 아니며, 기후풍토나 과거의 역사의 거주방법이 기초가 되어 일본 독자적인 양식을 만들어 왔다.[25] 일본은 남북으로 좁고 길게 뻗어 있어 위도의 차가 심하고, 기후에 있어서는 아한대에서 아열대에 이르기까지 지형적으로 변화가 많고, 지역에 따라 기후조건이 크게 다르다. 그렇기 때문에 옛날에 지어진 민가라고 불리는 주거공간에는 그 공법이나 외관이 지방에 따른 특징을 보인다. 민가란,

24 황달기(2000), 「일본의 주거형태화 생활문화」, 『일본학연보』, no.9, p.317.
25 住田光正(1999), 『日本人の生活』, 建帛社, p.137.

전통적인 수법을 사용한 손으로 만든 서민주택이라고 규정되어 있다. 에도시대 중기 무렵부터 다이쇼시대까지 즉 18세기 후반에서 20세기 초기에 세워진 마치야(상가)나 농가 혹은 어가 등을 가리킨다. 그리고 건축 재료에도 그 지방에서 채취한 자연의 자료를 사용하고, 마을 공동체의 상부상조가 건축을 위해 대부분의 노동을 담당하였다. 따라서 공법은 물론 구획이나 외관 장식에 있어서도 기후와 풍토가 같은 지역은 획일성을 띠는 것은 당연하며, 그것이 역으로 각 지방의 특징, 즉 지방성을 나타내는 결과가 된 것이다.[26] 일본의 지형적인 특징에서 기인한 다양한 기후조건으로 인해 민가도 다양성이 많고, 거주자의 장기간에 걸친 경험과 연구를 통해 그 토지의 풍토에 맞는 주거를 만들어 냈다. 풍토에 적응한 주생활을 어떻게 하고 있는가를 생태학적으로 접근할 수 있게 해 주는 이유다. 여기서는 각기 다른 기후조건을 띠는 세 지역의 민가의 사례를 검토하여 기후 풍토와의 관련성과 각각의 특징을 소개하겠다.

우선 혹서지역의 민가를 살펴보자. 일본의 민가나 문화의 형성과정은 중국이나 한국, 남방 등에서 유입되었다고 보이는데, 주거에 있어서도 남방의 영향을 받았다. 일본의 저명한 가인 요시다 켄코(吉田兼好)가 쓴 수필 도연초『徒然草』중에서, 일본의 주거형태는 '여름을 가장 우선시 여긴다'고 적고 있는데, 특히 관서지방의 고온다습한 여름은 견디기 힘들 정도이다. 큐슈의 남부에서 오키나와에 이르는 일본의 서남부 지역의 주거형태는 태풍에 의한 비 피해를 최소화하기 위해 이중창인 아마도를 만드는 것이 일반화되었으며, 아열대성 기후를 고려해 창을 크게 만들고 동북지방의 대규모 건물에 비해 상대적으로 소규모가 많으며, 남방계의 주거 형태인 '일실일동형식(一室一洞形式)'과 마찬가지로 방의 기능에 따라 구분이 되어 있다.[27] 이러한 주거형식은 남방에서 전해져 왔을 가능

26 川島宙次(1973),『滅び行く民家-屋根·外観』, 主婦と生活社, p.2.

성이 높은데, 바닥은 비교적 높고 개구부는 넓게 지어 통풍성이 좋은 건축형태를 띠고 있어 고온다습한 여름 기후에 적합한 개방적 구조를 취하고 있음을 알 수 있다. 물론 추운 겨울에는 부적합한 주택 구조라 할 수 있겠지만 겨울도 비교적 온난한 편이기 때문에 겨울철보다는 여름철의 온도와 습도에 대비하는 것에 중점을 두었던 것이다.[28]

그 다음으로 한냉호설지역의 민가를 살펴보겠다. 그 특징으로는 일본에서 눈이 많이 내리는 호설 지대에서 볼 수 있는 주택건축 양식으로 기후현의 시라카와고오와 토야마현의 고카야마에 남아 있는 민가의 형태인 '갓쇼오즈쿠리(合掌造り)'가 있는데, 이는 유네스코 세계문화유산으로 등록 되어 있다. 주요 특징으로는 억새 지붕의 경사가 급한 키리즈마즈쿠리(切り妻造り) 지붕을 들 수 있다. 이는 마치 책을 엎어놓은 듯한 형태를 하고 있는데, 지붕의 형태가 합장을 할 때의 손의 모양과 닮았다고 해서 갓쇼오즈쿠리라는 이름이 붙었다고 한다. 억새 지붕에서는 비가 새는 것을 방지하기 위해서 급경사의 지붕이 필요하므로 갓쇼오즈쿠리가 유리하며, 이 형태는 호설 지대에서 눈이 쌓일 때 지붕의 하중을 받쳐주는 데도 유용하다. 시라카와의 갓쇼오즈쿠리는 에도 시대에서 메이지 시대에 걸쳐서 만들어졌다. 또한 갓쇼오즈쿠리에서는 양쪽에서 사람 인자의 형태로 서로 기댄 모습으로 마룻대가 만나 용마루를 떠받치는 모습을 하고 있는데, 이는 대들보에 가하는 마게 모멘트(재목이 하중에 못 이겨 휘려는 성질)를 줄여주고 대신 그와는 반대의 힘으로 양끝에서 당기는 힘의 구조인 인장력을 집중시켜 주는 점에서 목재에게는 더없이 뛰어난 구조이다. 갓쇼오즈쿠리 건축에서는 버팀목용 기둥이 없는 넓은 공간의 다락방이 생겨난다. 에도 시대 중기 무렵 양잠업이 활성화하자 이 공간에 양

27 정형(2009), 『일본, 일본인, 일본문화』, (주)다락원, p.152.
28 *Ibid.*, p.151.

잠용 선반을 설치하게 된다. 원래 구조상 경사가 완만한 지붕은 만들기 어려운 갓쇼오즈쿠리이므로 3, 4층에 양잠선반을 크게 만들기 위해서 지붕 전체는 더 높이 솟을 수밖에 없었다.[29]

마지막으로 강풍지역의 민가를 살펴보자. 츄고쿠 지방에서도 동해와 맞닿아 있는 시마네현은 겨울철 서북으로부터 강한 계절풍이 부는 것으로 유명하다. 이 지방에서는 츠이지마츠(築地松)이라고 불리는 큰 소나무가 있는데, 이 소나무를 사용하여 '울타리(부지방풍림이라고도 불림)'를 만들어 주로 주택부지의 서측과 북측에 설치했다. 이를 기후풍토적으로 설명하면 강한 바람을 막아주는 역할을 한다고 할 수 있다. 실제로 옥외의 풍속을 관측한 결과, 울타리 안쪽은 바깥쪽에 비해 풍속이 1/3로 감소할 정도로 방풍성이 뛰어나다.[30]

이와 같이, 민가는 그 지방의 기후풍토에 잘 적응한 형태로 존재해 왔다. 남북으로 길게 뻗어 있는 일본 열도는 지방에 따라 기후가 상이하게 다르기 때문에, 각 지방의 기후에 맞는 주택형태가 발달하게 된 것이다. 앞에서 살펴보았듯이, 고온다습한 아열대성 기후를 갖는 일본 서남부 지역의 주거 형태, 눈이 많이 내리는 호설지역인 기후현과 토야마현의 주거 형태, 그리고 강한 계절풍이 부는 지역 시마네현의 주거형태는 모두 뚜렷한 차이를 보인다. 이렇게 각 지방에서 보이는 주거 형태의 특징은 민가를 지을 때 자연에서 그 재료를 얻어 만들었다는 점에 주목할 수 있다. 이들 재료는 오랜 시간 사용한 뒤 다시 흙으로 돌아가는 소재들이다. 일본인들은 자연의 거대한 에너지 앞에 인간으로서의 한계를 절감하고, 자연을 정복의 대상이 아닌 기후에 맞추어 자연과 공생하려 노력했던 것이다.

29 김용안(2009), *op. cit.*, p.84.
30 梁瀨度子(2000), 「日本の住生活と文化－住宅の痴呆性と住文化－」, 『영남대학교 생활과학연구소 국제학술심포지움』, pp.83-84.

2) 다신교적 종교관

일본에는 국교(國教)가 없으며, 일본인 중에는 무종교를 표방하는 사람이 적지 않다. 실제로 수년에 걸쳐 여러 차례 이루어진 의식조사에 따르면 '신앙의 유무', 즉 당신은 믿고 있는 종교가 있느냐는 질문에 '신앙을 가지고 있다'고 답한 응답자 수는 전체의 약 30% 수준에 그쳤다. 자신은 무종교라고 답한 일본인은 약 70%에 이르는데, 기묘하게도 그 70% 가운데 다시 75%가 그럼에도 불구하고 신앙은 중요하다고 대답했다. 결국 '개인적으로는 믿는 종교가 없지만 신앙은 중요하다'고 생각하는 사람이 50%가 넘는 셈이다. 이 사실은 많은 일본인들이 무종교라고 대답할 때에는 특정종파의 신자가 아님을 말하는 것으로, 기독교 등에서 말하는 무신론자와는 다른 개념이라고 파악할 수 있겠다.[31] 더욱이 놀라운 사실은 문화청의 통계를 보면 신도 신자수가 1억을 넘고 불교 신자수가 9500만 정도이며 이 둘을 합하면 2억이 되는데, 이것은 일본의 총인구의 두 배에 가까운 수가 되어 버린다. 도대체 어떻게 이러한 현상이 일어날 수 있으며, 과연 이것이 갖는 의미는 무엇일까?

오늘날의 일본 종교 연구에 커다란 영향을 미쳤던 종교학자 키시모토 히데오(岸本英夫)는 종교란 사람들이 인간생활의 궁극적인 의미를 분명히 하고, 인간 문제의 궁극적 해결에 관계되는 것이라고 믿고 있는 행위를 중심으로 하는 현상이라고 정의하고 있다.[32] 그러나 예를 들어 평범한 일본인이 신사를 참배하거나 절에 성묘를 하러 갈 때 과연 '궁극적 의미'나 '궁극적 해결'이라는 것들을 생각하고 있을까? 아마 그럴 리는 없을 것이다. 그렇다면 이러한 행위는 비종교적이라고 할 수 있을까? 그렇지

---

31 정형(2009), *op. cit.*, p.132.

32 스에키 후미이코(末木文美士) (2009), 『일본 종교사』, 백승연 옮김, 논형, p.225.

않다. 종교를 궁극적 혹은 절대적이라고 해석한다면 많은 일본인들은 '무종교'가 되어 버린다. 하지만 일본인들에게 있어서 신앙은 중요하며, 그들은 어떠한 형태로든 종교와 관계를 맺고 있다. 정월 초하루엔 신사에 가서 새해 첫 참배를 드리고, 한국의 추석에 해당하는 오봉에는 절에 가서 참배하고, 기독교에서 매우 중요한 의미를 지니는 크리스마스를 지내며 12월 31일에 제야의 종소리에 이르기 까지, 일본의 연중행사에는 각종 종교(신도, 불교 기독교)와 관련된 것이 매우 많으며 이를 실행하고 있는 사람 역시 매우 많다.[33] 일본인들은 태어날 땐 신도로, 결혼은 기독교식으로 교회에서, 그리고 장례는 불교식으로 치른다. 실제로 일본가정에는 신사에서 조상신을 모시는 가미다나와 불교에서 조상신을 모시는 불단이 함께 있는 경우가 많고 크리스마스에는 캐롤송을 부르며 12월 31일엔 제야의 종소리를 듣는다.[34] 이 점만 봐도 일본인들의 종교관이 다중적임과 동시에 파악하기가 어려움을 알 수 있다.

일본인을 대표하는 가장 중요한 종교는 신도다. 신도는 일본 고유의 자연종교이며 독특한 토착신앙으로, 자연에 대한 숭배심이 종교로 발전한 정령신앙 즉, 애니미즘의 일종이다. 초기에는 자연물과 자연현상을 신으로 삼았지만 점차 선조를 신으로 삼게 되었다. 야마토 정권 시기에 왕족과 유력한 귀족들은 신도적 의식을 통해 권위와 정통성을 확보하게 되었고 율령체제가 완비되고 황권이 확립된 나라시대와 헤이안 시대에 신도는 황실의 종교로서 자리를 자리 잡기 시작했다. 불교는 6세기 중엽 중국과 한반도를 거쳐 일본에 전해졌다. 8~9세기에 들어 신도와 불교 간에 상호 영향을 받아 좀 더 체계적인 교의와 의식 등이 완성되었다.[35]

33 丹下智香子(2004), 「宗教性と死に対する態度」, 『心理発達科学』, no.51, p.37.
34 정형(2009), *op. cit.*, p.133.
35 임영철(2008), 『일본의 일상세계』, 제이앤씨, p.141.

처음에는 뒤늦게 유입된 불교와 마찰을 빚기도 했으나 신도와 불교의 융합을 뜻하는 신불습합(神佛習合)이 이루어지면서 신도와 불교를 동시에 믿을 수 있게 되었다. 이렇게 생겨난 신불신앙, 곧 신도와 불교가 별 구분 없이 상호 혼재된 의식이 메이지시대 이전까지 일본 사회에 자리 잡게 되었다.

에도시대에 유교가 전래되며 불교의 영향에서 어느 정도 벗어난 신도는 주자학의 영향을 받으며 체계적인 교의가 정립되었다. 12세기경까지 일본 불교는 귀족 중심의 종교였으나 13세기부터는 일반 민중들 사이에서도 번성하여 이것이 현재까지 이루어져 일본 종교의 한 축을 이루게 된 것이다. 특히 1613년에는 농민 무사 등 신분에 관계없이 어느 절이든 불교신자로서 등록할 것을 강요했다. 이 때문에 오늘날까지도 대부분의 일본인은 어느 절의 신자로 등록이 되어 있어, 죽으면 불교식으로 장례를 치르는 것이다. 한편 기독교는 비슷한 시기인 1549년 프란시스 자비에르가 카고시마현에 도래하면서 일본에 처음 전래되었다. 초기에는 지배계층 가운데 서양 문물에 관심을 가진 일부만이 기독교 포교에 호의적이었으나, 17세기 초 전성기 때는 신자수가 75만 명에 달하자 에도 막부는 기독교의 종교 사상이 신분 질서와 봉건체제 유지에 유해하다고 판단해 차츰 탄압정책을 펼쳤으며 이윽고 금지하기에 이르렀다.[36]

메이지 시대로 들어서자 불교를 배척한다는 배불운동이 전개되면서 신불분리가 추진되었고 신도는 국가의 제사를 맡게 되어 국가신도가 되었다. 메이지정부는 천황주권 국가시스템을 만들어 천황권을 절대화·신격화 했는데, 천황의 조상신을 숭배한 신도를 전국적으로 조직화·국교화 했다. 이로써 신사는 국가의 보호를 받게 되었고, 교육기관에서 신도의 교의가 교육되었다. 그러나 1945년 8월 15일 일본이 제2차 세계대전에서

36 정형(2009), *op. cit.*, p.138.

패전하게 되고 같은 해 12월 15일 연합국군 총사령부 GHQ에서 국가신도 폐지령을 내렸다. 이는 천황국가의 붕괴를 의미하고 종교적 측면으로는 국가신도의 해체로 이어졌다. 그 후 1946년 제정된 일본국민헌법 제20조에서 정교분리가 보증되고 종교의 자유를 인정받게 되었다. 그 후 오늘날에 이르기 까지 일본은 공식적으로 국교를 인정하지 않는다.

현재 일본 전역에 퍼져 있는 신사 수는 8만 5천 개 이상인데 각각의 신사에서 모시는 신들이 다 다르며 그 신의 종류도 일본 신화 속에 등장하는 '팔백만의 신'이란 표현에서 짐작할 수 있듯이 무수히 많다.[37] 이를 바탕으로 신도는 다신교적 성격을 띤다고 할 수 있겠는데, 앞에서 언급했던 바와 같이 동시에 여러 종교를 수용하는 일본인의 복잡하고 모순적인 종교관은 종교에 관대하다기 보다는 다신교적 성격의 신도가 외래 종교에 관대하다는 것을 의미한다. 그렇기 때문에 일본에 불교가 전해진 이후 신도와 불교가 융합된 신불습합이 이루어 졌고, 지금까지도 상호 혼재된 종교관으로 드러나고 있다고 생각될 수 있다.

5. 일본의 콘텐츠 향유문화

일본 정부는 지적재산전략본부 주관으로 콘텐츠비지니스진흥정책(2004년), 지적재산추진계획2005(2005년), 그리고 경제산업성 주관으로 콘텐츠비지니스개혁 로드맵(2004년), 신산업창조전략2005(2005년) 등 굵직한 정책을 발표했다. 그에 따라 문화콘텐츠 사업 활성화를 위해 국내에 있어서는 문화적 관점에서의 금융지원 정책을 바탕으로 예술가를 양성하고, 정부와 업계에 전문 조직을 설치하여 국제 이벤트 출전 및 쇼케이스를 활용하여 인재를 육성하는

37 *Ibid.*, p.135.

정책을 펼치고 있다.[38] 이처럼 정부 주도의 정책 하에 일본 문학, 영화, 음악, 연극, 무용, 뮤지컬, 만화, 애니메이션 등등 일본 문화의 콘텐츠 장르는 세계적으로 높이 평가 받고 있다.

중국에서는 1980년대 이후에 태어난 '80后' 세대의 70%인 2억 8천만 명이 일본의 만화나 애니메이션 등 일본콘텐츠를 좋아한다고 추정 집계된다. 2007~2008년에는 일본제 이외에 중국산이나 해외를 포함한 만화·애니메이션 시장이 일본을 웃도는 1조 5천억 엔, 이것을 2차로 이용하는 캐릭터 시장도 3조 2250억 엔으로 일본의 2배 이상에 달하는데 전자의 90%, 후자의 65%가 해적판이다. 미국에서는 2003년에 <포켓몬>의 인기가 정점에 달해 캐릭터 상품을 포함한 일본의 애니메이션 관련 매출이 5천억 엔을 넘었으며, 일본콘텐츠의 팬은 약 1천만 명 이상일 것으로 추정된다. 프랑스에서도 2010년 7월에 파리에서 개최된 일본 만화·애니메이션 등의 팬을 대상으로 하는 이벤트인 'JAPAN EXPO'에 18만 명 이상이 찾을 정도로 인기를 누리고 있으며, 영화 <벼랑 위의 포뇨>의 입장객은 90만 명, 만화 <드래곤 볼>의 판매부수는 약 1천 9백만부, <나루토(NARUTO)>는 9백만 부인 것으로 집계되었다.[39] 그렇다면 전 세계에서 인정받고 강한 영향력을 끼치고 있는 이러한 일본 문화의 힘은 어디서 오는 것일까?

---

38 오태헌(2007), 「한일 문화콘텐츠 산업의 지원 정책 현황과 특징」, 『日本研究論叢』, no.25, p.269.

39 株式会社ヒューマンメディア가 발표한 日本と世界のコンテンツ市場規模データベース 2010의 미디어 발표 자료를 참조.
http://www.humanmedia.co.jp/database/PDF/DB2010_press.pdf (검색일: 2010년 09월 15일)

1) 오타쿠－3C(Collection, Creativity, Community)를 바탕으로 한 일본 소프트파워의 원천

도쿄의 아키하바라(秋葉原)는 일본 젊은이들에게는 아주 특별하고 인기가 많은 곳이다. '전자제품을 싸게 살 수 있는 상가 지역'이라는 아키하바라의 이미지는 기성세대의 것일 뿐이다.

현재 아키하바라가 일본은 물론 전 세계 젊은이들을 매료시키는 것은 바로 그곳이 오타쿠 문화의 메카이기 때문이다. 1997년경 만화, 애니메이션, 게임 동호인들이 동인지 등을 팔기 시작했고, 이것이 아시아는 물론 전 세계 젊은이들에게 알려지면서 아키하바라의 오타쿠 문화에 대한 열광이 일어났다.

오타쿠라는 용어는 한국에서도 잘 알려졌는데, 흔히 '한 분야에 열중하되 마니아보다 더 심취한 사람'이라는 의미로 통용된다. 사실 오타쿠는 상대라는 2인칭의 높임말인 '댁'의 일본어 발음을 그대로 쓴 것이다. 1980년대 초반까지 오타쿠는 만화와 애니메이션 등 '일본인은 그 가치를 이해하기 어려운 서브 컬쳐에 몰두하면서 커뮤니케이션 능력이 결여된 사람'이라는 부정적인 뜻으로 쓰였다. 하지만 최근에는 '특정 사물에 강한 관심과 지식을 가진 일종의 전문가'라는 긍정적인 의미로 쓰이는 경우도 있다. 오타쿠는 대체로 병적 집착을 가진 오타쿠, 연구자로서의 오타쿠, 관련 상품을 지지하는 오타쿠 등으로 분류되지만, 그들이 가진 지식의 깊이와 폭이 워낙 방대하고 다채로워서 단순히 분류하기는 쉽지 않다고 한다.

오타쿠의 관심 분야는 다양하다. 애니메이션이나 게임은 물론 인형, 프라모델, 철도, 자동차, 카메라, 밀리터리, 패션, 아이돌, 조립PC 등 거의 모든 분야에 존재한다. 이들은 전문성과 정열을 가지고 새로운 것을 창조

(C) lhoon.com

[그림 1] 아키하바라 역내 사진

(C) virtualtourist.com

[그림 2] 아키하바라 역 근처 모습

(C) 秋葉原マップ

[그림 3] 역 근처의 상점

(C) 秋葉原マップ

[그림 4] 역 근처의 편의점

해낸다. 일본의 장인적 기질이 오타쿠에서 잘 드러나고 있는 지도 모르겠다. 오타쿠들은 자신들이 공감하는 상품에 대해서는 높은 충성도를 보이며 돈을 아끼지 않는다. 일본 기업들이 오타쿠 문화에 더욱 주목하는 이유이다. 오타쿠 그룹은 폭넓은 정보력과 심도 있는 비판력을 기반으로 한다. 그리고 그러한 정보 수집과 비판성의 확보가 오타쿠의 수준과 정도를 평가하는 기준이 된다. 작가의 연보를 암기하고 작가들 간의 계보를 제시하며, 각 작품들이 갖고 있는 역사적 의미와 작가 연구의 가치를 자신만의 시선 혹은 그룹의 관점으로 제시할 수 있을 정도로 오타쿠층의 실질적 평가는 그 가치를 더해가고 있다.

(C) OTACOOL WORLDWIDE OTAKU ROOMS

[그림 5] 다양한 장르의 오타쿠

(C) OTACOOL WORLDWIDE OTAKU ROOMS

[그림 6] 한 오타쿠의 수집품들

(C) アキバ経済新聞

[그림 7] 코스프레 오타쿠

(C) アキバ経済新聞

[그림 8] 오타쿠들의 모임

이러한 오타쿠층은 일종의 팬덤 현상을 형성하며, 작가와 작품들을 향한 지향성 높은 중독 성향과 수집 경향을 보인다. 그리고 실시간으로 작가와 커뮤니케이션 채널을 유지하고, 그 채널의 공간을 통해 진입 장벽이 높은 커뮤니티를 결성한다. 조직의 이러한 역동성에 힘입어 작가의 안정적 비평지대가 확보되고, 그것이 초기시장을 견인해낼 수 있는 소비력의 발전소 역할까지 하게 된다.[40] 일본에서는 '오타쿠 산업 백서'도 발간된다. 2008년판 백서에 따르면 그 해 오타쿠의 시장 규모는 1,866억 8천만

40 윤상인 외(2006), 『일본문화의 힘』, 도서출판 동아시아, p.106.

〈표 1〉 노무라종합연구소의 각 분야별 오타쿠 소비자층의 정의

분야	정의
애니메이션	TV 애니메이션, OVA, 애니메이션 영화를 시청하는 것이 일과이고, TV 애니메이션은 한 주에 10화 이상 녹화하는 사람이 많으며, PC나 HDD레코더를 활용하는 등 IT 활용력이 높다. 연령층은 15세부터 40대, 만화나 게임 등을 동시에 좋아하거나 PC매니아와의 상관도가 높다.
아이돌	아이돌을 향한 강한 동경심이나 공감을 가지고 일상생활에서 정보수집이나 응원활동의 우선순위가 높다. 남녀별로 나뉜다. 연령층은, 아이돌을 응원하러 자주 가는 현장형은 10~20대, 수집형은 20~30대 이다.
만화	동인지 판매회에 일반 참가하는 사람, 혹은 동인지에 만화를 그려서 출품하는 사람. 10~40대 까지 폭 넓게 분포. 장르가 세분화하여 코스프레나 동인소설 등과 같은 파생형도 존재한다.
게임	생활시간의 대부분을 게임에 소비하는 헤비 이용자 층. 13~24세의 소년층과 30대에 분포. 가정용게임이 침체기미를 보이고 있기 때문에 PC게임으로 이동하는 추세에 있다. 게임회사와 빈번하게 정보를 교환하고 게임의 확장이나 개조에도 참가한다.
조립PC	문서작성 등 PC 본래의 사용목적을 잊고, PC를 조립하는 행위가 목적이 된 사람들. 크게 구분하면 ①리치 매니아 : 도시에 사는 18~30대. 아키하바라에서 새로운 부품을 구입하면 즉시 조립하고 다음 주에는 이를 되팔아 다시 새로운 부품을 물색한다. ②고장난 부품 매니아 : 주로 40대이지만 15~18세도 있다. 아키하바라 뒷거리에서 매우 싼 부품이나 중고품을 뒤진다.

(C) 野村総合研究所

엔으로 전년보다 2.5% 성장한 수치다. 좀 더 구체적인 산업 및 마켓 점유율을 보면 출판이 21.8%, DVD/CD가 18.2%, 피규어 등이 15.1%, 동인지가 14.9%였다. 노무라종합연구소는 오타쿠 산업을 훨씬 넓고 깊게 보고 있다. 2005년 노무라종합연구소의 예측 자료[41]에 의하면 오타쿠의 시장규모는 4천억 엔이 넘는다. 어느 쪽이 정확한지는 차치하더라도 엄청난 시장임에는 틀림없다.

41 http://www.itmedia.co.jp/news/articles/0408/24/news054.html 참조. (검색일: 2010년 10월 23일)

〈표 2〉 3C(Collection, Creativity, Community) 예

	수집 Collection	창조 Creativity	커뮤니티 Community
카메라	카메라렌즈 수집	고장난 카메라 수리 사진촬영	사진 동호회 사용자 모임 가입
철도	전 노선 승차 티켓 수집	철도여행 설계	철도 연구회

(C)野村総合研究所

오타쿠 시장은 무한한 잠재 능력을 가지고 있다. 노무라종합연구소에서 제시한 촉진 요소로는 3C를 들 수 있는데, 3C란 Collection(수집), Creativity(창조), Community(커뮤니티)를 가리킨다.[42] 이 3C[43]를 잘 활용해서 성공한 것이 바로 코미케인데, 코미케는 동인지의 구입(수집), 동인지의 제작활동(창조), 같은 취미를 갖은 사람들과의 만남과 정보 교환(커뮤니티 형성)을 모두 커버하고 있는 것이다. 오타쿠들은 제품에 미완성인 부분이 있거나 창조의 여지가 있는 것을 오히려 좋아하는 경향이 있으며 같은 분야의 오타쿠들 사이에서는 커뮤니티를 형성하여 강한 동료의식을 갖는 한편, 정보량과 기술력을 둘러싸고 경쟁의식도 발생하게 되는데, 이것이 커뮤니티 전체의 수준 향상으로 이어지게 되며 그로 인해 자연스럽게 소비도 늘어나게 된다는 것이다.[44]

이러한 오타쿠들의 전문성이 크게 인정되어 소프트웨어와 비디오 게임을 생산하나는 기업들은 신제품 테스트 및 연구 기조 조서에 오타쿠들을 우선적으로 참여시키고, 또 연구원으로 고용하기도 한다. 또한 오늘날 오타쿠들은 세가, 소니, 전문 잡지, 새로운 첨단 기술을 지향하는 기업들,

42 野村総合研究所 オタク市場予測チーム(2005), 『オタク市場の研究』, 東洋経済, pp.27-31.

43 http://www.itmedia.co.jp/news/articles/0510/07/news025.html 참조. (검색일: 2010년 10월 23일)

44 은수진(2007), 「문화 경제적 측면에서 본 오타쿠의 잠재력: 모에시장을 중심으로」, 전북대학교 교육대학원 석사논문.

음반 회사, 라디오 및 텔레비전 방송국들에서 일하고 있다. 그 어떤 영역도 그들에게 낯설지 않으며, 새로운 제품들과 새로운 경향들은 그들의 해박한 지식과 지칠 줄 모르는 호기심에 크게 빚지고 있다. 그들 덕분에 일본은 이제 고부가가치 산업 수출국임은 물론 문화 수출국이기도 하다.[45]

이렇듯 오타쿠는 특정 상품이나 서비스에 강한 열정과 극단적 소비 성향을 드러내고 이를 확산시키기 때문에 그 영향력이 기대 이상으로 크다. 이들이 무엇을 추구하는지는 상당히 중요하다. 일본 제품이 국제경쟁력을 갖는 이유가 내구적 품질보다 표면적 디자인에 있다는 의견도 나오곤 하는데, 이러한 일본적 디자인의 특이성에는 오타쿠 문화가 많은 기여를 한 게 사실이다. 예를 들어 도요타가 2003년 미국에서 애니메이션 요소를 가미해 개발한 소형차 '사이언'의 매출이 좋았던 것도 미국의 20대 젊은이들이 오타쿠 문화를 동경한 덕분이라는 분석이 있다. 오타쿠가 '잃어버린 10년'이 지난 2000년대에 표면 위로 부상한 이유는 무엇일까? 이는 창조성을 갈구하는 사회적 니즈와 무관하지 않은 것으로 보인다. 일본은 그동안 서양 선진국을 따라잡기 위해서 전력질주를 해 왔다. 창조적인 것보다는 효율적인 것, 값 싸고 품질 좋은 것을 만드는데 올인함으로써 마침내 1980년대에는 서양을 따라잡는데 성공했다.

일본에서는 집단주의가 보편화되어 오타쿠같은 '이단주의자'를 인정하지 않는 분위기였으나, 잃어버린 10년을 경험한 후 창조의 중요성이 부각되면서 오타쿠 같은 '집단 이단주의자'를 인정하기 시작한 것이 그 배경이라고 생각된다. 특히 한국과 대만 기업들의 일본 기업 따라잡기가 표면화하면서 따라잡히지 않는 것, 독창적인 것, 일본만의 독자적인 것에 가치를 두게 된 것으로 보인다. 이제 오타쿠 문화는 상품의 콘텐츠와 디자인 등 소프트파워로서 그 빛을 발하고 있으며, 일본을 대표하는 하나의

45 에티엔 바랄(2002), 『오타쿠 가상 세계의 아이들』, 송지수 옮김, 문학과지성사, p.10.

브랜드라고 칭할 수 있는 것이다. 그 일련의 움직임으로 최근에는 일본 정부나 기업들도 오타쿠 문화를 일본의 소프트파워로 인정하고 육성하려는 움직임을 보이고 있다. 일본 정부는 '21세기 비전'을 통해 일본의 '창조적 문화 입국'을 지향한 바 있으며, 실제로 아키하바라를 오타쿠 문화의 메카로서 더욱 더 키우려 해 왔다. 늘 탐구심과 향상심을 가지고 보다 넓은 장르에 흥미를 갖고 지식을 흡수하고자 하는 것, 그리하여 흡수한 지식이나 작품에 의해 연마된 감상을 나름대로 정리하여 언어로 표현하여 발표하는 것, 오타쿠란 자기 나름의 작품관을 갖는 뛰어난 비평가이다. 문화콘텐츠 발전에 기여, 사회 공헌과 같은 새로운 트렌드를 만들어냄과 동시에 새로운 문화 창출의 주역이 되기도 하는 오타쿠들이기도 하다. 단순한 문화 소비자와 매니아의 경지를 넘어 "새로운 생산자 그룹으로 성장한 일본 대중문화의 핵심이 오타쿠"[46]라고 할 수 있듯이, 일본의 장인정신이 바로 일본의 소프트파워를 만들기 위해 몰두하는 오타쿠에게 전승되고 있다.

2) 다양성 – 일본문화의 힘은 다양성을 인정하는 서브컬쳐에서 꽃핀다

일본사회를 설명할 때 잘 쓰는 표현 중에 '2대 1의 사회'라는 말이 있다. 일본은 주류가 초강세를 보인다. 어떤 분야이건 선두주자가 전체의 3분의 2 정도를 휩쓸어 버린다. 그리고 나머지 3분의 1을 수많은 비주류가 나누어 가진다. 문화에 있어서도 마찬가지다. 3분의 2인 주류는 상업

46 이숙종, '21세기 일본의 산업경쟁력', 국민일보, 2000년 12월 22일 http://news.kukinews.com/opinion/view.asp?page=1&gCode=opi&arcid=0917948875&code=1320 (검색일: 2010년 09월 17일)

적이고 진부하지만, 엄청나게 다양한 취향의 비주류가 살아남을 공간이 존재한다. 결코 주류는 될 수 없지만 다양한 비주류 또한 자신의 꽃을 피울 수가 있는 것이다. 다수에게 호응을 얻지는 못하지만 소수에게 열광적인 찬사를 받는 개성적이고 새로운 문화가 비주류 문화이다. 그와 동시에 이러한 비주류 문화는 주류 문화가 부패하지 않도록 방지해주는 유일한 방부제 역할을 한다. 이것이 일본사회이고 문화이다.[47] 이러한 비주류 문화는 그 특징과 역할을 고려해 볼 때 서브컬쳐(subculture)라고 바꿔 말할 수 있겠다. 서브컬쳐의 사전상 정의는 "정통적, 지배적인 문화가 아닌 그 사회 내에서 가치기준을 달리하는 집단이 담당하는 문화, 하위문화"[48]이기 때문이다. 이런 사회적 맥락 속에서 비주류 문화 혹은 서브컬쳐 속에서 드러나는 다양성은 일본의 영화, 애니메이션, 그리고 패션의 사례에서 특히 잘 드러난다.

세계가 인정하는 거장인 <도플갱어>의 감독 쿠로사와 키요시는 일본에서 영화는 비주류라고 설명한다. 해마다 250편 이상의 영화가 만들어지고 북미에 이은 세계 2위의 영화시장을 가지고 있으며, 각종 해외 영화제에서 찬사를 받는 일본 영화가 비주류라는 근거는 도대체 무엇일까? 사실 일본에서 영화는 그다지 환영받는 매체가 아니다. 매년 흥행 순위에서 절반 정도는 애니메이션이 차지한다. 국민감독이라 불리는 미야자키 하야오의 애니메이션 말고는 <이누야샤>나 <원피스>같은 TV 애니메이션의 극장판들이다. 실사영화에 관객이 몰리는 경우도 <춤추는 대수사선>이나 <트릭> 같은 TV 드라마의 극장판이 대다수이다. 대작 영화들은 <소녀검객 아즈미>처럼 만화를 각색했거나 <세상의 중심에서 사랑을 외치다>처럼 소설 원작이 있는 경우, 아니면 <고지라> 같은 전통적인 괴수

47 윤상인 외(2006), *op. cit.*, p.84.
48 김지룡(1998), 『나는 일본 문화가 재미있다』, 명진출판(주), pp.101-102.

물이다. 젊은 관객들은 일본영화보다 할리우드 영화를 훨씬 선호한다. 보통 일본인들은 자국 영화에 큰 관심이 없으며, 많은 일본영화는 소수의 영화광이 보는 예술영화, 매니아들이 보는 장르영화에 치중되어 있다. 그래서 쿠로사와 감독은 일본영화가 비주류라고 단호하게 말한다.

하지만 외부에서 보았을 때 일본영화는 치밀하고 섬세하다. 모든 것이 아귀가 맞고 흠을 찾기 어려울 정도로 깔끔하다. 하지만 일본영화의 장점은 이러한 합리성이나 완성도에만 있는 것이 아니다. 일본 영화계의 진짜 힘은 아래에서 나온다. 300여 편이라는 숫자는 단지 양적인 포만감으로 그치지 않는다. 그것은 다양성을 말하고, 수많은 졸작과 범작이 있어야만 걸작이 나온다는 진리를 증명한다. 주류의 힘은 약하지만, 실제로 일본영화를 끌어가는 힘은 비주류이다. 소수의 관객이 보고 소수가 열광하는 영화들이 무수하게 만들어진다. 그런 비주류의 힘이 일본영화를 이끌어가고 있는 것이다. 그런 점에서, 일본영화는 세계 어떤 나라의 영화와도

(C) Dream Works Pictures

[그림 9] 할리우드에서 리메이크 된 〈링〉

(C) Columbia Pictures

[그림 10] 할리우드판 〈주온〉

다르다. 다양한 영화를 저변에 깔고도 할리우드의 원심력이 모든 것을 지배하는 미국이나, 작가영화가 우위를 점하는 프랑스와도, 예술영화와 상업영화가 기묘하게 공존하는 한국과도 다르다.

이러한 일본영화계의 독특한 비주류 그리고 다양성의 힘은 어디에서 기인한 것일까? 일본영화계는 비주류 문화가 가장 활성화 된 곳 중 하나인데, 일본의 비주류 영화는 1960년대를 거쳐 70년대에 이르러 확고하게 자리를 잡았다. 그리고 1970년대에 들어 '작은 영화'들이 대거 등장했다. 그리고 1980년대 들어 비디오가 탄생하면서 일본 영화계에 큰 변화가 일어났다. 비디오의 출현은 'V시네마'라는 새로운 장르가 만들어지는 계기가 되었다. V시네마는 소수의 관객을 대상으로, 특정 취향을 만족시키기 위해 만들어졌다. 일본영화의 힘은 비주류를 인정하는 다양함에서 비롯한다. 상업영화와 예술영화의 공존만이 아니라, 메이저 영화와 싸구려 영화의 공존은 영화산업의 발전에 있어서 중요한 요소이다. 오늘날 일본에서는 매년 300여 편의 영화가 만들어지고 주말마다 7, 8편의 일본영화가 극장에서 개봉된다. 할리우드 영화에 비해 관객의 관심이 떨어진다고는 하지만, 일본영화의 하부구조는 여전히 튼튼하다. 해외영화제에서의 수상만이 아니라, <주온>과 <링> 등 일본영화의 할리우드 리메이크 작품이 속속 만들어 지고 있으며 해외 수출액도 증가 추세에 있다.[49]

일본 영화계를 대표하는 감독 가운데 고레에다 히로카즈는 일본영화의 한 축인 작가영화만을 고집해온 감독이다. 그 반대로 미이케 타카시는 철저한 오락영화로 최고의 경지에 올랐다. 그리고 쿠로사와 키요시는 자주영화를 만들면서 1980년대를 풍미했던 젊은 감독들 중 한 사람이자, 상업적인 V시네마의 연출을 하면서도 파격적인 감행했다. 그의 영화에는 작가주의와 B급영화의 요소들이 정밀하게 혼재되어 있다. 고레에다 히로

49 한일문화연구원(2008), 『현대일본의 문화콘텐츠 21』, 한누리미디어, p.331.

카즈, 미이케 타카시, 쿠로사와 키요시 같은 감독들이 끊임없이 나온다는 것이 일본영화의 힘이다. 그들이 성장할 수 있는 튼튼한 하부구조가 바로 그 힘의 원천인 것이다. 그 다양성이 공존할 수 있는 문화적 토양이 일본 문화의 진정한 힘이다. 쿠로사와, 미이케, 고레에다 감독 모두 일본 대중 문화의 중심이 되고 싶은 생각은 없다고 말한다. 그들은 단지 자기 자신만의 영화를 만들고 싶어 한다. 권력과 사회에 의존하거나 빌붙을 생각도 없다. 철저하게 자신의 길만을 가고, 권위와 질서에 맞서 싸운다. 다양성 그리고 비주류란 그런 싸움과 반항정신에서 나오는 것이다.

한편, 매니아와 오타쿠 세대의 진화를 통해 스스로 성장하고 있는 일본 애니메이션은 소재의 차별화와 소구대상층의 특성화 그리고 작품 자체의 프로페셔널화를 심화시키는 전략을 통해 성장을 가속화하고 있다. 다른 국가의 작품들에서는 찾아볼 수 없는 소재의 차별화는 일본 애니메이션의 시나리오 창고로 평가되는 만화의 오리지널 시나리오에서 시작된다. 캠퍼스물과 순정물을 적절하게 배합한 일본 스포츠만화는 다루지 않는 종목이 없을 정도로 다양하다. 축구와 야구 만화는 일반적으로 많이 출간되며 농구와 골프 만화도 전문 작가가 있을 정도로 그 표현 영역이 다채롭다. 이러한 소재의 다양성은 스포츠만화에만 편향되지 않고 기업만화, 정치만화, 야쿠자가 등장하는 느와르만화, 외교전쟁만화까지 그 스펙트럼을 넓혔다. 일본 애니메이션 소재의 다양성을 직접적으로 검증해주는 예이다.[50]

<철완아톰>에서 시대를 앞서간 상상력을 보여준 데츠카 오사무, <센과 치히로의 행방불명>, <원령공주>, <이웃집 토토로>, <하울의 움직이는 섬>등 수많은 작품에서 깊고 넓은 희망의 이미지를 그려낸 미야자키 하야오, <반딧불이의 무덤>과 <추억은 방울방울>등에서 일본 중심의 가

50 윤상인 외(2006), *op. cit.*, p.106.

(C)Tezuka Productions

(C) Warner Bros.

(C) Studio Ghibli

(C) 東宝

[그림 11] 일본 아니메들의 포스터

치관을 기반으로 추억의 감성과 미래의 꿈을 동시에 표현한 타카하타 이사오, <천사의 알>, <페트레이버>, <공각기동대>등을 통해 디지털 사회의 다양한 비평의 가능성을 열어놓은 오시이 마모루. 이러한 일본을 대표하는 애니메이션 감독들의 작품을 검토해 보더라도 애니메이션이라는 하나의 장르 속에서도 다양한 주제가 그려지고 있음을 알 수 있다.

패션도 다양성과 직결된다. 일본에는 특이한 옷차림의 젊은이들, 남의 눈을 의식하지 않는 각별한 패션을 보여주는 젊은이들이 눈에 띈다. 한여름, 러닝셔츠에 털모자를 쓴 스노우보드족은 기본이고, 온몸에 피어싱을 하고 무기 같은 요란한 반지를 주렁주렁 낀 젊은이들, 팬티가 보이도록 바지를 내려 입은 젊은이들, 노란 머리에 지저분하게 수염을 기른 젊은이들 등이다. 그러나 촌스럽기까지 한 이런 패션이 결코 일본 젊은이들의 '유행'은 아니다. 단지 그들은 하고 싶은 대로 하고 다닐 뿐 그들이 염두에 두는 특별한 유행이란 없다. 눈에 띄게 이상해 보이는 모양새도 있고 아주 얌전한 모범생의 수수한 모양새도 있고 그 중간도 있을 뿐이다. 한마디로 딱 잘라 말할 수 없는 것이 지금 일본 젊은이들의 차림새이다. 일본에서 유행하는 패션이란 없는 것이다. 일본인은 집단이라는 이름 아래 무엇이든 따라할 것 같고, 그래서 모든 국민이 유행을 쫓아다닐 것으로 보이지만 실상은 그렇지 않다. 하루 종일 일본 거리에 있으면 누가 누군지 구별이 안 될 정도로 똑같은 패션의 사람들만 있다고 하는데, 그건 잘못 본 것이다. 한국의 유행처럼 누구나 다 참여하는 열기, 한 가지가 유행하면 다들 그것을 따라하는 모습은 일본에서 보이지 않는다.

물론 일본에서도 붐은 있다. 하지만 일본의 붐은 참여율이 저조하고 수명이 길다. 그러나 한국의 유행은 폭발적으로 일어나 누구나 참여하지만 한순간에 사라져 버린다. 대중음악의 경우를 생각해 보면, 댄스 음악이면 댄스 음악, 발라드면 발라드, 무엇인가 하나 유행했다 하면 다른 것이 싹틀 여지가 없어진다. 일본은 유행이라는 전쟁이 거의 사그라진 사회라고 할 수 있다. 이는 1980년대로 거슬러 올라간다. 1980년대 말이 되자 청소년 문화는 앞선 세대로부터 물려받은 문화적 아이템의 방대한 축적을 소화하기에 바빠 새로움에 집중할 힘을 잃어 이미 축적된 방대한 문화적 유산 중에서 취향에 맞는 것을 고르는 시대가 왔다. 이는 세대 내의 '차이화 지향(差異化志向)'이 사라진다는 것을 의미한다. 새로운 붐을 빨리 흡수하는 행위가 우월감과 결합되는 '유행의 시대'에서, 각자의 취향이 평등하게 일렬로 늘어서는 '다양성의 시대'로 바뀐 것이다. 유행하는 모든 것을 자신도 해야 한다는 강박관념은 의미가 사라진 것이며, 어떤 특정 문화를 향유하는 것이 우월감이나 콤플렉스와 결합되는 일 자체가 소멸해 버린 것이다. 각자 본인의 취향에 따라 즐길 뿐이다.

이렇게 오늘날의 일본 문화는 각자가 좋아하는 취미의 영역으로 세분화된 다양성의 시대 한복판에 있다. 모두가 동시에 같은 일에 휩쓸리는 것이 아니라 소수의 열광적인 지지자들로 구성된 다양한 영역이 존재하는 것이다.[51] 일본에서 잘 쓰이는 말 중에 '마이 붐'이란 말이 있다. 이 마이 붐은 자신이 현재 좋아하고 빠져 있는 것, 취미 외에 음식이나 패션에까지 두루 사용되는 말이다. 여기서도 소규모의 붐들이 서로 영향을 주면서 사이좋게 공존하는 모습을 볼 수 있다. 모든 유행과 흐름의 단위는 개인 단위로 변화했기 때문이다. 예를 들면 '저는 요즘 ○○가 마이 붐이에요'라고 말하면 상대방은 당신이 나름대로의 세계를 갖고 있지만 굳이 남에게 강요할 생각 없이 그냥 의견을 듣고 싶어 한다고 느낄 것이다. 개성적이면서 많은 사람과 연계되고 싶다는 욕구를 동시에 만족시켜 주는 이 유행어는 일본 문화의 다양성이 사라지지 않는 한 지속될 것으로 생각된다.

6. 일본 공략의 길은 일본에 대한 이해로부터

생활보수주의 그리고 조화를 중시하는 일본적 집단의식이 오늘날 일본인의 중심에 자리 잡고 있다. 일본인들은 노동이 곧 미덕이라는 직업관과 근검절약의 습관을 바탕으로, 낮은 가격이지만 높은 가치를 지닌 상품, 그리고 기본 성능에 충실한 상

51 김지룡(1998), *op. cit.*, p.47.

품을 선택하는 경제관을 지니고 있으며, 이를 통해 남성적 사회인 일면을 드러낸다. 섬나라에 남북으로 길게 뻗은 지리적 위치로 인해 식생활과 주생활에서 각 지역의 지방성이 크게 드러나며, 종교관에 있어서는 신도, 불교, 기독교가 적절히 융합된 다신교적 종교관을 가지고 있다는 것을 알 수 있다. 일본의 문화는 전 세계적으로 큰 영향력을 발휘하고 있는데, 이것은 3C를 바탕으로 문화콘텐츠의 발전에 기여하는 오타쿠와 다양성을 인정하는 문화에서 기인하고 있다는 면을 확인했다.

일본인과 일본문화 그리고 일본이라는 나라에 대한 연구는 지금까지 무수히 이루어져 왔다. 하지만 그 가운데는 과거의 치욕적 역사가 개입되어 이분법적 논법에 한정되거나 일본 내 주류 문화만을 다루고 있는 것이 적지 않다. 이것이 과연 일본을 올바르게 바라보는 자세일까? 20세기 군사력이나 경제력과 같은 하드 파워로 존재감을 과시했던 일본이 21세기에 접어들어 문화를 바탕으로 한 소프트 파워를 앞세워 영향력을 확대하고 있는 오늘날의 모습을 고려할 때, 일본을 바라보는 데 있어서 시각의 변화가 필요함은 당연한 사실이다. 이는 일본을 바라보는 세계의 눈이 이미 다원화 하고 있는 오늘날의 전 세계적 동향과도 일맥상통하는 부분이다.

일본은 한국과는 비교가 되지 않을 만큼 큰 시장 규모를 지니고 있다. 일본을 다각도에서 재조명하고 객관적 시각을 바탕으로 있는 그대로의 일본을 바라볼 수 있을 때 비로소 일본이라는 매력적인 시장을 공략할 수 있을 것이며, 이것이 곧 자기 역량의 확대로 이어지지 않을까. 이러한 자세야말로 글로컬화하고 있는 오늘날을 살아가는데 필요한 자세라고 생각된다.

7

현대 중국의 문화코드

문화콘텐츠와 문화코드
글로컬시대를 디자인하다

7

현대 중국의 문화코드

1. 중국의 문화코드

문화[1]라는 것은 광범위하며 이에 대한 정의는 연구자마다 다를 것이다. 일반적으로 문화라는 용어는 라틴어의 'cultura'에서 파생한 'culture'를 번역한 말로 본래의 뜻은 '경작(耕作)'이나 '재배(栽培)'였는데, 나중에 교양·예술 등의 뜻을 가지게 되었다. 문화는 여러 가지 뜻을 내포하고 있지만 일정한 고정성과 전승성을 가지고 있고, 특정 지역의 습관·생활방식 등과 깊은 관계가 있음을 알 수 있다. 문화는 사람들의 사유 방식을 제약하고 사람들로 하여금 특정한 문화기질을 나타나게 하며, 특정지역에서 형성된 특정한 문화 양식

1 영국의 인류학자 E. B. 타일러 저서 『원시문화(Primitive Culture)』(1871)에 따르면 문화란 "지식·신앙·예술·도덕·법률·관습 등 인간이 사회의 구성원으로서 획득한 능력 또는 습관의 총체"라 할 수 있다. 크리스 젠크스는 문화는 "사회적 범주로서, 한 종족의 전체 생활 방식에 의해 결정된다. 문화의 개념을 사회학과 인류학의 관점에서 보면, 다원주의적이며, 잠재적이고 민주적인 것이라 할 수 있다."고 정의했다.

으로 표현된다. 한편 대중문화(mass culture)는 복잡하고 많은 것을 포괄하는 말이다. 대중문화는 이윤 창출을 목적으로 대량으로 생산되며, 대량으로 소비되는 상업주의 문화를 말한다. 대중문화가 주목받는 이유는 현대사회의 지배적인 문화형태이기 때문이다.

중국은 1911년 신해혁명으로 청조가 붕괴하고, 본격적인 '현대화(現代化)' 기획이 시작된 1919년(5·4운동)부터 1949년까지 30년은 정치 혁명의 시대였다. 1949년 중화인민공화국이 성립되고 중국은 '근대'에서 '현대'[2]로의 전환을 맞았다. 특히 1978년 개혁개방을 추진하며 적극적으로 해외자산과 기술을 받아들였다. 이른바 '사회주의 시장경제'의 도입 후 중국 경제는 눈부시게 성장했으며, 다수의 백만장자를 양산하고 있는 반면 업종별·지역별 소득격차는 나날이 커지고 있다.

중국의 문화는 1949년 이후 주로 정치적 이데올로기의 선전수단으로 인식되었다. 그러나 1978년 개혁개방 이후 문화에 대한 국가의 인식에도 조금씩 변화가 생기게 되었다. 시장화의 물결이 일어나면서 중국에서도 서서히 대중문화를 하나의 산업[3]으로 인식하기 시작한 것이다. 그러다가 21세기에 들어서면서 문화산업을 본격화하기 시작하였다.

본고는 현대 중국의 문화를 살펴보고 그 가운데 중요한 단어로 떠오르고 있는 단어, 즉 코드를 찾는 것을 그 목적으로 한다. 이를 위하여 중국의 정치문화·경제문화·사회문화·콘텐츠 향유문화인 네 부분으로 나누어 현대 중국의 문화 코드에 대하여 살펴보고자 한다.

2 리샤오홍·김혜준(2000), 『중국현대산문론』, 범우사, p.28.

3 중국에서 영화를 포함한 '문화'부문에 대해 '산업'이라는 용어를 사용하기 시작한 것은 매우 최근의 일이다. '산업'이라는 용어는 시장경제체제에 입각하여 투자, 자본의 운용, 이윤의 회수 등에 초점을 맞추는 용어임에 반해 '사업'은 국가의 관리, 감독 및 정책적 지도가 중요하다는 함의를 가지고 있다.

2. 중국의 정치·경제

1) 중국특색의 사회주의

중국은 1949년 마오쩌둥(毛澤東)을 중심으로 중화인민공화국을 수립한 이래 정치적으로 공산당 일당 체제를 유지하고 있다. 중국의 정당은 내부적으로 보면 한국의 여당과 야당의 관계가 아닌 참여당의 관계로 존재하며 정책의 결정자가 아닌 조력자로서 존재하고 있다.

마오쩌둥의 사회주의 정권 기간 동안 대약진과 문화대혁명[4], '죽의 장막'으로 비유되던 폐쇄성으로 인해 혼란을 겪어 왔던 중국은 제2세대 지도자인 덩샤오핑(鄧小平)이 집권하고 1978년 개혁개방을 추진하여 '사회주의 초급단계론(社會主義初級階段論)'을 제시하며 중국의 사회주의에 자본주의를 접목하였다. 이는 제국주의를 겪은 중국이 제대로 된 자본주의를 겪지 못했기 때문에 자본주의 메커니즘을 수용하여 체제 외 개혁, 증량개혁을 실시하려는 의도에서였다. 전례 없는 '중국적 사회주의'의 시작이다.

〈표 1〉 사회주의 초급단계

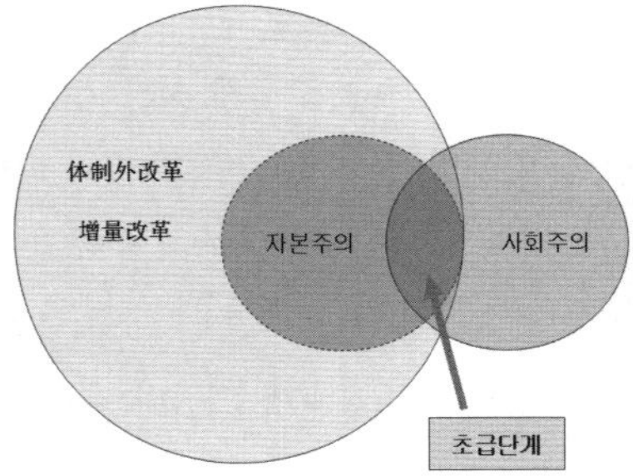

(C) 매경－외대 차이나 CEO 글로벌 전략과정 제11, 12강 현대중국 정치경제 환경의 이해 강의자료

마오쩌둥의 신중국 수립 이전의 중국은 대약진과 문화대혁명에서 볼

4 1966년 8월 8일 중국공산당 중앙위원회에서 마오쩌둥이 '프롤레타리아 문화대혁명에 관한 결정안 16개조'를 발표함으로써 시작되었으며 홍위병(紅衛兵)이 전국 각지에 진출하여 마오쩌둥 사상을 찬양하는 시위를 하였다. 또한 인민해방군이 학교, 공장, 정부기관을 접수하여 간부, 지주, 지식인을 학살하였다. 1976년 마오쩌둥이 사망하며 사실상 문화대혁명은 종결되었다. (羅金義(2009), 『當代中國80詞』, 汇智出版社, p.23.)

수 있듯이 보수적인 사회주의를 주장하였다. 그러나 1978년 덩샤오핑의 개혁개방 이후 중국은 '사회주의 초급단계론'에 의거 사회주의와 시장경제를 동시에 운영하는 '중국특색의 사회주의'를 통해 적극적으로 해외자산과 기술을 받아들였으며, 30년 만에 지난 수 세기에 걸친 '대국'의 꿈을 실현하였다. 하지만 중국이 제 아무리 적극적으로 외국문물을 수용하고 있다 하더라도, 중국은 본질적으로 사회주의 국가이며, 공산당의 일당집권은 변하지 않고 있다.

2) '꽌시'와 '미엔즈'로 통하는 중국

중국은 유구한 역사를 가지고 있으며, 유교의 영향을 받은 나라이다. 공자(孔子)와 맹자(孟子)가 말하는 도덕의 원리는 가족관계를 근거로 발전한 것이며 '친소(親疎)'의 잣대에 의해서 결정된다는 것을 잘 보여주고 있다. 친소의 원리는 지역적, 혈연적인 요소와 결합하여 더욱 복잡하고 끈끈한 인간관계의 원리를 말하는데 오늘날 중국인들의 "꽌시(關係)"의 배경이 되었다.[5]

중국인에게 있어 '꽌시'는 단순히 개인과 개인의 관계를 규정짓는 것이 아니라 국가의 경영이나 경제 시스템의 기저를 이루는 엄연한 실체이다. '꽌시'는 일반적으로 혈연, 지연, 학연 등에 의해서 맺어지는데, 의형제를 맺는 것과 같이 인위적이거나 일상생활 속에서 우연히 맺어지기도 한다. 하지만 이 때문에 법보다 '꽌시'가 우선하는 감성에 치우쳐 일을 처리하면서 부정부패가 만연하는 사회문제를 야기하게 되었다.[6]

중국인의 또 다른 특징은 체면을 나타내는 '미엔즈(面子)'이다. 중국인

5 강진석(2004), 『중국의 문화코드』, 살림출판사, pp.58-59.
6 강준영·전병곤(2007), 『한권으로 이해하는 중국』, 지영사, p.88.

은 '미엔즈'를 매우 중시한다. 우리나라에서 사용하는 '체면'과 비슷하지만 그 의미가 보다 무겁고, 자존심, 자긍심, 명예 등이 두루 포함되어 있다. 중국인은 자존심이 강한 민족이며 상대방의 '미엔즈'를 손상시키지 않고 오히려 세워주는 것을 중시한다. 예를 들어, 회사에서 부하직원이 잘못을 했더라도 다른 사람들이 있는 장소에서 면박을 주어서는 안 된다. 또한 상대방의 초대에는 반드시 응해야 한다. 여러 차례 응하지 않는다는 것은 상대방의 '미엔즈'를 무시하는 것으로 해석될 수 있다.

여기서 중요한 것은 중국인을 만날 때 몇 차례의 식사와 선물을 통해 안면을 익히고 친근한 관계가 되면 '꽌시'가 이루어졌다고 생각하거나 필요한 일이 있을 때 만나서 부탁을 하고 그에 적합한 대가를 치루는 관계라고 생각하다면 큰 오산이다. 중국인들은 사람을 한 번 만나면 10년 동안 의심을 한다는 말이 있을 정도로, 몇 차례의 만남만으로는 상대에게 믿음을 주지 않는다. 더군다나 서로 신뢰가 쌓이지 않은 상태에서 자신을 이용하기 위해 신속히 접근하다는 느낌을 받았을 때는 오히려 역작용을 불러일으킬 수 있다. 이는 '꽌시'가 대가성의 물적 관계가 아니라 상호간의 신뢰로 이어져 있는 인적 네트워크에 기반을 두기 때문이다.[7]

3) 저축을 선호하는 배금주의

1978년 개혁·개방 이후 중국인들의 취업은 '총포총배(總包總配)' 방식으로부터 '자기선택'으로 변화하였다. 즉 국가가 직업 여탈권을 틀어쥐고 인민들에게 배치하던 시대가 끝난 것이다. 개혁·개방이 시작되자마자 중국인들은 느닷없이 자기 스스로 직업을 선택해야 했고, 취직경쟁이란 현실과 만나야 했다. 구직·취업난·해고·실업 등 말로만 들었던 자본주

7 이종민(2007), 『글로벌 차이나』, 산지니, p.239.

의 시장경제 하에서의 여러 상황과 부닥치게 됐다. 이는 판텐푸디(翻天覆地), 즉 '천지가 뒤집히는' 엄청난 변화다. 그 결과 옛날에는 출신성분이 직업 배치를 많이 좌우했지만 이젠 개인의 능력과 노력이 자신의 인생 설계와 명운을 좌우한다.[8]

스스로 자본을 축적할 수 있는 시장경제의 도입은 중국인들의 직업관에도 영향을 주었다. 돈 맛을 알아버린 중국인들에게 좋은 직업의 척도는 다름 아닌 '수입'이다. 베이징에 있는 시장 조사기구 CRT가 중국 젊은 세대들을 대상으로 직업관, 특히 이직률에 대한 설문 조사를 한 적이 있다. 그 결과 응답자의 70% 이상이 입사 후 1년 이내에 이직한 적이 있다고 답한 것으로 나타났다. 중국인들의 잦은 이직의 이유는 무엇보다도 직업선택에 있어 가장 중요한 기준을 '수입'에 두고 있기 때문이다.[9] 개혁개방 이후 중국에 배금주의가 다시 고개를 들며 성과주의적인 성향을 보이게 되었고, 규칙을 어겨서라도 목표를 달성하려는 결과지향적인 초법주의(超法主義) 경향 역시 두드러졌다. 한 해의 복을 비는 새해인사도 '돈 많이 버십시오.(恭喜發財)'로 대신한다. 또한 손님을 대접할 때 일반적으로 물고기 한 마리를 통째로 상에 올리는데, 이는 해마다 넉넉한 생활을 기원한다는 '녠녠여우위(年年有餘)'의 의미로 중국어의 魚(yu)와 餘(yu)가 같은 음으로 발음되기 때문이다.

역사적으로 전쟁과 난(亂), 가뭄과 홍수 등 수많은 재앙을 겪어온 중국인들은 미래에 대한 불확실성 때문에 투자보다는 저축을 선호한다. 최근 중국이 전반적으로 안정되면서 부동산 투자와 증권투자가 늘어가고 있는 추세이긴 하지만 아직 불안감을 버리지 못하는 대부분의 사람들은 여전히 투자 대신 저축을 선택하고 있다. 2005년 상반기 중국인민은행이 실시

8 허민, 「中도 자기책임 아래 직업선택」, 문화일보, 2006년 04월 04일
9 우수근(2006), 『21세기 한중일 삼국지』, 두리미디어, p.113.

한 설문조사에 따르면, 조사대상의 33.4%는 '여윳돈을 저금 하겠다'고 답했다.[10] 중국인이 이처럼 저축을 선호하는 이유는 사회보장제도의 미비도 있다. 물론 의료보험과 연금 등의 정책이 있으나 아직은 불충분하여 모든 국민이 충분한 혜택을 받기가 쉽지 않기 때문이다.

4) 신뢰, 과시, 체면, 중화사상을 중시하는 중국인의 소비

중국 정부는 개혁개방의 성공에 따른 경제 발전의 성과로 생활수준이 원바오(溫飽)에서 샤오캉(小康) 단계로 진입했음을 선포하였다. 즉, '따뜻하게 입고 배불리 먹을 수 있는 단계'를 넘어서 이제 '여유 있는 생활 단계'로 들어섰다는 뜻이다.

동부 연안 지역은 중국 경제의 중심지이자 생산과 소비의 중심지이기도 하다. 중국에 진출하는 한국의 기업도 대부분 동부지역에 분포되어 있다. 하지만 중국은 지역별 특성이 강해 소비유형도 지역별로 차이를 보인다. 중국의 주요 지역별 특성을 정리해보면 다음과 같다.

〈표 2〉 중국인의 지역적 특징

지역	기 질
베이징 (北京)	• 매우 실질적이며 남에게 성실한 인상을 주기 위해 노력(정치적 색채/문화 강조) • 좋은 물건은 허풍을 안 떤다.(貨好不用吹) • 가능한 모든 수단을 이용한다.(跟着哄)
상하이 (上海)	• 경제적 이익이 상거래의 유일한 기준(이익 없는 일은 절대 하지 않는다.) • 합리적 계산(분수에 넘치는 이익은 추구하지 않는다.) • 작은 문제에 집착하는 경향, 일단 해결되면 빠르게 진행 • 규칙 준수, 계약을 체결하면 규정대로 집행

10 「중국인의 금전관」, 『중국신문』, 2005년 11월 30일

지역	기 질
	• 신용거래 중시 • 프라이드 강함. • 국제감각, 살롱문화
광둥 (廣東)	• 금전 없는 교류는 필요 없음(有錢→有地位→有面子) • 외양 중시, 과시욕 강함 • 사업개척에 적극적(모험정신), 도전정신 • 시간관념, 패스트푸드
톈진 (天津)	• 실질적, 상품품질 중시 • 신뢰중시, 업무시 상대방을 존중(敬業) • 과학적 사고 중시, 국제관례 중시 • 수신제가치국평천하(修身齊家治國平天下) 중시(예절)
둥베이 (東北)	• 정서상의 교류, 투자 중시 • 호방한 기질, 대담성 중시(大人숭상 / 海量) • 직설적, 말이 앞서는 경향 • 정치적 보수 색체 • 술이 없으면 사업이 성사가 안되고, 술자리에서 사업을 이야기한다(無酒不成商, 酒場談生意)
산시 (山西)	• 근검절약 정신, 자주성가 강조 • 신용과 품질 강조 • 공평경쟁, 박리다매 • 담당자와 직접 상거래 가능 • 인재 중시
스촨 (四川)	• 사업에 적극적이지 않음 • 인재 풍부, 담력 큼 • 공평, 협력 강조 • 신뢰, 신용, 절충, 조화 강조
후난 (湖南)	• 성실, 근검, 다재다능 • 품질중시 • 대담, 호방한 기풍 • 성격이 급함 • 정계, 군부 인물 다수 배출 • 직설적이나 매우 유연함
산둥 (山東)	• 성실, 신용 중시 • 모험정신 박약 • 호방함(음주문화)

지역	기 질
	• 양심에 위배되는 일은 하지 않고, 친구에게 손해를 끼치지 않는다. • 일부 손해 감수, 그러나 상대방의 사기 행위에는 매우 엄격
쩌지앙 (浙江)	• 상업 전통이 강함(창조정신, 개척정신, 사상해방 정신) • 현실 중시 • 항주: 지역관념 강함 • 녕파: 대담한 협력 • 온주: 중국의 유태인
푸지엔 (福建)	• 상업정신, 모험정신, 해양성 문화 • 石獅人: 자본주의 정신(해양 실크로드), 화교자본의 연계
지앙수 (江蘇)	• 안정제일주의 • 예절중시, 소박 • 언어의 유희 • 장점 강조, 단점 회피 • 독립적 경영, 직접 경영

(C) 『한권으로 이해하는 중국』

위의 표에서 볼 수 있듯이 북방지역은 작은 것에 연연하지 않고 의리, 신용, 체면을 중시하며 허영심이 있다. 만약 베이징의 택시가 현대 쏘나타라고 하여 중국에서의 한국 승용차 수요가 크게 늘 것이라고 예상한다면 큰 오산이다. 베이징 사람들은 '택시로 사용되는 차는 내 자가용으로 쓰지 않을 것'이라고 생각하기 때문이다. 반면에 남방지역은 실리를 중시하며 사업가 기질이 충분하다. 하지만 남방지역에서도 지역 간 차이는 존재한다. 만약 스타벅스가 상해와 광동에 진출할 계획을 하고 있다면 지역 특징상 상해에는 커피숍을 만들고, 광동에는 테이크아웃(take out) 전문점을 만드는 것이 현명할 것이다.

중국의 역사적·문화적 배경에 입각하여 중국인의 소비 특성에 대해 살펴보면 우선 중국인들은 믿을 수 있어야 지갑을 연다는 특징을 꼽을 수 있다. 이를 신뢰 신드롬(credibility syndrome)이라고 한다. 한국의 유수 홈쇼핑 업체들이 중국에 진출한 지도 몇 년이 지났지만 중국 홈쇼핑

시장은 생각만큼 크게 성장하지 못하고 있으며 방문판매가 주를 이루고 있다. 그 원인은 중국인의 '믿지 못하는' 소비 특성 때문이다. 이는 마케팅에서 말하는 '구전(word of mouth) 효과'가 중국인의 소비 성향에 매우 중요하게 작용한다는 단적인 예가 될 것이다. 다음으로 과시를 위한 소비, 현시성 신드롬(conspicuous syndrome)을 들 수 있다. 중국 주방의 경우 폐쇄적인 특성으로 인해 중국인들은 백색가전[11] 구매에 많은 돈을 쓰지 않는다. 반면 현시성(現示性)이 강한 제품에 빠른 고급화 추이가 나타나고 있다. 가전제품 중에서도 TV의 경우 손님을 맞이하는 거실에 위치하기 때문에 PDP, LCD TV 등 값비싼 제품이 많이 팔린다. 또한 비싼 휴대전화를 구입하는 이유도 이러한 것에 기인한다. 셋째, 체면을 중시하는 미엔즈 신드롬(showing-off syndrome)이다. 중국인들은 남에게 보이는 것, 체면을 위해서는 과소비도 불사하는 특성이 있다. 이에 외식할 때 식당에서 지나치게 많은 음식을 주문하는 습관이 있다. 명품시장이 빠르게 성장하는 이유도 이와 일맥상통 한다. 마지막으로는 중국이 세상에 중심이라는 팍스시니카 신드롬(pax-sinica syndrome)이다. 중국인들에게는 중국이 세상의 중심이라는 중화(中華) 사상이 자리잡고 있다. 지금 중국은 온통 해외브랜드로 넘쳐난다. 그러나 해외 브랜드의 선호 경향은 오히려 '중국은 세상의 중심이므로, 이문화에 대해서도 주체적으로 수용할 수 있다.'는 입장을 대변한다고 볼 수 있다.[12]

그리고 중국인들은 상품을 선택 할 때 브랜드 네이밍을 중요시 한다. 특히 중국시장에 진입하기 위해 중국어 네이밍이 필요한 이유는 다음과

11 백색가전이란 과거 GE사가 냉장고·세탁기·에어컨·전자레인지 등은 백색으로 통일(백색가전)하고 TV 등 오디오·비디오 제품은 갈색(갈색가전)으로 통일하면서 굳어진 용어다. 냉장고나 세탁기는 제품 특성상 청결한 이미지를 강조해야 한다는 점 때문에 제품 개발 초기부터 흰색을 즐겨 써왔다. 그런 연유로 이 제품들이 백색가전으로 불려 왔다.

12 배영준(2008), 『차이나 트랜드』, 토네이도, pp.41-47.

같다. 첫째, 중국의 일반 소비자에게 영어는 아직도 쉬운 언어가 아니다. 둘째, 영어의 발음 중에는 중국어에 존재하지 않는 발음이 있으며 또한 같은 철자도 다르게 읽히는 경우가 있다. 셋째, 브랜드 네임은 브랜드의 핵심이기 때문에 이것을 마음대로 불리도록 해서는 안 되며 기업의 이미지를 지속적으로 관리하고 키워가기 위해서는 네이밍은 매우 신중하게 고려되어야 한다. 넷째, 적절한 중문이름은 중국뿐만 아니라 동남아시아의 화교권 및 세계 화교시장의 소비자들로부터 인정받기 쉽다.[13]

같은 한자 문화권인 한국기업은 종종 이름을 한자로만 바꾸어 중국에서 사용하는 경우가 많다. 하지만 중국어 글자에 어떤 의미가 포함되어 있는지 문화적 차이점을 확인할 필요성이 있다. 예를 들어, '동양(東洋)'이라는 이름은 아시아지역을 통틀어 나타내는 말로 많이 사용되고 있다. 하지만 중국어에서 '동양(東洋)'은 일본을 지칭하는 말로 '東洋鬼子(똥양궤이쯔)' 즉, 중국을 침략한 일본군에 대한 경멸과 혐오의 이미지를 나타낸다. 그래서 동야제과의 오리온 초코파이는 동양이라는 이름은 빼고 '好丽友·派(하오리여우 파이)'라는 이름과 중국인들이 좋아하는 빨간색 포장으로 중국시장에 진입해 큰 성공을 거두었다.

그리고 일본의 대표적인 자동차 기업 '마쯔다(松田)'는 중국에서 그 이름을 쓰고 있지 않다. 도요타(豊田), 히타치(日立) 등은 중국에서 그대로 사용되지만 마쯔다의 '松田'은 그대로 사용하면 기업의 이미지에 치명적일 수 있다. '松田'는 '쏭티엔'이라고 읽으며 그와 같은 발음으로 '送天'이 있다. 이는 '하늘로 보내다'라는 뜻으로, 중국 사람들은 마쯔다 차량을 탈 때마다 '하늘로 보내질 것 같은' 불길한 느낌을 받을 수 있는 것이다. 그래서 전통적인 '松田'이라는 이름대신 '마쯔다'를 음역하여

13 이승영·김석태(2006), 「중국 진출 외국기업의 중국어 네이밍에 관한 연구」, 『무역학회지』, vol.31, no.1, p.154.

'馬自達(마자달)'을 사용하고 있다.

위와 같은 부정적인 네이밍이 있는 반면, '우리은행'의 영문표기는 'Woori Bank'로 'worry(걱정)'라는 단어와 소리가 비슷해 한때 부정적인 평가를 받았다. 하지만 중국에 진출한 후, 우리은행은 '友利银行(여우리인항)'이라는 이름으로 긍정적인 평가를 받고 있다. 중국인들은 '우리(友利)'에서 우호(友好)와 이익(利益)이라는 의미를 떠올렸던 것이다.

역사적인 요인으로 인해 중국은 지역감정과 지역간 경쟁의식이 강하다. 따라서 농심에서 선보인 '상해탕면(上海湯面)'은 상해지역에서는 좋은 판매실적을 보일지 몰라도 베이징에서는 실적이 저조할 수 밖에 없다. 상표로부터 전해지는 지역 감정에 의한 것이다. 그래서 대부분의 전국적인 브랜드는 의성어나 의태어로 만들어지는 경우가 많다.

3. 사회문화

1) 의생활 – 당장(唐裝)

중국에는 "사람은 옷, 말은 안장" "30%는 생김새, 70%는 의상"이라는 말이 있다. 이 말들은 모두 복장이 사람의 이미지에 미치는 중요성을 가리킨다.[14]

청나라의 공식 의복이었던 긴 두루마기에 마고자는 손문이 창도하고 설계한 신식 국산 복장인 중산복(中山服)과 박래(舶來: 배를 타고 서양에서 건너 왔다는 의미에서 이용됨) 양복으로 바뀌었다. 중산복은 실용적이고 간편하며 혁명적인 모습을 보여 주어 단시일 내에 보급되었으며, 중국의 국민 의복(國服)이 되었다. 만주 민족 복장인 기포(旗袍: 치파오)는 개량을 거듭한 끝에 옷감이 적게 들고 만들기 쉬우며 인체의 곡선미를 잘 드러내 보일 뿐만 아니라 사계절 언제나 착용 할 수 있어서 상하 귀천

14 장범성(1999), 『현대 중국의 생활문화』, 한림대학교출판부, p.77.

(C) 百度图片

[그림 1] 치파오(旗袍)

(C) 百度图片

[그림 2] 중산복(中山服)

(C) 百度图片

[그림 3] 박래양복(舶來西裝)

을 막론하고 모두 즐겨 입는 국민 의복이 되었고, 중국 여성미의 상징이 되었다.

(C) 百度图片

[그림 4] 당장(唐裝)

(C) 新华网

[그림 5] 당장(唐裝)

그러가하면, 문화대혁명 때 "가장 혁명적"이라는 깃발아래 사람들은 다투어 녹색 군복을 입었다. 그때는 어디를 가나 "흑색, 회색, 남색"의 세상이었다. 일 년 사시사철, 남녀노소를 불문하고 입는 옷이 동일하였다.[15]

최근 중국에는 우리나라의 개량 한복 또는 생활한복과 유사한 개념인 당장(唐裝, 당은 중국을 대신하는 말, 차이나타운(China Town)도 당인가(唐人街))이 나타났다. 2001년 10월 상하이에서 있었던 APEC 정상회의에서 장쩌민(江澤民)주석을 비롯한 다른 국가 정상들이 당장을 입은 것을 계기로 크게 유행하고 있다.

2) 식생활 – 의식주 NO!, 식의주 YES!

중국에는 '백성에게는 먹는 것이 하늘이다.(民以食爲天)'라는 말이 있다. 먹는 일은 살기 위해 무엇보다 중요한 일이고, 먹는 것이 해결되지 않으면 다른 일을 할 수 없다. 즉, 먹는 것은 인간의 본성인 것이다.[16]

15 이벤허(1995), 『중국인의 생활과 문화』, 김영사, p.250.

(C) 百度图片

[그림 6] 중국 음식

(C) 百度图片

[그림 7] 중국식 테이블

그래서 역대 천자의 최대 과제는 백성을 어떻게 먹이느냐였다.

현재 중국의 음식문화는 색·향기·맛 그리고 모양과 담아내는 그릇이 함께 어우러져 전 세계적으로 명성을 떨치고 있다. 하늘에서는 비행기, 바다에서는 잠수함, 그리고 육지에서는 네 다리 달린 책상을 제외하고는 모든 것을 이용하여 음식을 만든다는 우스갯소리가 있을 정도로 중국인이 사용하는 식재료는 상상을 초월한다.[17]

중국은 지리·기후·생산물·풍습 등에 따라 독특한 음식문화가 형성되었다. 중국요리는 크게 4대 계열인 쑤(蘇), 위에(粵), 촨(川), 루(魯)로 나눌 수 있다. 쑤차이(蘇菜)의 발원지는 쑤저우·항저우·양저우로, 남쪽 지방의 청량함과 북쪽 지방의 풍부함을 모두 가지고 있다. 위에차이(粵菜[18])의 발원지는 광저우로, 해산물과 야생동물을 주재료로 이용하며, 청량함·신선함·미끈함을 강조하고 찜·볶음 등 원재료의 맛을 최대한 살릴 수 있는 방식으로 조리한다. 촨차이(川菜)의 발원지는 쓰촨성으로 기름지며 매운 음식이 많다. 루차이(魯菜)의 발원지는 산뚱성으로, 특수한 재료를 이용하여 풍부한 맛을 지니고 있는 것이 특징이다.[19]

16 이중톈(2008), 『이중톈, 중국을 말하다』, 박경숙 옮김, 은행나무, p.27.
17 이규갑 외(2006), 『중국 문화 산책』, 학고방, p.247.
18 예로부터 광둥지방을 “위에(粵)”라고 불렀다. 광둥요리를 “위에차이(粵菜)”라고 부르는 것은 바로 이 때문이다.

그러나 개혁·개방과 더불어 서구 문명이 물밀듯이 들어오고 있다. 그 중 햄버거·프라이드치킨 등 패스트푸드가 보수적이고 까다롭기로 정평이 난 중국인들의 입맛을 바꾸어 놓으면서 중국 대륙의 시장을 잠식하고 있다. 중국 곳곳에서 맥도날드(麥當勞) 외에 KFC(肯德基)이나 피자헛(必勝客) 등의 간판을 볼 수 있다. 중국어로 이러한 패스트푸드를 '콰이찬(快餐)'이라고 부른다. 이들 콰이찬에서 파는 음식들은 중국인들의 임금 수준으로 볼 때 결코 싼 가격이 아닌데도, 항상 손님이 붐비는 까닭은 중국식당에 비해 위생상태가 좋으며 서비스가 친절한데다 고급스럽고 깨끗한 실내장식 때문이다.[20]

(C) 中国晚报

[그림 8] 맥도날드(麥當勞)

(C) 中国晚报

[그림 9] KFC (肯德基)

(C) 中国晚报

[그림 10] 피자헛(必勝客)

19 리앙쩐웨이 주편(2009), 『한손에 잡히는 중국』, 한인희·강준영·정상기 옮김, 지영사, p.56.
20 장범성(1999), *op. cit.*, pp.125-127.

3) 주생활－주거를 넘어 투자수단으로

중국인들은 예로부터 부자가 되면 새집을 짓기를 좋아한다고 한다. 그러나 현재 중국 도시지역의 토지는 국유화되어 개인이 살 수 없다.[21] 중화인민공화국 건국 후 사회주의 국가 중국에서는 주택도 식료품처럼 정부나 직장에서 분배하는 방식을 취했다. 이렇게 분배가 되는 주택을 공유(公有)주택, 즉 공방(公房)이라 한다. 직장에서의 직위, 가족 수 등에 따라 배분되는데 대략 60㎡를 넘지 않았다.

1994년도에 들어서부터 주택을 현물로 분배하여 거주 문제를 해결하는 기존의 체제에서 급여 등으로 보조금을 지급해 거주 문제를 해결하게 하는 체제로 변화가 시도되면서, 주택공적금(주택기금)제도가 도입되었다. 1998년 7월부터는 이 제도가 전면적으로 시행되었다.[22] 이로 인하여 정부나 국유기업이 전담해오던 주택공급제도가 1998년 이후 완전히 폐지되어 중국의 주택이 상품으로서 거래되면서 아파트가 주거의 개념을 넘어 재테크 수단이 되었고 집 때문에 중국 인민이 울고 웃는 현상이 빈번해졌다. 일반 국민은 더 이상 주택분배를 기대할 수 없게 된 반면,

(C) 百度图片

[그림 11] 공방(公房) 외관

(C) 百度图片

[그림 12] 공방(公房) 주방

21 장젠화(2004), 『우리가 몰랐던 또 하나의 중국』, 장인영 옮김, 넥서스, p.45.

22 한상윤, 「중국의 주택제도」, 『상하이 저널』, 2009년 02월 05일. (http://www.shanghaibang.net)

주택을 통한 재산증식이 가능하다는 인식을 갖게 되었다. 아울러 물가안정과 금리인하라는 변수로 주택담보대출이 활성화 되면서 중국의 주택경기는 호황을 맞았다.[23] 현재 중국 부동산시장은 주택체재 개혁, 개인소득 향상 및 주택금융의 신속한 발전에 따라 최근에도 여전히 성장세를 구가하면서 공급과 판매 모두 증가 추세이다. 이제 중국인에게 주택은 주거의 개념을 넘어 소유 또는 재산 가치로 변화하였다.

4) 사회성격－뿌리 깊은 남성 중심 사회

인류 사회가 모계씨족사회로부터 부계씨족사회로 넘어가면서 여성의 사회지위가 점차 약화되면서 남성의 역할이 상대적으로 강화되었다. 이와 함께 유가 사상은 전통 중국 사회에서 지배적 우위를 차지하였다. 유가의 경전들은 모두 남존여비의 여성관을 기초로 한다. 이로써 여성의 지위는 격하[24]되었다. 유교에는 복종해야 하는 지위, '죽을 때까지 한 사람을 좇는(從一而終)' 혼인, 정조를 지키고 수절해야 한다는 관념 등이 내포되어 있다.[25]

그러나 오늘날 중국 여자의 지위는 상당히 많이 변했다. 1949년 중화인민공화국이 성립된 이후 1950년 5월 선포된 「혼인법」은 여성에게 이혼할 권리와 부모의 간섭 없이 배우자를 선택할 권리를 부여했으며, 민며느리제와 여아의 매매혼 등의 금지를 명시하였다. 이는 중국 역사상 첫 번째 이혼 붐을 일으켰고, 사회적으로 큰 반향을 일으켰다. 또한 같은 해에 공포된 「토지개혁법」은 여성들에게 실질적인 재산을 주어 여성에게

23 박용석(2007), 『중국 주식투자의 정석』, 위즈덤하우스, p.366.

24 대표적인 것은 "여자는 재주가 없는 것이 덕이다(女子無才便是德)"라는 구절이다. 또한 유교의 시조인 공자는 "여자와 소인은 기르기 어렵다(唯女子與小人難養也)"고 했다.

25 박병석(2006), 『중국 사회와 문화의 이해(상)』, 현학사, p.79.

동등한 재산 권리를 보장했고, 1966년에 시작된 문화대혁명은 비림비공 운동(批林批孔運動) 등을 통해 전통적인 가족 구조를 비판했으며, 여성에게 생산뿐 아니라 정치참여까지 요구하였다.

이러한 성과로 최근 중국의 성별 평등의 환경은 많이 개선되었다. 그러나 수천 년 내려온 남존여비의 역사는 단기간에 해소되기는 어려울 것이다. 사회의 변화와 시장 경제의 발전이 제도적인 면에서도 아직 불완전한 면이 많고, 또 경제의 세계화가 개발 도상 국가의 여성들에게 미치는 영향 등으로 인해 중국의 현실생활에 있어 남녀의 불평등은 여전히 존재하고 있다.[26] 중화인민공화국 성립 이후 남녀평등이 이루어졌다고는 하나

(C) 百度图片

[그림 13] 중국의 불교

(C) 百度图片

[그림 14] 중국의 도교

(C) 百度图片

[그림 15] 중국의 이슬람교

26 계명대학교여성학연구소(2007), 『여성들의 삶의 관점에서 본 한 중 지역 여성정책』, 계명대학교출판부, p.39.

이 또한 성차별이 없어진 것이라기보다는 여성이 남성화 되었다고 보는 것이 더 적절하다. 이에 아직도 중국은 남성중심의 사회이며 이러한 사회에서 남녀평등은 오히려 여성을 가정과 사회에서 동시에 일을 해야 하는 책임을 지게 하였다고 볼 수 있다.[27]

5) 종교－공산당 통제 하의 종교의 자유

고대부터 중국은 자생 종교가 성립할 수 없는 특수한 생활 조건을 지니고 있었지만 그렇다고 종교가 전혀 존재할 수 없는 곳은 아니었다. 종교가 발생하지 않았기 때문에 중국은 오히려 종교에 대해 개방적 태도를 가지게 되어 다신교(多神教)가 보급될 수 있었다. 대략 기원 후 1세기부터 세계 3대 종교가 중국에 전래 되었는데 이들은 비록 외래 종교이지만 중국의 고유문화와 쉽사리 결합하였고 중국 전통 문화의 일부분으로 성립되는 과정을 거쳐 현재에 이르고 있다. 중국의 종교 신자들이 신봉하는 종교로는 주로 불교·도교·이슬람교·천주교·기독교 등이 있다. 현재 중국에는 1억여 명의 각종 종교 신자, 10만여 개소의 종교 활동 장소, 3,000여개의 전국성·지방성 종교 단체가 있다. 약 30만 명의 종교 교직자 중 불교의 출가 승려와 비구니(僧尼)는 약 20만 명, 도교의 남승(乾道)와 여승(坤道)는 약 2만 5,000명, 이슬람교의 이맘과 아홍은 4만여 명, 천주교 성직자는 4,000명, 기독교의 목사·전도사는 2만여 명이다.[28]

중국의 주요 종교로는 불교·도교·이슬람교·천주교·기독교가 있다.

---

27 이는 여성이 남성의 행위 준칙을 준수해야 하며, 하나의 계급으로 차이가 없는 사회에서 남성과 어깨를 나란히 하고 계급투쟁에 임해야 함을 의미한다. 이에 현대 중국 여성은 새로운 중국 여성의 형상과 중책을 모두 해나가야 하는 "양 어깨에 맴(雙肩挑)"으로 정리된다.

28 네이버 백과사전

(C) 百度图片

[그림 16] 중국의 천주교

(C) 百度图片

[그림 17] 중국의 기독교

1982년 개정된 헌법 제36조는 종교 활동의 자유를 보장하고 있으나, 장기간 공산당이 집권하면서 종교가 사회 및 경제생활 전반에 미치는 영향은 크지 않다. 중국의 종교 정책은 종교 신앙의 자유를 법률로써 보호하고 분열에 반대하며 중국의 통일을 유지하고 사회 복지를 조성하며 조국과 긴밀한 연계를 맺어나가는 것이다. 중국 정부는 정책적으로 종교계 인사와 신도에 대한 단결 교육에 힘을 쏟는 동시에, 종교 활동 과정에서 그들로 하여금 신앙과 정치상의 애국을 합치시켜 애국·애교(愛教)하고 공산당의 벗이 되도록 유도하고 있다. 중국 공산당은 친정부적인 종교계와의 광범위한 통일 전선을 구축하여 주로 공산당에 협조하는 세력을 단결시키고 공산당에 반대하거나 비협조적인 세력을 고립·분열시 키면서 분리·독립운동 세력에게는 타격을 가하고 있다.[29]

이렇듯 중국 헌법은 종교의 자유를 보장하고 있다. 그러나 실제 활동은 공산당의 통제 하에서만 허용된다. 개신교의 경우 기독교삼자애국운동위원회에 등록한 '삼자(三自[30])교회'만을 인정하고 있다. 가정교회나 개척교회는 모두 불법이다. 현재 중국의 개신교신자는 1000만 명으로 추산된

29 윤휘탁(2006), 『신 중화주의』, 푸른역사, pp.192-193.

30 중국의 三自교회란 自立, 自養, 自傳을 모토로 공산당의 승인을 얻은 합법적인 교회를 뜻한다.

다. 이 가운데 삼자교회 소속은 200여만 명이다. 중국이 염려하는 것은 80%에 달하는 등록되지 않은 교회의 움직임이다. 개혁개방 이후 중국에서 기독교가 크게 확산되자 당국은 기독교 사상이 사회주의 체제를 균열시키는 제2의 파룬궁[31]이 되지 않을까 노심초사하고 있다. 특히, 최근 선교단체에서 탈북자나 위구르인들의 망명을 주선한 사실이 알려지면서 신경을 곤두세우고 있다.[32]

4. 중국 대중문화 콘텐츠

대중문화는 이윤창출을 목적으로 대량으로 생산되며, 대량으로 소비되는 상업주의 문화를 말한다. 이러한 대중문화가 중국에서도 주목받는 이유는 현대사회의 지배적인 문화 형태이기 때문이다.[33] 한편 문화콘텐츠란 상상력·가치관·생활양식 등 정신적·감성적 가치를 담고 있는 일종의 문화상품(cultural commodity)이다. 즉, 문화유산·생활양식·창의적 아이디어·가치관 등 문화적 요소들이 창의력과 기술력을 바탕으로 체화되어 유통되면서 고부가가치를 창출하는 상품이 된 것이다. 이러한 문화콘텐츠는 내용에 따라 영화·애니메이션·만화·게임·음악·캐릭터·방송·에듀테인먼트 등의 장르로 분류 할 수 있으며, 문자·음성·캐릭터·데이터·이미지·동영상 등의 형태로 표현된다. 문화콘텐츠산업이란 이와 같은 문화콘텐츠의 제작·가공·

31 파룬궁(法輪功)은 부드러운 연공과 명상으로 이루어진 중국 전통 기공수련법이며 파룬따파(法輪大法: Falun Dafa)라고도 부른다. 중국 내에서 파룬궁을 수련하는 사람들의 숫자가 1990년대 초 7천만 명을 넘어서면서 당시 공산당원수 5,600만 명을 훨씬 능가하게 되자 기하급수적으로 늘어나는 수련자 수에 위협을 느낀 장쩌민 전 국가주석과 공산당은 파룬궁 탄압을 시작하였다.

32 조운찬, 「여전히 먼 '중국의 종교자유'」, 『경향신문』, 2009년 12월 21일. http://news.khan.co.kr/kh_news/khan_art_view.html?artid=200912211808035&code=990334

33 공봉진·이강인·조윤경(2010), 『한권으로 읽는 중국문화』, 산지니, p.137.

유통·소비에 관한 산업과 이러한 과정을 지원하는 연관 산업 모두를 의미한다.[34]

중국은 21세기에 들어서면서 문화산업을 본격화하기 시작하였다.[35] 중국 정부가 2009년 9월 발표한 '중국 문화산업진흥규획(中國文化産業振興規劃)'은 전통적인 미디어를 새로운 디지털 미디어로 전환하고 기업 인수합병을 통해 거대미디어기업을 탄생시켜, 점차 대외 문화 수출을 촉진함으로써 중국 미디어 산업을 글로벌화 하는 것을 골자로 하고 있다. 문화산업진흥규획은 중국미디어 산업의 글로벌화를 추진하는 것으로써, 중국민족문화를 발전시키는 한편, 세계 우수문화와 함께 결합해 중국 고유의 문화산업 발전을 모색한다는 것이다.[36]

최근 중국 영화나 대중음악·드라마를 포함한 중국 대중문화의 특성 중 하나는 '중국적 특색'을 강조하기 위해 중국의 고대사회를 중요한 소재나 주제로 삼는다는 점이다. 이러한 특성은 전 지구적 시장에서 중국의 문화상품을 부각시키는 데 중요한 역할을 함과 동시에 내부적으로는 민족주의를 확산시킬 수 있는 가능성을 만들어내고 이전 시기 사회주의적 구심력의 빈자리를 채우는 역할을 한다.[37]

---

34 서병문(2004), 「문화콘텐츠산업은 미래경쟁력이다」, 『사상』, vol.16, no.1, p.31.

35 중국이 문화산업 추진 배경으로는 첫째, 개혁개방 후 높아진 소득에 따라 대중문화의수요가 급격히 증가하였고 둘째, 중국 매스미디어의 급속한 증가와 전자·정보산업의 발전으로 문화의 인프라는 신속히 구축되고 있으나 이를 채울 문화콘텐츠의 공급이 따라가지 못하고 있다는 점. 마지막으로 중국 문화 산업의 양적 부족뿐만 아니라 질적 부족의 문제를 들 수 있다.

36 김성웅(2009), 「중국 《문화산업진흥규획》 발표」, 『방송통신정책』, 정보통신정책연구원, pp.58-59.

37 장이머우 감독의 <영웅> 이후 등장한 거의 대부분의 블록버스터 영화들은 과거의 일을 중요한 배경으로 다루고 있다. 드라마나 광고에서도 이런 특징은 쉽게 발견할 수 있다. 이는 90년대 이후 사회주의 이념의 약화에 따라 중국 인민들을 이념적으로 결합시켜야 할 필요성 등 여러 요인들이 축적되어 나타난 반응이다. (이응철(2009), 「세계화 시대의 중국 대중문화와 내셔널리즘」, 『한국문화인류학』, vol.42, no.1, 한국문화인류학회, pp.145-146.)

전 세계는 지금 비약적으로 발전하는 중국의 문화콘텐츠 산업에 큰 관심을 가지고 있다. 한국에서도 최근 중국의 문화콘텐츠 산업에 관한 보고서와 앞으로의 전망 등을 속속 내놓고 있다. 한국콘텐츠진흥원은 KOCCA FOCUS 10호 '중국 콘텐츠산업 현황과 시장진출 방안'을 발간했다. 이 보고서는 출판·영화·드라마·애니메이션·게임 이상 5개 부문의 중국 콘텐츠산업 현황을 살펴보고 중국 시장진출 방안으로 '중화권 프로젝트' 추진을 제안한다. 보고서는 오는 2010년 중국이 세계 2위 문화콘텐츠 산업 강국이 될 것으로 전망하였다.[38]

1) 문화현상의 중심에 선 TV와 드라마

조사에 따르면 중국 TV 분야에서 2005년 말까지 314개의 유선TV 방송국이 있고, 282개 라디오방송국, 3,240개 공중파 TV 방송국이 있다. 또한 전국에 3억 7천만대의 TV와 13억 명의 시청자가 있으며, 매년 1만여 편의 드라마가 제작하는 등 세계 1위의 규모를 자랑한다.[39]

그중 유선TV 사용가구가 1억 2,569만 가구, 디지털TV 사용가구가

38 2008년 중국 출판 산업 규모는 1169억 달러를 기록했다. 특히, 최근 수년간 디지털기술의 보급과 함께 디지털 출판산업이 빠른 속도로 성장하고 있으며 디지털 출판시장은 2012년에 7억 3099만 달러에 이를 전망이다. 다음으로 광전총국 영화국 통계에 따르면 중국 영화 연간 수입총액이 2002년 10억 위안 미만에서 2008년 43억 위안으로 증가, 세계 영화 시장에 처음으로 10위권에 진입했다. 또한 세계 최대 드라마 생산국인 중국은 2007년 기준으로 제작물이 1만4670회에 달하며 연간 투자액이 40억 위안으로 지난 2000년의 2배가 넘는 액수를 기록했다. 중국 애니메이션의 경우 2007년 매출규모는 200억 위안으로 추정된다. 2008년 세계 게임시장의 성장률이 전년 대비 6.1% 증가한 반면 중국은 2007년 61.9%, 2008년 43.7% 등 고속성장을 거듭, 2009년 상반기에는 약 30% 이상 성장한 것으로 추정된다. (김은혜, 「한국콘텐츠진흥원, 2010년 중국이 세계 2위 문화콘텐츠 산업 강국 될 것」, 『재경일보』, 2009년 12월 10일.)
http://news.jkn.co.kr/article/news/20091211/4346764.htm

39 석령(2010), 「동북아시아에서의 문화콘텐츠 교류방안－한국·중국·일본을 중심으로」, 중부대학교대학원 석사학위논문, pp.51-52.

413만 가구이며, 전파율은 95.8%로 나타났다. 2005년 공공프로그램 방송 시간은 총 1,259만여 시간이고, 광고수입만 따져도 406억 위엔이나 된다.[40]

그중 TV 드라마는 중국 대중이 가장 좋아하는 허구적인 서사 형태이다. 그것은 현대 중국인들의 생활·감정 및 사회 변화의 '현장 증인'이라 할 수 있다. 중국 특색의 시장과 국가의 제도 하에서 TV 드라마는 정치권력의 통제, 간섭과 지도를 동시에 받았다. 이에 드라마는 현대의 중국의 정치·경제·문화의 분화와 충돌을 반영할 뿐만 아니라 현대 중국 사회의 시대풍조, 가치관념, 문화조류에 대해 복잡하고도 심각한 영향을 미치고 있다.

TV 드라마는 1990년대부터 다양한 경향을 보이고 있다. 첫째, 현대화와 개혁, 사회주의, 애국주의를 미화하거나 지지하는 주선율(主旋律)영화[41]경향이다. 둘째, 시장의 추동력과 국가의 지원 하에 각종 액션물과 멜로물·코미디물·홍콩의 영향을 받은 무협물 등 비정치적이면서 상업적인 TV 드라마가 쏟아져 나왔다. 셋째, 황하나 황토지를 포함한 동양식 저택 등이 영화 속에서 하나의 민속화된 환경을 구성하고, 그 줄거리도 신민속주의 경향을 띠었다. 마지막으로 급속한 사회변화와 가치관의 혼란 속에서 불안과 동요를 느끼는 현대 중국인들의 삶의 체험을 사실적으로 그려낸 신사실주의 경향을 띤다는 점이다.[42]

중국 최초의 TV 드라마는 베이징TV(현재의 중앙 TV)가 1985년 6월에 방송한 <야채빵 한 입(一口菜餅子)>이다. 이후 중국 드라마는 무협물로 발전하게 되었다. 중국의 CCTV는 최근 40부작의 무협드라마 <소오강호(笑傲江湖)>를 제작·편성하는 등 장편 무협작품을 드라마 시리즈물

40 리앙쩐웨이 주편(2009), *op. cit.*, p.364.

41 중국 공산당의 정치적 이데올로기에 부합되는 문화사상을 말하며, 사회주의·애국주의·집단주의를 그 주요 내용으로 한다.

42 김익수 외(2005), 『현대 중국의 이해』, 나남출판사, pp.331-339.

〈표 3〉 중국 텔레비전 프로그램별 시청률 (2002년)

프로그램 종류	시청율 (%)
드라마	20.2
뉴스	18.2
전문코너	10.1
영화	7.9
스포츠	7.8
오락	6.2
만화영화	2.8
음악	2.5
戱曲	1.1
기타	23.2

자료: 央視-索福瑞媒介硏究 2002年 基礎調査

로 방영하기 시작했다.

그리고 시대극의 방송인데, 중국에서 고전문학 작품과 역사물의 TV 방송 드라마 제작은 전통문화의 현대적 해석이라는 의미 외에, TV 영상을 통한 국가이념과 정치적 가치관 형성에 밀접한 관련이 있다. 전통소설을 각색한 고전소설 픽션극, 역사적 사건과 인물을 그린 역사극, 전통문화를 배경으로 하는 장편 픽션 드라마가 대표적인 중국 TV 방송의 시대극이다. 최근까지도 중국인들에게 있어 역사와 시대물은 단순한 오락물이 아닌 역사에 대한 해석으로 간주된다.

현재 중국 TV 드라마는 생산량뿐만 아니라 그 소비량에 있어서도 엄청난데, 드라마가 중국 관중의 TV 소비 가운데 아주 중요한 지위를 차지하고 있음을 보여주는 것이다. 그리고 TV 드라마가 중국에서 갖는 거대한 영향력은 영화·소설·연극 등 기타 서사형식을 훨씬 뛰어넘었다고 말할 수 있다. TV 드라마는 오락적인 것을 포함해 사람들의 생활 가운데 가장 기본적이고 중요한 '이야기를 서술'하고 '이야기를 소비'하는 통로로, 중국인의 가정생활 방식 및 사회 공공서비스 조건들과 밀접한 관계를 맺으며 현대 중국의 가장 중요한 문화현상으로 간주 되어야 할 것이다.[43]

2) 중국 영화 – 제6세대 감독들의 신사실주의 시대

영화는 근대 과학기술의 기초 위에서 발전한 하나의 종합예술이다. 백년간의 중국 영화가 중국을 정확하게 그려내고 있다고 말하기는 어렵지만, 중국에 관한 풍부한 문화, 다양한 현실의 삶, 중국인의 의식을 종합적으로 담아내고 있는 것은 틀림없는 사실이다.

초창기의 중국영화는 1905년 중국 최초의 영화인 <정군산(定軍山)>으로부터 시작하여 1949년 중화인민공화국 성립 이전까지로 보는 것이 보통이다. 이 시기의 영화들은 다음과 같다. 첫째, 경극영화로 경극 공연을 그대로 찍은 무성영화이다. 둘째, 가정윤리 영화로 당시 흥행에 성공한 할리우드 영화를 본떠서 코미디·모험·애정·범죄 영화 등이 만들어졌다. 셋째, 사회영화인데 영화를 가정 윤리나 가정사의 범위에서 확대시켜 중국을 구하고 사회를 계몽하는 도구로 인식하게 되었다. 마지막으로 항일전과 내전 기간의 영화이다.

다음은 개혁과 혁명의 시기로 1949년부터 1979년까지이다. 이 시기에는 우선 사회주의 영화가 많이 제작되었다. 사회주의 리얼리즘이라 불리는 정치성이 강한 작품들이 1950년대 영화계의 주류를 이루었다. 둘째, 이념과 예술사이로 건국 10주년인 1959년 그동안 성과를 결산하는 의미로 우수 영화 10편을 선정하여 전국에 상영하는 등 중국 사회주의 리얼리즘을 지향하는 영화들이 대부분이었다. 마지막으로 문혁기의 영화인데, 1966~1976년까지의 10년은 영화산업의 가장 침체기였다. 오직 모범극이라 불리는 8편의 '현대 경극'만 영화화되어 전국에 방영되었다.

다음은 탐색과 전진의 시기로 1977년부터 2004년까지이다. 이 시기의

43 인홍(2003), 「중국 대중문화의 생산과 소비－TV 드라마를 중심으로」, 『중국의 창』, 김수연 역, 예담차이나, pp.322-323.

〈표 4〉 개혁개방 이후 중국 영화 제작 기구 및 제작 현황

연도	스튜디오수*	극영화 제작편수	애니메이션 제작편수	과학/교육영화 제작편수	다큐멘터리 제작편수
1979	17	65	25	349	317
1980	17	82	32	337	242
1981	19	105	33	277	276
1982	19	112	33	284	259
1983	19	127	37	343	299
1984	20	144	37	387	337
1985	20	127	45	357	419
1986	20	134	46	383	417
1987	22	146	45	353	347
1988	22	158	38	344	350
1989	22	136	53	334	259
1990	22	134	51	326	296
1991	22	130	46	351	283
1992	22	170	56	354	307
1993	22	154	47	252	300
1994	22	148	32	182	22
1995	30	146	37	40	111
1996	30	110	58	33	39
1997	31	88	28	34	95
1998	31	82	9	30	54
2000	31	91	1	49	10
2001	27	88	1	56	9
2002	31	100†	2	60	7
2003	31	140‡	2	53	6

자료: 中華人民共和國國家統計局, 『中國統計年鑒』 (北京: 中國統計出版社, 2004), p. 843.

영화는 우선, 문혁에 관한 상처와 회고에 관한 영화였다. 둘째, 서정의 복원으로 중국영화는 문혁까지 지나친 현실인식 혹은 정치 선전이 깃든 영화를 제작하다보니, 서정성은 부르주아지로 간주되었다. 그래서 새로운 영화의 시도는 서정을 복원하는 일이기도 했다. 셋째, 오락영화의 탄생이다. 개혁 개방은 사람들의 가치관과 생활방식에 큰 변화를 가져왔을 뿐만 아니라, 대중의 욕구도 증가하였고, 새로운 변화에 적응하여 오락영화가 80년대 중반부터 나타나기 시작했다. 넷째, 주선율영화인데, 드라마와 마찬가지로 국가와 사회의식을 고양하는 작품이 지속적으로 이어졌다.

마지막으로 제5세대와 제6세대 감독의 영화를 들 수 있다. 그러나 이 세대의 구분은 1세대부터 있었던 것은 아니다. 1983년 첸카이거(陳凱歌)나 장이머우(張藝謨) 등 베이징 영화대학을 졸업한 젊은 감독들이 갑자기 '제5세대'라는 호칭으로 불리기 시작했다. 그러다 보니 문혁이 끝나고 바로 활동을 시작한 그 앞 세대들은 '제4세대'라 불리게 된 것이다. 이 5세대 감독들은 영상을 통해 역사 인식과 현실 비판의식을 보여주었는데, 그들의 미학정신은 중국뿐만 아니라 전 세계의 영화인들이 주목하기에 충분하였다. 그 후대인 제6세대 감독들은 1985~1989년 사이 베이징 영화대학을 졸업한 신진 감독들이다. 장위안(張元), 허젠쥔(何建軍), 왕샤오솨이(王小帥), 닝잉(寧穎) 들로, 그들은 이전의 세대들과 다른 환경에서 성장하였고, 그 감수성이나 서사 세계도 다르다. 제6세대 감독들의 영화도 대부분 사실의 단순한 묘사를 넘어 내면까지 파악하려는 신사실주의 경향을 강하게 드러낸다.

제5세대 감독들이 주도한 신민속주의 영화가 현실과 인생에 대한 총체적 관심과 역사에 대한 회고, 향토적 공간, 그리고 은유적이고 상징적 표현방식 등을 특징으로 했다면, 제6세대 감독들은 현대 도시인의 일상적 경험, 심리, 고통을 사실적으로 그려내는데 중점을 두었다.[44] 앞으로 제6세대 감독들이 도시화와 자본주의화의 급류 속에서 중국의 시대 이미지와 자신들의 세계를 어떻게 영상언어로 표현할지 주목된다.

3) 발라드가 주류였던 중국의 대중가요는 변화 중

1927년 리진후이(黎錦暉)의 <가랑비(毛毛雨)>라는 노래가 전국에 유행하기 시작하면서 대중가요란 어떤 것인지 중국인이 알게 된 이래, 중국

44 김익수 외(2005), *op. cit.*, pp.338-339.

의 대중음악은 '서방→본토'의 경로와 '서방+본토' 식의 방식으로 오랜 수난과 발전의 과정을 거쳐 오늘에 이르렀다. 대중성·통속성·상업성·비정치성·(시간적)유한성 등을 대중가요의 속성으로 볼 때, 리진후이의 노래는 따라 부르기 쉬운 멜로디에 상업사회 출근족들의 입맛에 맞게 만들어져, 레코드와 축음기를 통해 개개인의 오락 공간을 점유하며 정치 이데올로기의 개입 없이 일정기간 유행했다가 사라진 노래라는 데서 최초의 대중음악이라는 의미를 지니고 있다.

1930년대와 1940년대에 상하이를 중심으로 조금씩 뿌리내리던 대중음악은 국공내전 때부터 쇠퇴의 길로 접어들어 중국공산당이 신중국 건립 이후 종말을 맞는다. 공산당의 관점에서 볼 때 대중음악은 사회모순에 대한 비판의식이 없고, 민생의 고통에 무관심하고, 예술성이 떨어지는 저질음악에 불과했다. 1950, 1960년대 대중성이 강한 '경가요'와 '경음악'이 만들어지기도 했으나, 농촌으로 내려가 노동에 참여했던 지식청년들이 고향에 대한 그리움이나 인간적인 애환을 담아 노래한 민요풍의 음악들도 강한 이념성을 잣대로 삼는 지배엘리트의 비판 앞에서 기세가 꺾일 수밖에 없었다.

중국 대중음악이 새로운 전환기를 맞은 것은 개혁개방시기에 접어든 이후이다. 홍콩과 타이완의 대중가요들이 대륙으로 밀려들어 오기 시작하면서 새로운 대중음악의 세계가 중국대륙에 열리게 된 것이다.[45]

전통적으로 중국은 음악에 있어서 발라드가 상당한 비중을 차지한다. 내용은 주로 남녀 간의 사랑을 노래한 것이나 중국에 대한 애정을 나타내는 것이다. 젊은 세대와 기성세대가 좋아하는 노래는 차이가 있다. 멜로디나 리듬에도 차이가 있지만 가사내용도 다르다. 그러나 한국의 트로트와 댄스음악 사이의 차이만큼은 아니다. 다른 한편으로는 한국과 마찬가

45 김익수 외(2005), *op. cit.*, p.340.

지로 중국에서도 기성세대가 대중음악계에 미치는 영향은 크지 않다. 일단 그들은 음악을 잘 듣지 않고, 자신들의 뜻을 관철시키기 위해 적극적으로 나서지도 않는다. 따라서 젊은이들이 좋아하는 발라드풍의 음악이 가장 위세를 떨치는 것이다.[46] 이는 중국인들의 정서에는 애잔하고 심금을 울리는 멜로디와 가사가 어필하기 때문이다. 음반 차트의 노래를 들어보면 특별히 맑고 깨끗한 목소리에 중국 전통악기 '얼후(二湖)'의 음이 더해진 애잔한 곡이 많다.

발라드 다음으로 비중을 차지하는 장르는 록(Rock)이다. 중국에서 록은 비교적 역사가 짧다고 할 수 있는데, 1989년 천안문 사건 때 시위대가 재중동포 추이지엔(崔建)의 노래를 부른 이후, 중국에도 Beyond 등과 같은 록그룹들이 생겨났다. 이처럼 록의 역사는 천안문 사건에서부터 시작되었기 때문에, 그것은 억압적 사회에 대한 사람들의 비판 혹은 갈망이 폭발적인 록을 매개로 표현된 것이라 볼 수 있다.

중국 대중음악은 발라드와 록 두 장르가 여전히 큰 비중을 차지하고 있지만 현재는 적지 않은 변화가 일어나고 있다. 외국에서 들어온 다양한 음악이 중국인의 기호를 바꾸고 있는 것이다. 힙합이라든지, R&B, 한류(韓流)라고 불리는 한국음악, 일본음악 등이 중국의 주류 음악시장을 세분화시키고 있다.

그리고 최근에는 인터넷 활용의 중요성이 날로 커짐에 따라 동방매력(東方魅力)이라는 이름의 스타이스트(www.stareastnet.com)와 같은 웹

46 2003년 음반계의 새로운 경향으로 다양화가 거론된다. 2003년 음반계의 중요조류로 '회고'를 든다. 최근에 들어 특별히 신선한 음악조류가 등장하지 못했기 때문에 창작이 부진한 동시에 노가수들이 인기를 끌었다. 또한 유행음악 소비의 제1세대라고 할 수 있는 30세 전후의 세대가 음반시장의 주요 소비자로 등장하면서 번안곡 전집이 이들의 기호에 맞아서 많이 판매되었다. (양영균·문옥표·송도영(2004), 「동북아 문화공동체 형성을 위한 한국·중국·일본의 대중문화산업에 대한 비교연구」, 『종합결과보고서: 평화와 번영의 동북아 문화공동체 형성을 위한 정책연구』, p.74.)

사이트가 생겨나고 있다. 동방매력은 홍콩의 거물급 연예인들이 주축이 되어 설립한 것으로 50여 명의 홍콩 유명스타와 직접 투자·계약을 맺어 그들의 활동기록을 전 세계에 송출하는 역할을 하고 있으며, 홍콩에 이어 대만에서도 연계 사이트(tw.stareastnet.com)를 개설하고 아시아 글로벌 체계를 목표로 분주히 사업자 파트너와 투자 대상을 물색하고 있다. 또한 2001년 중국이 세계무역기구(WTO) 가입에 힘입어 엔터테인먼트 분야에 대한 외국자본 투자 문호를 더 개방할 것임을 발표함으로써 중국의 음반산업은 세계시장과 보다 밀접한 관계를 형성하게 되었다. 중국의 음악시장, 그중에서도 대중가요 부분에서 중국은 현재 다국적 음악이 난무하고 있지만 머지않아 더욱 분명한 그들의 색깔을 찾게 될 것이다.[47]

4) 인터넷 대국 중국의 디지털콘텐츠 시장의 무한한 가능성

현재 중국은 경제의 급성장을 배경으로 통신·방송 네트워크가 빠르게 확산되면서 디지털콘텐츠 시장이 급성장 하고 있다. 2007년 기준으로 인터넷 보급률은 16%로 세계 평균수준인 21%에 못 미쳤지만, 2008년 말 22.6%로 세계 평균수준을 넘어섰다. 인터넷 이용자 수는 총 2.1억 명을 기록해 세계2위에서 2008년 상반기에만 2.0억 명을 넘어 세계1위를 기록하였다. 또한 중국은 국가 정책적 차원에서 디지털콘텐츠산업의 전략적 지위를 강화하고 있다. 2006년 발표된 '국민경제와 사회발전 제11차 5개년 계획(關於國民經濟和社會發展的十一五規劃綱要)'에서 '정보서비스업' 부분 중 '교육·문화·출판·방송·영화'등 영역의 디지털콘텐츠산업 발전을 장려하고 중국의 디지털콘텐츠 자원을 다양화하며 애니메이션산업을 발전시킬 예정이라고 발표하였다.

47 공봉진·이강인·조윤경(2010), *op. cit.*, pp.198-205.

〈표 5〉 중국의 부문별 미디어&엔터테인먼트 시장규모 및 연평균 성장률 (2007)

(단위: 10억달러, %)

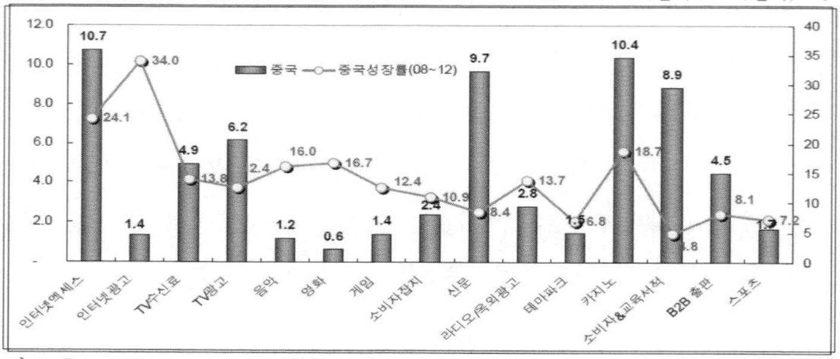

자료: PricewaterhouseCoopers(2008. 6)

〈표 6〉 중국의 디지털콘텐츠 시장 규모 추이

(단위: 억위안)

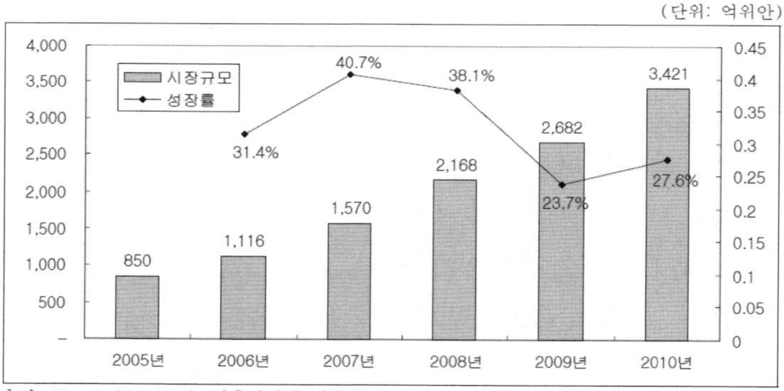

출처: Sinotes(2008. 1), 건홍리서치 재인용

현재 중국은 디지털 게임, 디지털 애니메이션, 디지털음악, 인터넷 교육 등을 주축으로 산업구도가 형성되어 있다. 특히 모바일 콘텐츠는 3G도입으로 더욱 다양해지고 모바일게임과 관련된 서비스가 급성장하고 있다.[48]

48 정부연(2009), 「중국의 주요 콘텐츠 시장 현황 및 진출 전략 분석」, KISDI 『방송통신정책』, vol.21, no.4, 정보통신정책연구원, pp.6-7.

① 게임

중국에서 가장 많은 2.5억 명 이상의 네티즌을 보유하면서 온라인 게임시장이 급성장했다. 온라인게임시장은 게임의 중독성과 저렴한 사용 비용에 힘입어 경제침체에도 불구하고 안정적인 성장이 예상된다. 낮은 진입장벽과 자체 연구개발을 위주로 하는 후발업체들이 다수 등장하였으나 2008년 상반기 기준으로 중국 온라인 게임의 상위 10개 업체들의 시장 점유율은 전체 시장의 83%에 달해 중국 온라인 게임의 대형화 추세가 가속되고 있다.[49]

중국 네티즌들은 채팅·인터넷게임·정보사냥·e메일 확인을 위해 주로 인터넷을 이용하고 있지만 친구와 PC방에 가는 이유는 십중팔구 인터넷게임을 하기 위해서다. 인터넷게임이 인기를 끄는 이유는 게임을 하면서 적군이 되거나 우군이 되어 서로 교류할 수 있다는 점을 꼽고 있다. 또한 인터넷 체스게임에서는 자유스럽게 게임 참가자와 대화를 나눌 수도 있다. 컴퓨터게임은 20여년의 발전을 거치면서 영화·음악 등과 함께 중요한 오락산업의 하나로 성장했다.

2010년 일본에서 개최된 '동경게임쇼'에서는 아시아의 4대 게임 국가인 한국, 일본, 중국, 대만 4개국의 게임 기업 대표가 모여 회담하는 자리가 마련됐다. 이 가운데 "중국인들은 어떤 게임을 즐기는가? 어떠한 해외 콘텐츠가 중국에 받아들여질 수 있을까?" 라는 질문에 텐센트 대표는 "게임의 질이 높은 것, 액션물 등 일본에서는 이것과 관련해 많은 경험을 가지고 있다. 중국 시장에 그만큼 많은 잠재력을 가지고 있다고 본다. 또 수수께끼나 간단한 퀴즈 같은 형식과 융합시켜도 발전할 여지가 있다고 생각한다."라고 전망했다.[50]

---

49 *Ibid.*, p.10.

50 조학동, 「[TGS 2010] 세계는 '중국' 게임 시장을 어떻게 보고 있는가?」, 『게임동아』, 2010년 09월 16일.

〈표 7〉 중국 온라인 게임 시장 규모

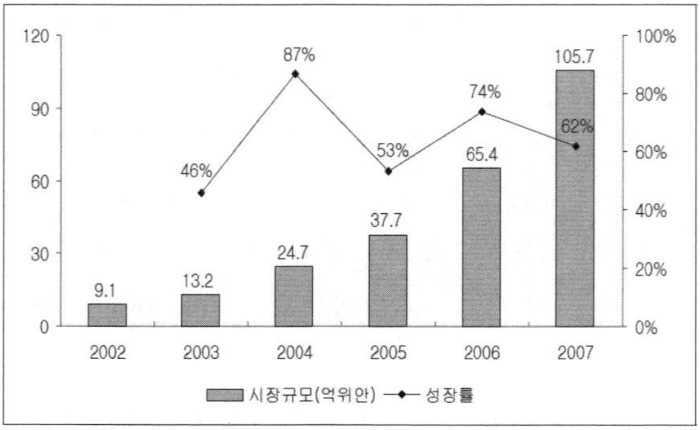

Source: IDC(2007. 11), 건홍리서치 재인용

〈표 8〉 중국 모바일 게임 시장 규모

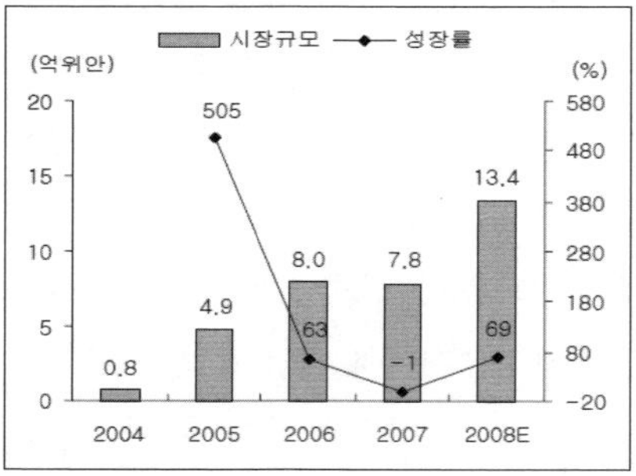

자료: Analysys(2008. 7), 건홍리서치 재인용

또한 모바일게임은 2008년 인터넷 환경, 기술발전, 단말기 보급 및 모바일게임 자체 내 시장구도 변화로 인해 13.4억 위안의 매출을 기록하는 등 새로운 도약기를 맞이할 것으로 전망되고 있다. 특히 이미지와 문자를 통한 인터렉티브 방식의 WAP게임은 줄어들고 점차 업체들의 새로운 요금계산 플랫폼의 런칭 및 다양한 보급 활동에 의해 JAVA나 BREW플랫폼 게임이 크게 성장하고 있다.

② 음악

중국 디지털 음악 시장 규모를 보면, 인터넷 음악시장은 2005년도부터 시작되었다. 비록 시장규모는 모바일 음악시장보다 작지만 한국소프트웨어진흥원은 중국 인터넷 음악시장이 2011년도에는 83.3%라는 높은 성장을 보일 것으로 전망하고 있다. 또한 모바일 음악시장은 약 20%의 성장을 보일 것으로 전망하고 있다.

〈표 9〉 중국의 디지털 음악시장 규모

(단위: 백만 달러)

구분	2004	2005	2006	2007	2008	2009	06-11CAGR
인터넷음악	0	11	21	30	51	76	83.3%
모바일음악	266	384	967	1215	1498	1732	20.1%
전체	266	395	988	1245	1549	1809	–

(C) 한국소프트웨어진흥원, 디지털콘텐츠산업백서 2008

업계 사례 조사를 보면 중국의 주요 디지털 음악 서비스인 QQ음악은 현재 회원 규모가 1억 명을 넘어섰고 온라인 음악듣기 사용자 수도 250만 명을 초과한 것으로 나타났다. 이는 QQ음악, 시나닷컴 웨쿠(樂庫)를 비롯한 온라인 음악이 음악시장의 주류고 자리매김하고 있으며, 대규모 사용자의 거대한 소비 잠재력이 음악시장의 빠른 성장에 강력한 원동력이 되고 있다.[51]

5) 애니메이션 대국의 꿈은 TV로부터

2003년까지만 해도 영화산업과 마찬가지로 중국 만화애니메이션 산업

51 「2009년 중국 디지털 음악 규모 4억5000만 위안」, 『北京商報』, 2008년 12월 31일.

인기TV애니메이션인 <싼마오 유랑기>와 장편 애니메이션인 <용사/ 勇士/용스>

(C) http://www.image.baidu.com

[그림 18] 최근 제작 된 중국의 인기 애니메이션

은 산업체계가 제대로 마련되지 못했다. 투자도 미미하여 중국시장에서의 외화작품의 비중이 80% 쯤 되었으며 이 가운데 대부분이 일본 및 미국의 작품이었다. 특히 중국 국내수요의 충족을 위해 45억 달러 정도가 투자 및 개입이 필요했지만, 당시 국가차원의 투자액은 1,000만 달러밖에 되지 않았다.

그러나 중국이 문화산업에 관심을 갖고 육성하면서 그에 따른 지원은 경제적·정책적·사회적 다방면에서 이루어졌다. 국가 광전총국은 전문기금을 확보해 17개 애니메이션산업기지와 6개 애니메이션 교육연구기지를 건립하고 추천 교육 프로그램을 제정해 TV 애니메이션 방송 플랫폼과 영화 상영을 확대하는 등 애니메이션 생산과 애니메이션 산업발전을 빨리 향상시키고자 하는 특혜조치와 정책을 제정했다.[52]

중국은 TV 애니메이션 시장을 우선적으로 선점하고 있는데, 이는 시청자의 생활과 시대를 나타내는 친밀한 작품들이 많아져야 향후 중국 애니메이션 시장이 계속적으로 발전할 수 있기 때문으로 해석할 수 있다. 몇 년 전만 해도 중국 애니메이션 시장에서 중국 애니메이션이 차지하는

52 석령(2010), *op. cit.*, pp.55-56.

비율이 15%가 채 되지 않았지만, 자국 애니메이션 육성을 위해 적극적인 투자를 한 결과 2007년 현재 50% 이상을 차지고 있다. 중국은 이에 만족하지 않고 애니메이션 시장을 더욱 확대하고 발전시켜 세계 시장에 나선다는 포부를 가지고 있다. 하지만 중국이 최근 직접적으로 제작과 유통에 나서면서 세계 시장에 일대 지각변동이 예상되고 있다. 실제로 중국은 애니메이션 제작 시장에 진입한지 몇 년이 되지 않아 몇 배의 성장을 거듭하며 제작비 60억 원의 초대형 애니메이션 '접지왕자'를 한－중－일－홍콩이 공동제작 하는 등 가파른 성장세를 보이고 있다. 동시에 애니메이션 수입 일변도에서 벗어나 역으로 수출도 하는 등 달라진 모습을 보이고 있다. 실제로 '피리 부는 목동'과 같은 애니메이션은 수묵담채를 활용해 창의성이나 독창성의 측면에서도 높은 평가를 받고 있다.[53]

또한 중국 CCTV는 베이징의 한 온라인회사 직원이 점심시간, 휴식시간을 이용해 직장동료들과 휴대전화로 모바일애니메이션을 보는 장면을 최근 보도하면서 중국 젊은이들 사이에서 함께 모바일애니메이션을 보는 것이 인기라 전했다. 모바일 애니메이션은 10초 내외의 짧은 스토리를 가진 애니메이션으로, 캐릭터들이 말하며 움직이기 때문에 일반 문자메시지보다 시각과 청각을 더 자극한다. 내용도 주로 코믹하거나 낭만적인 분위기에서 상대방의 축복을 빌어주는 것들이다. 때문에 중국에서는 문자메시지 대신 모바일 애니메이션을 직접 보여주면서 새해인사를 대신하는 유행이 불기도 했다.

53 한국문화콘텐츠진흥원(2007), 『2007 하반기 국내외 문화콘텐츠산업동향 및 트렌드』, pp.122-123.

5. 다양한 현대 중국의 문화

지금까지 살펴 본 바에 의하면, 현대 중국의 문화는 다양한 성향을 보인다. 먼저 중국은 개혁·개방정책을 통해 경제적으로 고속 성장을 지속하며 시장경제체제를 성공적으로 이룩하였으나, 여전히 공산당 일당지배체제라는 사회주의의 본질은 유지하고자 한다. 한편 중국인은 신뢰를 통한 인적 네트워크인 꽌시와 체면을 나타내는 미엔즈를 중요시 한다. 경제문화의 경우는 우선 수입이 직업을 결정하는 가장 중요한 요소로 작용하고 있으며, 이에 따라 잦은 이직을 낳고 성과주의와 배금주의를 초래했다. 전쟁과 난, 천재지변 등을 경험한 중국인들은 투자보다는 저축을 중시한다. 중국인은 소비형태도 지역마다 다른 모습을 보이지만, 상품 선택 기준으로 믿을 수 있어야 지갑을 여는 신뢰 신드롬과 과시를 위한 소비인 현시성 신드롬과 체면을 중시하는 미엔즈 신드롬, 중화사상의 팍스시니카 신드롬으로 나뉘며, 이 밖에 상품을 선택할 때 브랜드 네이밍을 중요시 하는 공통점이 있다.

사회문화는 의·식·주생활, 사회성격, 종교 등으로 나뉘는데, 우선 의생활은 최근의 대표적인 전통 복장으로는 우리나라의 개량 한복 또는 생활한복과 유사한 개념인 당장을 들 수 있다. 식생활로는 먹는 일을 하늘처럼 중요한 일로 여기고 있으며, 중국요리는 이미 전 세계적으로 명성을 떨치고 있다. 그러나 최근에는 콰이찬이라고 불리는 패스트푸드가 중국 대륙의 시장을 잠식하고 있다. 주생활을 보면 현재 중국인에게 있어 집은 주거의 개념을 넘어 재테크 수단이 되었고 소유 또는 재산 가치로 변화되었다. 이에 집안 실내장식보다 내 집 마련을 위한 저축이 중요시 되었다. 사회 성격은 기본적으로 전통적인 가부장 제도이다. 신중국 이후 남녀평등을 실시하여 중국의 성별 평등의 환경은 많이 개선되었으나 여전히 남성중심의 사회이며 여성은 가정과 사회 일을 동시에 하면서 남성과 위의 책임을 지고 있다. 중국의 종교는 주로 불교·도교·이슬람교·천주교·기독교 등이 있으며, 중국 헌법이 종교의 자유를 보장하고 있으나 실제 활동은 공산당의 통제 하에서만 허용된다.

마지막으로 콘텐츠 향유문화를 살펴보면 중국 TV 드라마·중국 영화·중국 대중가요·중국 디지털콘텐츠 시장·애니메이션 등 다섯 부분으로 나뉘는데 우선 중국 TV 드라마는 중국 대중이 가장 좋아하는 허구적인 서사 형태로 전통문화를 배경으로 하는 사극 형식의 드라마와 일상생활을 배경으로 남녀 간의 사랑이야기를 소재로 하는 드라마가 주류를 이루고 있다. 현재 중국영화는 제6세대 감독들에 의해 주도되고 있는데, 이들은 현대 도시인을 사실적으로 그려내는데 중점을 두며, 중국에 관한 풍부한 문화, 다양한 현실의 삶, 중국인의 의식을 종합적으로 담아내고 있다. 중국 대중가요에 있어서는 발라드와 록이 상당한 비중을 차지한다. 발라드의 내용은 주로 남녀 간의 사랑을 노래한 것이 많다. 이밖에 최근 힙합·R&B·한국음악·일본음악 등이 중국의 주류 음악시장을 세분화시키고 있다. 중국 디지털콘텐츠 시장은 급성장함에 따라 온라인 게임과 모바일 게임시장이 대형화 추세로 가속되고 있다. 온라인 음악은 아직 미비한 상황이나 모바일 음악과 인터넷 음악 모두 빠른 발전을 지속하고 있다. 애니메이션은 TV 애니메이션이 시장을 우선적으로 선점하고 있다.

최근 중국 영화와 대중음악·드라마를 포함한 대중문화의 특성 중 하나는 '중국적 특색'을 강조하기 위해 중국의 역사를 중요한 소재나 주제로 삼는다는 점이다. 이러한 특성은 전 지구적 시장에서 중국의 문화상품을 부각시키는 데 중요한 역할을 함과 동시에 내부적으로는 민족주의적 감정을 확산시킬 수 있는 가능성을 만들어내고 이전 시기 사회주의적 구심력의 빈자리를 채우는 역할을 한다.

8

미국과 한국의 문화적 갈등의 근원: 문화코드의 비교연구

문화콘텐츠와 문화코드
글로컬시대를 디자인하다

8

미국과 한국의 문화적 갈등의 근원: 문화코드의 비교연구

1. 한국-미국 비교문화연구로서의 문화코드연구

세계화의 추세 속에 여러 나라 사람들의 교류가 증가함에 따라 서로 이질적인 문화 사이에 갈등이 증폭될 우려가 있다. 우리나라의 지속적인 발전은 우리가 다른 나라 문화의 다양한 측면들을 이해하는 동시에, 다른 나라에 우리의 문화를 잘 알려야 할 사명을 요구한다. 문화에 관한 여러 가지 정의를 정리해보면, 문화란 어떤 특정한 지역과 시간에 사는 사람들이 사물과 사건을 이해하고 대처하며 살아가는 방법을 공유하는 현상이다. 그것은 공동체 구성원들이 환경적, 사회적 여건에 보다 잘 적응하기 위해 생활습관, 행위의 규범, 판단의 기준, 느낌, 직관, 신념, 가치관, 정체성 등을 세대를 통해서 전수하며 형성된다.[1] 이러한 문화적 요소들은 상호 작용하면서 문화코드를 형성한다. 필자는 이전의 연구에서 미국문화의 핵심적인 요소들을 열 개의 문화코드로 분석 정리한 적이 있었다. 그것은 개인주의, 평등주의, 자유의 예찬, 법치주의, 다문화주의, 퓨리턴 전통, 실용주의, 개척정신, 과학·기술의 신뢰, 미래지향성으로 분류됐다. 이 다양한 코드들이 다각적로 작용하면서 미국인들의 기질을 형성한다. 그것은 진취성, 관용성, 낙천성, 직설적 의사소통 방식으로 요약된다.[2]

현재 인문학이 당면한 큰 문제 중의 하나는 학문과 현실이 괴리되어 있는 점이다. 학문이 현실 생활에서 문제해결의 지적 좌표를 제공하지 못하고 단지 학술 활동만을 위한 학문을 확대 재생산해 내었던 부분이 많았기 때문이다. 이 글은 우리의 현실생활에 보다 밀착된 새로운 시각으로 한국과 미국의 문화에 대한 비교분석을 추진 하려한다. 한·미 양국민의 서로에 대한 인식은 제한적이고 경직되어 있지는 않은가? 그들은 여태까지 많은 교류를 해 왔음에도 불구하고 서로의 문화의 진수에 대해 다각적인 이해가 부족하지 않았던가? 이에 따라 반미·반한 감정의 골이 필요 이상으로 깊게 패어 양국 사이에 원활한 교류가 저해된 점은 없었던가? 이와 같은 현실적인 문제가 이 연구에 대한 홍미를 유발시킨 근원적 관심이다.

1 '문화'에 대한 다양한 정의 중에서도 다음의 저술을 참고했다. Marshall Singer(1998), *Perception & Identity in Intercultural Communication*, Intercultural Press, pp.12-13; Fred E. Jandt, *Intercultural Communication: An Introduction* (1995), Sage Publication, pp.7-8; Jerry V. Diller, *Cultural Diversity: A Primer for the Human Services* (1999), Wadsworth Publishing Co., pp.48-49.

2 이전의 미국 문화코드에 대한 연구는 그것들의 형성에 대한 사회적 역사적 배경을 탐구했으며, 미국 인구의 70% 정도를 차지하는 주류인 백인과 중산층을 위주로 대상을 설정했다. 김형인(2002), 「가치차원에서 본 미국인의 문화코드-과거와 현재의 행동양식」, 『북미연구』, no.8, p.24; Hyong-in Kim(2004), "Ten Cultural Values of the U.S.: Communication, Behavior, and Historical Perspectives," *International Area Review* no.7. 1, Spring, p.95; 김형인(2008), 『미국의 정체성: 10가지 코드로 미국을 말한다』, 살림(7쇄, 2003)를 참조하시오.

한·미 양국의 시민들이 서로에 대해 깊이 있는 문화적 이해를 도모하는 것은 그들 사이의 국민적 갈등을 해소하는 출발점이 될 것이다. 이에 따라 이 글은 양국 문화에 깃들어 있는 핵심적인 갈등요인을 분석하려한다. 그들 개개의 독특한 문화코드를 형성한 사회적 토양과 역사적 환경은 무엇인가? 그것들의 형성과 발전과정에 대한 이해 증진은 양 문화권 사이에 인간의 보편적 시각과 포용적 태도를 배양함으로써 문화적 갈등해소 방안에 효과적인 실마리를 제공할 것이다.

한·미 문화적 갈등의 근원을 파악하기 위해 이 글은 이전에 제시했었던 미국 측의 문화코드에 대응해서 한국에서 열 가지 문화코드를 찾아내어 서로를 비교 분석하는 방법으로 접근하려한다. 분석 방법으로는 그동안 양 문화를 비교 연구한 문헌적 연구를 기초로 해서, 그 위에 필자가 연구여행을 하면서 수집한 약간의 면담 결과를 반영할 것이다.[3]

2. 미국과 한국의 열 가지 문화코드

양국의 열 가지 코드에서 보다 중요한 요소가 대체로 먼저 다루어진다. 예컨대 제일 먼저 비교되는 미국의 개인주의와 한국의 집단주의적 코드는 가장 나중에 분석되는 미국의 미래지향성과 한국의 과거지향성 코드보다 양국의 문화적 구성에서 더 중요한 위치를 차지한다.

3 이 글의 비교적 관점에 대해서는 문헌적 조사에 기초한 시론을 미국의 American Studies Association이 "Crossroads of Cultures"라는 주제로 2004년 11월 11-14일 동안 조지아주, 애틀랜타의 Hyatt Regency에서 개최한 연례회의에서 "Cultural Differences of America and Korea: Ten Typical Values"라는 제목으로 발표했다.

1) 개인주의와 집단주의

이문화 관리 분야의 석학 호프스테드(Geert Hofstede)를 포함한 여러 학자들과 멀리는 18세기의 토크빌(Alexisis de Tocqueville)에 이르기 까지, 그들이 미국 문화의 가장 현저한 특징으로 지적한 것이 개인주의다.[4] 권리장전이라고 일컬어지는 미국 헌법의 수정조항 10조 중에서 제1조는 언론, 출판, 결사의 자유와 더불어 종교의 자유를 명시한다. 건국 당시 미국인은 99퍼센트 이상이 개신교 교도였다. 그럼에도 불구하고 1789년에 제정된 헌법은 누구나 개인적으로 선택한 종교를 믿을 수 있다고 보장했다. 세계사적 맥락에서 보면, 이 사건은 획기적인 일로써, 그 즈음 유럽은 각 영지의 수장이 자기의 영민들의 종교를 일방적으로 선택했었다. 종교는 각 개인이 신과 직접 교류하는 사적인 영역이어서 관권이 개입해서는 안 된다고 건국조부 제퍼슨(Thomas Jefferson)은 확실히 믿었다. 이에 따라 종교의 자유는 그의 끊임없는 노력으로 헌법에 포함됐다. 그 후 미국은 정부가 재정적 지원을 포함해서 어떠한 방법으로건 특정한 종교단체를 지원하는 것을 금하고 있다.[5]

이런 개인주의적 종교관은 미국인의 세속적 생활에 영향을 미쳤으며, 개인주의적 코드는 사생활 곳곳에 침투해있다. 미국인의 개인주의적 가치관은 모든 사람은 동등한 권리를 갖고 있으며 자신의 운명을 완전히 지배할 수 있다는 개념을 발전시켰다. 이에 따라 그렇지 못하다고 느낄 경우에 그들은 "신의 뜻을 거역했다"고 느낄 정도라고 한다.[6]

---

4 약간의 저서를 제시하자면, Geert Hofstede(1991), *Cultures and Organizations: Software of the Mind, Intercultural Cooperation and its Importance for Survival,* 『세계문화와 조직』으로 학지사에서 번역, McGraw-Hill, p.53; Martin J. Gannon (2001), *Understanding Global Cultures: Metaphorical Journeys Through 23 Nations*, Sage Publishing, Inc., p.211; 개리 앨턴(1998), 『미국문화와 생활』, 동인, pp.41-50 등이 있다.

5 Hyong In Kim(2004), "Ten Cultural Values of the U.S.", p.104.

미국의 개인주의적 특성이 열개의 문화 코드 중에서 가장 두드러진다면, 한국에서는 단연 집단주의적 특성이 그에 상응하는 위치를 차지한다. 한국인의 집단주의적 문화는 유교의 전통에 뿌리 내리고 있다. 개인의 사정보다는 집단의 화목을 중시하는 부분이 유교의 관념에는 강하게 흐른다. 유교의 철학적 근저에는 개인은 우주의 일부분임으로 개인의 행위는 우주 만물의 운행에 맞추어야 된다는 시각이 있다. 또 개인이 우주의 질서에 부합하는 최선의 길은 우선 인간 집단의 공동의 대의에 개인의 사적인 이해관계를 저버리는 데 있다는 것이다.

흔히 지적되지만, 한국인들의 언어에서도 집단주의적 성격은 잘 나타나는데, 그들은 미국인의 경우 "나의"라는 의미로 쓰이는 소유격을 "우리의"라는 소유격으로 흔히 쓴다. 과다한 집단주의적 정서는 장단점의 양날을 가졌다. 그룹 내의 멤버들과는 친밀하지만 그룹 외의 사람들에게는 배타적으로 된다. 이로 인해 혈연, 학연, 지연에서 오는 끼리끼리식 문화로 사회적 부패가 조장되며 전문적인 업무수행에 비효율성을 가져온다.

요즈음은 한국도 급속한 산업화로 말미암아 개인주의적 문화가 상당히 많이 퍼져서 미국의 개인주의적 문화에 한국인이 당황하는 모습은 잘 나타나지 않는다. 예컨대, 필자가 미국에 거주하는 한국인과 한국계 미국인에게 "미국인에게 어떤 일을 같이 하자고 청하든지 아니면 어떤 곳에 같이 가자고 했다가 오해받고 거절당해서 곤혹스러웠던 경우가 있었습니까?"라고 물었더니 대부분은 부정적으로 대답했으며, 소수만이 그런 일이 있었다고 응답했다.[7] 그러나, 한국에서 프라이버시가 없어서 곤

6 Larry A. Samovar and Richard N. Porter(1995), *Communication Between Cutlutes*, CA Wadsworth, p.100; 김형인(2002), *op. cit.*, p.30.

7 필자는 미국으로의 연구여행에서 현지의 한국인들과 한국계 주민들에게 그들이 접한 한미문화의 다양한 갈래 속에서 어떠한 부분에 갈등양상이 많이 나타나는가, 그리고 그런 갈등에 어떻게 대처했는가에 대한 경험을 듣기 위해 그들을 면담했다. 이들은 비즈니스 종사자, 은퇴 직업인, 학생, 가정주부 등 다양한 계층을 포함한다.

란한 적이라든가, 혹시 거절하고 싶어도 남의 눈치를 봐야하기에 어쩔 수 없이 타인의 의사에 끌려간 적이 있느냐는 물음에는 상당수가 그렇다고 대답하면서, 가족 중의 연장자나 직장상사 또는 친구의 사적인 요청을 거절하지 못하는 경우가 많다고 토로했다. 특히 젊은이들은 결혼을 했느냐는 질문, 자신의 종교로 개종하라는 끈질긴 요청, 또 회식 때 개인적 선호도를 무시하는 음주문화 같은 것이 부담스럽다고 말했다.[8]

한국이 비록 산업화가 됐어도 아직도 한국인이 타인의 프라이버시를 존중하는 개념에는 익숙하지 않은 부분이 많다. 한국의 젊은이들의 개인주의적 변화는 아직도 미국인들의 정도에는 못 미친다. 그들은 불평을 하면서도 직장과 가정의 위계질서를 지키고 친구와의 교분에서 그것이 어느 정도 불편하더라도 감내하는 부분이 많다. 공동체의 질서와 화합을

극히 개인주의적인 미국의 문화코드는 피면담자들에게도 많이 침투되어 애초에 계획 했던 대로, 단체적으로 설문지를 유포하고 수집하는 데에 어려움이 따랐다. 이에 따라 필자는 그들 중 소수와 개별적인 접촉을 하며 인터뷰 식의 밀착된 질의응답으로 접근했다. 그 결과 총 16명을 면담했다.

질의응답의 어려움에 대한 예를 들면 다음과 같다. 뉴멕시코 주, 알버커키시에 소재하는 University of New Mexico의 한국 학생들은 모두 약 30명 된다. 필자는 그 학교 외국인학생처의 협조로 공식적으로 한국인 학생 모두에게 설문을 돌렸으나, 이들 중에서 단지 2 명만 그것이 무슨 내용인지 추가로 물어왔고 그중 한명은 그나마 답변하는 데는 도무지 흥미를 보이지 않았다. 당시는 방학이라 캠퍼스를 떠난 사람이 많다는 것을 감안해도 너무 적은 숫자였다. 우연히 도서관에서 만난 학생을 통해 일일이 개별적으로 면담을 취하여 총 4명의 응답을 얻을 수 있었다. 나머지 12명의 응답은 알버커키시 한인회 모임과 필자의 개인적 친목모임에서 이루어졌다. 약 30여명 모인 한인회 모임에서도 공식적으로 협조를 얻어 설문지를 돌렸으나 약 1/3만 설문지에 답했다.

이런 특수한 여건에 맞추어 필자는 설문의 방식을 개인의 경험을 보다 깊이 들어낼 수 있도록 작은 수의 문항을 묻고, 수합된 자료에 대해 대규모 통계에 의존하는 계량적(quantitative) 방법 대신에 개별적 진술의 분석에 무게를 두는 질적(qualitative) 방법을 사용했다.

이 질문에 대해, 16명의 피면담자 중에서 7명은 미국에서 곤란했던 경험이 없었다고 대답했고, 3명은 있었다고 했다. 6명은 응답하지 않았다.

8 피면담자 중 13명은 한국에서 프라이버시가 없어서 곤란했다고 말했고, 2명은 그런 경험이 없다고 했으며, 1인은 무응답이었다. 서대원(2008), 『글로벌 파워 매너』, 중앙북스, pp.16-17에서도 한국인이 가장 주의해야할 국제적 매너로 사적인 질문을 캐묻는 것이 지적됐다.

위해 개인의 욕구를 자제하는 유교적 삶의 태도에 익숙해져 있기 때문일 것이다. 미국인이라면 직장 회식이나 친구와 어울리는 경우에 자신의 선호도에 따라서 자신의 거취를 보다 수월히 택할 것이다. 이 개인주의와 집단주의에 관련된 특성은 미국과 우리나라의 문화 사이에 가로 놓여있는 가장 현저한 특성임에 틀림없다.

2) 평등주의와 계층의 중시

미국적 평등의 개념은 결과의 평등이 아니라 기회균등의 평등으로, 오히려 공평하다고 하는 개념에 더 가깝다. 이 평등의 개념은 자유경쟁과 상치되지 않는다. 이에 따라, 구 공산주의적 시각으로 보면 자유와 평등은 양립할 수 없는 요소이지만, 미국에서는 자유와 평등의 코드가 당연히 병존할 수 있고, 또 동전의 앞뒷면 같이 공존한다.[9]

미국은 보통 사람의 나라이다. 보통 사람의 예찬은 제7대 앤드류 잭슨(Andrew Jackson) 시대에 완성도를 보였다. 그는 1828년에 세계에서 가장 먼저 실시된 남자 보통선거로 대통령에 당선됐고 그의 임기 중에는 풍속의 평준화도 이루어지면서 예전의 상위 계층에게 표하던 예의범절도 사라졌다. 다음 세기에도 미국은 여성의 투표권 실시에서 세계 어느 나라보다도 앞섰다.

한국은 제2차 세계대전 후에 민주국가로 수립됐다. 1960년대에 경제적 발전을 이루기 시작하면서 1990년대에 젊은이들은 풍요를 누렸다. 그들은 마치 미국에서 1960년대 반문화시대의 젊은이들처럼 사회혁명에 참여했다. 전통적 사회에서 사회적 지도층에게 보이던 예의범절의 풍속

9 미국에서 "It's unfair"(공평하지 않다)라는 말은 "I love you"만큼 자주 쓰이는 표현이다. 그만큼 공평함의 개념은 보편화 되어 있다.

은 신속히 사라져갔다. 그래도 아직은 유교적 전통이 생활 곳곳에 배어있다. 유교적 윤리는 직장의 상하 관계, 연령, 남녀 사이에 위계질서를 존중한다. 그러므로 조직생활에서 젊은이와 여자는 조용히 상관이나 웃어른의 의사를 따르는 경향이 많다. 이런 생활습관으로 외국과의 사업적 교류에서도 한국인은 거의 마지막 순간에 이르기까지 자신의 의사를 표명하지 않는 경우가 많다.

미국사람들이 가정, 직장, 학교 같은 공동체에서 위계질서를 무시하면서 지나치게 평등을 추구한다고 느끼느냐는 질문에 대해 압도적 다수가 적당하다고 느꼈다고 대답했다. 그들은 한국에서 특히 취업과 승진 시에 평등의 논리가 증가해야하며, 연령이나 성별, 권력의 서열에 관계없이 사회구성원이 평등 지향적으로 나가야 된다고 보았다. 그러나 일부는 미국에서도 금전과 직책에 따른 위계질서가 존재하며, 또 다른 이는 미국의 위계질서는 원칙에 따른 것이지만, 한국의 그것은 상황에 따라 바뀐다고 언급했다. 어떤 이는 우리가 미국적 평등주의를 본받지 않은 채 우리식대로 살아가는 것이 더 좋다고 주장했다.[10]

평등주의 코드는 미국인의 소비문화가 대중적인 것에 초점이 맞추어져 있음에도 잘 나타난다. 소비제품을 생산하는 미국의 브랜드는 유럽산에 비해 중저가의 실용적 제품이 주류를 이룬다. 또 미국인들의 형식에 매이지 않은 삶의 스타일에도 평등의 개념이 묻어나는데, 타인과 교류할 때 성 대신 이름을 부른다거나 편한 자세로 앉거나 서서 대화를 하거나, 캐주얼한 복장을 하는 것을 즐기는 것에서 그 예를 들 수 있다. 회사의 모임에서도 미국의 사장들은 때로는 좌석의 끝에 앉기를 즐긴다. 한국에서는 있을 수 없는 일이다.[11]

10 12명의 피면담자가 평등을 적당히 추구하며, 한국도 평등 지향적으로 나가야한다고 언급했다. 3명은 미국에도 나름대로의 위계질서가 있다고 대답했으며, 1명은 무응답이었다. 이 수치는 평등주의가 개인주의에 뒤이어서 미국문화의 두 번째의 특성임을 보여준다.

3) 자유의 예찬과 질서의 존중

(C) http://www.statueofliberty.org/

[그림 1] 미국의 상징인 자유의 여신상

미국의 국가는 미국이 "자유의 땅과 용감한 자들의 집"이라고 정의한다. 미국인들은 개인의 자유를 거의 극한 상황에 이를 정도로 존중한다고 한국과 미국의 생활을 비교 관찰한 오크(Susan Oak)와 마틴(Virginia Martin)을 비롯해서 많은 사람들이 지적했다.[12] 이에 따라 어디에 개인적 자유와 공공의 선(善)에 대한 선(線)을 긋느냐는 문제는 미국 사회에서 끊임없이 제기되어 포르노에 대한 논박이 그치지 않고 일어난다.

자유시장경제는 미국경제의 근간이다. 미국이 건국될 즈음 애덤 스미스(Adam Smith)의 자유방임주의는 영국 경제의 기본 철학이었다. 중상주의에서 자행되던, 경제에 국가의 과도한 개입을 저지하는데 초점이 맞추어진 이 신념은 미국인들에게 계승되어 그들은 정부의 경제부문의 개입을 악으로 보았다. 뉴딜정책으로 정부주도의 복지정책이 경제부문에 수용됐다 하더라도, 뉴딜 이후 개선된 미국의 자본주의는 오히려 장기적으로는 자유시장경제를 더 강화했고, 현재 미국은 자유무역체제를 세계

11 김형인(2002), *op. cit.*, p.34; Edward T. Hall and Mildred Reed Hall(1990), *Understanding Cultural Difference: Germans, French and Americans*, Intercultural Press, pp.48-49; Larry A. Samovar and Richard N. Porter(1989), *Communication Styles of Japanese and Americans*, Wadsworth, pp.105-106; 나인호(2002), 「'미국'과 '미국적인 것'」, 『미국사연구』 vol.16, no.11, p.320.

12 Susan Oak and Virgina Martin(2000), *American/Korean Contrasts: Patterns and Expectations in the U.S. and Korea,* Hollym, pp.59-62.

적으로 확대하기 위해 앞장서고 있다.

전통적인 유교적 가치체제는 통제경제를 지향했다. 특히 국내의 공업과 상업의 많은 부분이 국가에 의해 관장되었다. 국가 간의 경제체제도 조공을 중심으로 해서 이루어진 자급자족적 폐쇄경제였다. 세계화의 시대인 현 시점에서는 자유무역체제를 동양이 능동적으로 수용하지만, 19세기만 해도 서양의 개항정책과 동양의 쇄국정책은 몹시 충돌하여 아편전쟁이 일어났고 우리나라도 강화도에서의 무력충돌이 있었다.

유교적 개념에 의하면 모든 인간은 사회에서 알맞은 자리가 있다. 개인은 질서정연하게 움직이는 우주의 일부분이다. 그러므로 개인은 자연의 이치에 따르는 사회의 질서에 순응해야 된다. 심지어 국왕마저도 우주의 한 부분으로써 그의 사명을 다해야 된다. 만일 그가 정치를 잘 못하면 우주와 인간 사회의 조화가 무너져서 천재지변이 일어난다. 그래서 한국의 전통사회에서 천재지변이 일어나면 왕이 석고대죄를 해야 했다. 왜냐하면 그가 우주의 질서를 인간사회에 제대로 전달하지 못한 죄를 지었기 때문이다. 이렇게 미국인이 자유를 금과옥조로 신봉한다면, 전통적 한국인들은 질서를 그렇게 바라보았다.

"미국사람들이 지나치게 자유분방하다고 여기는가? 아니면 사회의 공익적 측면에서 보아 적당한 자유를 갖고 있다고 생각하는가? 미국에서 너무 지나친 자유 때문에 당황하거나 눈살을 찌푸린 적이 있는가?" 라는 질문에 대다수의 피면담자가 미국에서는 자유가 적당히 있다고 보았다. 특히 그들이 동의하는 부분은 미국에 언론의 자유가 우리나라보다 확실히 잘 수립되어있다는 것이다. 한편, 일부는 자유가 지나치게 많아서 젊은이들의 복장이 불결하거나 노출이 지나치게 되어 불쾌감을 자아내고, 사람들의 예의범절과 도덕적 판단이 약화된다고 비판의 눈길을 보냈다.

한편, 한국에서 자유의 영역이 없어서 불편한 적이 있었느냐는 질문에 일부는 그렇다고 하고 또 다른 일부는 아니라고 대답했다. 불편했다는 사람들은 복장, 헤어스타일, 화장 등 외모적 부분에 대해 타인의 시선을 의식해야 하는 것이 부담스럽고, 결혼과 취업 등의 진로 문제와, 특히 여자인 경우에, 여자의 도리를 가족들에게서 강요받고, 또 학연 지연 혈연관계에서 개인적 자유가 많이 침범 당함을 지적했다.[13]

4) 법치주의와 인본주의

미국은 이민으로 시작된 나라다. 1%도 안 되는 원주민을 제외하고 모든 국민이나 그의 조상들이 이민으로 건너왔다. 게다가 일단 북미대륙에 정착한 이민자들은 점점 서부의 개척지로 계속해서 이주했다. 이런 현상은 미국인들을 신분에 있어서 보다 균등하게 만들었다. 유럽에서와 같이 혈통적 권위나 아시아에서처럼 가족의 규율 같은 기존의 질서가 없는 곳에서 미국인들은 함께 스스로 법을 세우고 법이야말로 공동체의 질서를 유지하는 핵심적 실체라고 느끼게 되었다.

미국인들의 법에 대한 존중은 대단하다. 법을 어기는 자는 공동체 구성원들이 함께 세운 질서를 파괴할 가능성이 있는 위험한 자로 간주한다. 그래서 탈세한 자들에 대한 비호감의 정도가 높다. 미국인들의 헌법에 대한 경외감은 놀라울 정도다. 제정 이래 두 세기가 넘도록 한 번도 폐기하지 않고 수정조항으로 조금씩 보수하면서 쓰고 있으며, 아직도 국민의 권리를 보호해주는 최후의 보루 처로서의 구실을 톡톡히 하고 있다. 대법

13 미국의 적당한 자유를 언급한 사람은 11명이었고, 지나친 자유를 비판한 자는 5명뿐이었다. 이 숫자가 나타내는 바에 의하면, 미국인의 자유의 개념은 10개의 코드 중에서 세 번째로 현저한 특징으로 나타난다. 한국의 경우에는 5명이 자유의 부족 때문에 불편한 적은 없었다고 말했고, 4명이 불편성을 지적하고, 6명은 잘 모르겠다고 답했으며, 1명은 무응답이었다. 또 한국이 보다 평등 지향적으로 나가야한다는 데는 12명이 찬성했고, 3명이 반대했고, 1명이 무응답이었다.

원 판사도 종신직이어서 정권교체와 무관하게 자기의 소신을 펼 수 있다. 세계에서 미국은 가장 많은 법조인을 갖고 있다. 대개 1만 명당 19명 정도 된다고 한다. 또 미국인들은 법정을 다른 어느 나라 사람들보다 가까이 한다.[14]

대한민국은 건국 50년 동안 헌법을 여섯 번 고쳤다. 약간 수정하는 정도가 아니라 이전의 것을 완전히 폐기하고 새로 썼다. 헌법이 비록 국민의 기본법이라고 명시됐다 하더라도, 그것을 고쳐서는 안 된다는 심오한 법적 인식이 결여됐고, 다른 군소 법률들 같이 쉽게 폐기처분이 가능하다고 여기는 풍토다. 대학입시에 관한 교육 법규도 교육부 장관이 바뀔 때마다 바뀐다. 요즈음은 몰래카메라가 대신하지만 얼마 전까지만 해도 길거리에서는 교통법 위반 운전자와 교통순경이 승강이를 하는 모습이 흔히 보였다. 이런 일이 미국에서는 결코 있을 수 없다.

전통 한국의 사회에서 원님은 그가 통치하는 고을의 3권을 모두 쥐고 있었다. 물론 그들도 국법에 따라야하지만 현실적으로 더 중요했던 것은 누가 그 법을 운용하느냐는 문제였다. 한국에 오래 머물렀던 영국인 신문기자 마이클 브린(Michael Breen)은 이런 현상의 원인을 전통사회에서 법보다는 통치자의 도덕성이 더 중요한 통치 원리였던 것에서 찾았다. 그래서 법적 사건의 처리 과정도 법적 근거보다는 상황이 더 많이 고려되는 여건이었다. 이런 전통은 지금도 여전히 위력을 발휘한다. 근래의 김경준 사건[15]이나 문화체육관광부 장관이 산하 단체 기관장에게 임기이전에 사임을 종용한 것도 법보다는 상황에 따르는 전통을 잘 보여준다.[16]

---

14 A. Samovar and Richard N. Porter(1989), *op. cit..*, p.106; 김형인(2008), *op. cit.*, pp.33-40.

15 우리에게 BBK 사건으로 널리 알려진 것으로 2007년 말 김경준씨가 대선에 영향을 미치려고 했으나 검찰에서 무혐의로 결정난 사건을 말한다.

16 Thomas Breen(2005), *The Koreans: Who They Are, What They Want, Where their Future Lies*, Thomas Dune Books [1998], pp.187-195.

미국에서 법이 더 잘 지켜진다는 것은 주지의 사실이다. "미국에서 자질구레한 법률을 지키지 않아서 곤란했던 적이 있었습니까?"라는 질문에 일부는 그렇지 않다고 대답했으나 또 다른 일부는 주차위반, 장애인 주차 공간 위반, 과속 등으로 과태료를 문 적이 있고, 타인에게 혐오용어를 써서 벌금형을 받은 적이 있었으며, 아파트 거주기간을 통고된 대로 지키지 않아서 과태료를 낸 적이 있다고 했다. 우리나라에서도 요즈음은 주차 단속이나 교통법규가 더욱 엄격해졌지만, 아직도 타인에게 욕설이나 험한 말을 해도 인격모독으로 엄격하게 벌을 받지는 않는다. 빌린 집의 월세를 내는 데도 미국보다는 융통성이 있는 것이 한국의 현실이다. 또 일부는 한국에서 줄 설 때의 새치기와 보행 중 떠미는 등의 공중도덕의 문란에서 준법정신의 박약함을 지적했다.[17]

또 한국에서 법대로 하려했는데, 그것이 잘 안되어 유력한 인사에게 청탁을 한 후에야 제대로 처리된 적이 있었느냐는 질문에는 소수만 그런 적이 있다고 말하면서, 그렇게 인간관계를 이용하는 것은 미국에도 있는 현실이라고 지적했으나 한국이 훨씬 더 현저하다고 했다. 청탁의 경험이 없다고 말한 사람들도 많지만, 이상의 여러 가지 조사는 한국사회의 비준법적 성향을 확실히 드러내준다고 하겠다.[18]

5) 다문화주의와 단문화주의

현재 미국에서는 히스패닉과 아시아계의 인구가 급속하게 불어나고 있는 추세이며 다문화주의는 이미 깊이 뿌리내린 문화현상이 됐다. 종교

17 7명이 법을 위반해서 제재 받은 적 있다고 했고, 또 7명은 그런 일이 없다고 했으며, 2명은 무응답이었다.

18 한국에서 성공적으로 청탁을 해본 적이 있는 사람은 불과 2명이고, 11명이나 되는 사람들이 그런 경험이 없다고 했으며, 3명이 무응답이었다.

적 측면에서 보아도 개신교도가 32퍼센트, 가톨릭교도가 22퍼센트, 그 외에 유대교, 동방정교회, 불교, 회교도와 무교도들이 있다.[19] 다문화적 국민 구성은 미국에서 원래부터 있었으며 점점 더 강화됐다. 이에 따라 미국사회는 종족 간의 갈등을 일찍 경험하였고, 1960년대 민권운동을 기점으로 다문화주의에 대한 신념이 견실하게 뿌리 내렸다. 단적인 예로 미국에서 현 부시행정부의 2대에 걸친 국무장관은 모두 흑인이고 한 유력한 대선후보도 흑인이다. 다른 나라에서 10퍼센트가 조금 넘는 소수민족이 최고위층 관직에 지속적으로 진출하는 것은 상상할 수 없다.

하지만 아직도 소수민족들의 사회적 경제적 차별은 존재하고 이것은 미국이 풀어야할 숙제로 남아있다. 소수민족들은 미국의 건국이념인 자유와 평등의 가치를 굳게 믿는다. 그러나 그들은 바로 이런 미국적 가치가 그들에게 제대로 제공되지 않았다고 불만을 토로한다. 2008년 미국의 대선에서는 민주당 경선후보인 흑인 오바마(Barack Obama)가 미국에서 "변화"와 "통합"이 필요하다는 구호로 백인 대중의 지지를 받으며 돌풍을 일으키고 있다. 그의 주장에는 다문화적 요소를 어떻게 사회적 통합으로 이끌어 가느냐에 대한 고민이 반영되어 있기 때문이다.

미국에서 소수민족이어서 겪었던 불쾌한 경험이 있었느냐는 질문에 피면담자 대부분은 그런 일은 없었다고 대답했다. 다문화주의의 확산으로 한국인들은 마음 편하게 소수민족의 문화를 누리면서 자신들의 정체성을 잃지 않고 살아간다. 그러나 차별을 경험했다고 말한 사람들도 약간 있었다. 그들에 따르면, 미국에서 한국인은 사회적 신분으로 볼 때 히스패닉 정도로 취급된다. 지식층은 소수민족에게 차별적 행위를 보이지 않으려고 조심한다. 그러나 미국인은 차별을 말과 행동이 아닌 시선이나 미소 등으로 미묘하게 표현한다고 했다. 인종차별은 9.11 이후 비행기

19 U.S. Census Bureau, *U.S. Census 2001,* 3.

탑승시 소수민족에 대한 검색이 강화된 데서도 잘 나타난다고 했다. 반면, 한 학생은 한국인을 오히려 모범적 소수(model minority)로 인정 해주는 부분도 있어서 바람직하다고도 언급했다.[20]

한편, 한국에서 단문화주의 때문에 불쾌한 경험을 겪은 적이 있었느냐는 질문에는 대다수가 그런 경우는 없었다고 했으나 약간 명은 있었다고 응답했다. 이들은 국제결혼에 대한 한국인의 몰이해와, 흑인과 히스패닉을 경시하는 한국의 인종주의에 대해 언급했고, 또 나이에 따라 끼리끼리 모이는 연령차별적 문화도 지적했다. 그러나 현재 한국도 급속히 변하고 있다. 2007년 3월 KBS TV 보도에 의하면, 농촌 총각의 41퍼센트가 특히 동남아 출신과 국제결혼을 하기 때문에 향후 10년 후 초등학교 학생들의 1/4 정도가 혼혈로 구성될 것이라고 예측했다. 이런 현실은 앞으로 우리나라도 다문화주의적 가치를 적극 받아들여야만 하는 절박성을 우리 앞에 제시한다.[21]

6) 청교도 전통과 유교적 전통

미국에는 150개 정도의 개신교 교단이 존재한다. 이들은 서로 다름에도 불구하고 퓨리턴의 전통을 이어가는 공통분모를 공유한다. 미국으로 이주를 시작할 때부터 유럽인들은 기독교적 차원의 다양한 종교를 가졌었지만, 교회와 목사가 드문 서부의 개척지에서 미국인들은 순회 전도사가 주관하는 부흥회라는 독특한 예배양식을 발전시켰고, 부흥회에서 신

20 미국에서 차별을 못 느꼈다는 사람은 8명이고, 느꼈다는 이는 4명이다. 4명은 무응답이었다.

21 한국에서 차별을 못 느꼈다는 이는 7명, 느꼈다는 이는 5명이다. 무응답은 4명으로 양국에서의 반응이 비슷하게 나왔다; 김형인(2006), 「미국의 다문화 정책과 교훈」, 『국회도서관보』 vol.43, no.5, p.26; KBS의 뉴스, 2007년 03월 26일.

도들은 교단의 차이를 불문하고 한데 모여 격정적인 예배를 봄으로써 퓨리턴 정신은 전국에 파급됐다. 미국인들이 계승한 퓨리턴 정신 중에서 직업윤리와 사회봉사와 기부를 잘하는 것 등은 잘 알려져 있다.

미국인들의 생활에 청교도적, 즉 기독교 정신이 배어있느냐는 질문에 피면담자 대부분은 그렇다고 응답했다. 이들은 미국인의 공익을 위한 솔선수범적 행위, 제국적 팽창, 명절에서 기독교의 전통이 흐르고 있음을 감지했다. 어떤 이는 기독교 전통이 지역에 따라 달라서, 동북부에는 감리교나 장로교를 포함한 개신교, 남부에는 침례교, 서남부에는 가톨릭이 주종을 이룬다는 점도 지적했다. 약간 명은 기독교적 전통을 느끼지 못한다고 응답했는데, 이는 미국이 건국 당시에는 완전한 기독교 국가였다가 다양한 종교와 문화를 가진 이민이 대거 유입되면서 점차 비기독교적으로 변화하고 있는 과정을 보여준다.[22]

한국인들은 수 백 년 동안 유교적 코드에 따라 살았다. 유교는 특히 조선 사회의 정치적 문화적 기반을 놓았다. 근대화로 유교적 전통이 희석이 되었으나 아직도 상당히 많은 유교적 특성이 한국인들의 생활습관에 배어들어있다. 석학들이 한국 사회에서 발견한 가장 현저한 특징도 유교적 전통에 뿌리내리고 있다. 호프스테드가 한국사회의 엄격한 상하 구분을 바라보며 '권력의 거리'가 크다고 해석한 것이나, 인류학자 홀(Edward T. Hall)이 한국을 포함한 동양을, 대화 시에 문맥에 따라 상황을 판단해야하는, '고맥락 사회'라고 지칭한 것이 그 예이다.[23]

22 미국에서 청교도 정신의 존속에 대해 8명이 긍정적으로, 4명이 부정적으로 보았다. 4명은 모르겠다고 답했다. 미국의 독특한 기독교에 대해서는, 기 소르망(2004), 『Made in USA, 미국 문명에 대한 새로운 시선』, 문학세계사, pp.138-140을 참조하시오.

23 Donald N. Clark(2000), *Culture and Customs of Korea*, Greenwood Press, pp.30-36; Geert Hofstede(2001), *Culture's Consquence,: Comparing Values, Behaviors, Institutions, and Organizations Across Nations.* 2nd. Ed., Sage Publication, p.87; Edward T. Hall(1976), *Beyond Culture.* Doubleday, 1976, p.79.

13세기에 한국에 소개된 신유학은 음양오행과 같은 철학으로 인간관계를 풀이함으로써 인간 사이의 질서를 우주의 운행 법칙에 합일시키려 했다. 이에 따라 유교는 군신, 장유(長幼), 남녀의 차별을 고착화시켰다. 유교적 전통은 현재의 드높은 교육열에서도 찾아 볼 수 있다. 예전에는 과거에 급제한 사람만이 관계(官界)에 진출해서 상당한 권력과 명예를 한손에 쥐게 되었다. 당연히 교육열이 높을 수밖에 없었다. 이런 전통은 현재도 면면히 이어져서 치열한 대학교 입시경쟁을 낳고 사교육비의 과다한 지출, 기러기 아빠 등의 사회적 문제를 야기한다.

한국인들의 유교적 전통이 기독교적 생활습관과 갈등을 일으키느냐는 질문에 피면담자 일부는 조상숭배, 윗사람의 권위, 연장자 우선권 등의 문제에 갈등적 소지가 많다고 했다. 어떤 이는 한국에 요즈음 기독교가 확산되었지만 기복 신앙적으로 기우는 현상은, 미국에서 흔히 보는 솔선수범이나 재산의 사회 환원과 같은 기독교적 생활양식은 뿌리내리지 못하고, 오히려 우리의 전통적 기복신앙의 대상이 예전의 조상에서 하느님에게로 이전됐기 때문이라는 예리한 관찰을 했다. 일부는 양대 종교의 갈등이 없다고 했는데, 왜냐하면 기독교와 유교에는 윤리적 측면에서 공통분모가 많기 때문이라고 말했다.[24]

7) 실용주의와 명분주의

미국인은 실용적이라 권위적인 것을 싫어해서 실무자가 일을 처리하는 경우가 많다. 호프스테드가 미국에서는 '권력의 거리'가 작다고 한 의미는 이런 비즈니스 스타일을 포함한다. 사업 상 대화를 할 때에도 미

24 한국에서 유교적 전통과 기독교적 생활습관이 갈등을 일으킨다고 본 사람이 5명이고, 3명은 갈등이 없다고 보고, 8명은 모르겠다고 말했다.

국인들은 짤막하게 인사말을 나누고 곧 본론으로 들어간다. 그들이 편지를 쓸 때도 용건을 먼저 쓰고 나서 개인적인 안부를 나중에 곁들인다. 우리나라의 경우 같이 다른 여러 가지 이야기를 늘어놓다가 '실은...'하며 뒤늦게 본론으로 들어가는 것과 정반대의 어순이다.[25]

미국에서 실용주의가 하나의 철학으로 정립하게 된 것은 산업화와 더불어 이전의 퓨리턴의 잣대가 생활에 도움을 주지 못하기 때문이었다. 개혁을 지지하면서 새로 나타난 사상적 조류는 어떤 이론이건 그 효과를 검증받지 않는 한 진리로 여기지 않을 것을 제창했다. 이는 미국인들에게 뿌리 깊이 내려있던 실용적 자세를 학문적으로 정리한 것이다.[26]

미국인에 비해서 한국인들은 명분을 중요시 한다. 그들은 실제적으로는 별로 중요하지 않은 것을 단지 체면 유지 상 고집하기도 하고, 또는 실질적 목적을 끝까지 은폐하며 명분으로 밀어붙인다.[27] 전통사회에서 사회의 지도층이던 양반에게 체면 유지는 상당히 중요한 부분이었다. 예컨대, 조선 후기의 예송논쟁은 그것을 극명하게 드러낸다. 왕비에 대한 상복을 둘러싸고 일어난 극한 논쟁은 사실은 그녀의 지위와 관계된 두 권력 집단의 혈투였으나, 그 핵심적 동기는 은폐되고 겉으로는 단지 복식 예절에 대한 명분으로만 포장됐었다. 요즈음은 이런 체면치레가 줄어들었으나 그래도 한국인 삶의 일각에는 이런 모습이 면면히 흐른다.

"미국의 실용주의적인 면이 한국의 체면치레와 충돌을 일으키는 것을 경험하신 적이 있나요?"라는 질문에 대부분은 그렇다고 대답했다. 구체적인 예로 그들은 직업을 선택 할 때, 중고물건 구입할 때, 식당에서 남은

25 Geert Hofstede(2001), *Culture's Consequence,* sage, p.87; Esther Wanning(1998), *Culture Shock! A Guide to Customs and Etiquette*, Graphic Arts Publishing Center, pp.220-223.

26 실용주의에 대하여는 이보형 외(1986), 『미국인의 생활과 실용주의』, 민음사를 참고하시오.

27 Suk-hyon Kim(2003), "Korean Cultural Codes and Communication," *International Area Review* vol.6, no.1, pp.104-106.

음식을 가져가거나 더치페이를 할 때, 또는 손님 접대의 스케일에서 미국의 실용적 시각과 한국의 체면 중시적 습관이 갈등을 일으킨다고 언급했다. 한 응답자는 실용적 태도로 의식주를 영위하는 미국 동포들을 '미국 촌놈'이라고 한국인들이 조롱하는 데서 이런 예가 엿보인다고 했다. 그러나 이 두 가치가 충돌을 일으킨다고 생각하지 않는 사람들도 몇몇 있었다. 사실 요즈음 이명박 정부 출범과 함께 실용주의의 구호가 많이 들림으로 그 개념이 그다지 낯설지는 않다. 그러나 그것은 우리 사회가 그만큼 명분 위주로 운용된 부분이 많았다는 역설적 증거로 볼 수도 있다.[28]

8) 개척정신과 고향 사랑

미국의 땅은 원래 다 서부였다고 해도 과언이 아니다. 대서양 해안가에 정착하기 시작했던 이주민들이 서쪽으로 계속 개척해나갔기 때문이다. 그러므로 해안가의 좁은 지역을 제외하고 다른 모든 지역은 한때는 서부라고 불렸었다. 서부는 미국인들에게 독특한 특성을 가져다주었다. 일이 동부에서 잘 풀리지 않으면 그들은 광활한 서부로 도피할 여유가 있었다. 그래서 그들은 낙관적이고 진취적이 되었다. 외국인들이 미국인의 인상을 말할 때 명랑, 순진, 활기 발랄하고, 솔직하며, 개방적이고 외향적이라고 한다. 이런 성격들은 서부와 무관하지 않다. 서부의 무한한 자연자원은 미국인의 성격을 낙관적이고 관용적으로 만드는 데 기여했다.

서부는 또 미국인들을 민주적으로 만들었다. 개척지에서 사람들은 척박하고 고된 생활을 비슷하게 겪으면서 사회운영에 동등한 자격으로 참여했다. 뉴잉글랜드의 타운회의는 서부로 뻗어나가서 풀뿌리 민주주의의

28 실용주의와 체면유지의 갈등이 9명은 존재한다고 했고, 4명은 그렇지 않다고 했다. 1명은 모르겠다고 하고 또 1명은 무반응이었다.

온상이 됐다. 남·녀 각각의 보통선거가 처음 이루어진 것도 서부에서였다. 서부는 미국인들을 실용적으로 만들었다. 개척지에서 실생활에 도움이 되지 않는 탁상공론은 중히 여겨지지 않았다. 무엇인가가 진실이라고 여겨지려면 실제 생활에 도움을 주어야했다.[29]

전통적 한국 사회에서는 고향을 떠나서 살게 되는 것을 큰 비극으로 여겼다. 근대화가 되면서 해외에서 활동하는 것이 각광을 받음으로 상당한 인식의 전환이 이루어졌다고 하겠다. 1960년대 이전 아직 한국이 농본사회였었을 때, 한 마을이 한 가지 성씨로 이루어진 집성촌이 많았다. 이를 보고 외국 인류학자들이 한국에는 씨족사회가 잔존한다고 성급하게 정의내리기도 했으나, 한국은 가족의 계보를 중시하는 정도의 사회이다. 고향에 대한 애착은 무수한 유행가의 주제에서도 잘 나타난다. 이런 고향사랑은 농본사회였던 점에서 유래하는 부분이 많다. 막스 베버 (Max Weber)는 서양은 이동성이 많은 수렵사회에서 시작됐고 동양은 농업을 주로 하는 정착사회에서 유래한다고 했다. 고향에 대한 애착은 동향인의 유대를 강화하는 아름다운 정서를 일으킨다. 그러나 정도가 지나치면 업무상의 부패와 지역갈등을 일으키는 요인이 된다.

"미국인과 한국인 사이에 개척정신과 고향사랑의 차이가 나타나는지요?"라는 질문에 많은 사람들이 그렇다고 대답하며, 한국인은 정(情)과, 가정과 학연에 얽매임으로써 고향에 대한 애착을 더 많이 보인다고 말했다. 이들은 그 원인을 두 나라의 역사의 전개 과정과 지리적 크기에서 찾고 있다. 일부는 이런 구분에 대해 회의적이면서, 그 차이는 오히려 개인적 취향에 따른다고 보았다. 한국도 요즈음은 산업화가 된지 한 세대가 지나고 경제적 위상이 상당히 제고됨에 따라, 삶의 모습이 세계로 뻗

29 Ray Allen Billington(1973), *Frederick Jackson Turner: Historian, Scholar, Teacher*, Oxford Univ. Press; 쥐스탱 바이스(2002), 『미국식 사회 모델』, 동문선, p.43.

어가는 진취적인 성향으로 변모해가고 있다. 고향에는 요즈음 고령자만 이 마을과 농토를 지키고 있는 실정이다.[30]

9) 과학·기술의 신뢰와 자연에 대한 경외심

(C) http://www.nasa.gov/

[그림 2] 미국의 우주왕복선

맨해튼 프로젝트로 원자폭탄을 개발한 이래, 미국은 전략적 무기 생산과 우주산업에 박차를 가하면서 과학·기술을 발달시켰다. 미국인은 국력이 과학·기술과 불가분의 관계에 있다고 믿는다. 역사적으로 족적을 남긴 많은 제품들이 실은 유럽에서 발명됐으나 미국에서 본격적으로 생산라인에 올랐다. 강철, 영화, 자동차, 컴퓨터 등이 그 예이다. 그 원인은 미국에는 새로운 기술을 적극적으로 수용하는 기업문화가 있는데, 이것은 개인의 창의성을 존중하는 미국의 풍토에 기인한다.[31]

자연을 정복하기 보다는 인간을 자연에 적응시키려는 기본자세를 한국인은 가졌다. 그것은 인간의 존재를 자연과 우주의 한 부분으로 보려는 정서에 기인한다. 동북아시아에 널리 퍼진 도교 철학은 '무위자연'을 외

30 개척정신과 고향 사랑의 차이를 인정한 사람은 7명이고, 부정한 이는 4명이다. 나머지 4명은 모르겠다고 답했다.

31 Hyong In Kim(2004), *op. cit.*., p.97.

쳤다. 상황을 있는 그대로를 받아들이면 자연스럽게 모든 것이 해결 될 것이라는 태도이다. 불교적 전통 역시 '무위자연'의 경지를 강조하며 인간의 욕구를 줄이는 데서 진정한 행복을 찾는다. 이런 사고방식은 인간의 능력을 극대화시키는 과학·기술의 발달을 가져오는 데 도움이 되지 않는다. 그러나 요즈음 산업화된 한국 사회에서 전통적인 친환경적 자세로 물질적 이득을 포기하는 사례는 찾아보기 힘들다.

"미국인은 과학기술을 신뢰하는 반면, 한국인은 자연에 대한 경외감을 갖고 있다고 봅니까?" 라는 질문에 반 정도는 그렇다고 대답했다. 어떤 이는 그 예로 한국에서 민속신앙과 민간요법이 성행함을 제시했으며, 이는 한국인들의 친환경적 의식을 반영한다고 해석했다. 한 학생은 미국인이 수학을 중시하는 데서 과학적 성격을 엿볼 수 있다고 했다. 예컨대 취업 시에 수학전공자는 기본적으로 과학적인 사고력을 가졌다고 여러 부문에서 환영받지만 우리나라에서는 교육계 이외에는 진출하지 못한다는 것이다. 한편, 다른 반 정도의 응답자는 자연보호 의식이 미국에서 오히려 강하고 한국에서는 약하다며, 한국인이 친 자연적이고 미국인이 친 과학적이라는 관점에 대해 회의적이었다. 비록 미국정부가 자국의 기업을 보호하기 위해 교토의정서 조인을 거부하고 세계적 환경정책에 비협조적으로 나온다 하더라도, 미국 시민 개개인은 자연보호주의가 몸에 배일만큼 실천하고 있다는 것이다.[32]

10) 미래 지향성과 과거 지향성

미국인들은 스케줄을 잡는 데 뛰어난 재능을 보인다. 그들은 한 가지

32 미국의 과학·기술에 대한 찬미와 한국의 자연에 대한 예찬을 대비하는 것에 찬성하는 이는 7명이고, 반대하는 이는 6명이다. 나머지 2명은 모르겠다고 했으며, 1명은 무응답이었다.

일을 하면서 동시에 또 다른 일을 계획을 하기 때문에 항상 바빠 보일 수밖에 없다고 이문화 소통 전문가인 사모바르(Larry A. Samovar)와 포터(Richard N. Porter)는 빈정거렸다. 이들은 미국인들이 스케줄을 잡는 데 집착하는 것은 미래가 과거보다 나을 것이라는 잠재적인 믿음 때문이라고 진단했다.[33]

또 홀은 미국인들이 스케줄에 광적으로 매달리는 것은 그들이 단선적 시간관념을 갖고 있기 때문이라고 설명했다. 그들은 스케줄을 일직선상의 시간에 죽 늘어놓는다. 그래서 하나의 계획이 지연되면 그 다음의 것에 줄줄이 영향을 주어 망쳐버리기 때문에, 스케줄이 깨지면 공황상태에 이른다는 것이다. 홀은 더 나아가, 시간의 직선상 배열은 미국인이 마치 시간을 다룰 수 있는 어떤 대상, 즉 살아있는 존재이거나 쓸모 있는 자원 같은 것으로 여기는 시간관념 때문이라고 분석했다. 예컨대 할 일 없이 빈둥거릴 때면 시간을 죽인다(kill the time)거나, 시간을 절약할 때면 시간을 번다(save the time)고 표현한다. 심지어 식민시대 미국 최고의 지성 벤저민 프랭클린(Benjamin Franklin)은 “시간은 돈이다”라고 선언했다는 것이다.

그러나 한국인을 포함한 동양인이나 미국의 원주민은 스케줄을 주도면밀하게 세우지도 않거니와 중복적으로 세워서 실천 시에 많은 혼란이 야기된다. 이 현상은 복선적 시간관념에 기인한다고 홀은 분석했는데, 이런 관념을 갖는 사람들은 시간을 다루어야하는 객체가 아니라 그냥 거기에 존재하는 그 어떤 것으로 인식한다는 것이다. 이에 따라 그들은 주어진 시간 내에 여러 가지 일을 할 것을 막연히 기대하가다, 때가 닥치면 가장 중요한 것부터 상황에 따라 처리한다. 그 결과 스케줄이 자주 깨지

33 Larry A. Samovar and Richard N. Porter(1995), *Communication Between Cultures*, Wadsworth Publishing Co., p.98.

지만, 약속이 파기됐을 때는 그것을 잘 감내한다고 설명했다.[34]

단선적이고 미래지향적인 시간관념에는 서양의 직선적 역사관도 분명히 영향을 미쳤을 것이다. 기독교적 직선사관에서 세속적인 삶은 사후 신의 세계를 향한 속죄와 구원의 직선적 여정이었다. 반면 동양의 순환적 역사관은 역사의 진행이 마치 계절의 변화와 같이 순환적으로 자꾸 반복한다고 여겼다. 전통 한국사회의 왕들은 항상 이전의 왕들의 행위를 전범(典範)으로 삼아서 자신의 행위의 길잡이로 항상 과거를 되돌아보았다. 이런 태도는 일반적인 한국인들의 삶의 방식에도 잘 나타난다. 한국인들의 조상에 대한 존경 또한 그들이 과거의 유산에 긴밀히 연결되어있다는 것을 보여준다. 그러나 현재 산업사회에서 이런 과거 지향적 성격은 많이 희석됐다.

"미국인이 미래지향적인데 반해 한국인은 과거 지향적이라고 생각하십니까"라는 질문에 대해서는 응답이 다양하게 갈렸다. 일부는 그렇다고 했고, 다른 일부는 아니라고 했으며, 또 다른 일부는 잘 모르겠다고 했고, 나머지는 무응답이었다. 이에 따라 필자는 이 코드의 선정에 관해 다시 한 번 숙고해야할 필요성을 느꼈다. 한 두 응답자는 미국인은 오히려 현재의 중요성을 더 많이 인식하는 현재주의자이지만, 한국인에게는 장래 계획으로 현재의 고통을 인내하거나, 과거의 추억에 매달려 사는 비현재주의적 요소가 많다고 통찰했다. 기러기 아빠의 예를 보거나 향우회의 끈질긴 유대감에 비추어 볼 때 이런 시각도 상당한 타당성이 있어 보인다.[35]

---

34 Hall and Hall(1990), *Understanding Cultural Differences: Germans, French and Americans*, Intercultural Press, p.15.

35 미래 지향적 vs. 과거 지향적 가설에 찬성하는 이는 4명이고, 반대하는 이는 2명이었으며, 5명은 모른다고 했고 또 5명은 무응답이었다.

3. 미국은 개인주의에서, 한국은 집단주의에서

이상에서 비교 분석한 미국과 한국 측의 문화코드 열개를 나열해 보면 다음과 같다.

한국의 열 가지 코드는 우리의 전통문화 속에서 추려낸 것으로 현재 산업화로 급변하고 있는 사회적 양상을 감안한다면 어느 정도 어긋나는 부분이 있다. 그러나 문화를 이루는 비가시적(非可視的) 요소들은 아주 느리게 변화하는 속성이 많다는 것을 고려한다면, 현재 한국인의 생활에도 이 전통적 문화코드들 중 어떤 것은 반석같이 굳건히 깔려있다.[36]

〈표 1〉 한국과 미국의 문화코드

	미국	한국
1	개인주의	집단주의
2	평등주의	계층의 중시
3	자유의 예찬	질서의 존중
4	법치주의	인본주의
5	다문화주의	단문화주의
6	청교도 전통	유교적 전통
7	실용주의	명분주의
8	개척정신	고향 사랑
9	과학·기술의 신뢰	자연에 대한 경외심
10	미래 지향성	과거 지향성

(C) 김형인

위에서 제시한 상이한 문화코드들은 한국인과 미국인 사이에 문화적 갈등을 유발하기 쉽다. 이 글은 이런 문제에 대해서 우선 문헌적 연구를 기반으로 하고, 거기에 더해서 미국 거주의 한국인과 한국계 미국인, 열

36 문화의 핵심이 변하지 않음은, 개리 앨턴(1998), *op. cit.*, p.17을 참고.

여섯 명과 깊이 있는 면담을 진행한 결과를 반영한다. 면담 내용은 그들이 각 코드에 관련되어 미국에서의 생활에 어떠한 어려움이 없었는지, 또 상호 문화적 몰이해로 필요 이상의 갈등이 유발되지는 않았는지에 대한 서술을 담고 있다.

이상의 연구 결과를 분석해보면 열 개의 항목 중 가장 현저하게 미국의 문화적 특성으로 나타난 것이 개인주의이다. 그 뒤를 이어 평등과 자유의 코드가 따라온다. 그 다음에 오는 것이 준법정신으로써, 면담 결과는 이전의 연구에서 필자가 문헌적 연구와 개인적 경험에 기초해서 선정했던 대표적 코드의 서열들과 대체로 일치한다. 이로써 미국문화는 개인의 역량과 권리와 영역에 민감하고, 평등과 자유라는 가치에 대한 뚜렷한 믿음을 갖고 있음을 알 수 있다. 또 하나의 현저한 특성으로 지적된 것은 미국인의 실용주의적 성격이다. 대다수 사람들은 미국의 실용주의가 한국의 명분 유지적 경향과 갈등을 일으킨다고 언급했다.

한편 한국의 대표적 코드는 집단주의이다. 이에 따라 한국 사회에는 자유와 평등보다는 질서와 계층적 구별이 비교적 중시된다. 또한 미국의 준법정신 대신에 우리나라에는 인본주의가 많이 작용한다. 한국의 집단주의적 정서를 위시해서 계층, 질서, 명분을 중시하는 태도는 뿌리 깊은 유교적 전통과 관련돼 있다. 그러나 산업화와 세계화로 전통사회의 구조를 급속히 탈피하고 있는 한국에서 이런 전통적 문화코드의 많은 부분이 변화하고 소멸돼 가는 양상이 면담 결과 감지됐다. 특히 고향 사랑, 자연에 대한 경외심, 과거지향성 같은 코드들은 앞으로 그 타당성과 대안에 대해서 탐구가 지속적으로 이루어질 필요가 있다. 여기에 제시한 면담자료에서 어떠한 개별적 코드도 피면담자 전원의 동의를 받은 것은 없다. 어떤 코드에 대해서건 많게는 반 정도, 적어도 한 두 사람이 반론을 제기했다. 문화현상에 대한 정의는 완전한 동의에서가 아니라 대개의 합의로 정론을 세우며 추진된다고 하더라도, 앞으로 산업화에 따른 문화코드의 변화에 주목하면서 우리 문화의 좌표를 재설정해보는 것도 이문화 관리를 위해 유익할 것이다.

한·미 양 국민들의 행위의 기저에 있는 가치체계를 이해하는 것이야말로 한·미 교류에서 불필요한 마찰을 방지하는 노력의 출발점이 될 것이라는 믿음에서 이 연구는 시작됐다. 이에 따라 한·미 양측에서 열 개의 문화코드를 선정하여 비교하면서 양국의 이질적인 문화코드 들에서 표출되는 문제점을 분석하였다. 이 글의 효용성은 앞으로 한·미 양국의 이문화 관리 방안을 산학 협력적 차원에서 구체적으로 모색할 경우, 하나의 가이드라인을 제공할 수 있지 않을까 하는데 있다.

부록 | 한·미 양국 문화의 차이에 관한 경험에 대한 설문 가이드 (기간: 2006.6.15 ~ 7.13)

1-1. 미국인에게 어떤 일을 같이 하자고, 아니면 어떤 곳을 같이 가자고 하여 오해받은 적이 있습니까? 한국에서 무엇이든 같이 하는 경향과 달라서 곤란했던 경우가 있습니까? 어떤 일인지 상황을 자세히 이야기해 주십시오.

1-2. 한국에서는 프라이버시가 없어서 곤란한 적이 있습니까? 혹시 거절하고 싶어도 남의 눈치를 봐야하기에 어쩔 수 없이 타인의 의사에 끌려간 적이 있습니까?

2-1. 당신은 미국사람들이 너무 지나치게 자유분방하다고 여깁니까? 아니면 사회의 공익적 측면에서 보아 적당한 자유를 갖고 있다고 생각하십니까? 미국에서 너무 많이 부여되는 자유 때문에 당황한 적이 있습니까? 있다면, 이야기해 주세요. 혹은, 너무 지나친 자유 때문에 눈살을 찌푸린 적이 있으십니까? 어떤 경우에요?

2-2. 한국에서는 자유의 영역이 없어서 답답한 적이 있습니까? 어떤 경우에요?

3-1. 당신은 미국사람들이 가정, 직장, 학교 같은 공동체에서 위계질서를 무시하면서 지나치게 평등을 추구한다고 생각합니까? 아니면 평등의 정도가 적당하다고 느낍니까? 미국의 가정, 직장, 학교는 위계질서를 존중하는 한국과 비교해서 어떤 면이 다른 지요?

3-2. 한국도 미국같이 평등 지향적으로 나가야된다고 생각하십니까?

4-1. 미국에서 자질구레한 법률을 지키지 않아서 곤란했던 적이 있었습니까? 예를 들어주세요.

4-2. 한국에서 법대로 하려했는데, 그것이 잘 안되어 유력한 인사에게 청탁을 한 후 에야 제대로 처리된 적이 있습니까? 설명해 주세요.

5-1. 한국에는 다문화주의가 미국만큼 잘 발달되지 않았습니다. 한국인의 단문화주의 때문에 겪었던 불쾌한 경험이 있습니까?

5-2. 미국에서는 소수인종이어서 겪었던 불쾌함이 있습니까? 이야기 해 주세요.

6-1. 당신은 미국인들에게 청교도적, 다시 말해서 기독교 정신이 배어 있다고 생각하십니까? 어떤 면에서요?

6-2. 그렇다면 한국인들의 유교적 전통이 기독교적 생활습관과 갈등을 일으키는 부분이 있다고 생각합니까? 경험을 이야기 해 주세요.

7. 미국인은 개척정신이 있어서 진취적이고, 한국인은 고향에 대한 애정을 더욱 많이 갖고 있다고 합니다. 개척정신과 고향 사랑의 차이가 미국과 한국인사이에 나타나는지요?

8. 미국인의 실용주의적인 면이 한국인의 명분주의와 충돌을 일으킬 때가 종종 있다고 봅니다. 경험하신 적이 있나요? 이야기 해 주세요.

9. 미국인은 과학·기술을 신뢰한다고 합니다. 이에 비해 한국인은 자연에 대한 경외감을 갖고 있답니다. 정말 이런 점이 있다고 생각하십니까?

10. 미국인들은 미래지향적, 한국인은 과거 지향적이라고 생각하십니까? 이런 차이로 가까운 사람과 마찰이 있었던 경험이 있으십니까? 이야기 해주세요.

9

EU의 문화코드와 문화정책

9

EU의 문화코드와 문화정책

1. 유럽문화 정체성에서 유럽문화코드로

문화정체성에 대한 접근 방식은 크게 두 가지인데 바로 본질주의적 사고와 역사주의적 사고이다. 전자는 문화정체성을 이미 완성된 사실 혹은 이미 구성된 본질로 보는 개념이고, 후자는 문화정체성을 만들어지고 있는 그래서 언제나 과정 속에 있는 결코 완전히 완결될 수 없는 어떤 것으로 보는 입장이다. 이 두 가지 입장을 홀은 다음과 같이 요약하였다. 즉 문화정체성은 무엇임(being)의 문제일 뿐만 아니라 동시에 무엇으로 됨(becoming)의 문제이기도 하다.[1] 곧 과거뿐만 아니라 미래의 문제임을 분명히 하고 있는 것이다. 문화정체성은 외부와의 관계 속에서 생성과 소멸을 거듭하는 산물로서 지속적인 변형의 어느 지점에 처해있는 것이다. 그것은 어떤 본질적인 과거에 영원

1 S. Hall(1990), "Cultural Identity and Diaspora", J. Rutherford (ed.), *Identity, Community, Culture, Difference,* Lawrence & Wishart, p.225.

히 고정된 것이 아니라, 역사·문화·권력 등의 지속적인 작용을 받으며 그 안에서 만들어진 상징과 개념들 속에서 문화적 제도로 자리 잡기도 하고 다시 해체되기도 하면서 변형을 거듭한다.

그렇다면 지금 유럽은 어떤 유럽적 정체성의 요청과 그 과도기적 변형을 겪고 있는가? 게다가 과거와는 어떻게 다른 성숙되고 열린 정체성이어야 하는가? 이 질문들은 개별 국가가 아닌 유럽이라는 복잡성 때문에 쉽게 답해질 수 없을지도 모른다. 그러나 필자는 두 차례의 세계대전이 남긴 그 정신적이고 물질적인 폐허 이후 지금까지 유럽이 함께 헤쳐 나온 통합의 과정과 결실을 분석해 봄으로써 새롭게 생성되고 있는 유럽의 문화정체성으로서 '유로의식'을 제안해보고자 한다. 또한 유로의식을 분석해보는 작업은 유럽연합의 문화코드를 도출할 수 있는 가능성을 제공한다. 유럽연합이 공식적인 모토로 내세우고 있는 '다양성 속의 조화(United in diversity)'는 하나의 문화코드로서 현재 다양한 차원에서 실현되고 있다. 여러 문화현상의 기저에서 다양성이라는 코드가 작동되고 있으며, 이러한 현상들이 모여서 하나의 유로의식을 형성하고 있다고 볼 수 있다.

이 글은 크게 세 부분으로 구성된다. 우선 유럽이념이라는 것이 어떻게 역사적으로 형성되고 전개되었는지, 같은 맥락으로 유럽 통합 과정에서 어떠한 사상들이 제기되고 관철되었는지를 고찰한다. 다음으로 본 글의 주요 논지인 유로의식 분석과 문화코드 도출을 시도해보겠다. 마지막으로 문화적 정체성이 고스란히 반영되어 있는 유럽연합의 문화정책을 논해보겠는데, 특히 '문화교류'를 중심으로 하는 주요 정책들과 대표적 사례에 관한 연구가 될 것이다.

2. 유럽이념의 형성과 전개

1) 유럽이념의 형성

'유럽(Europe)'은 로마시대까지도 단지 지리적인 개념만을 지니던 것이 점차 단일한 문명권으로 인식됨으로써 고유한 정체성을 획득해나갔다.[2] 이는 외부 세계와의 관계 속에서 뚜렷한 윤곽을 드러내기 시작하는데, 바로 이슬람 세력의 침입을 막아내면서 카롤링 왕조가 왕국의 통일성을 강조하기 위해 유럽인을 구별 짓고자 한 것이다. 또한 여기에 종교적 정체성이 부가되면서 유럽의 정체성은 더욱 보편화되었다고 할 수 있다. 기독교는 유럽을 다른 지역과 구분시켜주는 역할을 하였다. 한 마디로 중세의 유럽은 곧 기독교 공동체라는 정체성으로 인식되게 되었다.[3]

그러던 것이 기독교가 유럽 이외의 지역으로 전파됨에 따라 원래의 의미가 퇴색하기 시작하였다. 게다가 교회의 분열에 따라 기독교의 권위가 추락함으로써 그간 유럽을 지배해왔던 기독교성(Christianity)은 약화되어 갔다. 이러한 상황에서 14세기 무렵 민족국가가 형성됨으로써 유럽에서는 제국의식이 새롭게 대두된다. 그러나 전반적인 역사의 맥락을 조망해보면 이 시기는 기독교적 정체성과 민족주의가 혼재되어있는 시기로 정리될 수 있다. 1453년 이슬람 세력에 의해 동로마 제국의 콘스탄티노플이 함락되자 유럽은 기독교 세계가 파괴되었다는 사실에 충격을 받아 유럽의식을 되살리고자 하였다. 이러한 의도가 국가들 간의 평화로운 공존을 위한 통합이라는 유럽이념을 형성시키는 것이다. 바로 기독교성에

---

2 그리스인들은 세계가 크게 세 개 지역으로 나뉘어있다고 생각했다. 오랜 기간 동안 유럽은 아시아, 아프리카와 구분되는 지역을 나타내는 말이었다. 유럽이란 어원도 고대 아시아인들이 '태양이 지는 곳'이란 의미로 불렀던 것에서 유래되었다고 할 수 있다. 에코는 유럽문명이 단일문명으로 구분되기 시작한 것은 로마제국의 종말과 로마-이민자 왕국 형성 이후라고 지적한 바 있다.

3 김시홍 외, 『유럽연합의 이해』, 높이깊이, 2006. pp.16-17 참조.

민족주의가 부가되면서 정치적 의미를 띠기 시작했다는 점을 주목해볼 수 있다.

유럽이라는 개념은 18세기 계몽주의 시대에 매우 활발하게 논의되었다. 계몽주의 사상가들은 유럽을 공동의 역사에 기원한 하나의 문화적 통일체로 인식하였고, 유럽의 각국은 종교, 법, 전통, 관습 등의 면에서 정신적·지적으로 통일되어 있다고 보았다.[4] 이처럼 계몽주의적 유럽의식은 기독교적인 유럽의식을 대체하는 또 다른 성격의 새로운 정체성을 드러내었다. 그러나 이는 그리 오래 지속되지 않는데, 바로 19세기에 들어서면서 계몽주의 사상이 종말을 고하기 때문이다. 유럽의 19세기는 민족주의 시대이다. 이에 따라 유럽의 여러 나라에서는 민족주의와 유럽주의를 융합하고자 하는 다양한 시도가 일어나게 된다.

헤겔을 비롯한 일부 민족주의자들은 유럽통합을 특정한 국가가 주도해야한다고 보았다. 이러한 관점이 부정적인 형태로 나타난 경우 중 하나로, 나폴레옹은 프랑스가 유럽의 국가들 위에 군림하면서 통치해야한다고 생각하였으며 이는 필연적으로 전쟁을 동반한 개념이었다. 그러나 이탈리아의 통일운동가 마치니(Giuseppe Mazzini)를 위시한 민족주의자들은 민족국가들 간의 조화로운 공동체로서 유럽통합사상을 제시하였다. 19세기에 논의되는 유럽주의에서 주목해야 할 또 다른 측면은 '연방주의'적인 성향을 띠는 통합이라는 것이다. '유럽합중국(United States of Europe)'이라는 용어는 유럽통합이 본격적으로 시작된 1950년대 이전의 유럽통합 사상을 대표하는 핵심어이다. 이는 1849년 8월 파리에서 열린 국제평화회의 개막 연설에서 빅토르 위고(Victor Hugo)가 주창했던 말이다. 물론 유럽합중국이란 말을 위고가 처음으로 사용한 것은 아니다. 그 당시 몇몇 지식인들에 의해 회자되기는 했지만 위고를 통해 분명히 각인

4 *Ibid.*, p.19.

되는 계기가 되었으며 그의 사상에 있어 핵심으로 자리 잡게 되었다. 위고는 유럽의 인민들이 내외의 압제자를 물리치고 자유와 독립을 쟁취하여 공화국을 건설한 후, 전쟁이 아니라 자발적으로 통합된 유럽 내에서 평화를 누리는 하나의 유럽합중국 국민으로 거듭나야 한다고 역설했다.[5] 나폴레옹 전쟁 이후 유럽 각지에서 다양한 흐름으로 전개되던 평화운동은 1848년 혁명이 야기한 변화의 물결에 힘입어 국제회의로 수렴되었으며, 그 회의의 의장직을 수락한 위고는 하나의 유럽을 만들어 전쟁의 가능성을 종식시키자는 주장을 하였던 것이다.

위고나 마치니, 푸르동은 공통적으로 개인의 자유를 실현하고 보장하기 위해 유럽통합이 필수적이라는 입장을 견지하고 있다. 즉 개별 국가는 개개인의 자유를 보장해주는 데 한계를 지니며, 진정한 민주주의는 유럽적 협력 없이는 불가능하다고 본 것이다. 이러한 맥락에서 이들의 유럽통합 사상은 평화주의 사상을 드러낸다. 그러나 이러한 민족국가간의 조화나 평화의 이념들은 이후 제국주의 앞에서 힘을 발휘하지 못했다. 제국주의의 팽창은 결국 제1차 세계대전을 불러왔고, 발레리(Paul Valéry)나 슈펭글러(O. Spengler) 등의 지식인들은 민족주의와 제국주의에 대한 강도 높은 비판을 개진하였다.[6] 이러한 정황 속에서도 공동의 유럽문명을 바탕으로 하나의 유럽을 형성해야 한다는 주장이 제기되는데, 그 핵심적 정신은 칼레르기(R. Coudenhove-Kalergi)의 '범유럽(Pan-Europe)' 사상에서 찾을 수 있다.[7] 오스트리아 귀족 출신인 칼레르기는 제1차 세계대전 후인

5 G. Clemens & P. Krüger & G. B. Clemens (2001), *Nation und Europa: Studien zum internationalen Staatensystem im 19. und 20. Jahrhundert*, Franz Steiner Verlag, p.51.

6 폴 발레리는 그가 주장한 유럽 정신으로 유명하다. "거의 모든 것이 유럽에서 이루어졌고, 유럽에서 비롯된다."는 그의 대표적 문구는 유럽정체성 확립을 위한 정치적, 문화적 담론이 형성되는 과정에서 계속 회자되고 있는데, 이는 통합적 의미도 있지만 동시에 배타적 의미도 내포하고 있다. 발레리는 유럽 문명의 미래를 위해 유럽 지식인의 화합이 필요하며 유럽인이라는 통합된 정체성을 통해 정치적 차원의 유럽연합이 실현 가능하다고 생각했다. 사실 그의 이러한 생각은 오늘날 유럽연합의 방향성에 영향을 미치고 있다.

1922년 '범유럽 운동'이라는 단체를 창립하고 1923년 『범유럽』이라는 책을 발간한다. 그는 유럽이 세계에서 밀려나게 된 원인을 과거에 대한 집착으로 진단하면서, 미래지향적인 차원에서 유럽문명을 보존하기 위해 범유럽 연방인 유럽합중국을 건설해야 한다고 역설했다. 칼레르기의 유럽통합 구상은 단계적 과정을 담고 있는데, 우선 유럽 민족들 간 분쟁거리를 논의하기 위한 회의체 결성, 평화연방 창설, 이어 경제공동체 설립, 그리고 마지막 단계로 유럽연방을 건설하자는 것이었다.

문제는 다양한 유럽통합의 사상들이 대중들에게 널리 관심을 끌지 못했다는 데 있었다. 유럽에서는 여전히 민족주의가 강하게 대두되고 있었는데, 특히 제1차 세계대전의 전후 처리 문제에서 이탈리아와 독일은 민족주의적 수정주의를 도입하였다. 더불어 1930년대 초 세계 공황은 극단적인 민족주의로 전환되어 유럽을 다시 전쟁으로 끌어들인다. 그러나 역설적인 것은 이 전쟁을 통해 유럽인들이 다시금 유럽이념에 관심을 돌리는 계기가 마련되었다는 사실이다. 이는 파시즘에 대항한 저항 운동가들의 사상에서 잘 드러나고 있다. 대표적으로 스피넬리는 민족주의의 한계와 위험성을 지적하면서 유럽연방만이 유럽에 평화를 가져온다고 주장하였다. 그는 유럽 국가들이 민주주의 연방으로 통합되어야 하며, 연방은 종족, 문화적 성격에 따른 회원국들의 고유한 권리를 침해함이 없이 유럽의 단합을 위한 입법, 행정, 사법의 민주주의적 권리를 가져야 한다는 것, 이를 위해 필요하다면 회원국의 주권을 제한할 수도 있다는 것을 주장했다. 스피넬리의 사상은 여러 가지 형태로 유럽통합 운동을 형성시켰으며 제2차 세계대전 이후에도 지속적으로 영향을 미치면서 유럽통합의 토대로 작용하게 된다.

---

7 Roberta Guerrina(2002), *Europe: history · idea · ideologies*, Arnold, p.46.

2) 유럽통합의 사상과 역사

벌머(Simone Bulmer)는 유럽통합과 협력의 주역을 네 가지로 나누고 있는데, 바로 연방주의자, 기능주의자, 민족주의자, 그리고 외부행위자이다. 연방주의자는 전후 유럽의 구도를 민족국가에서 민주주의적 방식의 유럽연방으로 대체하고자 의도했던 세력으로 스피넬리를 대표로 한다. 반면 기능주의자는 연방주의자와 같은 목표를 가지고 있었지만 그것의 실현에 있어서 실용주의적인 접근방법을 택했던 세력으로, 정치적인 목적 달성의 시발점으로서 경제협력의 필요성을 자각했던 이들이다.[8] 여기서 가장 두각을 나타낸 인물은 모네(Jean Monnet)로 '유럽통합의 아버지'라는 수식어가 늘 뒤따른다.[9] 유럽통합의 과정을 살펴보면 크게 연방주의와 기능주의의 대립과 갈등 양상이 드러남을 알 수 있으며, 기능주의의 주도에 의해 실제 통합이 진행되어온 역사를 확인할 수 있다.

제2차 세계대전 이후는 유럽통합에 대한 명확한 정치적 목표와 구체적 형태가 갖추어지기 시작한 시기라고 볼 수 있다.[10] 그 중심에서 기능주의적 통합을 추진한 것은 프랑스의 모네와 슈만이었다. 당시 프랑스 경제계획청장인 모네의 구상을 수용한 외무장관 슈만은 1950년 5월 슈만플랜을 발표한다. 슈만플랜은 참여국 간에 석탄·철강의 공동운영 계획을 담은

8 이 외 민족주의자는 주로 영국과 스칸디나비아, 아일랜드, 그리고 스위스 등에 분포하면서, 통합에 부정적이라기보다 적극적인 참여 의사를 드러내지 않는 자들을 가리킨다. 또 외부행위자(external actor)는 재정적, 정치적 원조를 통해 유럽통합을 지원하는 미국의 정치 엘리트를 지칭한다 (Simone Bulmer(1994), *History and Institutions of the EU in the economics of the European Union*, edited by M.J. Artis and Lee, Oxford University Press, pp.8-9 참조.).

9 모네는 진정 필요한 것은 과거의 형태를 버리고 공동의 경제적 기초를 건설함과 동시에 국민국가들이 받아들일 수 있는 새로운 권위체의 창설을 통해서 유럽의 정치, 경제, 안보의 맥락을 전환하는 길로 들어서는 초국가 유럽으로 진입하는 것임을 역설하였다.

10 *Ibid.*, pp.35-42 참조.

것이다. 이는 당시까지 진행되어왔던 연방주의와 전혀 다른 통합 방식으로, 바로 기능주의를 적용하여 높은 생산성을 바탕으로 하는 합리적 분배, 안정적인 시장 공급, 석탄·철강 산업의 현대화, 더불어 노동자들의 생활수준 향상을 도모한 것이다. 이러한 목표를 구체화하기 위해 참여국들은 석탄·철강의 공동생산과 분배를 관리하는 초국가적 기구인 고위기구(High Authority)를 설립하였다. 유럽 각국의 반응은 매우 호의적이었는데, 이를 기반으로 다음 해 4월 파리조약을 통해 유럽석탄철강공동체(ECSE)가 탄생하는 것이다. 유럽연합은 통합의 기저원칙을 드러내는 주요사건들을 아래와 같이 제시한 바 있다.[11]

- 기저원칙
  파리조약(1951): 유럽석탄철강공동체 창설
  로마조약(1957): 유럽경제공동체, 유럽원자력공동체창설

- 다음 조치들에 의해 수정
  단일유럽의정서(1986)
  유럽연합조약(1992, 마스트리히트)
  암스테르담조약(1997)
  니스조약(2001)

여기서 유럽통합의 출발은 앞서 언급한 유럽석탄철강공동체의 창설로 보고 있음을 알 수 있다. 세계대전의 영향으로 유럽 내의 승전국과 패전국 사이에 평화 정착이 시급한 시점이었다. 이를 통해 공동의 체제 내에서 차별 없는 공평성과 협력의 기틀이 마련되었다고 볼 수 있다. 이후

11 Pascal Fontaine(2006), *Europe in 12 lessons,* EUR-OP, pp.8-11 참조.

1957년 로마조약과 함께 유럽원자력공동체(Euratom)와 유럽경제공동체(EEC)가 연이어 창설된다. 모네의 구상을 안보 부문에 적용한 것이 원자력공동체라 할 수 있다. 또한 유럽석탄철강공동체에 이어 보다 다양한 범위로 재화와 용역이 거래될 수 있는 공동 시장을 형성하고자 하는 의도로 결성된 것이 유럽경제공동체이다. 1968년 7월 1일을 기해 6개국 사이의 관세가 완전히 철폐되었고, 1960년대에 걸쳐 교역 및 농업 분야를 중심으로 한 공동 정책 구상이 이루어졌다. 이후 세 개의 개별 공동체들은 1967년 유럽공동체(EC)로 묶여 통칭된다.

1970년대 초부터 1980년대 중반까지는 유럽회의주의(Europessimism)라는 말이 나올 정도로 통합이 정체되었다. 주된 원인은 서유럽 대부분의 국가들이 1960년대 말부터 전후 호황기가 끝나고 불황에 접어들었다는 점과 1970년대 이후 금본위제의 붕괴와 두 차례의 석유파동으로 세계경제가 위태로워 졌다는 점 등에서 찾을 수 있다. 유럽공동체 회원국들이 국내의 경제를 보호하기 위해 통합에 소극적인 자세를 취했던 것이다. 1980년대에 들어서면 한국과 대만 등 동아시아 국가들의 경제 성장, 미국의 과감한 경제개혁 등에 자극받은 유럽이 새로운 탈출구를 모색하기 시작한다. 첫 단계로서 유럽의회가 열렸다. 그리고 1984년에 이르러 유럽연합 설립을 위한 조약의 초안을 내놓는데, 여기에는 유럽의회의 권한을 확대하는 등 대대적인 유럽공동체 개혁방안이 담겨 있었다. 이를 바탕으로 유럽공동체는 1986년 단일유럽의정서(SEA)를 만들어 1980년대 말 이후에는 새롭게 통합의 전기를 마련하게 된다. 세계 경제의 침체로 성장동력을 상실했던 유럽공동체 회원국들은 이를 통해 통합의 목적을 재확인하면서 급진적인 제도개혁을 단행하였다. 단일유럽의정서의 목적은 유럽공동체 회원국 간에 완전한 시장통합이다. 따라서 시장통합을 위한 여러 제도 개혁의 방안을 주요한 내용으로 담고 있으며, 의사결정 과정의

단순화를 위한 시스템을 도입하고 있다.[12]

1989년 베를린 장벽이 철폐되자 유럽은 정치적 국면에서 격변기를 맞는데, 이에 따라 유럽공동체도 변화를 추구한다. 1992년 마스트리히트조약은 공동외교안보정책(CFSP), 내무사법협력(JHA) 등 기존의 공동체 제도에 정부 간 협력이 필요한 영역을 추가시키고 새로이 '유럽연합(European Union)'을 탄생시킨다. 지금까지 추구해온 경제통합 뿐 아니라 정치·사회통합을 위한 방안이 마련되었다는 점에서, 이는 단순한 개칭 이상의 의의를 지닌다고 할 수 있다. 마스트리히트조약을 통한 유럽연합의 새로운 목표는 다음과 같다.[13] 첫째, 역내에 국경이 없는 지역 창설로 균형적인 경제·사회적인 번영 고무, 둘째, 경제사회적 결속정책 강화, 셋째, 경제통화동맹(EMU) 설립, 넷째, 안보와 방어 부분에서의 협력, 다섯째, 유럽시민권 형성으로 회원국 시민의 권리와 이해 보호, 여섯 째, 사법과 내무 부분에서 협력 발전 등이다. 이러한 내용은 이후 암스테르담조약(1997)과 니스조약(2001)을 통해서 더욱 수정·보완되어 나간다.

2000년 3월 리스본에서 개최된 유럽이사회에서는 유럽연합의 경제 현대화를 위한 포괄적인 전략을 채택하고, 세계시장에서 미국이나 신흥 산업국 등을 의식한 경쟁력 제고 방안을 수립한다. 이른바 '리스본 전략(Lisbon strategy)'은 모든 경제 부분을 경쟁력 있게 개발할 것과 혁신 및 기업 투자 증진, 정보화 시대 필요에 부응하기 위한 유럽 교육 제도의 현대화 등의 내용을 담고 있다.[14]

유럽통합의 역사-유럽연합의 확대과정은 <표 1> 참조[15]-는 이제 반

12 Ali M. El-Agraa(2004), *The European Union: Economics & Politics*, Prentice Hall, pp.29-33 참조.

13 *Ibid.*, pp.34-38 참조.

14 Pascal Fontaine, *op. cit.*, p.11.

15 Alasdair Blair(2010), *The European Union since 1945*, Longman, p.143.

〈표 1〉 유럽연합의 확대과정

회원국 확대		가입국	가입국 누계
창설국		프랑스, 독일, 이탈리아, 네덜란드, 벨기에, 룩셈부르크	6개국
1차(1973년)		영국, 아일랜드, 덴마크	9개국
2차(1981년)		그리스	10개국
3차(1986년)		스페인, 포르투갈	12개국
4차(1995년)		스웨덴, 오스트리아, 핀란드	15개국
5차	2004년	에스토니아, 리투아니아, 라트비아, 폴란드, 헝가리, 체코, 슬로바키아, 슬로베니아, 말타, 사이프러스	25개국
	2007년	루마니아, 불가리아	27개국
가입 예상국		터키, 크로아티아, 마케도니아, 세르비아, 코소보, 몬테니그로, 보스니아헤르체코비나, 알바니아	35개국

(C) Alasdair Blair

세기를 넘어섰다. 그로 인해 그것이 유럽의 역사와 유럽인의 정신세계에 미친 영향도 매우 크다. 회원국 정부들은 그들이 표방하는 정치적 색채가 어떠하든 간에 민족국가의 절대통치시대가 막을 내렸음을 알고 있다. 유일한 대안은 힘을 모아 열린 공동체 운명을 향해 나아가는 것임을 인식하고 있는 것이다. 이와 같은 통합이 가능했던 것은 유럽 국가들 간의 오랜 반목을 털어낼 수 있었기 때문이다. 유럽연합은 우월적인 태도를 견지하거나 국제적 차이를 해결하기 위해 무력을 사용하는 것을 버리고 함께 협력하는 공동체 방식으로 바꾸어 유럽대륙의 정치적·경제적 재통일을 이룩해 가고 있다.

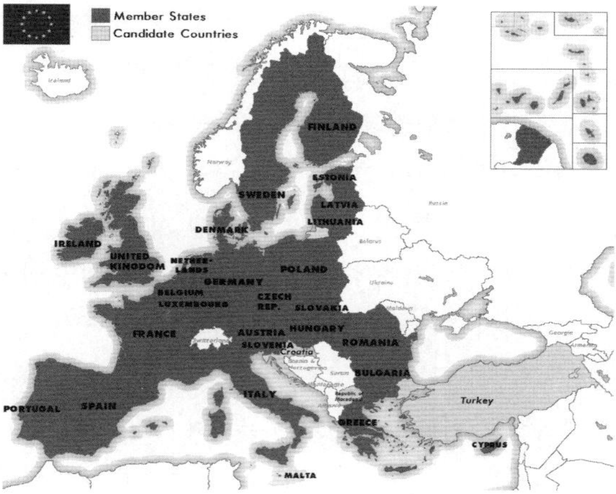

(C) EU 웹사이트

[그림 1] 유럽연합 27개 가입국 지도

3) 시민의 유럽

유럽은 6개국이 모인 경제공동체를 시작으로 반세기 동안 통합의 길을 모색해 왔고 그 가시적 성과가 단일시장과 단일화폐인 유로화다. 이런 경제적 측면의 통합 성과와 더불어 정치적 측면에서도 유럽연합이라는 공동체의 출범이 어느 정도 성과를 거두었다. 유럽연합이 공동외교안보 정책을 통해 안보와 방어 부분에서 협력을 도모하고 사법과 내무 부분에서도 협력을 발전시키고 있기 때문이다.[16]

그러나 이런 경제적이고 정치적인 유럽통합이 정작 유럽공동체의 실질적 주체인 회원국들의 국민들로부터는 외면당했다. 이는 회원국 국민들의 저조한 관심과 참여를 통해 분명하게 나타났다. 유럽연합을 이끌어

16 H. Wallace & W. Wallace & M. Pollack(2005), *Policy-Making in the European Union,* Oxford University Press, p.50.

가는 실무 고위 관료들은 이러한 사태의 심각성을 누구보다도 잘 알고 있었고 공동체의 근본적인 문제로 인식하기 시작했다.[17] 물론 지금까지는 통합을 위해 움직인 정치인들의 의지와 그들을 뒷받침해 주었던 경제학자와 많은 분야의 전문가그룹 그리고 회원국의 기술 관료들의 뒷받침이 중요했다고 볼 수 있다. 게다가 그 동안은 개별 회원국들의 이익이 결부된 여러 갈등 속에서 경제적 통합을 거두는 것조차 쉽지 않았었다. 그러나 이제는 통합성과의 실질적 주인이자 주체들인 회원국 국민들의 참여가 절실해졌다. 이것이 이루어지지 않는다면 유럽공동체의 통합은 단지 사상누각에 불과한 신기루일 뿐이기 때문이다.

유럽연합은 이러한 이유로 시민들의 관심과 참여를 유도해내며 더 나아가 개별 국가들을 넘어선 범 유럽적 정체성 고취를 필요로 했다. 국경 내부에서 독점권을 누렸던 개인의 국민 정체성이 통합의 과정에서 요청되는 유럽 정체성과 어떻게 충돌되지 않고 양립할 수 있는 가는 유럽연합에게 쉽지 않은 과제가 되었다. 이를 위해 유럽연합은 크게 두 가지 방안을 정책적으로 실천하게 된다. 하나는 유럽시민권이고, 다른 하나는 문화교류협력 프로그램이다.

유럽시민권은 1992년 마스트리히트조약의 체결과 함께 도입된 것으로, 유럽연합 회원국 소속 시민의 권리와 의무를 총괄하는 법적 조건을 의미한다. 유럽연합의 법에 유럽시민권에 대한 규정을 추가시키는 것은 통합을 추진함에 있어서 지금까지 시민들의 자발적 참여를 기다리던 소극적인 자세에서 벗어나 시민들의 적극적 참여를 유도하는 것이다. 이에 따라 회원국의 국적을 보유한 사람은 자동적으로 유럽시민권을 부여 받게 되었다. 유럽연합 내 어디로든 이주해서 일하고 살 수 있는 자유[18],

17 A. Follesdal & S. Hix(2005), *Why There is a Democratic Deficit in the EU*, European Governance Papers (EUROGOV), p.6.

거주국에서 지방선거와 유럽의회 선거에 출마하고 선거에 참여할 권리, 유럽연합 밖에서 자국의 외교 및 영사업무가 존재하지 않을 경우 유럽연합 및 기타 유럽연합 회원국으로부터 보호받을 권리, 그리고 옴부즈만을 통한 청원권 등을 가지게 된 것이다. 그러나 유럽시민권은 개별 국가의 시민권을 대체한 것은 아니며, 회원국의 시민권에 부여된 권한이다. 유럽시민권은 국적뿐 아니라 성별, 인종, 종교, 연령 및 성적 취향에 따른 차별 금지 원칙을 도입하여 평등의 원칙을 강화하여 정치적 권리뿐만 아니라 경제적 권리와 사회적 권리도 분명히 하였다.[19]

유럽시민권이라는 법적 보장을 통한 '유럽시민'의 등장은 국가적 단위에 얽매여 살아가고 있는 시대에 분명 새로운 패러다임을 시도한 것이다. 문제는 법적 보장뿐만 아니라 유럽시민들이 일상생활 안에서 피부에 와닿게 현실화시키는 것이었다. 이는 유럽 공동의 정체성과 그 상징에 대한 대중의 지지를 확보해야 함을 의미한다. 이러한 노력은 유럽 여권(1985년부터 이용), 유럽 국가(베토벤의 '환희의 송가') 및 유럽 국기(파란 배경에 12개 금색 별의 원) 등을 통해 실천되고 있으며, EU 운전면허 역시 1996년 이래 모든 국가에서 발행되고 있다.[20] 또한 무엇보다 일상생활에서 항상 사용하고 있는 유로화는 그 어떤 상징들보다 가장 강력하게 공통된 유럽인으로서의 정체성 인식에 일조하고 있다. 이러한 상징적 수단들은 유럽시민들의 공동체에 대한 애정과 소속의식, 그리고 참여의식을 고취시키는 데 효과적인 영향을 미치는 것이다.

유럽시민권과 함께 문화교류협력 프로그램 역시 시민들의 유럽의식

18 이미 유럽연합 내에서의 지리적 경계는 1985년 체결되어 1995년 발효된 쉥겐조약(Schengen Treaty)을 통해 상당 부분 해소되었으며, 이를 유럽시민권과 연계시켜 보다 강력한 통합의 기반을 마련하고자 하였다.

19 Pascal Fontaine, *op. cit.*, pp.40-42 참조.

20 *Ibid.* p.43.

(C) EU 웹사이트

[그림 2] 유로화

(C) EU 웹사이트

[그림 3] 유럽연합 상징

(C) EU 웹사이트

[그림 4] 유럽연합 차량 번호판

고취와 유럽공동체의 참여를 자연스럽게 유도하기 위한 정책적 방안이다. 문화교류협력 프로그램은 교육과 문화 두 방향에서 회원국 내 교류의 활성화를 꾀하고 있다. 이는 유럽의 다양성이라는 문화적 배경이 이질감이라는 갈등의 요인이 아니라 오히려 풍요로운 삶의 원동력임을 일깨워주고 더 나아가 그 다양성 속에서 유럽적 가치와 정체성을 찾아 연대의식을 강화하려는 의도이다. 이것이 문화에 관심을 집중하는 이유이며, 소속감에 대한 문화적 자의식의 중요성을 고려하고 있다는 증거이다.

젊은이들에게 교환학생 같은 프로그램을 통해 유럽 내 다른 나라에서 공부하면서 자국외의 경험을 쌓게 만들어 다양한 문화의 공존을 일깨워 주고, 유럽은 이미 자국의 경계를 넘어 더 큰 공동체로 함께 공생하고 있다는 의식을 심어주고 있다. 대학생뿐만 아니라 초중고의 학생과 교사들, 그리고 대학의 교수 혹은 기술 훈련을 받는 이들 모두까지 전방위적으로 막대한 예산을 들여 교류시킴으로서 유럽연합은 그 소속감을 고취시키고 있다. 이런 교육적 교류뿐만 아니라 문화적 교류 역시 활성화되고 있다. 예술가들에 대한 지원과 교류는 물론이고 다양한 언어의 서적을 번역·출판하고, 유럽 내 문화적 유산들을 복원하고 보존시켜 공유하는 등 문화적 교류에도 박차를 가하고 있다. 유럽연합은 다양성 가운데에서 조화를 이루기 위해 다각적인 교류협력 프로그램들을 진행시키고 있는 것이다.

3. 유로의식과 EU의 문화코드

1) 유로의식의 개념

본고에서는 유럽공동체와 유럽 각국의 관계성 속에서 새롭게 생성되고 있는 유럽정체성을 가리키는 용어로서 '유로의식'을 제안해보고자 한다. 유로의식은 역사적이고 지리적이며 사상적인 측면에서의 유럽정체성 전반을 포괄하는 개념이 아니라, 제2차 세계대전 이후 반세기 유럽정체성의 현주소를 분석하기 위한 개념이라고 할 수 있다. 즉 유로의식은 '유럽인'이라는 공동체 의식으로서 현재 유럽통합 방식에 직·간접적인 영향을 미치고 있다. '유로(euro)'라는 용어는 물론 일반적으로 '유럽(europe)'의 어원으로 이해될 수도 있지만, 특별히 유럽연합 내에서 유통되는 화폐의 단위이다. 유럽인의 공동체의식을 정의하기 위해 왜 이와 같은 경제적 개념을 환기시키게 되었는지에 대해서 우선 설명되어야 할 것이다. 유럽의 통합은 유로화의 통일을 기반으로 삼고 진행되어 왔음은 주지하는 사실이다. 유럽연합은 경제적 통합을 바탕으로 정치적인 통합을 이끌어내었으며, 현재 유럽시민으로서의 정체성 정립을 위해 공통의 문화적인 정책에 주력하고 있다. 또한 문화정책은 궁극적으로는 세계화 시대에 대응하여 유럽 공동의 문화유산을 산업화하여 부가가치를 창출하고자 하는 비전을 포함하고 있다 하겠다. 따라서 유로화로 상징되는 경제적 통합은 오늘날의 유럽 문화정체성에서 중요한 위치를 차지하고 있는 것이다. 그러면 이와 같은 유로의식의 형성에 배경이 되는 맥락들을 짚어보면서 유로의식을 정의해보겠다.

1970년대 초 공동체의 지도자들은 유럽 각국의 경제가 조화로운 방향으로 발전하기 위해서는 궁극적으로 화폐 통일이 필요하다는 것을 깨달았다.[21] 결국 경제적 통합으로 시작된 유럽공동체는 1986년 단일의정서를 통해 시장을 단일화하고 마침내 하나의 화폐를 만들어냈다. 그것이 2002년 1월 1일부터 유럽연합 내 유로존(eurozone) 시민들이 자국의 화폐 대신 새로이 사용하게 된 유로화다. 화폐는 예로부터 외교 군사 분야와 함께 국가의 가장 기본적인 기능과 권한에 해당한다. 때문에 자국의 화폐를 포기하는 것은 국가의 주권과 관련된 중대한 사안이다.[22] 유로화는 이제 유럽공동체의 단일성과 그 상징을 압축한 경제 통합의 핵심으로서 유럽인들의 공동체적 소속감에 영향을 미치고 있을 뿐만 아니라, 현재 세계 주요 통화가 되어 그 위상이 미국 달러화와 필적할 만한 위치를 점하고 있다. 유로화는 바로 유럽연합이 초창기 경제공동체를 통한 유럽

21 Pascal Fontaine, *op. cit.*, p.6.

22 영국이나 덴마크, 스웨덴과 같이 높은 경제 발전 수준으로 유로존 참여 조건을 충족시키고 있는 국가들이 아직 그 동참을 주저하는 것도 이런 이유로 볼 수 있다(강원택·조홍식(2009), 『하나의 유럽: 유럽연합의 역사와 정책』, 푸른길, p.221).

의 통합과 공통의 의식 생성을 위한 결실의 상징인 셈이다. 앞서 말했듯이 유럽연합은 경제공동체를 모태로 시작되었다. 그만큼 유로화로 대변되는 경제와 유럽공동체의 통합 정신은 중요한 기반을 차지할 수밖에 없는 것이다.

또한 유로로 상징되는 경제적 통합의 성과는 정치적 통합을 앞당기는 데 일정한 역할을 하였다는 사실을 인정해야 한다. 유럽경제공동체의 초대 집행위원장인 할슈타인은 경제를 통합시키고 있는 것이 아니라 정치를 통합시키고 있다고 말하며, 정치 통합의 의지를 보여준 바 있다.[23] 유럽공동체 초기 통합 방식은 기능주의적 사상에 근거를 두고 있는데, 이 기능주의적 방식이란 바로 경제적 차원에서 국제협력이 이루어지면 질적으로 상이한 정치 분야로도 협력이 확산된다는 파급효과(spillover)를 전제로 한 방식이다.[24] 1980년대 단일시장과 유로화의 계획이 진척됨에 따라 1992년 마스트리히트조약이 체결되고, 이를 통해 정치적 부분에서의 통합도 구체적이고 제도적인 모습을 갖추기 시작한다.

그러나 유럽인으로서 가지게 되는 유럽의 구성원이라는 소속감은 임의로 만들어낼 수 없다. 이는 공유되는 문화적 자의식에서 나온다. 바로 이 때문에 현재 유럽은 경제와 정치 뿐 아니라 문화에 관심을 집중하고 있다.[25] 유럽통합의 아버지로 불리는 장 모네는 "유럽을 다시 건설한다면 문화로부터 시작해야만 할 것"이라고 만년에 술회한 바 있다.[26] 이 말은 유럽통합을 거론할 때 문화적 통합의 중요성을 환기시키기 위해 빈번히 인용되고 있다. 현재 유럽연합은 정치적 통합에 이어서 시민들에 의해

23 할슈타인이 1961년 6월에 작성한 연설문, "Economic Integration as a Factor of Political Unification" 참조.

24 A. Wiener & T. Diez, *op. cit.*, p.46.

25 Pascal Fontaine, *op. cit.*, p.42.

26 Enrique Banús(2002), "Cultural Policy in the EU and the European Identity", *European Integration in the 21st century: Unity in Diversity?*, SAGE Publications, p.158.

자발적으로 유럽의 문화정체성이 형성될 수 있도록 문화 정책에 주력하고 있다.

그런데 흥미로운 사실은 오늘날 유럽연합의 문화정책을 분석해보면 산업으로서의 문화에도 크게 주목하고 있다는 것이다. 즉 문화의 산업화를 통해 부가가치를 창출하고 이것이 유럽 경제에 기여할 수 있도록 하는 전략이다. 2007년 유럽연합 집행위에서 발간한 <유럽의 문화와 경제 보고서>[27]는 유럽 내 다양한 문화적 자산에 대한 부가가치 창출과 이로 인한 경제적 효과를 분석했다. 유럽연합은 유럽 내 문화의 교류라는 정책적 차원을 넘어 다시 문화의 유로화를 추진하고 있다. 곧 문화의 산업적 가치를 인식하고 이미 개별국가에서 진행 중인 문화와 창조산업 영역을 유럽연합 차원에서도 본격적으로 지원하고 육성하려 하고 있다. 특히 유럽 각국이 가지고 있는 많은 문화적 유산과 창조적 예술 작품 및 다양한 창조산업군을 유럽이라는 큰 그림에서 서로 연계시켜 차세대 성장동력으로 키우려 하고 있다. 이것이 의미하는 바는 유럽연합이 문화를 유럽의 공동체 의식을 위한 정책적 대안으로 제시한 후 20년이 지난 지금 다시 유럽 전체 차원에서 문화를 산업화시켜 유럽의 부를 생산해내려 한다는 것이다.

지금까지 고찰해본 유럽통합의 과정과 맥락이 '유로의식'이라는 개념 속에 녹아있다. 경제 영역으로부터 출발한 유럽통합은 정치와 문화의 영역을 거쳐 경제로 귀결되는 하나의 원(circle)을 그려내면서 순환구조를 취하고 있다고 할 수 있다. 여기서 유로는 단순히 경제적 지표로서 의미를 지니는 것이 아니라, 오늘날 유럽통합이 가지는 지향점이라는 복합적 의미를 드러낸다. 결론적으로 유로의식은 문화적 정체성 수립을 위해 다양한 문화정책에 강조점을 두면서도 이를 통해 경제와 정치적 통합까지

27 European Commission(2006), *The Economy of Culture in Europe*, EUR-OP.

아울러 추구하고자 하는 현대 유럽통합 이념을 규정하는 데 필수불가결한 요소이다.

2) EU의 문화코드

위에서 고찰해본 유럽의 현 문화정체성은 '다양성 속의 조화'라는 유럽연합의 모토와 긴밀한 관련이 있어 보인다. 유럽연합이 표방하고 있는 이러한 모토는 홈페이지 등을 통해 공식적으로 명시화되어 있다. 이는 다시 말해 유럽연합 사회 전반에서 작동되고 있는 하나의 문화코드로서 간주될 수 있을 것이다. 문화코드란 일종의 "문화적 무의식(cultural unconscious)"이라 할 수 있다.[28] 정신분석학에서 무의식이 의식의 모태라고 보듯이, 다양한 문화적 현상과 실천들이 실은 어떠한 문화코드에 기원을 두고 작동되고 있다고 보는 관점이다. 그러면 다양성 속의 조화라는 문화코드가 어떠한 방식으로 여러가지 차원에서 실현되면서 공통된 유로의식을 형성하고 있는지를 분석해 보도록 하겠다.

첫째, 유럽연합은 정치적인 측면과 문화적인 측면에서 다각적인 통합을 추구하고 있다. 유럽 이념의 형성과 그 전개 과정을 살펴보면 문화적 측면에서의 유럽정체성이 강조되던 시기와 정치적 측면에서의 유럽통합을 지향했던 시기들이 있었다. 예를 들어 중세에 유럽은 기독교라는 종교에 의해 하나의 정신적·문화적 공동체로 통합되었다. 그리고 계몽주의 시대에도 유럽인들은 유럽이 인종적·언어적 다양성에도 불구하고 상당한 정도의 정신적 지적인 단일성을 나타낸다고 인식하였다. 반면 19세기 후반 민족주의자들은 정치적 목적에서 통합을 열망하였고, 제2차 세계대전 후에도 정치적 통합을 위해 경제적 통합 기반을 마련하기도 하였다.

28 Clotaire Rapaille(2006), *The Culture Code*, Broadway Books, p.27.

유로의식의 형성에서 지적하였듯이, 현재 유럽연합은 정치적 통합체로서 기틀을 마련한 동시에 문화적 유럽 정체성 형성에 주력하고 있다. 이처럼 어느 한 측면이 아닌 다각적인 방식으로 통합을 추진한다는 점에서 다양성의 코드를 읽어낼 수 있는 것이다. 더불어 여기서 중요한 사실 하나는 문화적 정체성의 성격이다. 과거에는 기독교라는 단일한 종교, 또한 단일한 정신적 유산을 통해 유럽인이라는 정체성이 형성되었다. 그러나 오늘날 유럽연합은 통일성이 아니라 '다양성'을 통한 조화 자체로 유럽인으로서의 정체성을 공유하고자 노력하고 있다.

(C) EU 웹사이트

[그림 5] '다양성 속의 조화'를 내세운 유럽의 날 포스터

둘째, 유럽연합은 운영체제에 있어서 다층적인 거버넌스(multi-level governance)를 지향한다. 이는 초국가와 국가의 수평적인 연대를 기반으로 하는 일종의 권력 분산 시스템으로 볼 수 있다. 다층적 거버넌스에서는 권위가 부재하는 대신에 유럽연합, 개별 국가, 국가 내 하위 기관 등 여러 수준에 걸쳐 존재하는 정부들이 다양하게 결합하여 정책 네트워크를 형성한다. 이는 각각의 정부가 갖는 고유한 자원에 대한 상호의존관계로 볼 수 있다.[29] 이와 유사한 목적으로 유럽연합 내에서 실행되고 있는 것이 합의 방식인데, 바로 '유연성의 원칙(principle of flexibility)'을 기

29 Liesbet Hooghe et al.(1996), *Cohesion Policy and European Integration: Building Multi-Level Governance*, Oxford University Press, p.18.

조로 하고 있다. 이는 마스트리히트 조약에 명문화된 원칙으로, 회원국 간 능력의 격차나 정치적 견해가 다를 경우 목적 실현을 위해 유연한 방식을 채택하는 것을 말한다. 여기에는 여건이 좋은 회원국이 먼저 정책과 제도를 도입하고 뒤이어 후발국이 뒤따라가는 이중속도의 유럽(two-speed Europe)과 유럽연합 정책을 모든 회원국에 적용하는 것이 아니라 수용할 능력이 있는 국가가 먼저 적용한다는 가변적 지역(variable geometry) 개념이 포함된다. 또한 비타협적 회원국들을 포용한다는 차원에서 선택적 거부권(opt-out)이라는 제도를 두었는데, 일부 통합정책에 거부감을 가진 회원국의 저항을 막기 위한 정치적 선택으로 영국이 유로화 도입을 거부한 것을 수용한 방식이 대표적 사례라 할 수 있다.[30]

셋째, 유럽연합에서는 '엘리트의 유럽'에서 '시민의 유럽'으로 참여 주체자가 확대되고 있다. 유럽연합은 현재 인본주의적 측면에서 유럽시민의 대다수가 지지하는 방식의 사회모델을 표방하고 있다. 유럽인들은 국제화와 기술적 발전이 세계를 혁명적으로 발전시켰다고 판단하고 있으며, 이러한 변화의 과정에 있어 세계 모든 사람들이 희생자가 아닌 주체적 세력이 되어야 한다고 믿는다.[31] 경제적 통합을 넘어 정치적 통합으로까지 박차를 가하고 있는 유럽연합은 기존의 통합과정이 기술관료 중심의 통합방식임을 시인하고 새롭게 문화정책에 관심을 기울이기 시작하였음을 지적하였다. 그 동안의 통합이 '위로부터 아래로' 진행되었다면 이제는 '아래로부터 위로'의 통합이 중요해졌다. 그 구체적 방안으로 유럽연합은 문화를 통한 회원국 간 교류로 유럽 공동의 정체성 확보와 이를 기반한 통합에 박차를 가하고 있다.

---

30 Carlos Closa Montero(2010), "Differentiated Integration and Flexibility in the EU under the Lisbon Treaty: challenges for the Trio Presidency", *Think Global Act European II*, Notre Europe, pp.236-242 참조.

31 Pascal Fontaine, *op. cit.*, p.7.

넷째, 로컬을 기반으로 글로벌을 추구하는 글로컬 문화 경향이다. 유럽은 한 나라 한 나라가 다른 나라와 구별될 수 있는 고유한 문화유산을 풍성히 갖고 있다. 또한 지역적인 문화자산도 풍부하지만, 그럼에도 불구하고 유럽은 유럽을 세계 다른 지역과 차별 짓는 공동 가치라는 유산을 통해 하나로 결속되어 있다.[32] 2000년대를 맞으며 세계적으로 문화산업이 크게 부각되는 환경이 펼쳐지게 되었다. 유럽연합과 개별 국가의 상호관계는 '로컬'을 존중하고 발전시키면서도 그것이 결국은 '글로벌'을 향하고 있는 '글로컬'의 모델을 지향하고 있다고 해도 과언이 아니다. 유럽연합은 2010년 문화와 창조산업 육성 정책에 대한 구체적 그림을 암스테르담에서 발표하였다. 여기에서 유럽의 각국 문화정책자들은 '유럽의 창조산업 육성을 위한 초석(Towards a Pan-European initiative in support of creative industries in Europe)'을 발표하였고, 이를 '유럽 창조산업 연합체(Towards a European creative industry alliance)' 구상이라는 실질적인 추진 계획으로 만들었다.[33] 미국 시장에 잠식되지 않고, 유럽의 고유한 문화유산을 최대한 복원함으로써 동시에 더욱 세계적인 영향을 미칠 수 있는 글로벌 문화콘텐츠를 수출하려는 비전을 보여주고 있는 것이다.

4. EU의 문화정책과 교류프로그램

세계대전 종식 이후 성공적인 유럽통합과 동시에 세계화에 대한 대응으로서 유럽연합은 문화정체성을 확립하는 문화정책의 필요성을 인식하게 되었다. 유럽이 거대한 경제,

32 *Ibid.*, p.7.

33 Jørgen Rosted & Markus Bjerre & Thomas Ebdrup(2010), *New Cluster Concepts Activities in Creative Industries*, FORA, p.3.

정치적 공동체로 확대 발전하는 과정에서 파생된 마찰과 갈등, 그리고 유럽적 정체성의 부재로 인한 사회통합의 문제점이 대두되면서 유럽 공동체는 그 해결방안으로서 '문화'에 눈을 돌리게 된 것이었다. 이에 1992년 마스트리히트조약의 체결로 문화영역을 제도화하고 고유한 권한을 부여받은 유럽연합은 공동체적 차원의 문화정책을 본격적으로 추진하고 있다. 문화적 이질성과 국가, 민족적 갈등이 드러나는 상황에서 지역협력을 심화시키고 유럽의 항구적 통합을 추구하는 방향으로 나아가는 것이다.

문화정책에는 문화정체성이 반영될 수밖에 없다. 앞장에서 현재 유럽의 정체성을 말하는 유로의식이 다양성의 문화코드를 기저에 두고 형성되고 있음을 논증해보았다. 이제 이러한 정체성이 어떠한 구체적인 문화정책을 통해 가시적으로 실천되고 있는지 고찰해보고자 한다. 문화정책 분야에서는 문화교류협력의 중요성이 강조되어야 할 것이라 본다. 다양성 가운데에서 조화를 찾고자 하는 유럽연합의 모토가 가장 명시적으로 드러나는 부분이다. 문화와 교육 분야로 나누어 각각의 문화교류협력정책들을 살펴본 다음, 사례 연구로서 유럽문화수도 프로그램에 대해 보다 자세히 고찰해보고자 한다. 이 프로그램은 유럽의 고유한 문화자산을 문화의 차원을 넘어 산업의 영역으로 확대시키고자 하는 유럽연합의 정책 추진 방향을 드러내어 주는 대표적 사례이다.

1) 문화정책을 통한 문화교류협력

유럽연합이 추진하는 문화정책의 목적은 크게 두 가지로 집약해 볼 수 있다. 첫째, 다양한 국가와 문화적 배경 속에서 유럽의 공통된 가치와 정체성을 찾아 연대의식을 강화하는 것이다. 둘째, 이를 바탕으로 미국 문화 주도의 세계화에 대항하여 유럽 문화를 보호하고자 하는 것이다.

마스트리히트조약 이후 유럽연합이 정책적으로 관여했던 문화정책은 제1기 프로그램(1994-1999), 제2기 프로그램(2000-2006), 제3기 프로그램(2007-2013)으로 나누어 볼 수 있다. 특히 제3기 프로그램은 유럽시민의 유럽연합 귀속감을 고취시키고, 다양성이 증대된 미래 유럽에서 문화협력활동을 강화하며, 유럽의 다양성을 제고하기 위한 미디어의 역할을 증대시키고자 하고 있다. 그렇다면 각 시기별 유럽연합의 문화정책과 구체적 프로그램의 내용들은 무엇이었는지 살펴보도록 하자.

제1기 프로그램(1994-1999)

- 만화경사업: 문화, 예술 창작 지원
- 아리안사업: 도서 분야 지원
- 라파엘사업: 문화유산 보호정책
- Media II 사업: 시청각 부문 지원 정책

제2기 프로그램(2000-2006)

- Culture 2000
- Media Plus

제3기 프로그램(2007-2013)

진행 중인 이 프로그램은 제2기 프로그램의 연장선상에 있다.

- Culture 2007
- Media 2007

우선 제1기 문화 프로그램[34]은 보다 효율적인 지원과 네트워크 형태로

34 European Commission(2004), *Report on the implementation of the Community*

(C) EU 웹사이트

[그림 6] 2008년 '유럽 문화 간 대화의 해' 포스터

의 예술적 창조·협력을 증진시킬 뿐 아니라, 유럽 문화유산에 대중들이 보다 쉽게 접근하고 전문가들 사이의 예술적·문화적 협력을 강화할 수 있도록 조직되었다. 이러한 문화 프로그램의 시작은 1996년과 1999년 사이에 만화경(kaleidoscope), 아리안(ariane), 라파엘(raphaël) 등 세 가지 축을 중심으로 이루어졌다. 만화경 사업의 내용으로는 작가와 번역가, 문화전문인의 활동 지원, 유럽연합 바로크 교향악단과 청소년 교향악단의 유럽과 국제 순회연주 지원 등이 있다. 아리안 사업은 번역, 출판 및 독서진흥 프로젝트, 그리고 관련 분야 종사자들에 대한 교육프로젝트를 지원하고자 실시되었던 프로그램이다. 라파엘 사업은 유럽의 문화유산을 보호하고 접근성을 높임으로서 문화유산에 대한 유럽 시민의 자각을 고취시키기 위해 시행되었다. 이와는 별도로 영상산업 분야에서는 1991년부터 1995년까지 시행되었던 'Media I' 프로그램에 이어 보다 중장기적인 관점에서 'Media II' 프로그램(1996-2000년)이 기획되었다. 전자가 유럽 미디어 산업 경쟁력의 균형과 유럽 미디어 지역의 창출을 목표로 했다면, 후자는 세계시장에서의 유럽산 영상물의 경쟁력을 강화하고 국경을 넘어서는 사업을 재편성 하는 등 구조적인 효과를 거두는 데 초점을 맞추었다.

지금까지 제1기 문화정책을 통해 문화 분야가 유럽연합의 전면에 등장했음은 확인되었으나 여전히 정치, 경제, 사회적 상관관계에 의해 수립된 까닭에 과도기적 단계의 사업이었음을 부인할 수 없다. 따라서 이러한

programmes Kaleidoscope, Ariane and Raphael, EUR-OP, pp.3-8 참조.

초기 문화정책 사업에서 얻은 교훈과 평가를 반영하여 공동체 문화 활동은 전면적으로 재조정된다. 다소 중복된 목적을 가지고 있어 효율성이 떨어진다는 평가를 받았던 세 가지 주요 프로그램들은 보다 획기적이고 창의적인 기획으로 다년간 구조화되고 통합된 활동과 다양한 특별 문화 행사 등을 통해 실현되었다.[35] 'Media II' 프로그램은 체계적인 시행을 통해 영상산업을 활성화시켰다는 의의는 있지만, 미국의 시장 독점에 대항하는 경쟁력 확보에는 여전히 취약성을 드러내었다는 평가를 받고 있다. 이러한 문제점을 보완하고 더불어 21세기 새로운 기술의 진보라는 환경에 부응하기 위해 새롭게 채택된 정책이 'Media Plus(2000-2006)' 프로그램이다. 제2기 프로그램은 유럽의 개별성 및 유럽문화의 다양성에 초점을 맞추고 있다고 볼 수 있으며, 여기에 특히 미디어가 중요한 역할을 담당하고 있다.

마지막으로 현재에도 진행 중인 제3기 프로그램은 제2기의 프로그램의 큰 틀을 유지하고 있다. 우선 'Culture2000'은 'Culture2007'로 발전되었는데, 문화 간 대화를 위한 네트워크 형성과 유동성을 강조하면서 보다 집약적이고 유대적인 유럽적 다문화 협력을 지향하고 있다. 프로그램의 목표는 크게 다음 세 가지로 제시되고 있다.[36] 1) 유럽연합 내 문화부문 종사자들의 자유로운 이동 보장 2) 예술 작품과 문화·예술 상품의 자유로운 유통 실현 3) 문화 상호간의 교류와 대화 촉진이 그 내용이다. 영상 분야에서는 새로이 'Media 2007' 프로그램이 시행되고 있는데, 디지털화로 급격히 전환되고 있는 세계화에 대응하여 '판매촉진과 시장접근'이라는 부문이 추가되었다. 개별 회원국이 아니라 유럽연합이라는 보다 큰

35 *Ibid.*, pp.12-13 참조.

36 European Commission(2009), *The Culture Programme: Culture in Motion 2007-2013*, EUR-OP, p.5.

규모의 시장을 최대한 활용함으로써 미국 영상물의 범람을 저지하려는 의도를 담고 있다. 위의 두 가지 사업 내용은 공통적으로 인적·물적 자원의 자유로운 유통과 교류의 증진이라는 점을 목적으로 삼고 있다.

2) 교육정책을 통한 문화교류협력

유럽통합이 논의되고 진행되는 과정에서 가장 중요한 핵심 사안은 주로 정치적인 문제와 경제적인 문제였다는 사실을 이미 언급하였다. 특히 교육 분야는 개별 국가의 고유한 권한으로서 국가의 정체성과 존립에 중요한 부분을 차지하기 때문에 유럽공동체 차원에서는 쉽게 개입할 수 없는 민감한 사안이기도 했다. 문화 분야와 마찬가지로 교육에 관해서도 EU 집행위원회는 1992년 마스트리히트조약 체결을 통해 유럽연합 차원에서 교육을 제도화함으로써 본격적으로 공동체적 차원의 정책을 추진하게 된다. 또한 2010년까지 진행되는 볼로냐 프로세스(Bologna process)는 10년간의 긴 여정을 끝내고 유럽연합 내 다양한 고등교육체계를 통합하는 결과를 보여주고 있다. 이는 기존 유럽 내 대학들의 나라마다 다양한 학위제도와 그로 인한 학점교류 문제, 그리고 기타 고등교육기관들의 협력에 있어서 문제점으로 지적되었던 시스템들을 적어도 일정 기준으로 통합하여 서로 교류함에 지장이 없도록 함과 동시에 유럽단일시장에서의 노동력 이동과 취업의 원활한 소통을 위한 취지를 담고 있다. 유럽연합은 이번 볼로냐 프로세스의 성공적인 내용에 힘입어 미국 주도의 고등교육 시장을 개척하려는 야심까지 키우고 있다.

여기서는 1950년대부터 2010년까지 거시적인 차원에서 어떠한 성과들이 있어 왔으며, 특히 마스트리히트조약 이후 최근 20년간 교육정책이 어떤 형태로 집중 양성되어 주목할 만한 성과를 낳고 있는지를 살펴보려고 한다. 적극적인 형태는 아니지만 교육정책에 대한 통합초기의 프로그램을 먼저 상정해볼 수 있다. 1957년 지금의 유럽연합 초기 전신인 유럽석탄철강공동체의 출범을 기점으로 교육협력과 교류프로그램에 대한 논의가 있었다. 이때 교육에 관심을 가지게 된 동기는 유럽의 관련 당사자 국가 간 연합에 의해 상품, 서비스, 자본을 위한 공동시장을 창설하려는 경제적인 필요성이었다.[37] 이는 1957년에 체결된 로마조약을 법적 근거로 삼고 있는데, 여기에 기초하여 회원 각국의 경제와 공동체의 조화로운 발전에 기여할 수 있는 공동의 직업교육·훈련 정책을 실현할 기본원칙들이 제공되었다. 세부 항목을 살펴보면, 높은 고용률의 보장, 경제·기술의 변화에 따른 노동자들의 숙련기술 함양, 노동자들의 회원 국가 간 이동의 촉진 및 정보와 경험의 교환, 직업교육·훈련에 대한 접근의 용이성 부여, 그리고 각 회원국들의 직업교육·훈련 제도와 정책 및 그 수준의 조화 등이 있다.[38]

유럽차원에서 교육문제가 공식적으로 그리고 본격적으로 논의된 것은 1970년에 들어와서이다. 1971년 11월 EU 역사상 처음으로 회원국의 교육담당 장관회담이 열렸으며, 여기에서 EU 교육에 관한 첫 번째 결의문이 채택되었다. 1973년에 이르면 EU 교육 정책에 원칙이 될 수 있는 '잔느 보고서(Jeanne report)'가 발표되면서 유럽공동체 차원의 교육협력이 강조된다. 1975년에는 '직업교육·훈련 개발을 위한 유럽센터(CEDEFOP)'가 설립되어 공동체 내의 직업교육·훈련 정책의 실현을 위해 가장 중요한 기관으로 자리 잡는다. 1976년에는 첫 번째 프로그램이 시행되는데 일명 JSP(Joint Study Program)는 유럽의 대학들이 국경을 초월하여 다

37 Hubert, Ertl.(2003), "The European Union and Education and Training: An Overview of Policies and Initiatives", *Implementing European Union Education and Training Policy*, Kluwer Academic publishers, p.13.

38 CEDEFOP(1999), *Vocational Education and Training Policy in Europe*, p.7.

른 나라 대학과 자매결연을 맺어 상호 학생교류에 유리한 여건을 조성하도록 유럽공동체에서 지원해 주는 것으로, 훗날 에라스무스 프로그램의 기초가 된다.

1980년대에 들어서면 비로소 직업교육·훈련 프로그램들이 다양한 형태의 시범 프로젝트들(pilot projects)로 제안되어 연이어 추진된다. 이 시범 프로젝트들의 실행은 1986년에 체결된 단일유럽의정서와 깊은 연관이 있다. 단일유럽의정서에서 가장 중요한 결의사항은 1992년까지 단일시장을 실현한다는 내용을 담았는데, 단일시장은 상품, 노동, 자본, 서비스의 자유로운 이동을 전제했다. 유럽차원에서 실행된 직업교육·훈련 관련 시범 프로그램들은 크게 다섯 가지로 나누어진다.[39]

위와 같은 여러 직업교육·훈련 실천 프로그램들의 주요 목표는 회원국들의 직업교육·훈련 기관들 사이의 협력을 증진시키는 것이었다. 초국가적으로 기술훈련과 관련하여 산학협동을 강화하자는 것이다. 선진기술을 도입하고 고급 기술 인력을 배양하며 유럽의 산업경쟁력을 강화함과 동시에 외국어 습득을 가능하게 하고 대학 간 교류 역시 활성화시키려 하였다.

이와 긴밀한 관련을 맺으며 유럽공동체 차원에서 추진된 또 하나의 프로그램이 있었는데, 바로 1987년 6월 채택된 에라스무스(ERASMUS) 프로그램이다. JSP시행이 유럽 차원의 교육 협력을 위한 기반을 조성하였다면, 에라스무스 프로그램은 본격적으로 대학들 간 학생교환을 지원하였으며 유럽 학생들에게 지속적인 호응을 얻어 성공적인 프로그램으로

39 구체적으로는 ①COMEET(Community in Education and Training for Technology) 프로그램, ②EUROTECNET (European Technical Network) 프로그램, ③FORCE (Formation Continue in Europe) 프로그램, ④PETRA (Program for European Youth Training) 프로그램, ⑤LINGUA 프로그램[노명환(2001), 『역사와 문화의 차원에서 본 유럽통합의 제문제』, 한국외대출판부, pp.163-173 참조).

(C) EU 웹사이트

[그림 7] 에라스무스 프로그램

(C) EU 웹사이트

[그림 8] 레오나르도 다 빈치 프로그램

자리를 잡았다. 2000년대 들어 볼로냐 프로세스를 통한 유럽대학제도의 통일 노력은 행정적으로 에라스무스 프로그램을 보다 용이하게 만들어, 유럽의 학생 이동을 더욱 촉진시킬 전망이다.[40] 집행위원회는 이 프로그램 참가자들이 유럽공동체의 언어와 문화의 다양성을 경험하고 유럽공동체의 존재 의의와 목표를 배우며 무엇보다 유럽인으로서의 정체성을 깨닫게 되었다고 평가하고 있다.

유럽연합 출범 이후 기존의 직업교육·훈련정책은 에라스무스 프로그램과 더불어 여러 단계에 걸쳐 정비된다. 이는 점점 체계적이고 통합적인 유럽연합 차원의 정책들이 만들어지고 있음을 의미하는데 그 첫 번째 시도가 2006까지 진행되었던 소크라테스(SOCRATES) 프로그램과 레오나르도 다빈치(Leonardo Da Vinci) 프로그램이다. 소크라테스 프로그램은 과거 에라스무스 프로그램과 함께 링구아(LINGUA) 프로그램, 코메니우스(COMENIUS) 프로그램, 그룬트비히(GRUNDTVIG) 프로그램,

40 오정은(2008), 「EU집행위원회의 볼로냐 프로세스 참여」, 『유럽연구』 no.26, p.320.

미네르바(MINERVA) 프로그램으로 구성되었다.[41] 레오나르도 다빈치 프로그램 역시 마스트리히트조약 이후의 직업교육·훈련에 관한 실질적인 변화를 반영한 것으로 지금까지의 모든 프로그램을 통합하면서 그 체계를 갖추었다.

유럽연합은 교육정책에 있어 유럽차원의 두 축을 형성하고 있던 소크라테스 프로그램과 레오나르도 다빈치 프로그램에 대한 집행위원회의 중간평가를 기초로 그 동안 개별적으로 발전해 온 두 프로그램을 '평생교육 프로그램(Lifelong Learning Program :LLP)'으로 묶어 다시 하나로 통합시켰다. 이에 따라 2007년을 기점으로 기존의 유럽연합 차원의 교육 프로그램들은 LLP라는 하나의 이름으로 통합되어 운영되었다.[42] 새롭게 출발하는 LLP는 그 기간을 2007년에서 2013년까지로 정해두고 있다. 프로그램 구성을 살펴보면, 네 개의 영역별 세부 프로그램들 (코메니우스, 에라스무스, 레오나르도 다빈치, 그룬트비히)과 횡적 연계 프로그램(the transversal programme), 그리고 '장 모네 프로그램(Jean Monnet programme)으로 이루어져 있다.

교육정책이 계속 확장과 통합을 거듭하면서도 정책의 주안점이 여전히 교수, 학생들의 이동성 촉진에 있으며, 유럽 차원에서 공통된 고등교육체제를 구축하려는 시도로까지는 발전하지 못한 점이 지적되었다. 여기에 중대한 전환점이 된 것이 2010년까지 10년간 진행된 볼로냐 프로세스이다. 유럽대학개혁운동인 볼로냐 프로세스는 유럽대학들의 교육과정과 학사구조 자체를 세계적인 학위구조 변화 추세에 맞추어 통일적으로 개편함으로써 고등교육 전반의 경쟁력을 제고하려는 시도를 드러내고 있다. 볼로냐 프로세스와 맞물려 동 시기에 선언된 유럽연합 차원의 교육정

41 노명환(2001), *op. cit.*, p.142.
42 김성진(2007), 「유럽연합의 교육프로그램에 대한 소고」, 『사회과학연구』 no.13, pp.29-30.

책의 전략적 구상이 바로 리스본 전략이다. 2000년 리스본에서 열린 유럽 정상회의에서 유럽 각국은 지식기반경제의 출현과 가속화되는 국제경쟁에 대응하기 위해 경제체제의 혁신뿐만 아니라, 2010년까지 세계 최고 수준의 교육체제를 갖추는 것이 필요하다는 인식하에 리스본 전략을 채택한 것이다.[43] 다시 말해 경제적 성장과 고용의 창출을 위해 대학 연구력의 혁신을 강조한 것이 리스본 전략이고, 유럽 내 고등교육 제도 간 융통성 확대와 구조 개혁 촉진을 위한 것이 볼로냐 프로세스이다.

유럽연합은 볼로냐 프로세스의 성공적인 내용에 힘입어 미국 주도의 고등교육 시장을 개척하려는 야심도 키우고 있다. 유럽 내 다양한 나라의 다양한 교육적 자원과 우수한 대학 시설들을 거시적 시각에서 육성시켜 세계 유수의 인재들을 미국이 아닌 유럽으로 유치하기 위한 전략들을 구상하고 있는 것이다. 유럽통합 과정에서 엘리트주도가 아닌 시민의 유럽으로 방향을 바꾸며 문화와 교육을 교류시켜 유럽 문화정체성을 세우려는 유럽연합의 노력이 그것을 이미 넘어서 세계 교육시장마저 장악하려 하고 있다.

3) 유럽문화수도 프로그램

유럽문화수도 프로그램은 문화와 예술의 창의성이 기술이나 통상, 경제 문제와 동등하게 중요한 것이라는 관점에서 유럽 내의 예술가와 지식인 사이의 커뮤니케이션 채널을 개선하는 방안을 모색하는 가운데 개발하게 된 프로그램이다. 매년 집행위원회에서 유럽을 상징하는 도시를 선정하여 다양한 문화프로그램을 지원하는 사업을 시행하는 것이다. 개별 국가를 넘어 범 유럽적 차원에서 문화를 교류하고 서로 향유하며 동시에

43 오정은(2008), *op. cit.*, pp.330-331 참조.

유럽의식을 고양시키려는 의도에서 만들어진 이 프로그램은 이미 유럽의 공동체 의식을 만드는데 적지 않은 공헌을 하고 있다.[44]

창조산업 분야 전문가 중 한 사람인 플루(T. Flew)는 창조산업과 창조도시라는 상관관계를 언급하며 유럽문화수도 프로그램을 하나의 사례로 제시하였다.[45] 문화산업 혹은 창조산업은 보다 거시적인 차원에서 본다면 바로 하나의 도시를 창조도시로 발전시키는데 필요한 세부적 구성물들일 수 있다. 한 국가 혹은 한 도시가 총체적 창조성과 혁신으로 새로운 이미지를 브랜드화 시켜감에 있어 개별적 창조산업 분야의 뛰어난 성과를 도시의 브랜드화로 승화시킬 수 있다. 하지만 반대로 도시 자체에 대한 브랜드화를 거시적 관점에서 시도해 볼 수도 있다. 유럽은 창조산업 이전에 이미 '창조도시' 혹은 '문화도시'라는 모토로 문화를 바탕으로 한 유럽 도시들의 경제적 성장을 꾀하고 있었다. 유럽연합은 다양한 형태의 문화 행사를 통해 지속적으로 유럽시민들의 유럽통합에 대한 관심을 고취시키고자 하였다. 우리는 앞 장에서 유럽연합이 시행하고 있는 다양한 문화정책과 교육정책에 대해서 충분히 논의하였다. 유럽문화수도 프로그램 역시 이러한 정책들 가운데 성공적인 하나의 사례를 보여준다고 할 수 있다.

유럽문화수도 프로그램은 '유럽문화도시(European City of Culture)'라는 이름으로 1985년에 시작되었다. 이는 1983년 그리스의 문화부 장관 멜리나 메르쿠리에 의해 유럽공동체 회원 10개국의 문화부 장관들이 모인 자리에서 처음으로 제안되었다. 메르쿠리 장관은 회원국 내에서 유럽문화에 대해 보다 심층적인 이해를 도모하자는 제안의 일부로 이와 같은

44 Jordi Pascual i Ruiz & Sanjin Dragojević(2007), *Guide to Citizen Participation in Local Cultural Policy Development for European Cities,* European Cultural Foundation, p.5.

45 Terry Flew(2010), *Toward a Cultural Economic Geography of Creative Industries and Urban Development,* Taylor & Francis Group, p.86.

(C) EU 웹사이트

[그림 9] 유럽문화수도 포스터
2008년 리버풀

(C) EU 웹사이트

[그림 10] 유럽문화수도 포스터
2010년 이스탄불

아이디어를 포함시킨 것이다. 이후 문화담당 각료이사회에서 논의되고 채택되면서 이 프로그램은 유럽 내에 문화를 널리 알리면서 회원국 국민들 간에 서로 가까워질 수 있는 수단으로 활용하자는 취지에서 본격적으로 추진되었다.[46] 최초로 지정된 도시는 이 프로그램을 처음 주창한 그리스의 아테네로 정해졌으며, 대부분의 회원국들은 자국의 풍부한 문화유산과 볼거리를 내세워 문화도시를 유치하고자 적극적으로 노력하였다.

유럽문화수도 프로그램은 유럽연합의 모토인 '다양성 속의 조화'를 실현하기 위한 수단이면서, 문화에 의한 경제적 성장을 위해서도 큰 역할을 하고 있다. 유럽연합은 제각기 다른 문화적 배경을 보유하고 있는 27개 국가들을 아우르는 통합체인 만큼 각 회원국의 다양한 특성을 존중하여 진행시키고 있다. 이 프로그램은 유럽통합 차원에서 연대감을 확보할 수

46 박성훈 외(2008), 『EU 문화정책의 유럽통합에 대한 파급효과와 동아시아 통합에 대한 시사점: 유럽문화수도 프로그램의 사례연구를 중심으로』, 대외경제정책연구원, p.37 참조.

있을 뿐 아니라 경제적 시너지 효과도 낳고 있어 여기에 선정되기 위한 경쟁과 준비가 매년 치열하다. 유럽문화수도는 매년 하나 혹은 두개 도시를 선정하고 있는데 아래와 같은 7가지 항목의 선정기준을 갖고 있다.[47] 이러한 기준에 부합되어 선정된 도시에 대해서 유럽연합은 '문화수도(cultural capital)'[48]라는 타이틀을 부여함과 동시에 일정한 금액의 재정적인 지원을 제공하는 것이다.

① 문화와 예술에 관련된 행사 조직력과 홍보 능력
② 개최도시의 유럽 문화와 역사에 관해 홍보할 능력
③ 예술적 혁신을 가능하게 할 활동과 조직력을 갖출 능력
④ 새로운 문화 활동을 조직할 능력
⑤ 젊은 층이 참여 할 수 있는 프로그램 기획과 운영 능력
⑥ 고용창출과 관광산업 활성화 등의 경제적 활동 기여 능력
⑦ 문화유산 보존과 도시개발 계획의 조화로운 프로젝트 운영 능력

위와 같은 7가지 기준에 부합되어 선정된 도시에 대해서 유럽연합은 '문화수도'라는 타이틀을 부여함과 동시에 일정한 금액의 재정적인 지원을 제공한다.[49]

---

47 Palmer/Rae Associates(2004), *European Cities and Capitals of Culture I,* Brussels: Palmer-Rae Associates, p.48.

48 1985: Athens / 1986: Florence / 1987: Amsterdam / 1988: Berlin / 1989: Paris / 1990: Glasgow / 1991: Dublin / 1992: Madrid / 1993: Antwerp / 1994: Lisbon / 1995: Luxembourg / 1996: Copenhagen / 1997: Thessaloniki / 1998: Stockholm / 1999: Weimar / 2000: Avignon, Bergen, Bologna, Brussels, Helsinki, Cracow, Reykjavik, Prague, Santiago de Compostela / 2001: Porto + Rotterdam / 2002: Bruges + Salamanca/ 2003: Graz / 2004: Genova + Lille / 2005: Cork / 2006: Patras + Greece / 2007: Sibiu, Luxembourg, Greater Region / 2008: Liverpool, Stavanger / 2009: Vilnius Linz / 2010: Essen (representing the Ruhr), Istanbul, Pécs

유럽문화수도 프로그램에 대한 전반적인 성과를 살펴보면 네 가지로 요약해 볼 수 있다.[50] 첫째, 음악 콘서트, 미술 전시, 퍼포먼스, 영화 페스티벌 등의 다양한 행사가 연중 개최됨으로써 해당 지역 시민들은 다양한 문화행사를 일상생활 속에서 접하게 되며, 행사에 참여한 시민들은 유럽연합의 존재도 새로이 인식한다. 둘째, 각종 문화행사가 연중 진행되는 동안 각 개최도시는 이 행사에 관해 TV, 라디오, 신문, 광고, 인터넷 등 다양한 매체를 통해 지속적으로 홍보활동을 전개하며 유럽문화수도 개최지로서 전 세계에 알릴 수 있는 기회를 제공받는다. 개최도시는 대외이미지 제고와 관광객 유치 확대 등의 부수적인 경제효과를 거둘 수 있다. 셋째, 이러한 부수적인 경제적 효과는 개최도시들의 주변 지역 역시 지역개발정책과 연계하는 전략을 취하게 하는 유인으로 작용한다. 넷째, 이를 통해 각종 문화시설뿐만 아니라 숙박, 교통시설 등 개최도시가 속한 지역의 제반 인프라가 개선되는 한편, 지역주민의 삶의 질이 증진되는 보이지 않는 효과가 발생한다. 이러한 효과에 따라 지역주민들에 있어서 유럽공동체에 대한 소속감이 중장기적으로 고취되는 효과가 발생한다.

유럽문화수도 프로그램의 초기 목적은 "문화유산과 예술적 역동성에 대한 강조를 통해 유럽 내 도시들의 문화적 풍요로움과 다양성을 재조명"한다는 것이었다.[51] 그러나 동시에 이 프로그램은 기존의 취지를 넘어

---

49 지금까지 선정되었던 유럽문화 수도를 연도별로 정리하면 다음과 같다. 1985: Athens / 1986: Florence / 1987: Amsterdam / 1988: Berlin / 1989: Paris / 1990: Glasgow / 1991: Dublin / 1992: Madrid / 1993: Antwerp / 1994: Lisbon / 1995: Luxembourg / 1996: Copenhagen / 1997: Thessaloniki / 1998: Stockholm / 1999: Weimar / 2000: Avignon, Bergen, Bologna, Brussels, Helsinki, Cracow, Reykjavik, Prague, Santiago de Compostela / 2001: Porto + Rotterdam / 2002: Bruges + Salamanca / 2003: Graz / 2004: Genova + Lille / 2005: Cork / 2006: Patras + Greece / 2007: Sibiu, Luxembourg, Greater Region / 2008: Liverpool, Stavanger / 2009: Vilnius Linz / 2010: Essen (representing the Ruhr), Istanbul, Pécs

50 박성훈 외(2008), *op. cit.*, pp.50-51 참조.

51 GiannaLia Cogliandro(2001), *European Cities of Culture for the Year 2000: A*

문화산업과 창조산업과 연관되어 경제적 시너지 효과를 내고 있다. 이에 유럽연합은 현재에도 유럽창조산업을 서로 연계하여 집중육성하려 하고 있다. 유럽문화수도 프로그램은 1985년부터 현재까지 지속되고 있는 문화행사로 다른 지역에서도 벤치마킹되고 있는데[52], 이는 이 프로그램이 실질적으로 커다란 파급효과를 가져왔다는 것을 증명한다. 유럽문화수도 프로그램이 시사하고 있는 것은 문화의 의미를 예술분야에만 한정하는 협의적 개념을 탈피하여 도시개발, 산업, 교육, 복지 등 여러 가지 정책분야와 밀접한 관련이 있는 광의적 개념으로 이해하고 단순한 문화정책이 아닌 종합적인 도시 발전전략으로서의 문화를 포괄하는 정책을 수립했다는 점이다.

5. 새로운 유럽식 사회 모델을 위하여

우리는 이 글에서 유럽연합의 현주소를 알아보고 그 문화정체성을 추론해보았다. 내부적으로는 과거 끊임없는 전쟁의 역사를 청산하고 서로의 다양성을 인정하며 평화로운 공존의 길을 모색하고 있고, 외부적으로는 세계화가 가져오는 획일성을 거부하며 과거 갈등요인이었던 다양성을 풍요로운 자산으로 탈바꿈시켜 세계시장에 내어놓고 있음을 알 수 있었다. 유럽인들은 서로를 더 잘 알아가며 지속적인 화합을 계속 이루어 내기 위해 문화적·교육적 교류를 활성화하고 있으며, 유럽 내 풍부한 문화와 유산을 문화산업으로 육성하여 창조적 유럽을 구축하는데 많은 노력을 하고 있다.

---

wealth of urban cultures for celebrating the turn of the century, AECC/AVEC, p.12.

52 북미대륙에는 유럽문화수도 프로그램을 본뜬 아메리카 문화수도 프로그램이 있으며 아랍 지역에서도 아랍문화수도 프로그램이 진행되고 있다.

유럽연합이 구축시키고 있는 문화정체성을 통해 도출할 수 있는 결론은 무엇일까. 그들은 유럽식의 새로운 사회모델을 제시하고 있다고 본다. 문화정체성의 형성은 '타자' 개념을 전제로 한다. 다시 말해 문화적 자아는 언제나 타자의 가치, 특성, 삶의 방식을 구별하는 것이기 때문이다.[53] 이런 맥락에서 유럽의 사회모델은 획일화된 미국식 사회모델에 대한 하나의 대안이 될 수 있다는 가능성을 제기하고 있다. 유럽연합은 사람의 모든 필요를 단순히 시장의 힘, 또는 특정국의 일방적인 행위로 만족시킬 수는 없다고 강조한다.[54] 이것이 바로 유럽연합이 미국 주도의 글로벌라이제이션에 대항하여 그들만의 글로컬라이제이션을 추구해나가고 있는 이유이다.

지금 현재에도 유럽은 변화하고 있다. 이미 지적하였듯이 문화정체성은 하나의 '과정'으로서 이해될 수 있다. 특히 유럽이 지속가능한 발전[55]을 꿈꾸고 있다는 점은 주목해볼 만한 부분이다. 이를 테면 천연 자원 보존 및 지속적인 관리, 환경 관리를 위한 국제 체제, 유럽의 기술력 강화 및 개발도상국에 대한 기술 공여 등을 시도하고 있다. 어쩌면 상호 모순되는 도전일 수 있는 이러한 과제는 개별 국가가 아닌 유럽연합 전체 차원의 협력을 통해 효과적으로 대처해나갈 수 있다고 그들은 믿고 있다. 평가는 추후의 경과를 지켜봐야 내릴 수 있겠지만, 우리의 관심은 이러한 과정을 통해서 현재의 유로의식이 또다시 어떠한 방식으로 변형되어 가는가에 있을 것이다.

53 호르헤 라라인, 『이데올로기와 문화정체성: 모더니티와 제3세계의 현존』, 김범춘 외 옮김, 모티브북. 2009, p.302.

54 Pascal Fontaine, *op. cit.*, p.7.

55 *Ibid.*, p.25.

10

글로컬시대의 문화, 문화코드, 문화콘텐츠

문화콘텐츠와 문화코드
글로컬시대를 디자인하다

10

글로컬시대의 문화, 문화코드, 문화콘텐츠

1. 문화, 세계를 담고 있는 복합 텍스트

문화는 다양한 요소들의 복합체로 구성되어 있다. 때문에 면면을 잘 살펴야 하며, 부분적 이해가 전체에 대한 이해를 대신하는 일은 없어야 한다. 역사적인 요소, 지리·풍토적인 요소를 비롯하여 종교, 인종, 언어, 국민성, 정치적 민주화, 교육 수준, 경제적 환경 등.

이런 이유 때문에 섣불리 한 두 잣대를 들이대 이문화를 논하는 것은 위험할 수 있다. 각각의 문화가 고유성과 특수성을 가지고 있고, 대부분의 문화가 동일성보다는 차이와 이질성으로 대변되기 때문에 타자에 의한 접근이 그리 녹록하지 않은 것도 현실이다. 기술문명의 발달로 이문화와의 교류가 활발해졌고, 이문화를 이해하는 수준이 높아지고 시선이 부드러워졌음에도 불구하고 여전히 문화는 나름의 '벽'을 치고 있다. 그 벽을 우리는 한 문화가 자기보존을 위해 취할 수 있는 '이유 있는' 저항,

즉 정당한 저항이라고 본다. 문화는 비록 글로벌시대이긴 하지만 여전히 한 국가의 국민과 영토를 지탱시켜주는 마지막 보루라고 생각되기 때문이다. 그리하여 문화들 간에는 '관용의 정신(l'esprit de tolérance)'이 통하지 않는다는 말까지 하고 있을 정도다.

부언컨대, 서로 다른 두 문화가 합쳐져 제3의 문화가 탄생할 수는 없다는 뜻이다. 하지만 그렇다고 해서 우리가 문화를 고정된 실체로 보아야 한다는 주장을 펴려는 것은 아니다. 문화는 변화하는 운동체(le mouvant)에 더 가깝기 때문이다. 부언하자면 하나의 생명체(le vivant)와도 같은 것이 문화란 뜻이다. 그리하여 결국 문화는 내적으로도 자기변화를 겪지만 외적으로는 다양한 충격 앞에 노출되어 있는 셈이다.

내적으로 붕괴하는 경우는 논외로 하더라도, 외적 충격의 강도가 셀 경우 소멸하는 문화가 생기는 것도 이 때문이다. 결국 한 문화가 오래 지속되려면 이문화와의 관계를 어떻게 내적으로 잘 소화하고 균형감각을 잃지 않느냐가 관건이다. 그리고 기본적으로는 문화적 정체성에 관한 의식이 국민들에게 살아 있지 않고서는 그 문화가 잘 보존될 수 없다.

우리가 '문화코드'에 관심을 갖게 된 것도 이 때문이다. 문화는 문화향유 집단에 의해 문화코드로 표출되는 게 일반적이다. 그리하여 하나의 문화를 이해한다는 것은 곧 그 문화의 코드를 이해한다는 등식이 성립된다. 하지만 한 국가 또는 한 문화권의 시민들이 공유해온 역사, 전통, 관습, 국민성, 가치관 등을 포괄적으로 이해한다는 것이 쉬울 리 만무하다. 그래서 항상 도식적(통계적) 이해를 경계하고 지속적인 연구를 감행하면서 경우에 따라서는 기존의 연구결과를 수정을 해야 하는 상황도 발생할 수 있다는 것을 잊어선 안 된다.

두 번째로 우리가 성찰적으로 접근해보려고 하는 주제는 현대의 '소비문화'에 관해서다. 소비문화는 20세기에 등장한 새로운 패턴의 문화 현상으로 철저하게 신자본주의, 경제민주주의, 미국식 세계화를 등에 업고 있다. 요인즉 문화를 기존의 물질적인 상품의 거래처럼 문화의 가치를 폄하하는 시대가 된 것이다. 단적으로 말해 문화를 사고파는 시대가 된 것이다. 문화를 사고판다는 것은 우리가 바로 앞서서 말한 정체성으로서의 문화가 위기에 처해있다는 말이기도 하다. '글로벌 문화(global culture)'라는 용어의 탄생 배경이 여기에 있다. 글로벌문화는 세계화, 곧 글로벌라이제이션(globalisation)[1] 과정에서 생성된, '전 세계를 무대로 하는' 문화를 지칭하는데, 이는 경제 강국들이 문화를 경제 성장의 핵심 요소로 여기게 되면서 등장한 개념이다. 그런데 불행히도 이 글로벌문화에는 국적이 없다. 국적이 없다는 것은 국경을 초월해 있다는 뜻이며, 전지구촌을 무대로 삼는다는 말이기도 하다. 작금의 문화산업, 문화콘텐츠산업도 정확히 이에 편승해 있다고 해도 과언이 아니다. 문화를 이제는 하나의 상품으로 보고, 이를 통해 자국의 경제를 성장시키겠다는 것이다. 21세기에 들어 세계경제구조가 문화를 매개로 지각변동을 하면서 실제 문화콘텐츠산업이 급부상하게 되었는데, 이 과정에서 경제의 세계화, 정치의 세계화에 이어 새로운 '문화의 세계화'가 암암리에 진행되고 있다. 하지만 문화는 경제라는 블록 안에 포함시켜서는 안 된다는, 즉 '예외'로 해야 한다는 목소리가 높은 것도 사실이다.

여기에 우리의 세 번째 물음이 등장한다. 한류 열풍에 재미를 본 한국에서도 문화콘텐츠산업의 중요성을 널리 인지하고 정부, 민간기업, 문화계, 일반 소비자 할 것 없이 문화적인 콘텐츠들에 주목하는 시대가 되었

1 참고로 <globalisation>을 프랑스에서는 <mondialisation>으로 번역해 다소 부정적 의미로 사용하고 있지만 중국에서는 <全球化>로, 일본에서는 <グローバル化>로 번역하며 상당히 긍정적인 의미로 사용하고 있다고 알고 있다. 한국에서는 이를 <글로벌라이제이션>이라 음차(音借)해 표현하기도 하고, <세계화>, <지구화> 또는 <전지구화> 등으로 번역하기도 한다. 이글에서 우리는 문맥의 뉘앙스에 따라 <글로벌라이제이션>과 <세계화>를 병용하게 될 것이다.

는데, 그 방향을 점검해볼 필요가 있다는 것이다. 필자의 판단에 따르면 우리의 세계화 외침 속에는 두 가지 문제점이 있는데, 하나는 "뱁새가 황새를 따라가려 한다"는 속담에서처럼 자신의 능력 이상의 것을 마치 우리의 현실인 냥 착각하고 있다는데 있다. 더더욱 '한국적인 것'이 어떤 것인지에 대한 인식이 불분명한 상태로, 대체 무엇을 세계화시키겠다는 것인지가 물음으로 떠오른다. 두 번째로는 글로벌라이제이션에 지나치게 경도된 결과 우리에게 우리의 문화적 로컬리티에 대한 의식 자체가 결여되었다는 점이다. 로컬리제이션(현지화, 지역화)은 특히 문화콘텐츠산업에 있어서는 필수적인 연구대상이다. 그때 비로소 지역-세계화로서의 글로컬라이제이션이 가능하다. 더 직접적으로 이야기하자면 로컬리티는 모든 문화의 출발점이자 종착지이다. 문화나 문화코드의 차이도 바로 이 로컬리티로서 문화의 특수성이 만들어낸 결과라 할 수 있다.

결국 <문화-문화코드-문화콘텐츠>에서 공통분모는 '문화'이지만, 그 의미와 맥락이 동일하지 않다는 것을 우리는 정확히 인식해야 한다. 특히 우리는 문화와 문화콘텐츠를 구분할 필요가 있다. 밀려드는 세계적인 문화콘텐츠상품들, 즉 외국의 영화, 드라마, 광고, 출판, 게임, 음악, 에니메이션 등은 우리 문화의 뿌리를 통째로 흔들면서 탈영토화시키고 있다. '트로이의 목마'라 하던가! 우리 문화의 내부가 초토화되는 것이 문제라는 것이다. 우리문화의 뿌리를 공고히 하고 재영토화시키는 일이 시급하다고 보는 것도 이 때문이다.

경제적 여건이나 상황이 좋아지면서 사람들의 '문화'에 대한 관심은 날로 증가하고 있다. 그 과정에서 우리는 '문화라는 말의 홍수' 속에 파묻혀 산다. 김치도 문화고 떡볶이도 문화란다. 맥도날드에 가는 것도 문화이고 스타벅스에서 아메리카노 커피를 마시는 것도 문화란다. 지자체들에서 각종 문화행사와 축제를 실행하고 있지만, 정작 '왜'라는 질문을 던지지는 않는다. 정부에서도 문화를 '관광'이나 '체육'과 동격으로 놓고 있다. 그러다보니 '정겨운 한국인(세계인이 다시 찾는 관광의 나라)', '신나는 한국인(어디서나 스포츠를 즐기는 나라)'과 같은 슬로건을 문화관광체육부에서는 주요 정책목표로 제시한 것이리라. 이것이 우리정부의 '품격 있는 문화국가, 대한민국'의 방향이다.

아래에서 우리는 이상에서 제기한 물음들을 종합적으로 풀어가면서 우리의 19세기적 문화 의식을 진일보시켜 20세기 들어 경제강국 중심으로 부상하기 시작한 문화코드, 문화콘텐츠 등과 비교하고자 한다. 그리고 이를 위해 문화에 대한 의식을 글로컬화 할 필요가 있다는 주장을 근본화두로 삼게 될 것이다.

2. 글로컬 시대, 왜 문화코드 개념이 화두인가?

<겨울연가>, <대장금> 등의 대외적 성공 이후 우리 정부에서도 우리의 문화콘텐츠상품이 '세계인'의 마음을 사로 잡았노라는 장밋빛 진단을 내린 것 같다. 하지만 필자의 생각은 그들과 조금 다르다. 이는 어디까지나 아전인수격 해석에 불과하다고 생각되기 때문이다. 해당 콘텐츠를 소비하는 국가들의 문화코드를 전적으로 무시하고 우리의 한류 콘텐츠가 일본, 중국, 대만 등 동아시아를 넘어 지금보다 더 많은 국가들에서 소비되기를 바라는 것은 전적으로 우리의 무용한 탐심(貪心)을 반영한 것에 불과하다. 이는 곧 우리가 부지불식간에 부르짖고 있는 '글로벌라이제이션'이란 구호가 과연 번지수가 제대로 된 것인지를 되묻게 하는 이유와도 정확히 맞닿아 있다.

대체 글로벌라이제이션, 즉 세계화의 본색(本色)이 무엇인가? 세계화란 경제·금융과 외교·군사적 패권을 계속해서 유지하려고 안달하는 미

국화, 로마(정신)의 부활을 꿈꾸며 일종의 "합중국 형태의 유럽"을 정치·경제·문화적으로 건설해보겠노라는 유럽화[2], 스스로 떠오르는 용(龍)을 자처하며 중화(中華)의 이념으로 세계 재편을 꿈꾸는 중국화[3], 그리고 한 때 토요타를 통해 전 세계의 자동차 시장을 석권했던 일본화[4]와 이국동명(異國同名)의 기치일 뿐이라는 것을 정확히 이해해야 한다. 게다가 최근 들어서는 지역별로 경제적 블록을 형성해 '하위 세계화'까지 진행하고 있는 실정이다.[5]

이렇게 세계화의 의도를 정확히 들여다보면, 우리가 외부로부터 '은혜롭게 주어진' 한류 열풍에 들썽거리며 앙분(昻奮)하거나 조급해할 일이 아니라 차분하게 우리의 처지를 자각하고 새로운 도약을 준비해야 할 때라는 것을 알 수 있다. <문화코드에 대한 정확한 분석 없이는 우리의 어떤 콘텐츠 상품도 현지화에 성공할 수 없다>는, 너무도 빤하지만 그러나 우리 모두가 망각하고 있는, 이 명제만이라도 정확히 궁구할 필요가

---

2 주지하듯 현재의 EU(European Union)는 EC(European Community), EEC(European Econimic Community)를 근간으로 한 정치·경제·문화 연합체적 성격을 띠고 있다고 할 수 있으며, 인용한 구문은 윈스턴 처칠이 전후의 유럽 재건을 위해 유럽의 정상들이 모인 자리(Zurich)에서 한 연설 내용의 일부로, 원문은 다음과 같다: "We must now build *a kind of United States of Europe*. (...) the first step must be a partnership between France and Germany (...) France and Germany must take the lead together" − John Pinder & Simon Usherwood(2007), *The European Union: A Very Short Introduction*, Oxford University Press, p.5 참조.

3 하름 데 블레이(2007), 『분노의 지리학: 공간으로 읽는 21세기 세계사』, 유나영 옮김, 천지인, 특히 제7장 참조.

4 B. Wilkinson & J. Morris & N. Oliver(1992), "Japanizing the World: the Case of Toyota", J. Marceau(ed.) *Reworking the World*, De Gruyter 참조.

5 피터 L. 버거는 헌팅턴과 공동으로 진행한 프로젝트의 서문에서 미국 주도의 세계화와 구분하여 '지역적 하위 세계화'에 대해서 언급하고 있다. 헝가리를 비롯한 동구권 국가들에서의 독일과 오스트리아의 영향력, 발트 해 국가들에서의 스칸디나비아의 영향력, 중앙아시아에서의 터키의 영향력이나 홍콩과 대만의 매스미디어가 동남아시아와 중국 본토에 확산된 현상, 멕시코와 베네수엘라의 매스미디어가 여타 중남미 국가들과 미국의 히스패닉 주민 사이에 확산된 현상 등을 예로 들고 있다. (피터 L. 버거 & 새뮤얼 P. 헌팅턴(2005), 『진화하는 세계화』, 김한영 옮김, 아이필드, pp.32-33 참조.)

있고, 지금이 바로 그 시기라고 생각된다.

그렇다면 왜 문화코드에 대한 분석이 시급한가? 코드[6]는, 물론 기호처럼 자의적인 것이긴 하지만, 한 국가 내에서 그것이 관습화된 상태로 표출되고 있는 상태라면, 그것을 일러 우리는 '문화적인 것'이라고 할 수 있다. 문화코드란 이렇게 한 국가 내에서 문화적 관습에 의해 '안정화', '자연화'되어 있는 코드를 특화시켜 지칭하는 새로운 개념이다. 따라서 우리가 한 국가의 문화코드를 분석하고 추출한다는 것은 결국 그 국가의 문화적 특징으로 두드러지게 나타나고 있는 현상들을 최대한의 자료와 현지 정보를 수집하여 객관적으로 파악한다는 것을 의미한다. 우리가 크리스 바커의 문화코드에 대한 사전적 정의, 즉 "습관화된 재현체계"[7]를 길라잡이로 삼아 논의를 전개하는 이유가 여기에 있다.

한 국가의 문화코드의 분석과 추출은 이런 이유 때문에 어떻게 하면 한 국가 구성원들의 가치관, 직업관, 금전관, 사회적 성격, 행동양식, 소비형태 등을 '종합·객관적으로' 해석해내느냐에 그 핵심이 있으며, 기호가 그렇듯, 이 문화코드에도 일종의 시니피앙과 시니피에가 공존하고 있다는 사실을 인지할 필요가 있는데, 그 이유는 대개의 경우 후자를 간과하고 드러난 현상들에 대한 기술(description phénoménale)에만 치중하는 경향이 허다하기 때문이다. 문화코드에도 시니피앙과 시니피에가 공존하고 있다는 것은 결국 습관화된, 다시 말해 집단적·반복적으로 표출되고 있는 재현체계가 겉으로 드러난 면도 물론 있겠지만, 다른 한편 감추어져 있는 부분들이 실제로는 더 많다는 것을 함축하고 있다. 그리고 전자는 타자에 의해 얼마든지 관찰·분석의 대상이 될 수 있다면, 후자는 아주

6 '코드(약호)'는 기호학이나 구조주의의 전문 용어로 수신자와 발신자 간의 메시지 전달을 가능케 하는 규칙, 관습, 체계를 가리키는 것이 일반적 의미다.

7 크리스 바커(2009), 『문화연구사전』, 이경숙·정영희 옮김, 커뮤니케이션북스, p.317.

진지하고 전문적인 해독(decoding)의 과정이 필수적이라는 것을 암시한다.

이런 까닭에 이문화에 대한 문화코드의 분석과 추출 과정은 결과적으로 감추어져 있는 부분, 즉 연구대상이 된 국가나 문화권의 '집단적 무의식'을 어떻게 파악하느냐가 관건이 될 수밖에 없다.[8] 헌데 한 문화의 표층과 심층을 공히 잘 파악한다는 것이 말처럼 그렇게 쉬운 일일까? 즉답을 하자면, 이는 결코 용이한 일이라 할 수 없다.

어쩌면 불가능에 가까운 일일 수도 있다. 사회과학이나 인류학 등에서 선호하고 또 여전히 현재에도 활용하고 있는 통계를 이용한 계량주의적 접근방법이나 몇몇 인문학자들이 개인의 직관적인 감각으로 이문화에 대해 기술해놓은 저서들은 많지만[9], 모두 나름의 지계(知界) 안에 갇혀 있을 수밖에 없는 것도 그만큼 연구의 대상이 된 문화의 핵심, 즉 시니피에를 파악하는 것이 쉽지 않다는 방증이다. 서양문화가 겉으로 드러나 있는 부분이 많고 동양문화는 감추어져 있는 부분이 많다고들 이야기하기도 하고, 서양문화가 개인주의적인 반면 동양문화는 가족과 집단을 중시한다고도 언급하는 것들이 이제까지의 연구 성과들이 보인 이문화에 대한 아주 포괄적인, 그러나 당사자들의 눈에는 심층을 건드렸다고 보기는 어려운, 여전히 표피적인 기술들에 해당한다고 볼 수밖에 없다.[10]

---

8 구조인류학(anthropologie structurale)의 창시자 레비스트로스의 공로가 여기에 있다. 그의 '구조' 개념은 일반적으로 사회과학에서 널리 쓰이는 '체계' 등과 달리 "'무의식적' 구조"를 의미하며, 이 '집단적 무의식'의 작동이 한 사회·문화의 표층을 구성한다고 강조한 바 있다 (C. 레비-스토로스(1998), 『슬픈 열대』, 박옥줄 옮김, 한길사 참조.)

9 아마 일본 문화를 '해독 불가능한 기호'로 기술한 롤랑 바르트가 대표적이지 않을까 생각된다. (롤랑 바르트(2008), 『기호의 제국』, 김주환·한은경 옮김, 산책자 참조)

10 이러한 연구는 사회인류학자 호프스테드(Geert Hofstede)가 대표적이다. 그는 세계 50여 개국의 문화적 특징을 다음과 같이 5개의 카테고리로 분류한 바 있다: i) 권력격차의 높고 낮음(권위주의의 문제), ii) 개인주의 vs 집단주의, iii) 남성성 vs 여성성(성(性) 역할의 구분), iv) 불확실성의 회피 경향(제도, 법적 규제 장치의 마련 정도), v) 장기지향 vs 단기지향 (거트 호프스테드(1995), 『세계의 문화와 조직』, 차재호·나은영 역, 학지사 참조.)

이문화에 대한 이와 같은 '문화대차(cultural difference)'의 관점에서의 평가나 기술들에 대해 우리가 그 노고와 연구 성과까지 부정하는 것은 아니지만, 이것들이 과연 서로 다른 문화들 간의 심층적인 차이, 즉 문화세차(cultural distance)를 밝혀주고 있는지에 대해서 필자는 다소 회의적 의견을 가지고 있다.[11] 왜냐하면 문화대차의 관점에서 이문화를 피상적으로 기술해놓은 것들이 이문화를 이해하는데 있어 어느 정도는 유효한 측면이 있음을 인정은 하지만 그럼에도 불구하고 문화세차의 관점에서 이를 재고해보면 전혀 이문화의 핵심을 건드렸다고 말하기 어렵기 때문이다. 극단적으로 말하면, 문화는 동일 문화권의 사람들이라고 할지라도 개인적으로 취향(goût culturel)의 차이를 보이기도 하기 때문에 도식적 통계를 통해 통속화(vulgariser)해서는 안 된다고 B. 라이르는 강조한 것도 이 때문이다.[12]

이문화에의 접근과 이문화 연구의 본질적인 장애물이 바로 여기에 웅크리고 있다. 최근 많은 연구들에서도 문화는 고유성과 특수성이 보편성보다 본질적이며 우선 연구 대상이 되어야 한다고 역설(力說)하는 경우가 많은데, 이는 결코 우연의 소산이랄 수 없다. 결국 이제야 근대적 문화관인 문화대차적 구분에서 벗어나 각 문화의 고유성과 특수성의 중요성을 제대로 인식하기에 이른 것이다. 이는 한 문화의 심층, 즉 시니피에의 파악이 관건이라는 주문이 아닐 수 없다. 이문화에 대한 문화코드의 분석과 추출 과정에 있어서도 우리는 늘 이점을 유념해야 한다.

문화코드는 정신분석학에 비유하자면 무의식이 의식의 모태요 조정자라는 의미와 다르지 않으며[13], 소비자의 구매 행동분석에 비유하자면 소

---

11 문화대차와 문화세차에 대해서는 박치완(2009), 「(문화－)세계화: 동일성의 폭력인가, 차이의 배려인가?」, 『이문논총』, no.29, pp.43-46 참조.

12 Bernard Lahire(2004), *La culture des individus. Dissonances culturelles et distinction de soi*, Paris: La Découverte 참조.

비자의 상품 구매 동기, 선호도 등을 결정하는 것은 제품의 질이나 가격도 중요하게 작용하지만 소비자의 욕구가 더 결정적으로 작용한다는 말과도 같다. 실제 동일 콘텐츠상품이라고 할지라도 해당 지역과 국가의 코드의 차이로 인해 성패가 엇갈리게 되는 경우도 있는데, 바로 그 때문에도 우리는 문화코드의 분석과 추출을 가벼이 여겨서는 안 된다. 역설적으로 이야기하면, 바로 이런 이유 때문에 국가, 문화권 별로 전략 자체를 차별화할 필요가 있다. 요인즉 만일 어떤 콘텐츠상품이 지역－세계화(세계－지역화)를 지향한다면 먼저 목표 국가나 지역의 문화코드를 정확히 읽어내는 것이 선결조건이라는 것이다. 최근 우리 정부나 기업들에서도 글로벌 시장을 겨냥해 매우 활발한 움직임과 전략들을 내놓고 있는데, 글로벌 시장의 전략이 단순 구호로 끝나지 않기 위해서라도 반드시 현지의 문화코드를 기업이나 국가 차원에서 보다 체계적으로 연구할 필요가 있다.

'글로벌'이라는 정체불명의 구호를 그저 앵무새처럼 따라 반복하지만 말고[14] 이제는 '로컬' 문화, 다시 말해 하나의 '지배 문화(Culture)'가 아닌 다양한 '문화들(cultures)'에 깊이 천착해서 그동안의 우리의 '글로벌'이라는 미언(美言)에 오염된 시각을 수정하고 새롭게 할 때가 된 것이다. 모든 문화는 기본적으로 지역(장소)에 뿌리를 두고 있다. 따라서 문화들간 교류과정에서 볼 때 쉽게 넘어갈 수 없는 심연의 지층, 즉 지역성(locality)이란 게 강하게 저항한다. 그 지역성을 세계화론자들(acteur globaux)은 자유로운 문화 교류를 방해하는 '문화장벽'이라고 폄하하는

13 클로테르 라파이유는 실제 '무의식적 의미(the unconscious meaning)'를 '문화코드'로 정의하며, 문화코드는 자동차, 음식 형태, 인간관계 등 주어진 모든 것에 적용 가능하다고 강조한다. (Clotaire Rapaille(2006), *The Culture Code*, Broadwa Books, p.5.)

14 버크는 단일 문화가 다른 문화들을 완전히 정복한 예로 과거에는 프랑스문화가 있었다면, 현재에는 미국문화가 그 자리를 차지하고 있으며, 미래에는 글로벌문화가 될 것이라고 예측하고 있다. (Peter Burke(2009), *Cultural Hybridity,* Polity Press, pp.113-115 참조.)

경향도 있지만, 그 벽은 작금의 경제 강국 중심의 '일방적 세계화(unilateral globalisation)'에 함몰되지 않기 위해서 그리고 자국 문화의 뿌리를 보존하기 위해서도 필수불가결한 것이자 한 나라의 문화적 정체성의 유지와 방어를 위해서도 필수적인 것이다.[15]

요인즉 한 문화권의 생산자, 공급자가 세운 판매 전략이나 수익 목표치가 상품의 판매량을 결정하는 것이 아니라 다른 문화권의 소비자, 수요자의 욕구에 부합하는 상품이냐 그렇지 못한 상품이냐가 해외시장에서의 성공 여부를 결정한다는 뜻이다. 최근엔 커뮤니케이션 이론에서는 물론이고 마케팅과 광고, 글로벌 비즈니스 분야 할 것 없이 문화권에 맞추어 차별화전략을 수립하는 것이 상례(常例)가 되어 있는데[16], 그 이유는 당연 이제는 문화코드나 문화세차를 고려하지 않고서는 세계의 어떤 시장에서도 성공할 수 없다는 것을 정확히 인지하고 있기 때문이다.

3. 문화적 지역성의 고려와 차별화 전략

한류가 벽에 부딪히고 있다는 우리정부 차원의 자각은 우리에게 글로컬문화콘텐츠의 개발이 얼마나 시급한 것인지를 환기시켜주고 있다는 점에 놓고 보면 시사하는 바가 크고, 또 매우 시기적절한 것으로 여겨진다.[17] 2009년 한식세계화의 기치로 시작된 <김치, 비빔밥, 전통주, 떡볶이(topokki) 연구>의 개시, 2010년

15 바르니에 같은 학자는 '일방적 세계화'를 맥도날드, 코카콜라, 디즈니랜드로 대표되는 '미국화(américanisation)'라고 구체적으로 거명하고 있으며, 이로부터의 저항은 일종의 개인적 차원에서는 정당방어이자 문화적 정체성에 대한 방어라고 강조하고 있다. (Jean Pierre Warnier(2004), *La mondialisation de la culture*, coll. ≪Repères≫, La Découverte, 3e éd., pp.103-104 참조.)

16 마리케 드 무이(2003), 『글로벌시대의 국제광고론』, 김유경 외 옮김, 나남; 이승영·유승균(2010), 『비교문화경영』, 보명BOOKS 참조.

17 김성수(2010), 「글로컬적 관점에서 본 한류에 대한 재평가」, 『인문콘텐츠』 no.18.참조.

9월 27일부터 10월 1일까지 경주에서 개최되는 제30차 유엔식량농업기구 아·태지역총회 개최를 기회로 발진된 <플래그십(flagship) 한식당 개설> 발표[18], 그리고 최근 정부 기관과 주요 신문·방송사가 공동주최하는 <대한민국 스토리 공모대전> 등에 이르기까지 이제는 정부 차원에서도 우리 문화를 세계에 알리기 위해 애를 쓰고 있다. 하지만 과연 그 방향과 취지, 목표가 작금의 한류의 위기를 극복하는데 있어 진정 새롭고 적합한 방안이라고 할 수 있을지, 필자는 이에 대해 다소 회의적 견해를 가지고 있는 편이다.

그 이유는 아주 간단하다. 여전히 '글로벌'만을 외칠 뿐, 정작 절실하고 중요한 '글로컬(global + local)'에 대한 인식 자체가 여전히 부족하다고 판단되기 때문이다. TV, 휴대폰, 자동차와 같은, 굳이 국적이나 문화적 정체성이 빌미가 되지 않는 우리 기업의 상품들이 세계의 여러 국가, 즉 글로벌 시장에서 소비되고 있다는 것에 대해 우리가 시비지단(是非之端) 할 이유는 물론 없다. 미국인만을 위한 자동차가 따로 있고, 한국인에게만 판매하려는 자동차가 따로 생산되는 것이 아니기 때문이다. 금융파생상품이나 원유도, 금이나 구리도 마찬가지다. 프랑스에서 삼성 휴대폰을 사건 인도에서 소니 TV를 사건, 사는 사람도 파는 사람도 정체성의 고민을 하기보다는 실제 구입하려는 물품의 기능과 가격을 따지는 게 일반적이다.

정확히 이런 경우를 들어 우리는 '글로벌'이란 표현을 수식어로 사용하곤 한다. 하지만 이와 같은 상품, 제품은 굳이 문화가 직접적 배경으로 작용하지 않는다는 점 또한 기억해야 한다. 즉 문화가 늘 배경으로 작용하는 문화상품과 문화와 무관한 일반 소비재 상품을 혼동해서도 안 된다.

18 『매일경제』 2010년 9월 24일자 참조. 농림식품부에서는 한식세계화의 확산을 위해 2011년 중 뉴욕 맨해튼에 한식당 개설을 위해 50억을 투입할 계획을 가지고 있다.

부언컨대 일반 소비재 상품들과 달리 문화상품은 국가 브랜드와도 직결되어 있다. 그리고 그 경제효과는 하나의 문화상품의 경우만 놓고 볼 때도 세계적 기업들이 TV나 휴대폰, 자동차 등을 팔아 벌어들이는 연간 매출액에 상당한 것으로 이미 많은 연구와 통계들이 나와 있다.[19] <대장금>과 같은 방송드라마의 영향으로 김치나 불고기, 삼겹살과 소주, 막걸리가 일본, 중국을 비롯하여 동남아시장에서 승승장구 하고 있는 것이 대표적 예라 할 수 있으며, 우리정부에서도 이제는 문화콘텐츠산업의 OSMU의 시너지 효과가 어떤 것인지를 정확히 가늠하고 있는 듯하다. 하지만 중요한 것은 그 역은 결코 성립하지 않는다는 사실에 있다. 다시 말해 김치나 불고기가 <대장금>을 유행시킨 것은 아니란 점이며, 삼성이나 현대, 포스코가 대한민국의 브랜드 가치를 높여주는 것은 아니라는 점이다. 해외에서 삼성, 현대, 포스코와 같은 기업의 브랜드 이미지보다 대한민국의 국가 브랜드에 대한 인지도가 더 낮다는 게 우리의 현실이다.

물론 앞서도 언급한 바 있듯, 글로벌라이제이션(지역을 무시한 세계화)은 분명 글로컬라이제이션(지역에 뿌리를 둔 세계화)의 오용이다. 동양제과(주)가 중국시장을 겨냥해 초코파이의 명칭을 好麗友·波(좋은 친구끼리 나눠먹는 파이)로 바꾸고, 포장을 푸른색에서 중국인들이 좋아하는 붉은색으로 바꾸어 성공을 거두었듯, 토포키(Topokki)를 유럽시장으로 진출시켜보겠다는 의지를 가지고(물론 지금은 유명무실한 연구소로 전락하고 말았지만) 떡볶이연구소에서 '된장크림소스'나 '매운 토마토소스'를 개발한 것에서도 알 수 있듯 이제는 결국 현지화(localisation)의 정도가 상품 판매의 결과와 비례하는 시대가 된 것이다.

현지화는 이렇게 그 지역의 문화코드를 십분 고려하여 "지방적 변형"

19 참고로 미국은 스티븐 스필버그의 <쥐라기 공원>(1993) 한 편으로 당시 우리나라가 한 해 동안 자동차 수출을 통해 벌어들인 총액을 능가한다는 보고도 있다. [최연구(2006), 『문화콘텐츠란 무엇인가』, 살림, p.10.]

을 피해야 한다는데 그 핵심이 있다. 이러한 노력은, 피터 L. 버거의 지적대로 "거의 모든 곳[영역]에서 발견"[20] 되고 있다고 해도 과언이 아니다. 영화는 말할 것도 없고 뮤지컬, 연극, 오페라 등 공연분야에서도 공동제작이나 자본합작 형태를 통해 현지화를 적극적으로 시도하고 있으며, 지역의 문화코드에 맞추어 내용을 개작하거나 연출 방향을 달리하기도 한다. 패스트푸드의 대명사인 맥도날드가 중국을 어떻게 공략했는지, 인터넷 야후가 국가별 웹 디자인을 어떻게 차별화했는지도 현지화의 중요성을 보여주는 대표적 사례라 할 수 있다.[21]

결국 해당 지역, 국가의 문화코드와 부합하기 위해서는 현지화가 필수적이라는 것을 알 수 있으며, 이는 지역 및 국가에 부합하게 다각화의 노력 또한 병행되어야 한다는 것을 의미한다. 피터 버크의 책, 『문화적 혼종성』이 정확히 지시하듯, 퓨전과 혼종성 개념이 결국 문화콘텐츠상품의 현지화를 기획하는 과정에 있어서도 필수적인 화두가 된 것이다. 퓨전과 혼종성은 주지하듯 탈근대성(postmodernity) 개념의 핵심이기도 하다. 탈근대성은 1960년대 후반에는 주로 예술·미학, 철학 분야에서 논의되었지만 1980년대부터는 문화, 경제 분야에서도 응용되기 시작했고, 2000년대에 들어서서부터는 학문의 거의 전 분야에서 회자되고 있다. 이런 점에서 보면 21세기는 현실적으로건 또는 학문적 연구의 대상으로건 이름 하여 퓨전과 혼종성에 대해 깊이 성찰하지 않을 수 없는 시대다.

사전적으로 '다른 것과 거부감 없이 섞인다.'는 것을 뜻하는 퓨전과 혼종성은 물론, 크리스 바커의 지적대로 "고정된 문화적 경계를 불안정하게 만들거나 희미하게 만드는 것"으로 이해하게 되면, 다분히 부정적 의미로 비칠 가능성이 높다. 그리고 이 개념들을 이렇게 부정적 의미로 사

20 피터 L. 버거 & 새뮤얼 P. 헌팅턴(2005), *op. cit.*, p.25.

21 박치완·김성수·조소연 외(2009), 『글로컬문화콘텐츠, 어떻게 그리고 왜?』, 한국외국어대학교 출판부, pp.107-132, pp.133-163 참조.

용할 경우는 그 반대편에 항상 "불변의 문화"라는 근대성(modernity) 개념이 작용하고 있다는 것을 기억할 필요가 있다.[22] 하지만 문화는 불변하는 것도 아니고 고정되어 있는 것도 아니다. 자아 정체성과 마찬가지로 문화적 정체성의 경우도 "우리가 창조하는 그 무엇이며, 항상 과정 중에 있고, (...) 미래의 궤도에 대해 우리가 생각하는 것과 더불어 우리의 과거와 현재 상황에 입각해서 현재의 우리라고 생각하는 것에 기초하여 형성된다."[23] 결국 '현재의 우리'는 근대의 개별적이고 불변하는 요소와 탈근대의 변화하고 새롭게 형성 중인 요소 사이에 존재하며, 이는 개인은 물론 사회나 국가 및 문화의 범주에 있어서도 동일하게 작동된다. 그리고 중요한 것은 문화들 간의 섞임이나 혼합은 단지 이론적 차원에서만 제기되고 있는 문제가 아니라 이미 현실 속에서도 다층적으로 진행되고 있다는 점이며, 그 때문에 예전처럼 분리와 동화를 통해 헤게모니를 장악하려고 해서는 전혀 설명력을 가질 수 없는 시대라는 사실이다.

현지화의 노력이 긍정적 의미의 퓨전, 혼종성 개념과 조화를 이루어 종종 토착문화를 부활시키는 경우도 있다. 이는 기본적으로 자국문화와 외래문화가 조화롭게 섞이고 혼합될 때에 일어날 수 있는 일이다. 인도와 일본에 들어온 서양식 패스트푸드 체인점은 그들 나라의 전통음식이 패스트푸드로 재탄생하는 계기가 되었고, 일본에 들어온 서구식 패션은 일본 특유의 미학을 간직한 전통 패션산업을 부흥시키기도 했다는 것을 모르는 사람은 없을 것이다.[24] 이런 점에서 현지화는 다음과 같은 이중의 의미가 있다: 현지화는 문화적 퓨전과 혼종화를 의도하기도 하지만 동시에 유도하기도 한다. 현지화가 문화적 퓨전과 혼종화를 의도하건 유도하건 최대 관건은 국가나 문화권에 따라 추구하는 가치와 문화코드가 다르

22 크리스 바커(2009), *op. cit.*, pp.386-388(혼종성) 참조.

23 *Ibid.*, pp.287-288(정체성 프로젝트) 참조.

24 피터 L. 버거 & 새뮤얼 P. 헌팅턴(2005), *op. cit.*, pp.25-26 참조.

다는 것을 이해하는데 핵심이 있고, 문화콘텐츠상품도 그 차이들을 십분 고려해야 한다는데 이의가 있을 수 없다. 그 이유를 재삼 강조하자면, "각각의 문화는 세계에 대한 서로 다른 해석 체계와 문화코드를 가지고 있기"[25] 때문에 그렇다. 이는 결국 문화가 다르면 넓게는 의식주가, 좁게는 상품의 선호도나 구매 취향이 다를 수밖에 없다는 말과 다르지 않다.

문화권마다 결혼 풍습과 의미가 천차만별이듯, 선호하는 상품, 소비 가능성이 높은 콘텐츠상품이 다른 것은 당연하다. 정확히 이런 이유 때문에 국가, 문화권에 따라 콘텐츠상품의 장르나 내용 등을 전략적으로 차별화할 필요가 있다. 그 문화권, 그 국가의 문화코드나 트렌드에 부합하지 못하고서는 결코 시장에서 기대하는 효과를 달성할 수 없기 때문이다.

4. 지역성은 문화교류의 장애물이며 보편(글로벌)-문화의 명제인가?

문화적으로 서로 공통분모가 적거나 거의 전무하다는 것은 결국 지역성 자체가 문화교류에 있어서는 물론이고 문화콘텐츠상품의 수출입 과정에 있어서도 충분히 걸림돌이나 장애물로 작용할 수 있다는 것을 의미한다.[26] 하지만 바로 이 지역성은 앞서도 언급한 바 있듯 한 국가나 한 문화권의 심층이자 뿌리를 이루는 본질적인 것이다. 그리고 바로 이 지역성이 곧이 살아있고 존중되어야만 문자 그대로 '다양

25 Clotaire Rapaille(2006), *op. cit*, p.10.

26 바로 이와 같은 이유 때문에 박재복은 한국문화콘텐츠상품의 해외 마케팅 전략을 다음과 같이 3단계로 진행시켜야 할 것이라고 제안하고 있다. 1단계: 문화적 유사성과 지리적 근접성이 높은 국가(중국, 대만, 홍콩, 싱가포르, 베트남)를 거점시장으로 아시아 지역 공략, 2단계: 상대적으로 시장 개척 가능성이 큰 중동, 동유럽, 중앙아시아, 중남미를 공략하여 한국문화콘텐츠 시장 확대, 3단계: 고품질 전략상품을 개발해 미국, 유럽, 일본 등 영상콘텐츠 선진국들 공략. [박재복(2005), 『한류, 글로벌시대의 문화경쟁력』, 삼성경제연구소, p.126 참조.]

한 문화들'이 글로벌자본이나 시장의 세계화 위협에 흔들리지 않은 채 자신의 고유한 문화를 지키며 제 빛깔을 발휘할 수 있게 된다.

그 때문에 우리가 별 깊은 고민 없이 새롱거리는 '글로벌문화', 즉 '문화의 세계화'라는 구호는 그 자체로 이미 우리 앞에 엄연히 주어진 현실과 거리가 먼 나라의 이야기일 뿐만 아니라 사리에도 어긋난 것이라는 점을 정확히 인식할 필요가 있다. 세계화라는, 동원된 관객을 위한 소극(笑劇)을 멈추기 위해 우리가 할 수 있는 선택은 단 한 가지 밖에 없다. 시장과 달리 문화는 시공간과 독립적이지 않다는 것을 깨닫는 것이 바로 그것이다.

> "어떤 문화와 어떤 전통도(aucune culture-tradition) 역사적으로 그리고 지리적으로 위치한 사회와 관련되어 있다. 문화는 그것에 자양분을 제공하는 사회와 독립적으로 생존할 수도 없고 전달되지도 않는다. 역으로 말하면 자신의 고유한 문화를 소유하지 않는 사회는 이 세상 어디에도 존재하지 않는다. 모든 문화가 사회화 〔코드화〕 되어 있는 것은 이 때문이다."[27]

모든 문화는 이렇게 주어진 지리·사회·역사적 배경 하에서 코드화되어 있다. 이는 모든 문화가 기본적으로 시공간 속에서 구성되고 재구성된다는 의미와 다르지 않다. 이 둘을 종합해서 다시 정의하면, "모든 문화는 시공간 속에서 특수한 코드화 과정을 거친다."로 요약될 수 있을 것이다.

요인즉 주어진 시공간 안에서만 비로소 자기규정성(self-reference)을 갖게 되는 것이 문화적 정체성의 핵심이라 할 수 있다. 전통적으로 문화형성의 바로미터는 이미 주어진 환경으로써의 공간도 중요한 요소였지만

27 J.-P. Warnier(2004), *op. cit.*, p.7. 저자는 문화세계화(mondialisation de la culture)는 기본적으로 산업 발전의 결과물이지만, 모든 문화산업의 정상적 야심은 그들이 생산한 상품이 세계시장(marché mondial)을 점유하는데 있다고 비판하고 있다.

변화하는 시간에 더 많은 비중을 두었다고 볼 수 있다. 시간과 달리 공간은 고정되어 있는 것이라고 여겼기 때문이다. 그런데 여기서 시간은 기본적으로 로컬 공간 안에서 작동되는 것이기 때문에 결국 공간과 무관하지는 않으며, 이러한 시공간의 차이로부터 사실 비교 문화적 관점으로 이야기해서 '안'과 '밖', '동일성(동질성)'과 '차이(이질성)'가 생성되는 것이다. 그렇다면 공간적으로 이렇게 문화들 간의 계역(界域)이 존재하는 것을 우리는 하나의 필연적 귀결로 받아들여야 하지 않을까?

그렇다. 그런데 현대에 이르러 기술, 자본, 상품, 서비스 등의 이동이 자유로운 글로벌시대가 되면서부터 시간, 즉 축적된 전통과 역사는 무시되고 오직 공간 안에서의 일시적인 이동성만이 역설적으로 부각된 상황이다. 소쉬르의 전문용어를 빌려와 표현하자면, '통시성'은 사라지고 '공시성'만이 주인 행세를 하고 있는 셈이다. 바꿔 말해 역사적 맥락은 전적으로 간과되고 오직 동일 공간 위에 함께 있다는 사실만이 강조된 것이다. 물론 그 공간은 현실·물리적 공간이기보다는 세계화의 흐름에 의해 조작된 공간이다. 그런데 그 가상공간이 현실·물리적 공간을 지배하는 역전현상이 발생한다는 것이 문제다.

20세기 이전에는 전혀 상상할 수도 없었던 조작된 공간, 가상공간은 지리적 거리만 좁힌 것이 아니다. "바로 지금 모든 것이 존재한다."[28]는 비지속적이며 순간적인 시간관 또한 이로부터 파생된 것이기 때문이다. 이렇게 시공간이 압축됨으로써 우리가 얻은 것은 뭐고 또 잃은 것은 뭘까? 생활 속도가 빨라졌고, 정보통신기술과 매스미디어를 통해 새롭게 하나로 묶인 '지구촌(the global village)'이 탄생했으며[29], 소위 하나의 세계(the world as a whole)라는 이데올로기가 등장한 것이다. 반면 그로

28 데이비드 하비(2009), 『포스트모더니티의 조건』, 구동회·박영민 옮김, 한울 p.282.
29 마샬 맥루한·브루스 R. 파워스(2005), 『지구촌』, 박기순 옮김, 커뮤니케이션북스 참조.

인해 상대적으로 격리되었던 '세계들'이 서로 상대에게 속속들이 노출되어 실제 갈등은 더 심화되었고, 특히 경제 단위들(국가이건 기업이건) 간의 경쟁은 더 치열해졌다. 다양한 외부적 개입과 간섭이 노골화된 것이다. 우리가 염두에 두어야 할 것은 이 단일화 과정에서 한 사회나 공동체의 가치관, 행동 양식 등이 내재화되어 있는 문화코드들까지도 무장 해제시키려 한다는 점이다. 한마디로 시공간 속에서 고유하게 생성된 모든 문화적 차이들은 가치를 상실하고, 곡면(曲面)에 켜켜이 쌓인 의미들까지 평면(平面)화된다. 이는 근본적으로 전 세계를 단일 세계로 네트워크화 하여 관리하려는 "익명의, 통제 불가능한 새로운 지배자들"[30]이 의도하는 세계상이기도 하다.

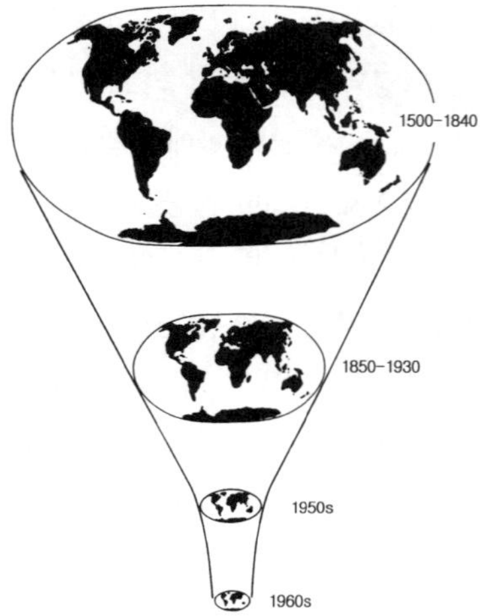

(C)『포스트모더니티의 조건』

[그림 1] 시공간의 압축에 따라 줄어든 세계지도

다소 심악(甚惡)한 표현일수는 있겠지만, 이들 세계화론자들에게 타자나 이문화는 존재하지 않는다. 그들의 눈에 세계는 그저 동일한 평면 위에 배치된 놀이갯감, 아니 먹잇감에 불과하다. D. 하비가 제시한 [그림 1]과 [그림 2]에서도 확인할 수 있듯[31], 그 결과 다양성은 등질화, 동질화되고 차이들은 자신의 고유한 가치를 포기할 것을 강요받는다.

30 마크 페로(2003), 「우리를 불편하게 하는 세계화」, 『프리바토피아를 넘어서』, 최연구 옮김, 백의, p.239.

31 데이비드 하비(2009), *op. cit.*, pp.283-284－재구성 과정에서 일부 수정.

'네트워크', '흐름', '상호 연계' 등을 앞세워 세계는 하나의 이웃이라고 강조하는 세계화론자들의 주장대로, 서로 다른 문화들 간 이동과 교류는 전례 없이 활발해졌는지 모른다. 반면 이에 비례하여 각국의 문화적 정체성은 분명 희석되었고, 붕괴되기 일보 직전 상태다. 개인과 사회, 국가와 문화를 연결시켜주었던 고리가 문자 그대로 '헐거워진' 것이다. 현대처럼 문화가 글로벌시장의 제물로 전락하게 된 데는 신기술의 패러다임 등장과 궤를 같이 해 시공간이 압축된 것과 무관하지 않다. 그렇게 압축된 시공간에서 이동되는 것들은 이제 굳이 유무형의 구분이 무색할 정도로 다양해졌다. "상품, 자본, 사람, 지식, 이미지, 범죄, 공해, 약품, 의상 그리고 신념 등 모든 것이 지역경계를 넘나들고 있다."[32]

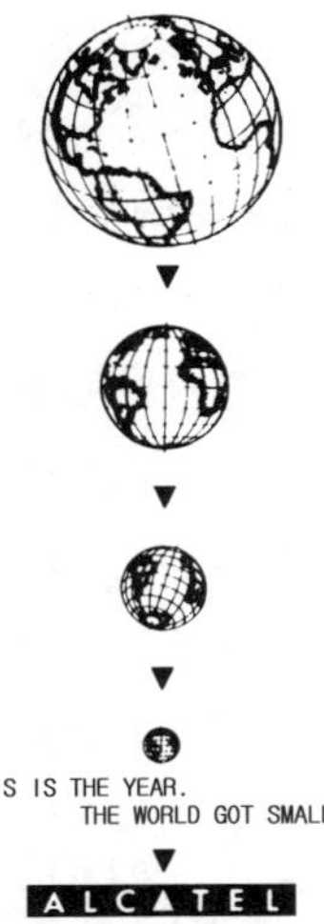

(C)『포스트모더니티의 조건』

[그림 2] 줄어드는 지구에 대한 대중적 이미지를 강조한 1987년의 알카텔 광고

적어도 A. 맥그루의 이러한 경험적 현실에 기초한 세계화론에 대해 우리는 반박하기 쉽지 않아 보인다. 하지만 이 모든 것들이 지역경계를 넘나들고 있다는 사실이 지역경계 간의 상호연계의 필요성이나 상호연계가 강화되어야 한다는 의미로 곡해되어서는 곤란하다. 게다가 J. 톰린슨이 강조하듯, 세계화론자들이 아무리 상호연계성을 강조해도 "완강히 버티고 있는 세계 속의 장소와 사람 간의 거부할 수 없는 '물리적 거리'"는

32 A. McGrew(1992), "A Global Society?", S. Hall, D. Held and A. McGrew(eds), *Modernity and its Futures*, Polity Press, p.65.

여전히 상존하고 있다. 이는 "세계화의 어떠한 기술적·사회적 변형으로도 떨쳐낼 수 없는 현상이다."[33]

바로 그 때문에 우리는 세계화론자들의 꾐에 빠져들지 말고 그 이면에 전개된 상황을 정확히 장악(掌握)해야 한다. 왜냐하면 그 이면에는 실제 이들의 감언이설 뒤에는 다국적기업들이 실제 모든 것을 조정하고 있다는 것을 확인할 수 있기 때문이다. 특히 지구촌의 소비자들 앞에 전시된 고부가가치의 상품들은 대부분 이렇게 다국적 기업에 의해 "저임금 나라들"에서 "제조된 부품들의 조립으로 만들어진다." "공장 없는 다국적기업"은 "구상, 마케팅, 판매만 전담"하고 나머지 모든 것은 "제3세계의 값싼 인건비"에 의존한다.[34] 그렇게 지역경계의 규제나 관세와 같은 장애물을 철폐해가면서 자본과 시장의 세계화는 제어 기능을 상실한 채 온 지구촌을 무대로 가속도를 내고 있다.

우리가 이글에서 문화 또는 문화적 정체성을 글로벌시장 경제의 거래품, 즉 소비적인 콘텐츠상품들과 구분해야 한다고 강조한 이유가 여기에 있다. 왜냐하면 문화는 기본적으로 국적도 없고 문화도 도외시한 채 오직 시장에서 소비되는 '글로벌문화상품'과 구분되어야 하며, 더더욱 교역의 대상에서 문화는 '예외'일 필요가 있다고 보기 때문이다.

'문화'라는 용어에 이렇게 '예외'란 단어가 따라 붙는 것은 4반세기 전만 해도 찾아보기 드물었다.[35] 프랑스의 문화정책 모델이라고 할 수 있는 문화적 예외(cultural exception) 개념은 기본적으로 신자유주의적

33 존 톰린슨(2004), 『세계화와 문화』, 김승현·정영희 공역, 나남출판, p.15.

34 도미니크 뿔리옹(2006), 『신자본주의』, 서익진 역, 경남대출판부, pp.31-32.

35 문화적 예외 개념은 1993년 GATT(관세 및 무역에 관한 일반협정)회담 당시 미국이 스크린 쿼터제의 폐지를 주장하며 문화상품을 교역대상에 포함시킬 것을 주장하자 프랑스가 '문화적 예외'를 선언하며 이에 반발한데서 세계적 이슈가 되었으며, 프랑스는 이러한 입장을 국제적 포럼에서나 EU 차원에서 수차례 표명하였고, 이를 제도적으로 반영한 바 있다.

글로벌라이제이션에 대항해 한 국가, 나아가서는 EU와 같은 문화권 전체의 문화적 가치를 존중하고 유지하기 위한 불가피한 조치라고 볼 수 있다.[36] 이제는 프랑스, EU뿐만 아니라 세계의 많은 나라들이 자국의 문화적 정체성을 유지·보호하기 위해서 문화적 예외를 인정해달라고 요구하고 있는 상태다.

문화비평가 기 소르망의 진단이 옳다면, "글로벌 문화는 존재할 수 없다."[37] 더 정확히 말하면, 다국적 기업들이 추구하는 그런 거대한 공룡과도 같은 탐욕의 문화는 진정한 의미의 문화를 모욕하는 행위이다. 정체불명의 서구식 보편 문화, 즉 글로벌 문화라는 말은 그렇다면 다음 둘 중 하나일 확률이 높다. i) 경제 강국에 의해 철저히 계산된 글로벌화라는 이데올로기의 전파를 위해 파생된 것, ii) 아니면 이를 추진하는 과정에서 직면하게 된 로컬 문화의 저항을 희석시키기 위해 글로벌화의 필요성을 강조하려는 고도의 우회 전략.

조나단 프리드먼도 강조하듯, "문화의 출발점은 특수성, 즉 차이에 대한 또는 유사한 일을 처리하는 상이한 방식에 대한 인식이다. [서로] 구별된 [문화적] 집단에 차이를 부여할 수 있는 곳에서만 문화 혹은 문화들이 존재하는 것이다."[38] 그런데 이를 무시하고 '미국식의 예외주의'[39]를 따르라는 것인가. 이런 역설이 어디 있는가. 문화적 정체성은 물론 문화적

---

36 문시연(2001), 「프랑스의 "문화적 예외"에 관한 연구」, 『프랑스문화예술연구』 no.5 참조.

37 기 소르망, <해외칼럼: 글로컬로 가는 한국문화>, ≪중앙일보≫(2006년 9월 28일) 참조. 전문은 다음과 같다: "우리가 세계화된 세상에 살고 있다는 사실은 상식에 속한다. 통신과 이민, 경제 교류 등으로 세계화의 영향을 받지 않는 사회는 거의 없다. 세계화는 경제적 부와 정신적 개방의 원천이 됐다. 이제 세계화되지 않았다는 것은 더 이상 행운이 아니다. 그러나 문화에는 그런 세계적 문화가 없다."

38 조나단 프리드먼(2009), 『지구화 시대의 문화정체성』, 오창현·차은정 옮김, 당대, p.364.

39 '미국식의 예외주의'란 미국에서도 예외주의를 표방하고 있기에 써본 표현이다. 하지만 이는 곧 '미국우월주의'나 '미국패권주의'를 의미할 뿐이다. [세이무어 마틴 립셋(2006), 『미국 예외주의－미국에는 왜 사회주의 정당이 없는가』, 문지영·강정인·하정복 옮김, 후마니타스 참조.]

자존심까지 포기하라고 윽박지르는 것인가. 하지만 역설적으로 이 때문에 각국은 자국의 문화에 대한 관심과 중요성을 새롭게 인식하는 계기로 작용하기도 했다. 많은 나라들이 글로벌화의 폐해를 감지하고 자국의 문화적 뿌리에 대해 재고하는 기회로 삼은 것이다.

20세기가 "이데올로기의 정치"가 압도했던 시대였다면, 21세기는 이렇게 문화적 "정체성 정치의 시대"가 된 것이다.[40] 한 때 미국의 민주주의와 구소련의 공산주의가 양극체제를 이루어 전 세계가 편을 갈라 싸우던 시절이 있었다. 하지만 이제는 그런 정치적 이데올로기는 사라졌다. J. 색스가 현대를 정체성 정치의 시대라고 본 것은 이 때문이다. 다시 말해 문화적 정체성이 정치의 중요 아젠다가 된 것이다. 자국의 문화를 정부 차원에서 나서 적극 보호하고, 이를 산업화의 도구로 삼기도 한다는 뜻이다.

중국이 대표적이라고 할 수 있다. 중국은 정부차원에서 미국식의 세계화 풍기(風氣)를 '관리'하겠다고 선언했다. 물론 중국에서 세계화를 관리하겠다는 것은 자국의 개혁·개방을 위한 동력으로 십분 활용하겠다는 저의가 깔려 있다. 중국의 '현대화 프로젝트'는 고정불변의 목표지만, 그럼에도 외국 영화의 수입 규제, 개인 출판의 제한 등 유독 문화시장에 대해서만큼은 전혀 융통성을 보이지 않고 있다. 이는 중국의 문화, 아니 당 지도부의 권위와 정통성을 유지하기 위한 필수불가결한 선택이라고 할 수 있다.[41]

40 조너선 색스(2010), 『차이의 존중』, 임재서 옮김, 말·글빛냄, pp.29-30 참조.

41 윤시앙 얀(2005), 「세계화 관리: 중국의 국가권력과 문화적 이행」, 『진화하는 세계화』, pp.38-79 참조. 실제 우리나라도 동북공정 등을 통해 직면하고 있는 문제지만 중국은 세계화의 관리에만 그치지 않고 이에서 한 발 더 나아가 이제는 새로운 유형의 문화적 세계화를 강력히 주장하고 있다는 점도 주목해야 한다.

5. 울퉁불퉁한 세계를 위한 문화 해석의 과제

우리만의 고유한 문화지도도 보유하고 있지 않은 상태에서의 '글로벌'이란 위험한 항해에 우리 국민 모두가 목숨을 걸고 뒤따를 수는 없다. 목숨까지 담보로 한 항해라면, 철저한 준비가 급선무일 것이며, 항해 목표 또한 정확해야 할 것이다. 서두를 필요는 없다. 세계라는 무대는 항상 그 자리에 그대로 있고, 기술 대변동의 시대라는 21세기라고 해서 바뀐 것은 크게 없다. 그 무대를, 헤겔의 변증법에서 꾀하는 바처럼, 지역적 굴곡을 무시하고 평평하게 종합되어야 하는 대상이라고 보아서도 곤란하다. 정(thèse)이 없는데 어찌 반(antithèse)과 합(synthèse)이 뒤따를 수 있겠는가? 세계의 중심부를 틀어쥐고 있는 경제 강국들에서 원하는 바대로 경제 소국들의 무역 장벽이 철폐되고 문화적 자존심까지 버려도 된다는 것인가?

이에 동의할 사람은 아마 아무도 없을 것이다. 오히려 우리는 이와 같은 구태의연한 제국주의적 발상 자체가 부활하고 있다는 것을 예의주시해야 한다. 게다가 갈수록 두꺼운 벽을 치는 자들은 역설적이게도 바로 그들이다. 경쟁국과의 거리를 유지하고 이미 자신들이 장악한 시장을 보호하기 위해 '진입장벽'을 쌓는데 혈안이 되어 있는 것도 사실 그들이다. 남의 벽은 허물어야 한다며 '탈영토화(délocalisation, déterritorialisation)'를 외치면서 정작 자신들의 벽은 두껍게 쌓는, '재영토화(reterritorialisation)'를 감행하는 자기모순을 보이고 있는 것이다. 들뢰즈가 이미 언급한 바 있던가. "탈영토화는 필연적으로 재영토화의 형식을 수반한다."[42]고!

이들의 재영토화 전략은 시장 개방과 자본주의의 보편화(universalisation du capitalisme)를 통해 점진적으로 지구촌을 단일화시키는데 최종목표

42 탈영토화와 재영토화는 들뢰즈와 가타리 사상의 핵심 개념이다. (Gilles Deleuze · Félix Guattari(1972), *L'Anti-Oedipe-Capitalisme et schizophrénie*, Minuit, coll. ≪Critique≫, p.306.)

가 있으며, 모든 국가 단위로 책임을 져야 하는 사회·정치적 안정의 요구와는 상충한다. 이러한 모순적인 성격 때문에 재영토화, 즉 세계화는 점점 더 폭력적인 형태로 바뀌고 있으며, 반대급부로 로컬의 공포와 저항 역시 거세어지고 있다.[43] 물론 경제 소국들의 벽이 허물어지고 탈영토화되면 경제 강국들은 마음대로 세계 전역을 재영토화할 수 있어 유쾌할지 모르겠다.

하지만 이러한 다분히 미국과 서구 중심의 세계화 논리는 전체성의 논리(logique totalitaire)와 다르지 않으며, 기본적으로 '나와는 다른 것'을 철저히 배제한다는 전제 위에서만 성립 가능한 것이기 때문에 정치적 의미의 전체주의적인 폭력과 유사하다. 데 블레이가 『분노의 지리학』에서 잘 지적하고 있듯, 경제 소국들에게 이러한 전체주의적인 세계관은 한 국가의 문화·정치적 정체성을 뒤흔드는 사태로까지 발전할 수 있기 때문에 위험하다. 이러한 시대착오적 세계관, 다분히 반인륜적인 시각은 정치, 경제, 문화, 언어 등이 형성되는 역사적 과정을 전적으로 무시한 처사요, 실로 세계가 얼마나 '울퉁불퉁한' 것인지를 전적으로 간과한, 세계의 단일화를 하나의 기정사실로 받아들인 지구촌 제안자들의 계교(計巧)일 뿐이다.[44]

이들이 세계가 '울퉁불퉁하다'는 것을 모를 리 없다. 그런데 이들은 교통·통신, 기계·기술의 발달로 지구촌의 모든 나라들이 "이웃처럼 가까워졌다"며 경제 소국들을 끝없이 기만한다. 세계가 이웃처럼 가까워짐

43 Manola Antonioli(2007), "Reterritorialisation et obsession sécuritaire dans la mondialisation", *L'Homme et la société*, no.165-166, 참조.

44 세계화의 전도사 토마스 프리드먼이 대표적이라고 할 수 있다. 그에게 세계는 '평평'하며, 이는 IBM의 PC가 출현한 1980년을 전후해 가속화된 인터넷의 보급, 포털사이트의 등장, 웹 베이스의 표준화 등에 힘입어 정보혁명이 일어났고, 이에 근거해 소위 '글로벌시대'가 열린 것이라고 분석하고 있다. [Thomas L. Friedman(2005), *The World is Flat*, Farrar, Straus and Giroux 참조.]

으로써 경제 강국들의 영향력이 커진 것은 가볍게 일축해버리고 역으로 문화교류가 활발해지고 국제협력이 활성화되었다는 점만을 침소봉대한다. 전 지구적 차원의 빈곤 퇴치나 환경보존, 인류 평등, 분배적 정의, 사회적 책임 등은 뒷전이고 자국의 계속적인 성장만을 꾀하기 위해서 말이다. 지속가능한 성장(Sustainable Growth)이란 그 의미가 오로지 '경제 성장'만이 지속되어야 한다는 뜻에 그치지는 않을 텐데 말이다.[45]

모든 만물이 생로병사의 이치를 따르듯, 경제에도 늘 위기는 도사리고 있고, 경기도 둔화되거나 하향 곡선을 그릴 때도 당연 있기 마련이다. 그런데 모든 나라가 신자유주의적인 교조주의에 빠져 성장 일변도의 경제 정책만을 편다면, 그 경쟁 속에서 나타날 피해는 대체 누가 감당하며 성장의 그늘인 비참함과 고통, 불행은 대체 누가 책임지는 것인가?

자유에도 책임이 따르고 권리에도 의무가 따르듯, 지속가능한 성장 또는 발전 과정에 있어서도 반드시 성장과 발전의 '사회적 목적'이 추가되어야 한다. 지구촌이 경제적 위기에 직면할 때마다 '사회적 책임'이나 '사회적 이익'의 문제가 제기되는 것도 이 때문이다.[46] D. 빠리옹이 경제보다 사회, 생태를 더 우선시해야 한다고 말한 것도 같은 취지에서라고 볼 수 있다. 그는 "상업적 목적에서 지속가능한 발전의 개념을 포섭하려는 것 자체가 아니러니"라고 비판하면서 "현대 자본주의의 논리와 근본적으로 배치되는 하나의 대안적 세계화(alterglobalisation)"로서 "지속가능한 발전은 사회적 정의, 생태적 신중성 및 경제적 효율성이란 세 가지

45 실제 1987년 유엔환경개발위원회(UNCED)는 경제발전이 때로는 인간의 삶의 질의 개선이 아니라 악화를 초래할 수 있다는 점을 경고한 바 있다.

46 René Passet(2000), *L'illusion néolibérale*, Fayard; (2001) *Eloge du mondialisme par un anti-présumé*, Fayard 참조. 파세는 지속 가능한 발전 개념에 반드시 사회적 목적이 부여되어만 세계화가 쇄신될 수 있다고 강조하면서 자본의 종류를 다음과 같이 3으로 나누고 있다: i) 에코시스템으로서의 자연적 자본, ii) 문화적 다양성의 존중을 함축하는 문화적 자본, iii) 사회보장제도로 대변되는 사회적 자본. 참고로 이 마지막 자본은 부의 축적보다 평등한 분배와 연대의 강화에 기반을 두며 사회적 비전을 포함하고 있다.

기준을 충족시켜야 한다"[47]고 강조하고 있다. 여기서 중요한 것은 경제적 효율성이 사회적 정의나 생태적 신중성보다 앞설 수 없다는 것이며 "사회 문화적 가치가 상품적 가치보다 더 우월하다"는 것이다.[48]

작금의 글로벌 경제 시스템은 21세기의 메시아니즘이 될 수 없다.[49] 사회가 '계속 성장'이라는 헛된 이데올로기에 의해 더 이상 파멸로 치닫지 않기 위해서는 각 경제 주체가 스스로를 제한하고 억제하는 법을 가르치고 또 배워야 한다. 인류사회 전체에 만연해 있는 성장이라는 욕망의 잠꼬대를 잠재우는 것이 그래서 급선무일 것이다.

역설적인 표현 같지만, 우리 모두가 성장의 잠꼬대에서 깨어날 때 모름지기 문화는 제자리를 잡을 수 있다. 문화의 상품화, 금융·시장의 자유화에 의해 탈영토화된 문화 영토를 우리는 재영토화시켜야 할 의무가 있다. 여기서 '재영토화'는 본래 그대로의 울퉁불퉁한 문화들에 고유한 의미를 부여하는 것을 뜻한다. 21세기에 들어서서 급변하는 현실, 형언할 수 없을 정도로 세속화되어버린 문화를 어떻게 제자리로 되돌려놓을 것인지에 대해서도 깊은 성찰이 필요한 때다. 그렇지 않으면, 글로벌 자본에 의해 날로 물질화되고 상품화되어가고 있는 시뮬라크르의 벽을 영영 뚫기 힘들 것이다.

47 도미니크 뻴리옹(2006), *op. cit.*, p.157.
48 *Ibid.*, p.156.
49 파스칼 브뤼크네르(2003), 『번영의 비참』, 이창실 옮김, 동문선, 특히 제6장, 제9장 참조.

에필로그

최근 트렌드에 대한 연구들이 쏟아지고 있다. 대중과 사회 트렌드에 대한 연구는 심리학적, 사회학적 관심으로부터 출발하지만 정작 트렌드 연구의 결과물이 빛나는 분야는 마케팅 분야일 것이다. 그런데 사회 속에서 살아가는 사람들의 생활양식과 소비행태를 관찰한 연구 결과는 결국 더 많은 상품을 소비하도록 하는데 이용된다. 자본주의 사회, 그 속에서도 자본의 세계화를 통해 전략적으로 기획된 소비 시대를 살아가는 우리에게 '왜 우리는 상품을 소비하는가?'라는 보드리야르적인 질문은 해묵은 계몽쯤으로 여겨질 수도 있다. 왜냐하면 오늘날의 대중은 진실을 몰라서 피동적으로 소비하는 것이 아니라 진실을 알면서도 자발적으로 소비하고 있기 때문이다. 페터 슬로터다이크가 말한 '냉소적 이성'은 이미 이 사회를 살아가는 대중의 본성이 된 것인지도 모른다.

사회의 상부구조는 경제적 토대와 조응한다. 오늘날의 경제적 토대가 자본주의로 획일화 되어가고 있는 상황을 생각할 때, 문화라는 상부구조의 구성요소가 자본주의의 생산양식에 맞게 재편되는 것, 대중들이 이것을 숙명적으로 받아들이고 있다는 것은 피할 수 없는 현실이 되었다. 그러나 아직도 희망은 있다. 빈번한 문화 간 접촉은 각 지역 문화의 유사성을 늘려가지만, 그것들은 결국 각 문화권 속에서 개별화될 운명에 놓여 있다는 점 때문이다. 바로 이것이 '보편주의의 개별화'이다.

글로벌화와 더불어 문화요소의 세계적인 이동이 급속하게 진전되는 것처럼 보여도 근대의 '보편주의' 하에서 개별화된 성과물인 '국가문화'는 여전히 존재한다. 사람들의 정체성이 한층 복합화 되어도 국제사회의 구성요소가 되는 기본 단위는 여전히 '국가'이고, 앞으로도 사람들의 의식적 테두리는 '국가'일 것이다. 복합적인 정체성이 강화되고 있기 때문에, 오히려 사람들은 국민문화의 개별성을 더욱 중시하려 들 것이라는 말이다. 글로벌화가 진행될수록 문화다양성을 유지하는데 불리하게 작용하고 있는 것 같지만, 다른 한편으로 유네스코 세계문화유산운동이나 문화다양성협약의 채택이 보여주듯 사람들은 다른 한편으로는 최근의 문화다양성의 보존에도 지대한 관심을 보이고 있다. 이것 역시 많은 사람들이 문화다양성을 인류전체의 문화적 측면에서 긍정적으로 간주한다는 것을 보여준다.[1] 역설적이게도 문화의 다양성을 존중하는 것이 곧 문화의 보편성이라 말할 수 있는 것이다.

본 연구는 각각의 연구자들이 국가별 코드를 추출하고 그것을 바탕으로 문화콘텐츠에 대한 코드를 분석하는 4단계의 작업과정을 거쳤다. 우선 문화코드 분석을 위해 문화코드에 대한 연구문헌을 찾아내어 문헌을 분석하는 것이 첫 단계였다. 이후, 두 번째 단계에서 각 대상 국가별로 트렌드 분석을 시도했다. 트렌드 분석은 트렌드에 관한 키워드를 맵핑하는 작업부터 시작되었다. 각 국가별로 트렌드에 관한 키워드를 찾아내고 이것을 분류법에 따라 그룹화하고 재배치한 것이다.

1 물론 문화다양성을 반대하는 국가도 아주 드물게 존재한다. 2005년 10월 154개국이 참여한 문화다양성협약 채택에 관한 투표에서 세계최대 문화상품 수출국인 미국은 이스라엘과 함께 반대표를 냈다.

트렌드는 크게 메가트렌드(Mega Trend), 매크로 트렌드(Macro Trend), 마이크로 트렌드(Micro Trend)로 구분하여 분석했다. 메가트렌드는 현대 사회에서 일어나고 있는 큰 변화를 분석한 것이다. 예를 들어 탈근대화, 세계화, 신자유주의, 세계금융위기 등 거대한 조류를 의미한다. 매크로 트렌드는 한 방향으로 장기적인 시간을 두고 진행하는 경향을 말하며 웰빙이나 그린 비즈니스, 문화, 소비 등 일반적으로 사회에 퍼져있는 트렌드를 예로 들 수 있다. 마이크로 트렌드는 쉽게 정리하면 사람들 사이의 일시적인 유행을 뜻한다. 그렇기 때문에 단시간에 끝날 수도 있는 트렌드이지만 마이크로 트렌드가 장시간 동안 한 방향으로 진행·유지되면 매크로 트렌드가 될 수 있다. 아이폰, SNS, 동작 인식게임 등이 좋은 예이다. 그러나 이러한 트렌드 분석은 연구 결과에서는 생략하였다. 트렌드 연구 자체가 너무 방대한 작업이기 때문에 심층적 문화코드의 연구 종합 단계에서는 오히려 산만해질 가능성이 너무 높았으며, 너무 다양한 분야에서 트렌드 연구를 시도하고 있기에 이를 종합적으로 판단하여 선택하기에 어려움이 따랐기 때문이다. 트렌드와 문화콘텐츠의 관계에 관해서는 차후에 연구 기회를 찾을 수 있기를 고대한다.

세 번째 단계로 경제통계를 비롯해서 그 사회의 특성을 이해할 수 있는 주요한 지표를 활용하였다. 국가 성격을 가늠하는 거시적 지표분석을 위해 흔히 사용되는 호프스테드의 문화차원 모델(Hofstede's Cultural Dimension Model)을 많이 이용하기는 하였지만, 이 연구에서 호프스테드 지수는 국가별 코드의 비교를 위해 일부 분야에서만 사용하였을 뿐 연구 전체를 포괄하는 분석방법으로 사용하지는 않았다. 이 연구는 글로컬 문화의 관점에서 호프스테드 지수를 포함한 다양한 분석방법을 도입하였고 OECD에서 발간한 『OECD Factbook』의 자료도 활용하였다. 마지막으로 네 번째 단계에서는 각 국가별 문화콘텐츠 소비에 대한 패턴과 선호도를 조사했다. 각 국가별로 선호하는 장르와 선호하는 서사구조, 유형 등을 분석하여 특정 국가의 국민들이 어떠한 문화콘텐츠를 주로 소비하는지를 살펴보았다.

문화코드를 분석하기 위해 설정한 이상과 같은 연구단계가 반드시 이상적이라고 말할 수는 없다. 하지만 정성적·정량적 연구를 종합하는 최적의 방법이 될 수 있도록 최대한 노력하였다는 점만은 밝혀두고자 한다. 또한 이 책에서 '상대되는 개념을 서로 대비시킨 딜레마 방법'을 사용한 경우도 있다. 우리는 이 방법을 선택적으로 적용하였는데, 그 이유는 대상별로 설명하기에 가장 적절한 개념들을 찾기 위해서였다. 문화와 문화코드를 설명함에 있어서도 프로이트의 '무의식' 개념을 빌렸을 뿐, '문화적 무의식'을 지하실의 오래된 포도주로만 파악하지 않았다.

또한 본 연구의 배경에는 구조주의 인류학자들이라고 회자되는 프란시스 덴스모어, 루쓰 베네딕트, 클로드 레비-스트로스에서 유래된 가치의 개념도 부분적으로 차용되었다. 이들이 강조하는 내용은 가치가 이원적이며 연속체 상에서의 차이들이 있다는 것이다. 이들에 따르면 본래 가치란 대조되는 속성들의 쌍이며, 문화는 이 가치들이 확대된 정신이기도 하다. 상충되는 가치들 중, 하나의 가치가 종종 의식적으로 그리고 문화적으로 선호되어 다른 가치를 매장시키고 억압한다. 인간은 끊임없이 일관성을 유지하려고 애쓰는 바, 그 와중에 상반된 가치들을 성공적으로 통합할 수도, 한 쪽을 부인하고 억누를 수도 있다. 그렇기 때문에 이러한 가치의 조합은 상승작용을 하여 인도주의적으로 성장할 수도 있고, 파멸적인 결과를 낳아 퇴보할 수도 있으며, 그저 현 상태로 계속 유지할 수도 있다. 가치와 가치를 정하는 기준의 정도는 자연발생적으로 자기구조화하는 체계를 열어 놓고 있으며, 환경으로부터 피드백을 얻음으로 인해 변화한다는 것이다.

이 연구는 3년 전에 '글로컬'이라는 화두를 중심으로 시작된 연구의 연장선상에 있다. 우리는 글로컬문화콘텐츠 연구의 결과물로 『글로컬문화콘텐츠, 어떻게 그리고 왜?』라는 책을 출간한 바 있고, 그 후속 연구과정에서 '문화코드'의 중요성을 새롭게 인식하게 되었다. 국가 단위로 나누어진 문화적 주체들의 문화코드를 중심으로 글로컬문화콘텐츠의 문제를 바라보면서 우리는 문화적 차이가 어떻게 생겨나는지에 대해 깊이 이해하는 계기를 가지게 되었고, 이를 통해 문화콘텐츠의 일방적 동질화가 아닌 차이와 다양성을 존중하며 퓨전하는 방식의 '문화적 공존법'에 주목할 수 있었다.

우리는 '글로벌'을 너무나도 당연한 우리 시대의 메가트렌드라고 생각하며 살아가지만, 글로벌 문화를 기본 전제로 삼아 모든 문화를 이해하려 드는 것은 문화변동의 역동성을 고려하지 못한 태도라고 할 수 있다.

이 책이 지향하는 관점은 한마디로 '문화적 글로컬'이다. 문화 간의 국제적 상호관계가 역동적으로 진행될 때 우리는 진정으로 '글로컬'이라는 의미와 그 중요성을 알게 될 것이다. 이 책에서 우리는 문화콘텐츠산업의 전 과정, 문화적 생산, 소비, 교류 관계를 문화코드의 관점에서 고찰했으며, 이를 통해 글로컬 전략의 필요성을 확인했다. 이는 우리가 '글로벌'을 외치기 전에 '로컬'을 직시해야 한다는 말과 같다. 로컬을 직시하게 되면, 많은 이들이 주장하는 '문화상품의 할리우드식 글로벌화 전략'이 얼마나 단순하고 무모한 방식인지 알 수 있게 된다. 로컬을 이해하면 '글로컬'이라는 문화적 공존의 방식을 자연스럽게 이해하게 되는 까닭이다. '글로컬을 통한 문화적 공존'이 진정한 글로벌이란 뜻이다. 소위 로컬－글로벌－글로컬의 삼위일체기 이렇게 이루어진다.

작금의 문화콘텐츠산업에서 글로컬이 중심 화두임은 의심의 여지가 없다. 글로컬은 문화콘텐츠산업의 측면에서 어떻게 자국의 문화산업을 육성하고 콘텐츠 개발에 노력을 기울여야 하는지에 대한 하나의 이론적 토대가 될 수 있을 것이다. 이는 '글로컬'이란 문자 그대로 글로벌 회사들이 현지화에 대해 진지하게 노력을 해야 하며, 지역 생산자들 역시 자신들의 주어진 상황에서 세계적 요소들을 창의적으로 개발해야 한다는 것과 맞닿아 있다.

이 연구 내용이 문화콘텐츠산업의 전략으로 당장 채택되거나 문화콘텐츠 산업의 환경에 영향을 미칠 만큼 유용할 것이라고 장담할 수는 없다. 하지만 문화코드와 문화콘텐츠의 관계에 대한 본 연구는 국내에서는 매우 드물게 시도된 것으로 특히 문화적 측면과 경제적 측면에서 긍정적 효과를 기대할 수 있다.

문화적 측면의 기대효과로는 첫째, 국가적 분쟁의 원인이 되기도 하는 문화코드의 차이를 분석함으로서 대상 국가를 깊이 이해할 수 있다. 둘째, 문화코드의 분석은 대상국가와 국민을 깊이 이해할 수 있는 계기를 마련하므로, 대상국가와의 수준 높고 심도 있는 문화교류를 이루어 낼 수 있다. 셋째, 문화코드는 상대에 대한 이해와 존중을 전제하는 문화교류를 이루어, 긍정적인 국가 이미지를 전달하는데 도움을 수 있다. 넷째, 궁극적으로는 세계의 문화코드 지도를 만드는 것이 가능하게 되어 글로컬문화콘텐츠에 대한 이해를 심화시킬 수 있을 것으로 기대된다.

경제적 측면의 기대효과로는 첫째, 제작된 콘텐츠들이 보다 적합한 시장에 진출함으로써 투자 효율성을 극대화할 수 있을 것이다. 둘째, 문화콘텐츠 생산 기업의 해외시장마케팅 담당자들에게 전략적인 마케팅을 할 수 있는 근거를 만들어 줄 것이다. 셋째, 향후 다양한 국가 및 콘텐츠의 감성 코드 평가에 있어 표준 방법론으로 자리 잡을 수 있으며, 이를 통한 개인화 감성 콘텐츠 개발 등에 일조할 수 있다. 넷째, 교역 분야 등에서도 긍정적인 외부효과를 확장시킬 수 있을 것이다. 다섯째, 주기적인 국가별 문화코드연구는 문화콘텐츠의 해외 마케팅시 현지화에 대한 가이드라인을 제공할 수 있을 것이다.

하지만 이번 연구 또한 이전의 연구와 마찬가지로 연구대상에 대한 완성된 결과물이라기보다는 후속연구를 위한 밑거름을 놓았다는데 의의를 두고자 한다. 시간의 부족과 연구조건상 중남미 국가들, 프랑스, 독일과 같은 서유럽국가나 여타 동유럽 국가, 그리고 중동지역과 아프리카지역 등을 분석하지 못한 것이 아쉬움으로 남는다.

영화와 음악이 계속 만들어져 국경을 넘고, 우리가 할리우드 영화만이 아닌 유럽영화 혹은 인도나 태국영화 등 다양한 영화를 좀 더 즐기게 되고, 또 우리 영화나 드라마, 음악이 다른 나라 사람들에게도 즐거움을 주는 문화로 수용되는 현상이 지속되는 한 우리의 연구도 지속될 것이다. 사람들이 문화콘텐츠를 만들고 또 즐기는 한, 이에 대한 연구를 지속하는 것은 우리 문화콘텐츠 연구자들의 사명일 수밖에 없다.

참고문헌

1장 문화코드를 활용한 러시아 문화콘텐츠의 이해

강윤희 외(2009),『현대 러시아 문화연구(시민의식과 문화정체성)』, 한울.
기연수(2004),「러시아인의 문화코드와 의사소통 방식」,『슬라브학보』, vol.19, no.1.
김병호(2009),『新 러시아, 러시아인 이야기』, 매경출판.
김현택 외(2008),『붉은 광장의 아이스링크』, 한국외국어대학교 출판부.
김현택(2005),「포스트 소비에트 러시아 문화와 민족정체성」,『슬라브학보』, vol.21, no.2.
라승도(2008),「노스탤지어의 미래 현대 러시아 문화에 나타난 소비에트 과거의 재해석」,『한국노어노문학회 학술대회 자료집』, no.11.
박경환(2003),「호프스테드모형을 이용한 러시아인의 문화인식에 관한 연구」,『러시아어문학 연구논집』, no.13.
박재근(1998),「러시아 대중문화예술에 대한 연구」,『대한무용학회논문집』, no.24
윤성학(2004),『러시아 비지니스』, 아라크네.

이규환(2009), 「러시아의 한류문화韓流文化와 그 미래에 대한 시론적 연구」, 『동북아문화연구』, no.21.

이덕형(2006), 「성스러움의 전복(顚覆): 문화코드로서의 유로지비」, 『노어노문학』, vol.18, no.1.

_____(2009), 『러시아 문화예술의 천년』, 생각의 나무.

이문영(2007), 「포스트 소비에트 시기 러시아 문학장의 변화와 대중문학」, 『슬라브학보』, vol.22, no.3.

_____(2007), 「현대 러시아 영화 산업의 변화와 블록버스터」, 『슬라브학보』, vol.22, no.3.

_____(2008), 「현대 러시아 TV의 구조적·내용적 변화와 드라마」, 『슬라브학보』, vol.23, no.1.

_____(2008), 『현대러시아 사회와 대중문화』, 한울아카데미.

이수연(2007), 「현대러시아 '미드컬트': 현실의 성찰과 미래 전망의 과학소설」, 『노어노문학』, vol.19, no.3.

이혜승(2004), 「러시아의 삶과 문화 속에서 본 예술」, 『국제지역정보』, no.127.

이희원(2009), 「러시아 포스트모더니즘 문학에 나타난 역사의 전복」, 『노어노문학』, vol..21, no.2.

장덕준(2007), 「현대 러시아 정치문화의 탐색」, 『한국정치학회보』, vol.41, no.1.

키리야노프(O.)(2008), 『다시 깨어나는 거인, 러시아』, 김&정.

함영준(2007), 「현대 러시아어 연극의 흐름」, 『한국노어노문학회 학술대회 자료집』.

홍완석 편(2010), 『2010 러시아는 어디로 가는가?』, 한국외국어대학교출판부.

러시아 광고 연구 사이트.

http://www.advertology.ru/article75105.htm (검색일: 2010년 08월 22일).

http://www.advertology.ru/article69209.htm (검색일: 2010년 08월 22일).

http://www.advertology.ru/article81905.htm (검색일: 2010년 08월 22일).
http://www.advertology.ru/article11763.htm (검색일: 2010년 08월 22일).
http://www.advertology.ru/atricle11763.htm (검색일: 2010년 08월 22일).
러시아 여론조사 사이트 ВЦИОМ.
http://old.wciom.ru/novosti/reitingi/doverie-politikam.html (검색일: 2010년 08월 29일)
러시아 여론조사 사이트 ФОМ.
http://bd.fom.ru/pdf/d29sr10.pdf (검색일: 2010년 08월 22일).
세계일보, '세네갈서 '김삼순'이 뜨지 못한 까닭'.
http://www.segye.com/Articles/News/International/Article.asp?aid=20100927000556&ctg1=07&ctg2=00&subctg1=07&subctg2=00&cid=0101040700000 (검색일: 2010년 09월 27일).
주한 러시아 대사관 사이트.
http://rus-moscow.mofat.go.kr/kor/eu/rus-moscow/economy/news/index.jsp (검색일: 2010년 08월 30일).
코트라 사이트 '글로벌윈도우'. http://www.globalwindow.org/
한국콘텐츠 진흥원 사이트 해외산업동향
http://www.kocca.kr/knowledge/trend/abroad/1246110_1232.html (검색일: 2010년 08월 30일).
호프스테드 홈페이지.
http://www.geert-hofstede.com (검색일: 2010년 08월 20일).

2장 영국의 문화코드: 전통과 혁신

김광옥(2003), 『영국 대중문화의 이해』, 미디어 24.
김영준(2006), 「영국 외교정책의 변화와 정치엘리트 집단의 인지적 한계」,

『국제정치논총』, vol.46, no.1.
니스벳(R.)·맥퍼슨(C.B.)(2007), 『에드먼드 버크와 보수주의』, 강정인·김상우 옮김, 문학과 지성사.
박우룡(2005), 『영국, 지역·사회·문화의 이해』, 소나무.
박지향(1997), 『영국사, 보수와 개혁의 드라마』, 까치.
박치완·김성수(2008), 「영국의 다문화성향과 다문화주의」, 『EU연구』, no.23.
____________(2009), 「문화콘텐츠학과 글로컬문화」, 『글로벌문화콘텐츠』, no.2.
브라이슨(B.)(2009), 『빌 브라이슨의 발칙한 영국 산책』, 김지현 옮김, 21세기북스.
이영석(2001), 「신사적 자본주의와 제국」, 『서양사론』, no.69.
______(2002), 「영국 경제의 쇠퇴, 신화와 현실」, 『국제지역연구』, vol.6, no.4.
영화진흥위원회(KOFIC) 해외통신원 리포트, 2010년 06월 04일.
한국문화콘텐츠진흥원(2009), 「2009년 영국콘텐츠산업 동향」, 『동향과 분석』.
한국문화콘텐츠진흥원(2009), 「영국 2009 텔레비전산업보고서」, 『동향과 분석』.
한국문화콘텐츠진흥원 국가심층보고서 2009, 「영국」 편.
현대 VIP 리포트, 2009-17(399호).

Christopher, D.(1999), *British Culture – An Introduction*, Routledge.
Lively, J. & Lively, A. (eds.) (1994), *Democarcy in Britain – A Reader*, Blackwell.
Fox, K.(2004), *Watching the English – The Hidden Rules of English Behaviour*, Hodder & Stroughton.
Hartley, J.(2005) (eds.), *Creative Industry*, Blackwell.
Negrin, R.(1994), *Politics and the Mass Media in Britain*, Routledge.
Oakland, J.(2001), *Contemporary Britain –A Survey with texts*, Routledge.

O'Driscoll, J.(2000), *Britain*, Oxford University Press.

Stokes, J. & Reading, A. (eds.) (1999), *The Media in Britain－Current Debates and Developments*, Macmillan Press LTD.

Britain's Race Relations Problem: Reasons for the Unchanging Racial Divide in the UK, http://www.suite101.com/content/racist-britain-a46681 (검색일: 2010년 10월 1일).

Geert Hofstede™ Cultural Dimensions: United Kingdom, http://www.geert-hofstede.com/hofstede_united_kingdom.shtml (검색일: 2010년 09월 24일).

3장 일본인의 시각에서 재조명한 한류

히라타 유키에(2005),『한국을 소비하는 일본－한류, 여성, 드라마』, 책세상.

小倉紀蔵·小針進(2007),『韓流ハンドブック』, 親書舘.

小倉紀蔵(2005),『韓流インパクトールックコリアと日本の主体化』, 講談社.

小倉紀蔵(2004),『韓国ドラマ、愛の方程式』, ポプラ社.

毛利嘉孝(2004),『日式韓流ー「冬のソナタ」と日韓大衆文化の現在』, せりか書房.

クォン·ヨンソク(2010),『「韓流」と「日流」－文化から読み解く日韓新時代』, 日本放送出版協会(NHK出版).

イ·ヒャンジン(2008),『韓流の社会学－ファンダム, 家族, 異文化交流』, 岩波書店.

イ·ヨンチェ(2010),『韓流がつたえる現代韓国「初恋」からノ·ムヒョンの死まで』, 梨の木舎.

내각부가 발표한 '외교에 관한 여론조사'.
http://www8.cao.go.jp/survey/h21/h21-gaiko/images/z14.gif
(검색일: 2010년 12월 15일).
위키피디아 '무도관'.
http://ko.wikipedia.org/wiki/%EB%AC%B4%EB%8F%84%EA%B4%80 (검색일: 2010년 11월 17일).
위키피디아 '放送衛星'.
http://ja.wikipedia.org/wiki/%E6%94%BE%E9%80%81%E8%A1%9B%E6%98%9F (검색일: 2010년 11월 17일).
위키피디아 '오리콘'.
http://ko.wikipedia.org/wiki/%EC%98%A4%EB%A6%AC%EC%BD%98 (검색일: 2010년 11월 17일).
위키피디아 '일본 레코드 대상'.
http://ko.wikipedia.org/wiki/%EC%9D%BC%EB%B3%B8_%EB%A0%88%EC%BD%94%EB%93%9C_%EB%8C%80%EC%83%81
(검색일: 2010년 12월 13일).
위키피디아 'TBS'. http://ko.wikipedia.org/wiki/TBS
(검색일: 2010년 12월 13일).
위키피디아 '紅白歌合戦'.
http://ja.wikipedia.org/wiki/NHK%E7%B4%85%E7%99%BD%E6%AD%8C%E5%90%88%E6%88%A6 (검색일: 2010년 11월 17일).
한국관광공사가 공개한 출입국 통계 '2004년 10월 세부국가 통계'.
http://korean.visitkorea.or.kr/kor/tt/knowledge_db/tour_statistics/korea_tour_stat/immigration_imcome/content/cms_view_246883.jsp
(검색일: 2010년 11월 17일).

4장 글로컬문화콘텐츠 개발을 위한 인도의 문화코드

가도쿠라 다카시(2007), 『인도레포트』, 이정환 옮김, 넥서스BIZ.

권춘근(2006), 「'Yes, Sir'을 믿지 말고 업무 지시서를 믿어라」, 『친디아저널』, no.2.

김도영(2006), 『내가 만난 인도인』, 산지니.

_____(2007), 『인도인과 인도문화』, 산지니.

김성경(2009), 「해외 영화시장 정보 조사 보고서[인도/스페인]」, 한국영화진흥원.

김승호(2009), 『맛살라 인디아』, 모시는 사람들.

나카지마 다케시(2007), 『인도의 시대』, 이정환 옮김, 북북서.

박홍윤(2009), 『멈추어 인도를 바라보다』, 한국학술정보(주).

백좌흠(2009), 「제15차 인도 총선에서 현 집권당 압승」, 『친디아저널』, no.34.

문철우·김찬완(2005), 『인디아쇼크』, 매일경제출판사.

송정란(2007), 「스토리텔링으로서의 인도신화」. 『인도연구』, vol.12, no.2.

영화진흥위원회(2006-09), 『한국영화 수출 세부 현황』.

이옥순(2006), 『인도에는 카레가 없다』, 책세상.

이주한(2007), 「인도에서는 왜 한류가 시들한가」, 『친디아저널』, no.7.

황해두·표옥연(2007), 「한국 콘텐츠 산업의 친디아 전략」, 『국제지역연구』, vol.11, no.3.

홍석빈, 「젊은 소비 시장 인도, 이제 시작에 불과」, LG Business Insight, no.1096.

Jones, Rodney W. (2006), "India's Strategic Culture", Comparative Strategic Cultures Curriculum, United State.

Pew Research Center project(2007), “World Public Welcome Global Trade - But Not Immigration: 47-Nation”, Pew Global Attitude Research, United State.

Jin, Zhongqi & Chansarkar, Bal, Kondap, N.M.(2006), “Brand origin in an emerging market: perceptions of Indian consumers”, Asia Pacific Journal of Marketing and Logistics, Vol.18, No.4.

영화진흥위원회, 한국영화 역대관객순위.
http://www.kofic.or.kr/cms/65.do (검색일: 2010년 09월 01일).

영화진흥위원회, 한국영화 수출 세부 현황.
http://www.kofic.or.kr/cms/627.do (검색일: 2010년 09월 01일).
Geert Hofsted Homepage. http://www.geert-hofstede.com/
(검색일: 2010년 08월 28일).

IBOS. http://www.ibosnetwork.com/asp/rawalltime.asp
(검색일: 2010년 09월 08일).

Results of the 2009 Indian general election by party.
http://en.wikipedia.org/wiki/Indian_general_election,_2009
(검색일: 2010년 08월 30일).

SINS, 2009, Indian firms witness high attrition rate despite downturn.
http://www.siliconindia.com/shownews/Indian_firms_witness_high_attrition_rate_despite_downturn-nid-62287.html (검색일: 2010년 09월 17일).

5장 한국사회의 문화코드와 문화콘텐츠

구로다 가쓰히로(1983), 『한국인, 당신은 누구인가』, 모음사.

______________(1994), 『좋은 한국인, 나쁜 한국인』, 고려원.

국제한국학회(1998), 『한국문화와 한국인』, 사계절.

김기봉 외(2007), 『29개의 키워드로 읽는 한국문화의 지형도』, 한국출판마케팅연구소.

김미현(2006), 『한국영화사』, 커뮤니케이션북스.

김열규(1997), 『한국의 문화코드 열다섯가지』, 마루.

김영찬 외(2008), 『글로벌 미디어환경의 수용과 문화정체성』, 정보통신정책연구원.

김형인(2008), 「미국과 한국의 문화적 갈등의 근원－문화코드의 비교연구」, 『국제지역연구』, vol.12, no.1.

동아일보(1991), 『한국인 진단』, 동아일보사.

마띠스(J-P.)(1994), 『프랑스인이 본 한국, 한국인』, 문지사.

문화체육관광부(2010), 『2009 콘텐츠산업백서』, 문화체육관광부.

바커(C.)(2009), 『문화연구사전』, 이경숙 · 정영희 옮김, 커뮤니케이션북스.

박노자(2001), 『당신들의 대한민국』, 한겨레출판.

______(2006), 『당신들의 대한민국 2』, 한겨레출판.

박종천(2006), 「영화가 종교를 만났을 때－김기덕의 <봄여름가을겨울 그리고 봄>을 중심으로」, 『종교연구』, no.44, 한국종교학회.

박치완 외(2009), 『글로컬문화콘텐츠, 어떻게 그리고 왜?』, 한국외국어대학교 출판부.

송재룡(2002), 「가족주의와 한국사회의 '삶의 유형'」, 『현상과 인식』, vol.26, no.1/2).

_____(2009), 「한국 사회의 문화구조 특성에 대한 연구－전근대적 문화 습속을 중심으로」, 『담론201』, vol.12, no.3 · 4.

신수진 · 최준식(2004), 『현대한국사회의 이중가치체계』, 집문당.

여동찬(1979), 『외국인이 본 한국과 한국인』, 문리사.

______(1987), 『이방인이 본 한국 한국인』, 중앙일보사.

왕 샤오링(2002), 『왕 샤오링의 한국 리포트』, 가람기획.

엠비씨(2009), 『2010 트렌드 웨이브』, 북하우스.
이규태(2000), 『한국인의 의식구조 1』, 신원문화사.
이어령(2006), 『문화코드』, 문학사상사.
이케하라 마모루, 『맞아죽을 각오를 하고 쓴 한국, 한국인 비판』, 중앙 M&B.
조선일보(2000), 『2000년 한국인 백과사전: 한국인의 일생』, 조선일보사.
주창윤(2010), 『대한민국 컬처코드』, 21세기북스.
최재석(2002), 『한국 초기사회학과 가족의 연구』, 일지사.

OECD(2010), OECD Factbook 2010: Economic, Environmental and Social Statistics.
Clotaire, Rapaille(2007), *The Culture Code*, BroadwayBooks.

6장 문화코드로 읽는 일본의 문화콘텐츠

김용복(2008), 「일본 보수의 장기집권은 왜 가능했나?」, 『시민과세계』, no.13.
김용안(2009), 『키워드로 여는 일본의 響』, 제이앤씨.
김지룡(1998), 『나는 일본 문화가 재미있다』, 명진출판(주).
김태정(1997), 「일본의 음식문화와 풍토」, 『日本研究』, no.11.
바랄(E.)(2002), 『오타쿠 가상 세계의 아이들』, 송지수 옮김, 문학과지성사.
박희숙(2009), 「일본의 생활정치의 과제와 전망」, 『시민사회와 NGO』, no.7.
변연희(2004), 「현대 일본사회의 일본적 집단의식에 관한 연구」, 서강대학교 공공정책대학원 석사학위논문.
스에키 후미이코(2009), 『일본 종교사』, 백승연 옮김, 논형.
오태헌(2007), 「한일 문화콘텐츠 산업의 지원 정책 현황과 특징」, 『日本研究論叢』, no.25.

윤상인 외(2006), 『일본문화의 힘』, 동아시아.
은수진(2007), 「문화 경제적 측면에서 본 오타쿠의 잠재력: 모에시장을 중심으로」, 전북대학교 교육대학원 석사학위논문.
이동규(2003), 「일본 장기불황에 대한 국가론적 연구」, 연세대학교 대학원 석사학위논문.
이상업·정희순(2006), 『일본문화를 키워온 마음 33가지』, 보고사.
이성근(2005). 「日本人의 對人關係에 있어서의 和의 意味」, 『畿甸語文學』, no.17.
임영철(2008), 『일본의 일상세계』, 제이앤씨.
정형(2009), 『일본, 일본인, 일본문화』, (주)다락원.
한일문화연구원(2008), 『현대일본의 문화콘텐츠 21』, 한누리미디어.
황달기(2000), 「일본의 주거형태와 생활문화」, 『일본학연보』, no.9.

本田千代子(2001), 「職業間の系譜と働くことの意味」, 『立正大学社会学社会福祉学論叢』, no.34.
伊丹敬之·加護野忠男·伊藤元重(1993), 『リーディングス日本の企業システム３－人的資源』, 有斐閣.
川島宙次(1973), 『滅び行く民家－屋根·外観』, 主婦と生活社.
厚生労働省労働基準局(2002), 『産業医のための過重労働による健康障害防止マニュアル: 過労死予防の総合対策』, 産業医学振興財団.
三隅二不二(1987), 『働くことの意味: Mowの国際比較研究』, 有斐閣.
野村総合研究所オタク市場予測チーム(2005), 『オタク市場の研究』, 東洋経済.
住田光正(1999), 『日本人の生活』, 建帛社.
丹下智香子(2004), 「宗教性と死に対する態度」, 『心理発達科学』, no.51.
梁瀬度子(2000), 「日本の住生活と文化－住宅の痴呆性と住文化－」, 『영남대학교 생활과학연구소 국제학술 심포지움』.

닛케이 트렌드 홈페이지. http://trendy.nikkeibp.co.jp/as/ranking/
(검색일: 2010년 09월 16일).
KOTRA가 발표한 일본 경제 동향. http://globalwindow.org/
(검색일: 2010년 09월 15일).
『OECD Factbook 2010: Economic, Environmental and Social Statistics』의 인터넷 공개판.
http://www.oecd-ilibrary.org/content/book/factbook-2010-en
(검색일: 2010년 08월 22일).
이숙종,『21세기 일본의 산업경쟁력』, 국민일보, 2000년 12월 22일
http://news.kukinews.com/opinion/view.asp?page=1&gCode=opi&arcid=0917948875&code=1320 (검색일: 2010년 09월 17일).
株式会社ヒューマンメディア가 발표한 日本と世界のコンテンツ市場規模データベース2010의 미디어발표자료.
http://www.humanmedia.co.jp/database/PDF/DB2010_press.pdf
(검색일: 2010년 09월 15일).
호프스테드의 문화적 차원 분류 홈페이지
http://www.geert-hofstede.com/ (검색일: 2010년 08월 21일).

7장 현대중국의 문화코드

강준영·전병곤(2007), 『한권으로 이해하는 중국』, 지영사.
강준영(2004), 『중국의 정체성』, 살림.
강진석(2004), 『중국의 문화코드』, 살림.
공봉진·이강인·조윤경(2010), 『한권으로 읽는 중국문화』, 산지니.
국민호(2007), 『동아시아 발전과 유교 문화』, 전남대학교 출판부.
김경국(2008), 『현대 중국의 사회와 문화』, 전남대학교 출판부.

김성웅(2009), 「중국 《문화산업진흥규획》 발표」, 『방송통신정책』, 정보통신정책연구원.
김익수 외(2005), 『현대 중국의 이해』, 나남출판사.
김하중(2003), 『떠오르는 용, 중국』, 비전과 리더십.
계명대학교여성학연구소(2007), 『여성들의 삶의 관점에서 본 한 중 지역 여성정책』, 계명대학교 출판부.
고산(2009), 「중국소비자의 변화에 따른 마케팅 전략」, 목원대학교 대학원 석사학위논문.
리앙쩐웨이(2009), 『한손에 잡히는 중국』, 한인희 외 옮김, 지영사.
맹번화(1997), 『중국, 축제인가 혼돈인가』, 김태만 외 옮김, 예담.
미쇼(Y.) 외(2003), 『문화란 무엇인가? 1-2』, 강주헌 역, 시공사.
박영환(2004), 『어느 인문학자의 문화로 읽는 중국』, 동아시아.
박병석(2006), 『중국 사회와 문화의 이해(상)』, 현학사.
박용석(2007),『중국 주식투자의 정석』, 위즈덤하우스.
박완호(2009), 『문화로 이해하는 중국 CHINESE CULTURE』, 한국학술정보.
박종한(2003), 「중국에 진출한 한국 기업의 브랜드 네이밍 분석」, 『중국언어연구』, no.17.
변성규(2003), 『중국문화의 이해』, 학문사.
보난자 컨설팅(2005), 『중국인 그들의 마음을 읽다』, 김도연 역, 고즈윈.
배영준(2008), 『차이나 트랜드』, 토네이도.
서병문(2004), 「문화콘텐츠산업은 미래경쟁력이다」, 『사상』, vol.16, no.1.
석령(2010), 「동북아시아에서의 문화콘텐츠 교류방안－한국·중국·일본을 중심으로」, 중부대학교 대학원 석사학위논문.
우수근(2006), 『21세기 한중일 삼국지』, 두리미디어.
윤휘탁(2006), 『신 중화주의』, 푸른역사.
이규갑 외(2006), 『중국 문화 산책』, 학고방.
이벤허(1995), 『중국인의 생활과 문화』, 김영사.

이승영·김석태(2006), 「중국 진출 외국기업의 중국어 네이밍에 관한 연구」, 『무역학회지』, vol.31, no.1.
이응철(2009), 「세계화 시대의 중국 대중문화와 내셔널리즘」, 『한국문화인류학』, vol.42, no.1.
이종민(2007), 『글로벌 차이나』, 산지니.
이중텐(2008), 『이중텐, 중국을 말하다』, 박경숙 역, 은행나무.
인홍저(2003), 「중국 대중문화의 생산과 소비－TV 드라마를 중심으로」, 『중국의 창』, 김수연 역, 예담차이나.
임춘성·왕 샤오밍 편(2009), 『21세기 중국의 문화지도』, 현실문화연구.
장범성(1999), 『현대 중국의 생활문화』, 한림대학교 출판부.
장젠화(2004), 『우리가 몰랐던 또 하나의 중국』, 장인영 역, 넥서스.
정광호(2003), 『중국? 중국!』, 시아출판사.
정부연(2009), 「중국의 주요 콘텐츠 시장 현황 및 진출 전략 분석」, 『방송통신정책』, vol.21, no.4, 정보통신정책연구원.
한국문화콘텐츠진흥원(2007), 『2007하반기 국내외 문화콘텐츠산업동향 및 트렌드』.
한상윤(2009), 「중국의 주택제도」, 『상하이 저널』.
(http://www.shanghaibang.net)

陳思和(1999), 『中國當代文學史教程』, 復旦大學出版社.
恩格斯(1972), “社会主义从空想到科学的发展”, 『马克思恩格斯选集(第3卷)』, 人民出版社,
恩格斯(1965), “1983年6月底·恩格斯對英國 《每日紀事報》 記者的談話”, 馬克思恩格斯選集(第22卷), 人民出版社.
羅金義(2009), 『當代中國80詞』, 匯智出版社.
毛澤東(1986), 中共中央文獻編輯委員會, 『毛澤東著作選讀(下)』, 人民出版社.
項家祥 等(2004), 『小康社會與都市文化建設』, 上海三聯書店.

黎興强(2009), 『對中國住房制度改革的思考』, 經濟研究導刊.

張立文(2009), 「文化60年: 十個融合與五個展望」, 『人民論壇』 總第267期, 人民論壇雜誌社.

王　丹(2004), 「五十五年文化歷程過眼」, 『人民日報』 2004년 09월 25일 [http://www.people.com.cn].

「한국콘텐츠진흥원, 2010년 중국이 세계 2위 문화콘텐츠 산업 강국 될 것」, 재경일보, 2009년 12월 10일.
http://news.jkn.co.kr/article/news/20091211/4346764.htm
(검색일: 2010년 08월 23일).

「중국 국가·개인에 대한 자신감 가장 높아」, 조선일보, 2005년 11월 16일, http://www.chosun.com/international/news/200511/200511160233.html
(검색일: 2010년 08월 23일).

「여전히 먼 '중국의 종교자유'」, 경향신문, 2009년 12월 21일, http://news.khan.co.kr/kh_news/khan_art_view.html?artid=200912211808035&code=990334 (검색일: 2010년 08월 30일).

「TGS 2010 세계는 '중국' 게임 시장을 어떻게 보고 있는가?」, ⓒ게임동아 & GameDonga.co.kr, 2010년 09월 16일
http://www.itroad.org/bbs/?document_srl=21598
(검색일: 2010년 09월 02일).

「中도 '자기책임 아래 직업선택」, 문화일보, 2006년 04월 04일, http://news.naver.com/main/read.nhn?mode=LSD&mid=sec&sid1=104&oid=021&aid=0000145104 (검색일: 2010년 09월 02일).

「2009년 중국 디지털 음악 규모 4억 5000만 위안」, 北京商報, 2008년 12월 31일, (검색일: 2010년 08월 30일).

「중국인의 금전관」, 중국신문, 2005년 11월 30일, http://wenku.baidu.com
(검색일: 2010년 09월 01일).

8장 미국과 한국의 문화적 갈등의 근원 – 문화코드의 비교연구

김형인(2002), 「가치차원에서 본 미국인의 문화코드－과거와 현재의 행동양식」, 『북미연구』, no.8.

______(2008), 『미국의 정체성: 10가지 코드로 미국을 말한다』 7쇄[2003], 살림.

______(2006), 「미국의 다문화 정책과 교훈」, 『국회도서관보』, vol.43, no.5.

나인호(2002), 「'미국'과 '미국적인 것'에 대한 독일인들의 인식」, 『미국사연구』, no.16.

바이스(J.)(2002), 『미국식 사회모델』, 동문선..

소르망(G.)(2004), 『Made in USA, 미국 문명에 대한 새로운 시선』, 문학세계사.

앨턴(G.)(1998), 『미국문화와 생활』, 동인.

이보형 외(1986), 『미국인의 생활과 실용주의』, 민음사.

호프스테드(G.)(1995), 『세계문화와 조직』, 학지사.

Billington, Ray Allen(1973), *Frederick Jackson Turner: Historian, Scholar, Teacher*, Oxford Univ. Press.

Breen, Thomas(2005), *The Koreans: Who They Are, What They Want, Where their Future Lies*, Thomas Dune Books [1998].

Clark, Donald N.(2000), *Culture and Customs of Korea*. Greenwood Press.

Diller, Jerry V.(2009), *Cultural Diversity: A Primer for the Human Services*. Wadsworth Publishing Co.

Gannon, Martin J.(2001), *Understanding Global Cultures: Metaphorical Journeys Through 23 Nations*., Sage Publishing, Inc.

Hall, Edward T.(1976), *Beyond Culture*. Garden City, Doubleday.

Hall, Edward T. & Mildred Reed(1990), *Understanding Cultural Differences: Germans, French and Americans*, Intercultural Press.

Hofstede, Geert(1980), *Culture's Consequence: International Difference in Work-Related Values*. Sage.

____________(1991), *Cultures and Organizations: Software of the Mind: Intercultural Cooperation and its Importance for Survival*, McGraw-Hill.

____________(2001), *Culture's Consequence: Comparing Values, Behaviors, Institutions, and Organizations Across Nations*. 2nd. Ed., Sage Publication.

Jandt, Fred E.(1995), *Intercultural Communication: An Introduction*, Sage Publication.

Kim, Hyong-In(2004), "Ten Cultural Values of the U.S. Communication, Behavior, and Historical Perspectives," *International Area Review* 7, 1, Spring.

Kim, Suk-hyon(2003), "Korean Cultural Codes and Communication," *International Area Review* vol.6, no.1, Spring.

Singer, Marshall(1998), *Perception & Identity in Intercultural Communication*, Intercultural Press [1995].

Samovar, Larry A. & Porter, Richard N.(1995), *Communication Between Cultures*. Wadsworth Publishing Co.

________________________________.(1989), *Communication Styles of Japanese and Americans*, Wadsworth.

Wanning, Esther(1998), *Culture Shock! A Guide to Customs and Etiquette*. Graphic Arts Publishing Center.

U.S. Census Bureau, *U.S. Census 2001*.

9장 EU의 문화코드와 문화정책

강원택·조홍식(2009), 『하나의 유럽: 유럽연합의 역사와 정책』, 푸른길.

김성진(2007), 「유럽연합의 교육프로그램에 대한 소고」, 『사회과학연구』, no.13.

김시홍 외(2006), 『유럽연합의 이해』, 높이깊이.

노명환(2001), 『역사와 문화의 차원에서 본 유럽통합의 제문제』, 한국외대출판부.

박성훈 외(2008), 『EU 문화정책의 유럽통합에 대한 파급효과와 동아시아 통합에 대한 시사점: 유럽문화수도 프로그램의 사례연구를 중심으로』, 대외경제정책연구원.

오정은(2008), 「EU집행위원회의 볼로냐 프로세스 참여」, 『유럽연구』, no.26.

라라인(J.)(2009), 『이데올로기와 문화정체성: 모더니티와 제3세계의 현존』, 김범춘 외 옮김, 모티브북.

Banús, Enrique(2002), "Cultural Policy in the EU and the European Identity", *European Integration in the 21st century: Unity in Diversity?*, SAGE Publications.

Blair, Alasdair(2010), *The European Union since 1945*, Longman.

Bulmer, Simone(1994), *History and Institutions of the EU in the economics of the European Union*, edited by M.J. Artis and Lee, Oxford Univ. Press.

Clemens, G. & Krüger, P. & Clemens, G. B.(2001), *Nation und Europa: Studien zum internationalen Staatensystem im 19. und 20. Jahrhundert*, Stuttgart: Franz Steiner Verlag.

Cogliandro, GiannaLia(2001), *European Cities of Culture for the Year*

2000: A wealth of urban cultures for celebrating the turn of the century, AECC/AVEC.

El-Agraa, Ali M.(2004), *The European Union: Economics & Politics*, Prentice Hall.

European Commission(2004), *Report on the implementation of the Community programmes Kaleidoscope*, Ariane and Raphael, EUR-OP.

__________________(2006), *The Economy of Culture in Europe*, EUR-OP.

__________________(2009), *The Culture Programme: Culture in Motion 2007-2013*, EUR-OP.

Flew, Terry(2010), *Toward a Cultural Economic Geography of Creative Industries and Urban Development*, Taylor & Francis Group.

Follesdal, A & Hix, S.(2005), *Why There is a Democratic Deficit in the EU*, European Governance Papers(EUROGOV).

Fontaine, Pascal(2006), *Europe in 12 lessons*, EUR-OP.

Guerrina, Roberta(2002), *Europe: history·idea·ideologies*, Arnold.

Hall, S.(1990), "Cultural Identity and Diaspora", in J. Rutherford (ed.), *Identity, Community, Culture, Difference*, Lawrence & Wishart.

Hooghe et al., Liesbet(1996), *Cohesion Policy and European Intergration: Building Multi-Level Governance*, Oxford University Press.

Hubert, Ertl(2003), "The European Union And Education And Training: An Overview of Policies And Initiatives", *Implementing European Union Education And Training Policy*, Kluwer Academic publishers.

Montero, Carlos Closa(2010), "Differentiated Integration and Flexibility in the EU under the Lisbon Treaty: challenges for the Trio Presidency", *Think Global Act European II*, Notre Europe.

Palmer/Rae Associates(2004), *European Cities and Capitals of Culture I*, Palmer-Rae Associates.

Rosted, Jørgen & Bjerre, Markus & Ebdrup, Thomas(2010), *New Cluster Concepts Activities in Creative Industries*, FORA.
Ruiz, Jordi Pascual i & Dragojević, Sanjin(2007), *Guide to Citizen Participation in Local Cultural Policy Development for European Cities*, European Cultural Foundation.
Wallace, H & Wallace, W & Pollack, M(2005), *Policy-Making in the European Union*, Oxford University Press.

10장 글로벌시대의 문화, 어떻게 해석해야 할 것인가?

김성수(2010), 「글로컬적 관점에서 본 한류에 대한 재평가」, 『인문콘텐츠』 no.18.
데 블레이(H.)(2007), 『분노의 지리학: 공간으로 읽는 21세기 세계사』, 유나영 옮김, 천지인.
레비-스토로스(C.)(1998), 『슬픈 열대』, 박옥줄 옮김, 한길사.
립셋(S. M.)(2006), 『미국 예외주의－미국에는 왜 사회주의 정당이 없는가』, 문지영, 강정인, 하정복 옮김, 후마니타스.
맥루한(M.)·파워스(B. R.)(2005), 『지구촌』, 박기순 옮김, 커뮤니케이션북스.
문시연(2001), 「프랑스의 "문화적 예외"에 관한 연구」, 『프랑스문화예술연구』, no.5.
바르트(R.)(2008), 『기호의 제국』, 김주환·한은경 옮김, 산책자.
바커(Ch.)(2009), 『문화연구사전』, 이경숙·정영희 옮김, 커뮤니케이션북스.
박재복(2005), 『한류, 글로벌시대의 문화경쟁력』, 삼성경제연구소.
박치완(2009), 「(문화－)세계화: 동일성의 폭력인가, 차이의 배려인가?」, 『이문논총』, no.29.
박치완·김성수·조소연 외(2009), 『글로컬문화콘텐츠, 어떻게 그리고 왜?』,

한국외국어대학교 출판부.
버거(P. L.)·헌팅턴(S. P.)(2005), 『진화하는 세계화』, 김한영 옮김, 아이필드.
보드리야르(J.)(2002), 『소비의 사회』, 이상률 옮김, 문예출판사.
브뤼크네르(P.)(2003), 『번영의 비참』, 이창실 옮김, 동문선.
뺄리옹(D.)(2006), 『신자본주의』, 서익진 역, 경남대출판부.
색스(J.)(2010), 『차이의 존중』, 임재서 옮김, 말·글빛냄.
최연구(2006), 『문화콘텐츠란 무엇인가』, 살림.
톰린슨(J.)(2004), 『세계화와 문화』, 김승현·정영희 공역, 나남출판.
페로(M.)(2003), 「우리를 불편하게 하는 세계화」, 『프리바토피아를 넘어서』, 최연구 옮김, 백의.
프리드먼(J.)(2009), 『지구화 시대의 문화정체성』, 오창현·차은정 옮김, 당대.
하비(D.)(2009), 『포스트모더니티의 조건』, 구동회·박영민 옮김, 한울.
호프스테드(G.)(1995), 『세계의 문화와 조직』, 차재호·나은영 역, 학지사.

Antonioli, M.(2007), "Reterritorialisation et obsession sécuritaire dans la mondialisation", *L'Homme et la société*, no. 165~166.
Burke, P.(2009), *Cultural Hybrididty*, Cambridge: Polity Press, 2009.
Deleuze, G. & Guattari, F.(1972), *L'Anti-Oedipe-Capitalisme et schizophrénie*, Minuit, coll. ≪Critique≫.
Friedman, Th. L.(2005), *The World is Flat*, Farrar, Straus and Giroux, 2005.
Lahire, B.(2004), *La culture des individus. Dissonances culturelles et distinction de soi*, Paris: La Découverte.
Levinas, E.(1974), *Totalité et Infini: essai de l'extériorité*, Nijhoff.
McGrew, A.(1992), "A Global Society?", S. Hall, D. Held and A. McGrew(eds), *Modernity and its Futures*, Cambridge: Polity Press.
Montero, C. Cl.(2010), "Differentiated Integration and Flexibility in the EU

under the Lisbon Treaty: challenges for the Trio Presidency", *Think Global Act European II*, Milan: Notre Europe.

Passet, R.(2000), *L'illusion néolibérale*, Fayard.

________(2001), *Eloge du mondialisme par un anti-présumé*, Fayard.

Pinder, J. & Usherwood, S.(2007), *The European Union: A Very Short Introduction*, Oxford University Press.

Rapaille, Cl.(2006), *The Culture Code*, New York: Broadwa Books.

Warnier, J.-P.(2004), *La mondialisation de la culture*, coll. ≪Repères≫, La Découverte, 3e éd.

Wilkinson, B. & Morris, J. & Oliver, N.(1992), "Japanizing the World: the Case of Toyota", J. Marceau(ed.) *Reworking the World*, Berlin: De Gruyter.

키워드

글로컬(glocal): 글로벌(global)과 로컬(local)의 합성어로 세계적인 것과 지역적인 것을 동시에 함축하고 있다는 의미의 용어. "세계적으로 생각하고 지역적으로 행동하라(Think Global, Act Local)"는 스코틀랜드 도시계획자 패트릭 게디스(Patrick Geddes)의 『진화하는 도시들 Cities in Evolution』(1915)에서 유래된 것으로 알려져 있다. 예전에는 '글로벌-로컬'이라는 표현으로 많이 사용되었으며, 최근에는 '글로컬'로 사용되고 있다.

글로컬라이제이션(glocalisation): '글로컬'의 측면에서, 국제적인 어떤 것의 토착화 혹은 세계의 지역화로 이해될 수 있는 용어이다. 실제적으로는 '국제적 회사의 상품이나 전략이 지역에 맞도록 어떻게 변모하고 적응하느냐'라는 면과 '지역적인 것이 세계성을 갖도록 어떻게 변모되고 맞추어지느냐'라는 면, 두 가지 모두가 용해되어 있는 것으로 보통 받아들여진다.

기능주의적 통합방식: 1950년대 이후 현재까지 진행되어온 유럽통합의 지배적 방식이다. 기능주의는 유럽통합이라는 측면에서 연방주의와 동일

한 목표를 가지고 있지만 그것의 실현에 있어서 실용주의적인 접근방법을 취했다. 모네(J. Monnet)를 비롯한 통합의 주도 세력은 정치적인 목적 달성의 시발점으로서 경제협력의 필요성을 자각하고 '파급효과(spillover)'를 통한 점진적인 통합방식을 추진하였다. 이는 1990년대 이후 초국가주의(Supranationalism)의 배경이 된다.

내각부(内閣府): 일본의 행정기관이다. 내각의 기능을 강화하는 관점에서, 내각을 도와 중요 정책의 기획 및 입안·조정 등 내각총리가 담당하는 행정 사무를 처리하는 일을 담당하고 있다. 개편 이전의 총리부, 경제기획청, 오키나와 개발청의 업무를 주로 맡고 있지만, 구 총무청이나 과학기술청, 국토청의 업무도 계승하고 있다. 법률상으로는 각 성청보다 높은 위치에 있어 우수한 인재를 내각부 소속으로 하는 것은 물론, 관민 쌍방에서 채용하는 것을 지향하고 있다. 인사면에서는 내각관방 및 총리관저와의 관계가 강하다. 내각부의 장(주임대신)은 내각총리대신이라고 하지만, 내각총리대신은 내각부에 특명담당대신을 둘 수가 있다.

다문화주의(multi-culturalism): 단일 민족 혹은 국가들이 가지고 있던 문화를 서로 인정하고 교류하자는 측면에서 여러 문화를 존중하고자 하는 이론이다. 여성문화, 소수파문화, 비서양문화 등 여러 유형의 주변적 문화를 사회의 일부로 수용하자는 이론이기도 하다. 국가 내 적으로는 다양한 인종과 민족이 함께 공생할 수 있도록 하자는 주의 주장으로 이해되곤 한다. 급속하게 다양한 방식으로 세계화되는 현대 사회에서 여러 이문화를 이해하고 문화의 다양성을 관리하기 위해 이문화 간의 상호 존중과 문화 차이에 대한 똘레랑스를 중시하는 경향이 강하다.

다양성 속의 조화(United in Diversity): 유럽연합이 표방하고 있는 모토로서 공식홈페이지 등을 통해 명시화되고 있다. 유럽연합은 현재 제각기 다른 문화적 배경을 보유하고 있는 27개 국가들을 아우르는 통합체인 만큼, 통합의 추진력을 확보하기 위해 각 회원국의 다양한 특성을 존중하고 서로 간의 차이를 인정함으로써 상호 이해를 도모하고 이를 바탕으로 유럽통합 차원에서 연대감을 확보하도록 하고 있다.

다차(дача): 다차는 일종의 주거양식으로서 '주다(дать)'라는 동사에서 파생되었다. 고대 러시아어에 존재했던 이 단어가 오늘날의 의미와 비슷하게 쓰이게 된 것은 18세기 초에 와서다. 다차는 소비에트 시대에는 중요한 식량공급원이 되기도 했던 장소로 현대에는 주로 여름철 도시의 번잡한 생활을 피해 휴식과 여가를 즐길 수 있는 러시아 특유의 생활공간으로 이해된다. 코티지(коттедж)는 모스크바나 페테르부르크 등 대도시 근교를 중심으로 자본주의 물결을 타고 새롭게 생겨나고 있는 새로운 다차 유형이다. 매우 고급스럽고 호화로워 보통 러시아의 재벌들이 소유하고 있다.

대영제국(British Empire): 17세기 이후, 영국 본토, 각 대륙의 영국 식민지와 보호령 및 속령을 통틀어 이르던 말이다. 1931년까지 영국을 지칭하는 용어로 사용되었으며, '해가 지지 않는 나라'라는 별칭을 영국인들 스스로가 붙여 국가의 위대성을 세계에 선전하기도 했다. 제국의 수장은 영국의 군주였으며, 대영제국에 속한 여러 국가들은 영국 본토 정부의 통치를 받았다.

마스트리히트조약(Treaty of Maastricht): '유럽연합조약'이라고 불리기도 한다. 1991년 12월 네덜란드의 마스트리히트에서 개최된 유럽이사회에서 기초가 마련되었으며, 1993년 11월 1일자로 발효되어 1995년 1월 1일자로 유럽연합을 성립시킨다. 과거 진행되어 왔던 부문별 통합에서 한 걸음 나아가 유럽의 정치 및 경제 통합 추진에 새로운 장을 열면서 통합의 커다란 전환점을 만들었다는 중요한 의의를 지닌다. 유럽중앙은행의 창설과 단일통화의 사용 등 경제통화동맹 추진 내용과 더불어 외교 및 안보, 유럽의회의 권한 확대, 내무 및 사법협력, 역내 낙후국에 대한 재정지원 확대 등 정치적 통합에 관한 추진 내용이 포함되어 있다.

맛살라 영화: 맛살라는 인도어로 양념을 의미한다. 음식에 감칠맛을 내기 위해 양념을 넣는 것처럼 내용 전개 중간에 노래와 춤을 넣어 흥을 돋우는 것이 맛살라 영화의 특징이다. 3-4시간이나 되는 상영시간과 화려하고 멋진 장면, 대부분의 결말이 해피엔딩도 맛살라 영화만이 가지고 있는 또 다른 특징이다. 여가 생활 시설이 부족한 인도에서 영화는 남녀노소와 빈부의 격차를 막론하고 모두가 즐길 수 있는 최고의 스트레스 해소 수단이다. 맛살라 영화는 단순한 영화의 개념을 넘어선 인도의 국민오락이자 인도 문화콘텐츠를 대표하는 장르이다.

메트로섹슈얼(metro sexual): 패션이나 헤어스타일 가꾸는 것에 대해 관심을 가지며 내면의 여성성을 긍정적으로 즐기는 현대남성을 뜻한다. 이들은 남성미와 함께 여성적 취향의 아름다움을 동시에 추구하며 '예쁜' 얼굴에, 운동으로 다져진 탄탄한 몸을 가졌으며 주로 경제력 있는 20~40대이다. 1994년 영국의 문화비평가 마크 심슨이 한 일간지 칼럼에서 여성적 취향의 남성들을 '메트로섹슈얼'로 표현한 것이 시초이다. 1994년 11월15일자 <인디펜던트>에서 마크 심슨은 남자들의 새로운 변화를 언급하며 메트로섹슈얼이란 단어를 썼다. 그리고 그 단어는 <옵 저버>, <헤롤드>, <맥클린> 등을 통해 일파 만파 퍼져서, 스타일에 남다른 관심을 가진 남자들을 지칭하는 용어로 자리 잡았다. 최근 영국의 축구스타 데이비드 베컴이 대표적인 메트로섹슈얼로 부상하고 있는데, 고급쇼핑을 즐기면서 명예보다는 가족과 우정을 우선시하며, 피부관리와 액세서리에 대한 여성적 관심을 즐기는 신세대 남성상이다.

문화적 할인(cultural discount): 한 문화권의 문화상품이 다른 문화권으로 진입하였을 때 문화적 차이로 인하여 어느 정도 가치가 떨어지는 현상을 문화적 할인이라고 하며, 그 할인되는 비율을 문화할인율(文化割引率, cultural discount rate)이라고 한다.

문화코드(culture code): 문화코드란 자신이 속한 문화를 통해 어떤 대상에 부여되는 무의식적인 의미라고 정의된다. 문화적 무의식에는 독자적인 정신적 경향이 있는데, 문화가 다르면 코드도 다르다. 그러므로 코드를 분석한다는 것은 문화권 마다 사람들 각각의 행동과 삶의 방식이 어떻게 다른지 이해하는 데 도움을 준다.

문화혼종화(cultural hybridization): 혼종성 문제의 가장 기본적 구성요소는 단순 혼합 요소인 얽힘, 섞임, 융해다. 계속적으로 증가하는 문화들 사이의 교류에 의해서 야기된 서로 다른 영토·지역 문화의 뒤섞임이다. 또한 초문화화－문화 간에 쌍방향적으로 빌려주고 빌리는－의 지속적 과정으로 인해, 어떤 순수성의 지대도 갖고 있지 않는 모든 인간 문화의 진행 중인 조건으로 이해될 수 있다.

바냐(баня): 러시아의 전통적인 목욕시설로 일종의 러시아식 습식 사우나라고 할 수 있다. 달군 돌에 물을 부어 증기를 낸다. 바냐는 러시아에서 단순한 목욕탕을 넘어 사교공간이자 치유의 공간으로 사용되었다. 일반적으로 바냐 안에서는 자작나무 가지로 몸을 때리는 모습을 볼 수 있는데, 이는 피부를 자극함으로써 몸의 나쁜 기운을 빼기 위함이다. 사우나, 냉탕, 마사지 등의 시설을 갖춘 현대식 바냐도 등장하고 있다.

보수를 위한 개혁: 영국의 근대 보수주의 창시자로 추앙받고 있는 에드문드 버크(E. Burke)가 강조한 용어. 버크는 세대 간의 연결을 매우 중요하게 생각했는데, 급진적인 변화는 피하고 서서히 계속 이어지는 발전적 방향으로 변화를 꾀해야 한다고 주장했다.

비교문화: 서로 다른 국가의 국민, 지역의 지역민의 습관들, 사고방식들, 삶들을 비교하여 차이점, 유사점, 융합점 등을 찾아 연구하는 것을 말한다. 주로 문화인류학이나 역사학적 측면에서 연구가 행해져 왔으며, 최근에는 대중문화 분야에서도 행해지고 있다.

사회주의: 사상적인 관점에서 자본주의의 경제적 원리인 개인주의를 공동체주의적인 사회주의로 대치하여 사회를 개조하려는 사상 또는 운동이다. 이를 위해 경제적인 측면에서 공산주의를 받아들이는 경우가 많았으나 현재는 사회주의와 자본주의가 자유롭게 혼합되고 있다. 영국의 오언이나 프랑스의 생시몽 등의 공상적 사회주의가 현대 사회주의의 원류며, 19세기 중엽에서 20세기 중반 정도까지는 '사회주의'와 '공산주의'가 유사 개념으로 사용되기도 했다. 마르크스(K. Marx)가 영국 자본주의의 문제점을 비판하며 자신이 주창한 혁명적 사회주의를 '공산주의'라고 명

명했기 때문이다.

서브컬쳐(subculture): 사회적 엘리트에게는 그들 나름의 문화가 있고, 노동자에게는 노동자 특유의 문화가 있게 마련이다. 보통 한 사회의 전반적이고 지배적인 문화와 별도로, 소집단만이 지니고 있는 문화를 서브컬쳐(하위문화)라고 부른다. 미국의 사회학·문화인류학계에서 먼저 쓰이기 시작한 이 용어는 한 사회에서 정통적·전통적인 위상을 지닌 문화에 반대하여 새로운 생활양식과 세계관을 추구하는 문화를 지칭하고 있다. 보통 사회의 일부 집단에 한정되어 있으며 일정한 위상을 가지고 있는 경우가 많다. 문맥상으로는 첫째, 사회의 지배적 문화로부터 일탈한 문화의 형태로서 언어, 종교, 가치관 등을 포함하고, 사회학 분야에서 주류 문화와의 상대개념으로서 이용된다. 둘째, 회화나 순문학, 클래식 음악 등의 하이컬쳐와 대비되어 주로 마이너하고 취미성이 강한 문화를 지칭한다. 셋째, 만화, 애니메이션, 컴퓨터 게임, 특촬물, 피규어 등 일본에서 본격적으로 발달한 오타쿠 문화를 지칭하기도 한다.

세계화: 흔히 '글로벌라이제이션(globalisation)'이라고도 쓰이는 이 단어는 본래 그동안 지역화 되어있던 각 지역·국가들이 전 세계적으로 서로 밀접한 관계를 갖게 되어가는 과정을 총칭하려는 말이다. 그러나 일반적으로 시사-학술적 맥락에서는 경제적인 면에서의 세계단일화(mondialisation)로 이해되며, 신자유주의적 맥락에서의 세계 자본논리화라는 의미로 보통 사용된다. 상당수의 학자들-현재의 세계화 형태에 반대하는-은 세계의 미국화와 유사한 의미로 사용한다. 한편, 국내에서는 흔히 세계적인 경쟁력을 갖추게 함이란 의미를 가진 국제화의 다른 표현으로 쓰는 경향이 있다.

소비에트 노스탤지어: 페레스트로이카 이후 사회주의에서 자본주의로 넘어가면서 생긴 상실감을 소비에트 시절의 역사적 사건, 정치적 구호, 상징적 기호나 전통적 가치, 영웅적 행위나 대중적 인물 등의 재구성을 통해 극복하려는 움직임이다. TV 영화와 문학, 영화 등 현대 러시아 문화 전반에서 일어나고 있는 흐름이다. 한편 슬라브 판타지(славянский фэнтэзи)는 소비에트 노스텔지어의 하위 장르로, 구체적으로는 슬라브의 민속적 소재에 기초해 러시아 이교 중세를 배경으로 한 장르를 통칭한다.

소비에트 민족주의 블록버스터: 러시아 영화에서 '소비에트 노스탤지어'와 '산업화'의 흐름이 만나 헐리우드 형식에 러시아적인 내용을 담은 스타일의 영화를 일컫는다. 대표적인 작품으로는 티무르 베크맘베토브 감독의 <나이트 워치>(2004)가 있다.

신자유주의(new liberalism): 신자유주의는 과거 애덤 스미스의 고전 자유주의(classical liberalism)와 맥을 같이하는 자유방임적경제주의의 새로운 버전이다. (경제) 세계화의 실질적인 이념적 원동력으로 간주되기도 한다. 1980년대 대처－레이건의 경제마인드에서 비롯되었으며, 다른 나라와의 관세나 무역장벽을 철폐하고 자유로운 경제활동을 추구함에 의해 국가, 더 나아가 세계 모두가 부강하게 될 수 있다고 믿는 이념이다.

실용주의(pragmatism): 일반적으로는 이론적인 면보다 실용적인 면을 더 중시여기는 형태의 이념으로 이해된다. 미국의 국가 이념 중 하나로도 유명한 실용주의는 이런 맥락에서는 권위주의나 명분주의에 반대되는 개념이 된다. 철학적인 면에서의 실용주의도 보통 생활과 상식의 철학이라고 말해지곤 하는데, 지식은 경험에 의해 만들어져 계속 변화하는 것이라

보는 면에서 경험주의이며, 진리를 생활 유용성의 검증에 의해 결정하므로 공리주의이며, 지식이나 진리보다는 행동을 더 중시하는 까닭에 반주지주의이기 때문이다.

영국의 전통주의(British traditionalism): 과거로부터 전해 내려오는 문화의 정신 및 양식을 존중하고 지키고자 하는 영국의 보수적인 경향을 통칭하는 말이다. 전통주의와 영국이 쉽게 연결되는 면은 영국이 아직도 왕정과 귀족 신분제 전통을 공고하게 유지하고 있다는 사실에 힘입고 있다.

오타쿠: 일본어의 '집'에서 유래된 말로, 한 분야에 열중하는 '마니아'를 넘어 무언가에 대해 편집증적으로 몰두해있는 사람을 지칭하는 말이다. 오타쿠학의 대가로 불리는 오카다 토시오는 그의 저서『오타쿠학입문』에서 오타쿠에 대한 정의를 다음과 같이 내리고 있다. 첫째, 오타쿠는 영상의 세기인 20세기에 태어난 새로운 타입의 인종이다. 둘째, 오타쿠는 고도의 백과사전적 능력을 가진 인간들이다. 어떤 특정 장르에 얽매이지 않고 관련 장르를 자유롭게 넘나들며, 관련 장르에 있어서 일정 이상의 수준을 갖고 있다. 셋째, 그들은 질리지 않는 향상심과 자기 욕구를 가진 자들로 동인지를 만들고 인터넷 사이트를 개설하고 있다.

올리가르히(олигархи): 'олигарх'의 복수 형태로 사전 상의 의미는 '과두 정치의 집정자', '착취자, 압박자'의 뜻을 가지고 있다. 현재는 경제 개방 이후 생겨났던 '신 러시아인(Новый Русский)' 중에서도 특히 많은 부를 축적한 억만장자를 지칭하는 말로 쓰인다. 러시아의 올리가르히는 다른 나라의 억만장자와는 다르게 평균 40대 중반의 나이에, 자수성가형보다는 시장개혁에 맞추어 벼락부자가 되었다는 특징을 지닌다.

유럽시민권(European citizenship): 1992년 마스트리히트조약의 체결로 도입된 것으로 유럽연합 회원국 소속 시민의 권리와 의무를 총괄하는 법적 조건을 의미한다. 회원국의 국적을 보유한 사람은 자동적으로 유럽 시민권을 부여 받게 된다. 유럽연합 내 어디로든 이주해서 일하고 살 수 있는 자유, 거주국에서 지방선거와 유럽의회 선거에 출마하고 선거에 참여할 권리, 유럽연합 밖에서 자국의 외교 및 영사업무가 존재하지 않을 경우 유럽연합 및 기타 유럽연합 회원국으로부터 보호받을 권리, 그리고 옴부즈만을 통한 청원권 등을 가진다. 유럽시민권은 개별 국가의 시민권을 대체한 것은 아니며, 회원국의 시민권에 부여된 권한이다.

유로화(Euro): 유럽연합의 단일화폐 명칭으로서 1999년부터 사용되기 시작하였다. 이때는 화폐 실물은 없이 금융거래만 이루어지다가 2002년 1월1일부터 화폐의 형태로 발행되었다. 2010년 현재 유럽연합 27개 회원국 중 영국과 덴마크 등 11개국을 제외한 16개 국가가 유로화를 자국의 화폐로 도입해 사용하고 있다. 유럽연합 내에서 유로화를 국가 통화로 도입해 사용하는 지역을 통틀어 '유로존(Eurozone)'이라 부르기도 한다.

이문화(異文化): 자신의 속해 있단 집단 문화 이외의 '다른 타(他)문화'를 총칭하는 말이다. 같은 권역 내의 다른 문화를, 권역 밖의 다른 문화를 지칭할 수도 있다.

이문화(異文化) 교류: 지구촌 시대인 최근에는'이문화 교류' 혹은'이문화 커뮤니케이션'의 중요성이 대두되고 있다. 우리와 다른 나라 및 지역의 특성·전통과 관습·언어와 몸짓을 이해하자는 것이다. 교류를 바탕으로 한 이문화 이해가 있어야만 문화 간의 호혜평등한 소통이 가능할 수 있다고 보는 것이다. 문화코드 연구도 이러한 취지에 닿아있다.

인도의 생활종교: 인도의 다양한 종교는 인도 내에서 발생된 것뿐만 아니라 외국에서 유입된 것도 있다. 힌두교는 가장 많은 사람이 믿는 만큼(인구의 약 80%) 인도 사회에 미치는 영향이 가장 큰 종교이다. 힌두교는 특유의 포용성으로 이슬람, 불교, 기독교 등의 여러 종교에 비해 압도적인 교세를 펼칠 수 있었다. 힌두교 명절인 디왈리는 인도의 가장 큰 명절로, 종교를 불문하고 인도인들 모두가 즐기는 축제다. 한편 다른 종교들도 신앙보다는 일상생활에 융화되어 인도화(化)된 종교로서 특징을 띠고 있다. 결혼과 성인식, 먹고 입고 자는 것 등의 모든 생활에 영향을 주는 '인도의 종교는 하나의 생활'로 받아들여지고 있다.

인도의 실용적 구매: 물품 구매 시 가격과 품질을 함께 신중하게 고려하는 인도인의 소비 형태를 지칭하는 말이다. 여러 자료에 따르면 인도인들은 가격에 매우 민감하며 품질과 사후관리를 꼼꼼히 따진다고 한다. 현재 인도의 신흥 구매층인 중산층의 소비 성향은 다소 사치스럽고 과시적이다. 인도 전체 인구의 절반 이상을 차지하고 있는 평범한 일반 서민들은 충동구매를 하지 않으며 한 번 구매한 물건은 쉽게 버리지 않고 오래 사용하는 특성을 보이고 있다. 반면 구매처는 자주 바꾸는 성향을 가지고 있어서, 충성 고객을 만들기 힘들다는 특징이 있다.

인도의 지속적 민주주의와 서민구제: 인도의 정치문화 코드로 지칭할 수 있는 말. '지속적 민주주의'는 1945년 독립 이후 현재까지 독재군사정권 없이 민주주의 정치체계를 꾸준히 유지해온 인도 민주주의의 안정성을 나타내며, '서민구제'는 현 인도집권당인 국민회의당의 정치성향을 대표하고 있다. 2009년 총선에서 국민회의당은 당시 선거 슬로건인 "보통 사람들을 구제하자(saving common people)"를 내세우며 압도적인 지지로 승리를 거두었다. 이 슬로건은 인도의 빠른 경제성장과 더불어 경제수익의 공정한 분배를 이루겠다는 국민회의당의 의지를 담고 있는 것으로 중도좌파의 정치성향을 나타낸다.

인도의 집단적 개인주의: 인도인들의 집단주의적 성향은 강한 군중심리 및 타국출신 이민자에 대한 강한 배타성으로 잘 드러난다. 뉴스에서 흔히 접할 수 있는 인도 내 집단 간 분쟁, 이권다툼, 민족주의적 성향 등은 종교, 정치, 경제, 언어 등 다양한 사회적 요인에 의해 형성된다. 인도는 강한 집단주의 성향에도 불구하고 개인주의적 성향 역시 강한데, 다양한 사회적 요인에 의해 여러 집단이 형성되지만 집단을 위해 개인의 이익을 희생하지 않기 때문이다. 개인의 목적과 불일치 할 경우 언제든지 집단의 틀에서 벗어나려 한다. '집단적 개인주의'는 일의 대소를 떠나 잘 뭉치는 인도인의 집단주의적 모습과 자신의 이익에 반하면 집단에서 자유롭게 활동할 수 있는 개인주의적 모습을 보여준다.

일본방송국(NHK): 일본 방송법에 근거하여 세워진 특수 법인으로서 1950년에 설립되었으며 방송법의 규정에 의해 1926년에 설립된 사단법인 일본 방송협회의 업무를 계승하고 있다. 「NHK」라는 약자의 사용은 사단법인 일본 방송협회가 1939년 여름부터 사용한 것으로 1946년 3월 4일부터 일본 방송협회 방송에서 이용되게 되어, 차츰 청취자의 사이에 퍼졌으며 1959년 4월 22일 정식으로 일본 방송협회의 약칭으로 정해졌다.

일본의 55년 체제: 1955년에 혁신정당인 사회당과 보수정당인 자민당의 대립구도로 성립한 이 체제는 93년의 총선결과로 자민당의 장기집권이 붕괴하기까지 계속되었다고 일반적으로 이해된다. 정당시스템으로서의 55년 체제는 지속된 기간 동안 일본의 정치현상과 과정, 정책결정과정의 변화를 결정하는 핵심사항이었다고 분석된다. 93년 자민당의 장기집권이 붕괴하고 비자민연립정권이 성립된 배경이며, 90년대 중반 이후 정당시스템 변화과정의 이해에서도 중요한 역할을 담당한다.

일본의 생활보수주의: 소비사회에 만족하여 사회변혁을 바라지 않는 일본인들의 자세를 일컫는 말이다. 정치적으로 진보적이거나 좌익적인 태도를 견지하는 사람들이라 하더라도 생활의 측면, 특히 자신이 소유한 돈과 직장에 대해서는 보수적인 태도를 견지한다는 것이다. 생활 보수주의는 그러나 정치적 이데올로기에 대해서는 터무니없을 정도로 유연하다. 정치적 이데올로기보다는 확실히 현재의 수익과 미래의 수익을 보장하는 정치세력에게 표를 몰아주는 것이 생활보수주의의 한 단면이다.

일본의 천황제: 일본의 구헌법에서 '통치권의 총람자(總攬者)'로 되어 있던 왕은 신헌법에서는 '국정에 관한 권능을 가지지 않는 국민통합의 상징'으로 되어, 내각의 조언과 승인에 따라 형식적인 국사(國事)행위를 하는 데 불과한 것으로 되어 있다. 또 왕과 신도(神道)의 종교적인 연관성도 부정되었다. 황실(皇室) 또는 왕실(王室)은 국왕이나 황제의 가계(家系)를 말한다.

일본적 집단의식: 일본인들의 집단 지향적인 성향을 지칭하는 단어다. 주요 특징으로는 첫째, 집단에 소속된 개인적 구성원은 집단과의 일체감을 높여서 가능한 집단의 이해와 자기의 이해를 일치시키려 하고, 그래서

개인의 판단보다는 집단 내부의 관행이나 권위에 제어 받으려 한다는 것이다. 둘째, 각 개인은 집단에 대한 강한 귀속의식을 가지고 집단 내에서 강한 응집력과 조직력을 발휘하려 한다는 점이다. 이에 대해 개인의 자율성이나 자유, 권리를 포기하려는 것이라는 비판이 있지만, 이 원리가 일본 사회 시스템 곳곳에서 발현되고 있다는 것은 부동의 사실이다.

자본주의: 생산 수단인 자본을 소유한 자본가가 이윤 획득을 위해 노동자들을 고용하여 생산 활동을 할 수 있도록 보장하는 사회 경제 체제이다. 18세기 중엽부터 영국과 프랑스를 중심으로 발달하기 시작했으며, 영국의 산업 혁명 이후 비약적으로 발전해서 현재에 이른다. 국가주도중심의 계획경제 대신, 시장중심의 경제체제를 중시하고 있는 현재 대부분의 국가들은 자본주의를 채택하고 있다.

중국 공산당 문화: 중국이 경제적인 측면에서는 자본주의의 모습을 하고 있지만 증량개혁의 일환일 뿐 실질적으로는 공산당의 결정에 따른다.

중국 특색의 사회주의: 사회주의 체제에 시장경제 체제를 더한 중국식 체제. 전례가 없는 중국 특색의 사회주의는 현재까지 성공적이라는 평가를 받고 있다.

중국의 지역주의: 중국은 원나라 때에 와서야 현재 중국의 모습을 갖추었다. 그 전에는 각 지역이 서로 다른 국가를 형성하였는데, 기후, 지리적인 영향으로 서로 다른 문화와 방언 역시 형성되었다. 이로 인해 현재 중국은 지역적으로 다른 모습을 보이고 있다.

중화민족주의: 역사적으로 중국인들은 중국을 세상의 중심으로 생각해왔다. 최근 경제 성장에 따라 민족주의적인 모습을 나타내고 있는데, 원래부터 중국인들에게는 극단적인 상황에서 집단주의적이고 민족주의적인 성향이 있었다. 때로는 중화민족주의는 광기와 시기와 질투의 요인으로 촉발되는 이중적인 면을 보이고 있다.

중국의 화해사회(和諧社會): 중국의 4세대 지도자 후진타오는 '和諧社會(조화로운 사회)'를 모토로 지역간, 도농간 격차를 줄이는데 많은 노력을 기울이고 있다. 가장 큰 부분을 차지하는 농민 계층을 포용하기 위한 정책으로 중국정부는 개혁개방 30년이 지난 후 농지에 대한 무기한 임대, 농민 부양 정책 등을 제시하고 있다. 또한 노동격차 및 서부대개발 등을 통해 지역격차를 줄이고자 노력 중이다.

집단주의: 개인이 아닌 하나의 집단적 전통 내지 특정 관점이나 행동(구성원들의 합의에 의해서 생겨났든 아니든)에 의해 사회가 돌아가야 한다는 이데올로기다. 집단주의로부터 집단을 중심으로 하는 사회 미덕이 발생한다는 데에서 개인의 특성이나 권리를 옹호하려는 미덕의 개인주의와는 다르다. 서구의 개인주의에 반대되는 동양의 특징을 설명하는 말로 보통 사용되곤 한다. 최근 한국 사회는 서구화에 따라 일본 사회처럼 집단주의와 개인주의가 혼합되는 형태를 보이나, 여전히 집단주의가 사회의 저변에서 작용하고 있다는 점에서 서구와는 다르다 할 것이다.

청교도 정신(puritanism): 청교도 정신은 개신교의 한 종파 혹은 종파의 규범으로 본래 17세기~19세기 초까지 미국 뉴잉글랜드의 교회에서 설파된 미국식 캘빈주의(Calvinism)의 종교정신이다. 그러나 일반적으로는 이 캘빈주의가 확대되어 미국인 전체의 생활에 큰 영향을 준 도덕적 규범을 말한다. 청교도 정신의 대표적인 덕목은 근검절약, 직업윤리, 사회봉사, 기부주의, 솔선수범 등으로 알려져 있다.

페레스트로이카(перестройка): 1985년 4월, 소련 공산당의 서기장 미하일 고르바초프에 의해 선언된 사회주의 개혁 이데올로기이다. 정치와 경제 전반에서 개혁이 이루어졌으며, 특히 계획경제에서 시장경제 체제로 변화하면서 러시아의 커다란 변화를 가져왔다. 시작은 사회주의 개혁으로부터 시작되었으나 결과적으로는 소비에트가 해체되면서 사회주의의 붕괴 촉발의 원인이 되었다.

하이브리드(hybride): 특정 목표를 달성하기 위해 두 개 이상의 요소가 합쳐진 것을 말하며, 혼혈이나 잡종을 뜻하는 개념이다. 다양성과 다원성을 특징으로 하는 현대 사회는 하이브리드의 시대다. 기계와 장치, 제도와 문화는 말할 것도 없고, 생물의 영역에서도 마찬가지다. 우주의 역사와 인간의 역사에서 더 자연스러웠던 것은 늘 순종이 아니라 잡종이었다. 순종은 언제나 일시적으로만 존재했을 뿐이며 진화는 하이브리드를 통해 진행되어 왔다.

한국의 386세대: 한국 학생운동의 제1세대로 불리는 4·19세대와 6·3세대가 대학에 다니던 1960년대에 태어나, 1980년대에 대학생활을 한 세대를 가리킨다. 이들 세대가 정치적·사회적 전면에 등장하기 시작한 1990년대에 생긴 개념으로, '386'이란 용어는 1990년대 중반에 등장한 386컴퓨터에서 딴 것이다. 그러나 '386' 세 숫자에는 각각의 뜻이 들어있어, '3'은 1990년대 당시 30대를, '8'은 1980년대에 대학에 다닌 1980

년대 학번을, '6'은 1960년대에 태어난 사람을 뜻한다. 즉, 1960년대에 태어나, 1980년대에 대학을 다니고, 1990년대에 30대였던 세대가 바로 386세대이다.

한국의 일본대중문화개방: 김대중 대통령은 1998년 4월 일본 대중문화의 단계적 개방방침을 밝혔다. 이어 5월 한일문화교류정책자문위원회를 구성하여 10여 차례 논의한 결과를 문화관광부의 관계국 협의를 거쳐 단계적 개방방침을 마련하였다. 개방 분야는 '즉시 개방'과 '즉시 개방 이후' 부문으로 나누고 1차적으로 영화·비디오·만화만을 개방하였다. 특히 '즉시 개방 이후' 부문에 속하는 가요·방송·애니메이션 등의 개방 일정은 신설되는 '한일문화교류위원회'의 의견을 들어 결정한다고 발표하여 이 부문의 개방에 신중을 기하였다. '즉시 개방'의 영화 및 비디오 부문에서는 공동제작 영화, 한국 영화에 일본 배우 출연, 4대 국제영화제(칸·베니스·베를린·아카데미) 수상작, 한·일 영화주간 개최를 허용하였다.

호프스테드의 문화차원 모델(Hofstede's cultural dimension model): 네덜란드의 문화 인류 심리학자인 거트 호프스테드(Geert Hofstede, 1928~)는 국가 및 조직의 문화들 간의 상호 작용을 연구한 결과, 국가 혹은 지역적인 문화 그룹이 사회와 조직, 그리고 개인의 행동에 광범위하게 영향을 미친다는 결론을 내리고, 문화를 분류하는 5가지 관점이 있다고 하였다. 호프스테드는 1967년부터 1973년까지 수년간에 걸쳐 세계 66개국에 흩어져 있는 IBM의 지사 관리자들을 대상으로 분석하였으며, 다음과 같은 다섯가지 차원으로 분석하였다: ① 권력의 격차 거리, ② 개인주의 / 집단주의, ③ 남성적 / 여성적, ④ 불확실성 회피, ⑤ 단기지향 / 장기지향.

저자

(가나다순)

김성수는 한국외국어대학교 철학과를 졸업하고, 동대학원에서 고대철학, 영국 랭카스터대학교에서 사회윤리학 전공으로 석사학위를 받았다. 케임브리지대학교와 에섹스대학교에서 문화이론과 문화철학을 수학했으며, 오마이뉴스, 대한항공 사보 등에서 정기·자유기고가로 활동했다. 현재 한국외국어대학교 글로벌문화콘텐츠학과에서 박사과정을 밟고 있다. 『글로컬문화콘텐츠, 어떻게 그리고 왜?』(공저), 「M.C.에셔의 원, 신화와 대중문화」, 「글로컬적 관점에서 본 한류에 대한 재평가」 등의 글이 있다.

김윤희는 한국외국어대학교 인도어과를 졸업하고, 동대학교 국제지역대학원 동남·남아시아학과에서 인도경제 전공으로 국제지역학 석사학위를 취득했으며, 한국농촌경제연구원에서 근무 중이다.

김평수는 경희대학교 건축공학과를 졸업한 후 국회 문화관광위원회 정책보좌관, 국무총리실 전문위원 등으로 일했다. 한국외국어대학교에서 문화공공성과 저작권의 관계를 색다른 시각으로 해석한 논문으로 문화콘텐츠학 박사학위를 받았다. 현재 사단법인 한국문화전략연구소 소장으로 일하며 한국외대, 한신대에서 문화와 문화산업에 관한 강의를 하고 있다. 저서로는 『문화콘텐츠산업론』(공저)이 있으며, 「창작에 미치는 음악저작권의 영향」, 「애플의 DRM Free 전략의 경제적 효과와 시사점」 등의 논문과 문화관광부, 국회 등의 기관 연구보고서를 다수 저술하였다.

김형인은 고려대학교를 졸업하고 미국 뉴멕시코 대학에서 미국사 전공으로 박사학위를 받았다. 전문분야는 미국과 한국 노예제도의 비교 연구로서, 미국의 흑인, 미국의 문화에 대하여 연구를 해왔다. 고려대학교를 위시하여 여러 대학에서 가르쳤으며, 현재 한국외국어대학교 사학과 겸임교수로 있다. 대표적 저서로는 『미국의 정체성』, 역서로는 『한국전쟁: 국제사』가 있고 그 외 다수의 저서, 학술 논문, 신문 칼럼 등이 있다.

김형준은 한국외국어대학교 중국어과를 졸업하고, 동대학 국제지역대학원 중국학과 석사과정에서 중국경제를 전공하고 수료하였다. 『프리토킹에 강해지는 즉석 중국어회화』의 공저자이다.

나카무라 마유는 일본에서 홋카이도문교대학(北海道文教大学) 일본어학과를 졸업하고, 한국외국어대학교 어학원을 6급으로 졸업한 뒤, 현재 동대학 국제지역대학원 한국학과에서 사회·문화를 전공으로 석사과정에 있다.

박경아는 한국외국어대학교 영어통번역학과를 졸업하였으며, 동대학 국제지역대학원 일본학과 석사과정 중 일본 문부성 장학생으로 선발되어 2011년 4월부터 일본 도쿄대학 대학원 종합문화연구과에서 일본지역문화연구를 전공할 예정이다.

박치완은 한국외국어대학교 불어과·철학과를 졸업하고, 동대학원에서 프랑스철학 전공으로 석사학위를, 프랑스 부르고뉴대학교에서 베르그송 전공으로 철학박사학위를 받았다. 현재 한국외국어대학교 철학과·대학원 글로벌문화콘텐츠학과 교수로 재직 중이며, <불교신문>, <매일경제>에서 칼럼니스트로 활동한 바 있다. 저서로는 『글로컬문화콘텐츠, 어떻게 그리고 왜?』(공저), 『현자에게는 고정관념이 없다』(공역), 「(문화－)세계화: 동일성의 폭력인가, 차이의 배려인가?」, 「왜 글로컬문화콘텐츠인가?」, 「글로벌시대의 문화, 어떻게 해석해야 할 것인가?」 등 다수가 있다.

장정희는 한국외국어대학교 노어과를 졸업했으며, 재학 중 교환학생으로 모스크바국제관계대학(МГИМО)에서 공부하였다. 현재 동대학원 글로벌문화콘텐츠학과 석사과정에 재학 중이며, 사단법인 한국문화전략연구소의 연구원으로 있다.

홍종열은 독일 트리어대학교에서 경영학을 전공하고, 영국 런던대학교(Royal Holloway)에서 경영학과 유럽연합학 협동과정을 이수하여 유러피언 비즈니스(European Business) 석사학위를 받았다. 한국외국어대학교 글로벌문화콘텐츠학과 박사과정을 수료하였으며, 현재 유럽연합의 문화정책과 문화산업에 대한 연구를 진행 중이다. 「문화교류로서의 EU 교육정책에 관한 연구」, 「유로의식과 EU의 문화정책」 등의 글이 있다.

찾아보기

ㅂ

ㅅ

문화콘텐츠와 문화코드

글로컬시대를 디자인하다

문화콘텐츠학 총서 08

초판 1쇄 발행 2011년 2월 25일
초판 2쇄 발행 2017년 3월 17일

지은이 박치완, 김평수 외
발행인 김인철
총괄 · 기획 가정준 Director, University Press
편집장 신선호 Executive Knowledge Contents Creator
도서편집 김민정 Contents Creator
전자책편집 최인우 Chief e-Contents Creator
재무관리 김은혜 Managing Creator
발행처 한국외국어대학교 지식출판원
02450 서울특별시 동대문구 이문로 107
전화 02)2173-2493~7
FAX 02)2173-3363
홈페이지 http://press.hufs.ac.kr
전자우편 press@hufs.ac.kr
출판등록 제6-6호(1969. 4. 30)
디자인 · 편집 (주)이환디앤비 02)2254-4301
인쇄 · 제본 네오프린텍(주) 02)718-3111

ISBN 978-89-7464-566-3 (세트)
ISBN 978-89-7464-655-4 14000 정가 15,000원

* 잘못된 책은 교환하여 드립니다.

불법복사는 지적재산을 훔치는 범죄행위입니다.

저작권법 제136조(권리의 침해죄)에 따라 위반자는 5년 이하의 징역 또는 5천만 원 이하의 벌금에 처하거나 이를 병과할 수 있습니다.